도승하
감정평가 및 보상법규

도승하 편저

2차 | 쟁점노트 제1판

KB193946

8년 연속

★ 전 체
수 석

합격자 배출

박문각 감정평가사

감정평가 및 보상법규는 법 규정에 대한 기본 내용과 이와 관련된 법이론 및 판례에 관한 시험 과목입니다.

법과목임에도 대다수의 수험생들이 법조문을 제대로 숙지하지 못해서 법조문을 제대로 쓰지 못하는 경우도 많고, 방대한 행정법 및 보상법 등 개별법 정리에 어려움을 겪고 있습니다.

"감정평가 및 보상법규 쟁점노트"는 이러한 어려움을 해결하고자, 감정평가 및 보상법규와 관련된 법령과 주요 이론을 단권화하되 그 분량을 수험적합성을 고려하여 최소화하였습니다.

주요 쟁점 우선순위를 표기하여 학습의 순서를 쉽게 정할 수 있게 하였기에 서브노트를 무한 반복하여 누적 암기한다면 행정법 및 개별법에 대한 일반이론의 정리와 암기에 대한 부담을 줄일 수 있을 것입니다.

"감정평가 및 보상법규 쟁점노트"가 수험생 여러분들의 수험기간을 단축시키길 바라며, 열심히 공부하는 감정평가 수험생 여러분 모두의 합격을 기원합니다.

편저자 **도승하**

차례

CONTENTS | PREFACE |

차례

CONTENTS | PREFACE |

차례

CONTENTS | **PREFACE** |

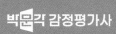
박문각 감정평가사

제 1 부

행정법

행정조직법 및 서설 행정법

PART

01

행정법 서설
및 행정조직법

쟁점 01 행정법 기초 [S]

1. 행정법의 목적

행정은 공공의 이익을(공동체 구성원 전체의 이익) 위하여 적극적으로 추진되어야 한다.

2. 행정주체의 지위

행정법관계에서 행정주체는 사인에 대하여 우월한 지위를 갖는다.

3. 행정법의 효력

행정법령은 시간적·장소적·인적 범위 내에서 효력을 갖고, 공포된 후 시행일부터 그 효력을 발생하며[1](시간적 효력), 대한민국 영토 전체(장소적 범위)에 모든 人(내국인, 내국법인, 외국인, 외국법인)에게 적용된다(대인적 효력). 지방자치단체의 조례·규칙은 지방자치단체의 구역 내에서 효력을 갖는다.

4. 법률관계의 의미

행정상 법률관계란 법 주체 간의 권리의무관계이다. 행정주체에 의한 행정입법, 행정계획, 행정행위(처분), 공법상 계약, 사실행위(행정조사, 행정지도) 등 공법행위와 신청, 신고 등 사인의 공법행위에 형성될 수 있다. 이는 행정활동을 기초로 형성되는 것을 말한다. 사법형식이 적용되는 법률관계는 행정사법이며, 공법이 적용되는 법률관계를 행정법관계라고 한다.

5. 공법관계와 사법관계의 구별

공법관계와 사법관계는 ① 적용법규 및 적용법원리의 결정, ② 소송형식 및 소송절차의 결정 등에 구별실익이 있다.

6. 실체법의 의의

법률은 사회적 규범이며 규칙이고 약속이다. 법률은 특정 목적을 달성하기 위해서 규정되며 특정 목적의 내용이 각 법률의 주된 내용이 되고 특정 내용의 목적(효과)이 규정되어 있는 것을 실체법이라고 한다. 즉, 법률관계의 내용인 권리·의무의 발생·변동·소멸에 관하여 정하는 권리·의무에 어떤 종류가 있고 어떠한 주체에 귀속하며, 어떠한 효과를 발생시키느냐 하는 것 등에 관한 규정을 실체법이라고 한다. 도로법, 토지보상법 등이 있다. 토지보상법은 공익사업을 통한 공공복리의 증진과 사인의 재산권 보호를 위해 공용수용과 손실보상을 규정하고 있다.

---

[1] 시행일을 규정하지 않은 경우에는 공포한 날부터 20일 후 : 법령 등 공포에 관한 법률

7. 절차법의 의의

실체법상의 권리를 실행하거나 또는 의무를 실현시키는 절차를 정하는 규정을 절차법이라고 한다. 예컨대, 세법에서 납세의무의 성립요건 등에 관한 규정은 실체법 규정이며, 체납세액의 강제징수절차에 관한 규정을 절차법이라고 할 수 있다. 절차법이란 실체법에 대응되는 용어로서 실체법의 내용을 실현하는 것을 말한다. 민사소송법, 형사소송법, 행정소송법, 행정대집행법, 국세징수법 등이 있다. 실체법상의 권리와 의무를 실현해주는 절차를 규정하고 있다.

8. 법률의 내용(실체법에서 규정)

법률 내용에는 국민에게 이익을 부여하는 내용도 있을 수 있고(건축허가, 하천점용허가, 도로점용허가 등), 국민에게 의무를 부과하거나(조세, 부담금 등) 권리를 제한하는 경우(업무정지, 자격취소, 인가취소 등)도 있을 수 있다.

쟁점 02 법률관계 변동 – 신청 (B)

1. 신청의 의의 및 요건

신청이란 사인이 행정청에 대하여 일정한 조치를 취하여 줄 것을 요구하는 의사표시를 말한다.
① 법규상 또는 조리상 신청권이 있어야 한다. 신청권은 행정청의 응답을 구하는 권리이며 신청된 대로의 처분을 구하는 권리는 아니다.
② 법령상 신청에 구비서류 등 일정한 요건을 요한다.

2. 처리의무(응답의무)와 신청내용의 보완 등

① 적법한 신청이 있는 경우에 행정청은 상당한 기간 내에 신청에 대하여 응답을 하여야 한다.
② 상당한 기간이 지났음에도 응답하지 않으면 부작위가 된다.
③ 구비서류의 미비 등 흠이 있는 경우에는 보완에 필요한 상당한 기간을 정하여 지체 없이 신청인에게 보완을 요구하여야 한다.

3. 신청과 권리구제

신청에 대한 거부처분에 대하여는 의무이행심판이나 취소심판 또는 취소소송으로, 부작위에 대해서는 의무이행심판 또는 부작위위법확인소송으로 다툴 수 있으며 국가배상 요건이 충족되는 경우에는 국가배상을 청구할 수 있다.

쟁점 03 법률관계 변동 - 공권 [B]

법률관계를 변동(발생·변경·소멸)시키는 행위로 국가적 공권(행정주체의 공법행위)과 개인적 공권(사인의 공법행위) 및 사건²)이 있다. 소멸 사유로는 급부의 이행, 권리의 포기, 소멸시효의 완성, 실효, 기간의 경과, 대상의 소멸, 사망 등이 있다.

1. 공권

(1) 공권의 의의 및 분류

공권이란 공법관계에서 직접 자기를 위하여 일정한 이익을 주장할 수 있는 법률상의 힘을 말하며, 국가적 공권과 개인적 공권으로 분류된다.

(2) 국가적 공권(행정주체의 공법행위)

국가적 공권은 국가가 일반 국민에 대하여 가지는 권리로서 경찰권, 행정계획권, 공용부담권, 조세권, 강제집행권 등이 있다. 국가 운영을 위한 국가작용행위가 해당된다. 국가적 공권은 법률상 우월한 힘이 인정되고 있다. 국가적 공권에 대응하여 개인이 지는 작위, 부작위, 수인, 급부 의무를 공의무라고 한다.

(3) 개인적 공권(사인의 공법행위)

개인적 공권은 사인이 자기의 이익을 위하여 작위, 부작위 등 특정한 행위를 국가에 요구할 수 있는 권리이다. 국가에 요구하는 행위로 신청과 신고가 있다. 사인의 공법행위는 사인이 공법상 법률효과의 발생을 목적으로 행하는 법률행위를 말한다. 행정절차법은 신청 및 신고에 대한 절차를 규정하고 있다. 개인적 공권의 유형으로는 ① 자유권(위법한 자유 침해가 있는 경우 그 침해의 배제를 청구할 수 있는 권리), ② 수익권(국민이 국가에게 특정한 행위를 요구할 수 있는 권리), ③ 참정권(국가 및 지방자치단체의 의사 형성에 참여하는 권리)가 있다.

2. 공권의 성립요건

(1) 강행법규의 존재

공권은 그에 상응하는 의무를 전제로 하기 때문에 개인적 공권을 위해서는 강행법규에 의한 행정권에 대한 의무가 발생해야 한다(작위, 부작위, 급부, 수인). 법률에서 개인적 공권이 도출될 수 없을 경우에 실효적인 권리구제를 위해 헌법의 기본권 규정이 보충적 근거규정이 될 수 있다. 다만, 침익적 처분의 직접 상대방이 그 침익적 처분의 제거를 목적으로 하는 경우에는 개별 법령 규정 검토 없이도 언제나 권리침해를 이유로 취소소송 등을 제기할 수 있다(대판 1995.8.22, 94누8129).

---

2) 사건이란 사람의 정신작용과 관계없는 사실로서 출생, 사망, 기간의 경과, 점유 등이 있다.

(2) 사익보호성

법규의 목적, 취지가 적어도 특정된 범위의 사인의 이익 보호를 위한 경우여야 한다. 공익 추구를 위한 경우에는 반사적 이익에 불과하다고 본다.

(3) 재판청구가능성

재판절차를 통한 권리보장이 이루어져야 한다는 것으로 재판청구권은 헌법에 의해 보장되므로 별도의 성립요소로 보지는 않는다.

3. 사인의 공법행위의 분류

(1) 자체완성적 사인의 공법행위

사인의 행위만으로 일정한 법률효과가 발생한다.

(2) 행정요건적 사인의 공법행위

사인의 행위는 특정행위의 요건이며, 행정청의 행위가 있어야 비로소 효력이 발생한다.

4. 사인의 공법행위 적용법규

사인의 공법행위는 이를 규율할 규정이 없기 때문에 사법규정이 유추적용된다고 보는 것이 다수의 견해이다.

5. 사인의 공법행위의 하자

(1) 자체완성적 사인의 공법행위의 하자

하자를 보완하기 전에는 공법상 효과가 발생하지 않는다.

(2) 행정요건적 사인의 공법행위의 하자

1) 문제점

행정요건적 사인의 공법행위에 하자가 있는 경우 사법규정이 유추적용된다. 이러한 경우 사인의 공법행위에 따른 행정행위는 어떠한 영향을 받는지가 문제된다.

2) 검토

다수는 사인의 공법행위가 행정행위 발령의 단순한 동기에 불과한 경우에는 행정행위에 영향을 미치지 않는다고 본다. 반면, 사인의 공법행위가 행정행위의 필수 전제요건인 경우에는 사인의 공법행위가 무효라면 행정행위 역시 무효로 보고, 사인의 공법행위에 단순한 위법사유라면 행정행위는 원칙적 유효라고 한다. 판례는 개개의 사안별로 해결하고 있으며, 사인이 행정행위의 발령을 원치 않는다면 신고나 신청을 취소할 수 있기 때문에 사인의 공법행위가 취소되지 않는 한 행정행위는 유효하다고 보는 것이 타당할 것이다.

6. 개인적 공권과 반사적 이익

(1) 반사적 이익의 의미

반사적 이익은 법규가 공익상의 견지에서 행정주체 또는 제3자에게 일정한 의무를 부과하고 있는 결과로 개인이 얻게 되는 사실상의 이익을 말한다. 따라서 이러한 사실상 이익은 법에 의한 보호이익이 아니므로 재판에 의한 보호대상이 아니다.

(2) 개인적 이익과 반사적 이익의 구별 기준

어떠한 이익이 반사적 이익에 불과한지 법률상 이익인지에 대한 구별기준은 근거가 되는 행정법규를 목적에 따라 해석하여 구별한다. 공익의 보호를 위한 것인지, 사적 이익의 보호목적도 있는지를 법규해석에 따라 구분해야 한다.

(3) 관련 사례

수도법에 따라 상수원을 보호하기 위해서 상수원보호구역을 지정하였다가 상수원보호구역을 변경한 경우 인근 주민들이 '양질의 급수를 받을 권리'를 주장하며 상수원보호구역변경처분의 취소를 요구할 수 있는지가 문제될 수 있다. 상수원보호구역설정의 근거가 된 수도법이 보호하고자 하는 법익은 공익에(수질보호) 한정되어 있으므로(인근주민의 급수를 보장할 목적이 아님) 상수원보호구역설정으로 인근 주민이 얻고있는 '양질의 급수를 받을 이익'은 반사적 이익에 불과하여 법에 의해서 보호되는 이익으로 볼 수 없다.

(4) 구별실익

행정소송법 제12조 제1문에서는 법률상 이익이 있는 자가 취소소송을 제기할 수 있다고 규정한다. '법률상 이익이 있는 자'에 개인적 공권을 가진 자는 포함된다. 하지만 반사적 이익을 가진 자는 포함되지 않기 때문에 반사적 이익만으로는 원고적격이 부정된다. 개인적 공권과 반사적 이익은 원고적격 인정 여부에 구별실익이 있다.

쟁점 04 법률관계 변동 - 신고 (A)

1. 신고의 의의

신고란 사인이 일정한 법률효과의 발생을 위해 일정 사실을 행정청에 알리는 것을 말한다.

2. 신고의 법적 성질

(1) 신고의 종류 및 구별실익

1) 수리를 요하는 신고와 수리를 요하지 않는 신고

신고에는 ① 일정사항을 통지하고 그러한 통지사항이 행정청에 도달함으로써 효력이 발생(행정절차법 제40조 제2항)하는 자기완결적 신고, ② 그러한 통지사항을 행정청이 수리함으로써 효력이 발생하는 수리를 요하는 신고인 행위요건적 신고가 있다.

양자의 구별실익은 자기완결적 신고의 수리행위는 국민의 권리·의무에 영향을 주는 행정행위가 아니므로 처분성이 인정되지 않음에 있다.

2) 정보제공적 신고와 금지해제적 신고

정보제공적 신고란 행정의 대상이 되는 사실에 관한 정보를 제공하는 기능을 갖는 신고를 말하고, 금지해제적 신고란 정보제공기능뿐만 아니라 금지된 행위의 금지를 해제하는 신고를 말한다.

(2) 구별기준

1) 문제점

행정기본법 제34조에서는 법령등에서 수리의무를 규정하고 있는 경우에 한하여 수리를 요하는 신고로 규정하고 있으나, 수리규정이 없는 경우라 하더라도 법령의 취지상 수리를 요하는 신고로 봐야 하는 경우도 있을 수 있으므로 이러한 경우에 법적 성질이 문제될 수 있을 것이다.

2) 학설

① 신고요건기준설은 형식적 요건만을 요구하는지 혹은 실질적 요건3)을 함께 요구하는지로 구분한다.

② 입법자의사설은 해당 법령의 목적과 관련 조문에 대한 합리적이고 유기적인 해석을 통해 구분한다.

③ 심사방식기준설은 형식적 심사만 하면 자기완결적 신고로, 실질적 심사를 하면 수리를 요하는 신고로 본다.

④ 복수기준설은 각 사안마다 다르게 판단한다.

---

3) 형식적 요건이라 함은 신고서, 첨부서류 등 신고서류만으로 확인되는 요건을 말한다. 실질적(실체적) 요건이라 함은 안전 등 공익을 보장하기 위해서 요구되는 인적·물적 요건을 말한다. 실질적 심사는 신고요건의 충족 여부를 심사함에 있어 신고서류를 심사할 뿐만 아니라 필요한 경우 현장조사 등을 통해 실질적으로 행할 수 있는 심사를 말한다.

3) 판례

대법원은 관계법이 실질적 적법요건을 규정한 경우에는 행위요건적 신고로 보며, ① 건축법상 신고는 자기완결적 신고, ② 건축주명의변경신고는 행위요건적 신고로 판시한 바 있다. 자기완결적 신고와 수리를 요하는 신고 중 어느 것에 해당하는지는 관련법령의 목적과 취지, 관련법규정에 관한 합리적이고도 유기적인 해석, 해당 신고행위의 성질 등을 고려하여 판단하여야 하며 확실치 않은 경우 자기완결적 신고로 보아야 한다.

4) 검토

자기완결적 신고와 수리를 요하는 신고의 일반적인 구별기준은 관련법규정의 입법자의 객관적 의사라고 보는 것이 타당하며, 입법자의 의사가 불분명한 경우에는 심사방식기준에 따라 실질적 심사를 요구하는 경우에는 행위요건적 신고로 보아야 한다.

(3) 수리행위의 성질

1) 자기완결적 신고

자기완결적 신고의 수리는 단순한 접수행위로서 법적 효과를 발생시키지 않는 사실행위이다. 행정절차법 제40조 제2항에서는 신고서가 행정청에 도달함으로써 효력이 발생한다고 규정하고 있으므로, 행정청의 수리행위는 국민의 권리·의무에 영향을 주지 않는 사실행위이다.

2) 수리를 요하는 신고

① 수리를 요하는 신고를 실질적으로 허가라고 보는 견해, ② 수리를 요하는 신고를 실질적으로 등록이라고 보는 견해, ③ 수리를 요하는 신고를 허가 및 등록과 구별되는 독자적 행위형식으로 보는 견해가 있다.
신고의 요건을 갖춘 신고가 있었다 하더라도 수리되지 않으면 신고가 되지 않은 것으로 보는 것이 다수 및 판례의 입장이다.

3) 관련판례의 태도

신고 없이 건축이 개시될 경우 시정명령, 이행강제금, 벌금의 대상이 되거나 당해 건축물을 사용하여 행할 행위의 허가가 거부될 우려가 있어 불안정한 지위에 놓이게 된다. 따라서 당사자로 하여금 반려행위의 적법성을 다투어 그 법적 불안을 해소하고 위험에서 미리 벗어날 수 있도록 항고소송의 대상이 된다고 보는 것이 옳다(2008두167).

3. 신고요건

자기완결적 신고는 행정절차법 제40조 제2항의 신고요건을 갖추어야 한다. 자기완결적 신고의 요건은 형식상 요건이다.
수리를 요하는 신고는 형식적인 요건 이외에 일정에 실질적 요건을 신고의 요건으로 하고 있다.

4. 적법한 신고의 효력

(1) 자기완결적 신고의 효력

행정청의 수리 여부에 관계없이 신고서가 접수기관에 도달한 때에 신고의 효력도 발생한다(행정절차법 제40조 제2항). 금지해제적 신고의 경우는 금지해제의 효과가 발생한다.

(2) 수리를 요하는 신고의 효력

수리를 요하는 신고의 경우에는 적법한 신고가 있더라도 행정청의 수리행위가 있어야 신고의 효력이 발생한다고 하는 것이 일반적 견해이고 판례의 입장이다.

5. 신고의무 위반의 효과

자기완결적 신고(정보제공적)의 경우 무신고행위는 통상 과태료 부과 대상이 된다. 행위요건적 신고의 경우 신고 없이 행위를 한 경우 위법한 행위가 되어 통상 행정형벌의 부과 대상이 된다.

쟁점 05 공권의 확대 - 무하자재량행사청구권 (C)

1. 의의

행정청에게 재량권이 부여된 경우에 행정청에 대하여 재량권을 흠 없이 행사하여 줄 것을 청구할 수 있는 권리이다.

2. 법적 성질

하자 없는 처분을 청구하는 형식적 권리이며, 일정한 처분을 청구하는 실체적 권리이다(특정처분을 구하는 실질적 권리와 구별되고, 행정소송상의 절차적 권리와 구별되는 실체적 권리이다).

3. 독자성 인정 여부

(1) 학설 및 판례의 태도

① 권리의 독자적인 존재 의의를 부정하는 견해와 긍정하는 견해가 대립한다.
② 판례는 검사임용거부처분 취소청구사건에서 하자 없는 응답의무를 인정하여 무하자재량행사청구권의 개념을 인정하고 있는 듯하다.

(2) 검토

재량행위에서도 공권이 인정될 수 있으므로 무하자재량행사청구권의 독자성을 인정하는 것이 타당하다.

(3) 성립요건

하자 없는 재량권 행사의무가 법규상 또는 조리상 인정되어야 하며, 공익뿐만 아니라 사익을 보호하는 목적이 인정되어야 한다.

(4) 영으로의 재량권 수축 및 원고적격과의 관계

재량행위이나 예외적으로 하나의 결정만을 하여야 하는 경우가 발생하는 경우를 재량이 영으로 수축된다고 한다. 이러한 경우 무하자재량행사청구권은 특정행위청구권(=행정개입청구권)으로 전환된다.

판례는 인근주민이 건축 허가권자에게 건축허가취소 등을 요구할 수 있는 권리가 없다고 하여 협의의 특정행위청구권에 대해 부정했다. 하지만 새만금 간척사업과 관련하여 명시적 표현은 없었으나 특정행위청구권을 전제로 신청권을 인정한 바 있으며, 국가배상청구소송에서는 행정개입의무를 인정하여 국가배상책임을 인정한 사례가 있다. 재량처분의 근거법규 및 관련법규에 의해서 보호이익이 인정되는 경우에는 원고적격이 인정되므로 무하자재량행사청구권의 개념을 인정하지 않아도 원고적격은 인정될 수 있다.

---

* 개인적 공권

1. 의의

직접 자기의 이익을 위하여 행정주체에게 일정한 행위를 할 것을 요구할 수 있는 공법에 의해 주어진 법적인 힘을 말한다.

2. 성립요건

공권이 성립되기 위해서는 강행법규에 의한 행정권에 대한 의무부과(강행법규성), 법규의 사익보호성, 재판청구권이 요구되나 재판청구권은 헌법상 재판청구권이 인정되어 별도의 요건으로 보고 있지 않다.

쟁점 06 공권의 확대 - 행정개입청구권 (C)

1. 의의

행정개입청구권4)은 자기의 권익을 위하여 제3자에게 일정한 처분을 발동해 줄 것을 청구하는 권리를 말한다.

2. 성립요건

행정개입청구권도 공권이므로 공권의 성립요건인 강행규정성과 사익보호성이 인정되어야 한다. 행정권의 발동 여부는 원칙상 행정청의 재량에 속한다. 그러나, 법에서 행정권의 발동 여부에 관하여 행정권의 재량을 인정하지 않고 있는 경우가 있고, 법에서 행정권의 발동에 관하여 행정청에게 재량권을 부여하고 있는 경우에도 해당 재량권이 영으로 수축하는 경우와 이익형량상 개입의무가 인정되는 경우에는 행정청에게 개입의무가 존재한다.

3. 권리실현 수단

행정개입청구권은 모든 행정분야에 적용될 수 있으며, 의무이행심판, 거부처분취소소송, 부작위위법확인소송을 통해 권리실현을 할 수 있다.

---

4) 행정행위발급청구권은 자기에게 일정처분을 해줄 것을 청구하는 권리로 행정행위발급청구권과 행정개입청구권을 광의의 행정개입청구권이라고 하며, 제3자에게 일정처분을 해줄 것을 청구하는 것을 협의의 행정개입청구권이라 한다.

쟁점 07 행정주체와 객체 (D)

1. 행정주체와 행정기관

행정주체란 법률관계의 귀속주체이며 국가, 지방자치단체, 공공단체 및 공무수탁사인이 있다. 행정기관은 현실적으로 행정을 담당하는 행정주체의 내부조직을 말한다.

2. 행정청의 권한과 위임 등

행정청이란 의사기관으로서 ① 독임제 행정기관이라 함은 그 구성원이 1명인 행정기관을 말한다. ② 합의제 행정기관이라 함은 그 구성원이 2명 이상이며 행정기관의 의사결정이 복수인 구성원의 합의에 의해 이루어지는 행정기관을 말한다. 각종 위원회가 그 대표적인 예이다.

3. 행정기관 상호 간의 관계

(1) 협의

협의는 주된 의사결정을 함에 있어서 다른 행정기관의 의견을 수렴하는 것으로서, 이러한 협의는 주된 행정청을 내용적으로 구속하지 않는다.

(2) 동의 및 승인

동의나 승인은 주된 의사결정을 구속하는 의견으로서 동의나 승인에 반하는 처분은 위법하게 된다. 이는 무권한자의 행위로서 무효로 볼 수 있다.

4. 행정객체

행정의 상대방을 말한다. 공공단체와 지방자치단체 및 사인이 된다.

관련조문 행정절차법

제2조(정의)

4. "당사자등"이란 다음 각 목의 자를 말한다.
    가. 행정청의 처분에 대하여 직접 그 상대가 되는 당사자
    나. 행정청이 직권으로 또는 신청에 따라 행정절차에 참여하게 한 이해관계인

관련조문 행정기본법

제2조(정의)

3. "당사자"란 처분의 상대방을 말한다.

PART

02

행정작용법

제1절 행정의 법 원칙

> **관련조문** 행정기본법
>
> 제8조(법치행정의 원칙)
> 행정작용은 법률에 위반되어서는 아니 되며, 국민의 권리를 제한하거나 의무를 부과하는 경우와 그 밖에 국민생활에 중요한 영향을 미치는 경우에는 법률에 근거하여야 한다.

쟁점 08 행정의 법 원칙(법치주의) [S]

1. 법치행정의 원칙(행정기본법 제8조)

행정작용은 법률에 위반되어서는 아니 되며, 국민의 권리를 제한하거나 의무를 부과하는 경우와 그 밖에 국민생활에 중요한 영향을 미치는 경우에는 법률에 근거하여야 한다.

2. 법률의 법규창조력

법률의 법규창조력은 국가작용 중 법규(국민의 권리·의무에 관한 새로운 규율)를 정립하는 입법은 모두 의회가 행하여야 한다는 원칙을 말한다.[5]

3. 법우위의 원칙

법우위의 원칙이란 법은 행정에 우월한 것이며 행정이 법에 위반하여서는 안 된다는 원칙이다. 법우위의 원칙에 위반된 행정작용은 무효 또는 취소할 수 있는 행정행위가 된다. 법우위의 원칙은 행정의 전 영역에 적용되며 수익, 침익적 행위에 불문한다.

4. 법률유보의 원칙

(1) 의의

법률유보의 원칙은 행정권의 발동에는 법적 근거가 있어야 한다는 것을 의미한다. 법률유보의 원칙에서 요구되는 법적 근거는 작용법적 근거를 말한다(대판 2005.2.17, 2003두14765). 이는 적극적 의미의 법률적합성의 원칙이라고 한다. 법률유보의 원칙은 법률이 없는 경우에 문제된다. 자격이나 신분 등을 취득 또는 부여할 수 없거나 인가, 허가, 지정, 승인, 영업등록, 신고수리 등을 필요로 하는 영업 또는 사업 등을 할 수 없는 사유는 법률로 정한다(행정기본법 제16조 제1항).

---

5) 헌법 제40조는 '입법권은 국회에 속한다'고 규정하고 있다.

(2) 적용범위

1) 학설

① 국민의 권익을 제한하거나 의무를 부과하는 행정작용은 근거를 요한다는 침해유보설, ② 모든 행정작용에는 법률에 근거가 있어야 한다는 전부유보설, ③ 사례별로 판단하여야 한다는 본질성설이 있다.

2) 판례 및 검토

판례는 본질성설에 따른다. 침해행정과 급부행정 등 사례에 따라 달리 정함이 타당할 것으로 판단된다.

5. 법치행정의 원칙의 한계

재량행위(행정청의 의사결정에의 자유인정)와 특별행정법관계(공무원, 군인, 교도소 재소자 등)에서는 사법통제 대상이 일정부분 축소될 수 있으며, 통치행위(파병결정, 비상계엄선포, 남북정상회담 등)와 내부행위는 법치행정의 원칙이 적용되지 않는다.

제2절 성문법원과 불문법원

> **관련조문** 행정기본법
>
> 제2조(정의)
> 1. "법령등"이란 다음 각 목의 것을 말한다.
>   가. 법령 : 다음의 어느 하나에 해당하는 것
>   1) 법률 및 대통령령·총리령·부령
>   2) 국회규칙·대법원규칙·헌법재판소규칙·중앙선거관리위원회규칙 및 감사원규칙
>   3) 1) 또는 2)의 위임을 받아 중앙행정기관(「정부조직법」 및 그 밖의 법률에 따라 설치된 중앙행정기관을 말한다. 이하 같다)의 장이 정한 훈령·예규 및 고시 등 행정규칙
>   나. 자치법규 : 지방자치단체의 조례 및 규칙

1. 법원의 개념

행정법의 법원이란 법의 존재형식을 의미하며, 행정사무를 처리하는 기준이 되는 모든 규범을 의미한다. 법원에는 성문법과 불문법이 있다.

2. 성문법주의

행정법은 성문법주의를 원칙으로 한다. 성문법 법원 간의 순위는 다음과 같다.

① 헌법(국내질서법에서 최고의 효력을 갖는 법원)
② 법률(헌법에서 정해진 절차에 따라 국회에서 제정된 법규범)
③ 명령(행정권에 의해 정립된 규범으로 대통령령, 총리령 또는 부령)
④ 자치법규(자치단체 기관이 제정한 법규범으로 조례, 규칙)

또한 일부의 국제법(예외적으로 국제법규가 국내 행정법 관계에 직접 적용될 수 있는 경우)은 행정법의 법원이 될 수 있다.

3. 불문법원

불문법으로는 판례법, 관습법6), 법의 일반원칙이 있다. 법의 일반원칙은 헌법 및 개별법률에 근거한 원칙으로서 행정법관계의 기초를 이루는 원칙이다. 행정기본법에서는 법의 일반원칙을 명문으로 규정하고 있다. 헌법에 근거한 일반원칙으로는 신뢰보호의 원칙, 비례의 원칙, 평등의 원칙, 부당결부금지의 원칙, 적법절차의 원칙이 있다.

4. 법원의 효력

(1) 시간적 효력

법령은 공포로 효력이 발생한다. 공포란 확정된 법령의 시행을 위해 국민, 주민에게 알리는 행위를 의미한다.

(2) 지역적 효력

행정법규는 법규의 제정권자의 권한이 미치는 지역적 범위 내에서만 효력이 있다.

(3) 인적 효력

행정법규는 해당 지역 내 모든 사람에게 적용된다(속지주의).

---

6) 판례의 법원성 여부에 대해 개별사건설과 사실상 구속력설이 대립한다. 관습법이란 사회의 거듭된 관행으로 생성한 사회생활규범이 사회의 법적 확신과 인식에 의하여 법적 규범으로 승인·강행되기에 이른 것을 말한다(대판 2005.7.21, 2002다1178). 법치행정의 원칙상 성문법에 반하는 관습법을 인정할 수 없기 때문에 보충적 효력만을 갖는다고 보아야 할 것이다.

관련조문 행정기본법 – 행정의 법 원칙

제9조(평등의 원칙)
행정청은 합리적 이유 없이 국민을 차별하여서는 아니 된다.

제10조(비례의 원칙)
행정작용은 다음 각 호의 원칙에 따라야 한다.
1. 행정목적을 달성하는 데 유효하고 적절할 것
2. 행정목적을 달성하는 데 필요한 최소한도에 그칠 것
3. 행정작용으로 인한 국민의 이익 침해가 그 행정작용이 의도하는 공익보다 크지 아니할 것

제11조(성실의무 및 권한남용금지의 원칙)
① 행정청은 법령등에 따른 의무를 성실히 수행하여야 한다.
② 행정청은 행정권한을 남용하거나 그 권한의 범위를 넘어서는 아니 된다.

제12조(신뢰보호의 원칙)
① 행정청은 공익 또는 제3자의 이익을 현저히 해칠 우려가 있는 경우를 제외하고는 행정에 대한 국민의 정당하고 합리적인 신뢰를 보호하여야 한다.
② 행정청은 권한 행사의 기회가 있음에도 불구하고 장기간 권한을 행사하지 아니하여 국민이 그 권한이 행사되지 아니할 것으로 믿을 만한 정당한 사유가 있는 경우에는 그 권한을 행사해서는 아니 된다. 다만, 공익 또는 제3자의 이익을 현저히 해칠 우려가 있는 경우는 예외로 한다.

제13조(부당결부금지의 원칙)
행정청은 행정작용을 할 때 상대방에게 해당 행정작용과 실질적인 관련이 없는 의무를 부과해서는 아니 된다.

제14조(법 적용의 기준)
① 새로운 법령등은 법령등에 특별한 규정이 있는 경우를 제외하고는 그 법령등의 효력 발생 전에 완성되거나 종결된 사실관계 또는 법률관계에 대해서는 적용되지 아니한다.
② 당사자의 신청에 따른 처분은 법령등에 특별한 규정이 있거나 처분 당시의 법령등을 적용하기 곤란한 특별한 사정이 있는 경우를 제외하고는 처분 당시의 법령등에 따른다.
③ 법령등을 위반한 행위의 성립과 이에 대한 제재처분은 법령등에 특별한 규정이 있는 경우를 제외하고는 법령등을 위반한 행위 당시의 법령등에 따른다. 다만, 법령등을 위반한 행위 후 법령등의 변경에 의하여 그 행위가 법령등을 위반한 행위에 해당하지 아니하거나 제재처분 기준이 가벼워진 경우로서 해당 법령등에 특별한 규정이 없는 경우에는 변경된 법령등을 적용한다.

쟁점 09 평등의 원칙 (A)

1. 의의(헌법 제11조 및 행정기본법 제9조)

행정청은 합리적인 이유 없이 국민을 차별하여서는 안 된다는 원칙이다. 합리적인 이유에 의해서 다르게 취급하는 것은 평등원칙의 위반이 아니다.

2. 효력

헌법 제11조로부터 도출되는 불문법 원칙으로서 이에 반하는 행정권 행사는 위법하다.

3. 요건 및 한계

① 합리적인 이유 없이 동일한 사항을 다르게 취급하는 것은 자의적인 것으로서 평등의 원칙에 위반되므로 합리적인 이유가 있어야 하며, 비례성을 결여한 과도한 차별취급이 되어서는 안 된다. ② 단, 불법 앞의 평등 요구는 인정되지 않는다.

---

* 평등의 원칙과 자기구속법리의 관계

자기구속원칙은 평등의 원칙의 파생법리로 보기에 관행이 있는 경우에는 자기구속원칙을 우선 적용하면 된다. 관행성립과 관련하여 2회 이상 관행이 있으면 자기구속원칙 적용, 1회 관행이 있으면 1회만으로 관행이 성립한다고 판단하면 자기구속원칙을 적용하고 1회만으로는 관행이 성립되지 않았다고 본다면 평등의 원칙을 적용하면 된다. 만약 선례가 없다면 예기관행을 인정하면 자기구속의 원칙을 적용하면 된다. 예기관행을 부정하는 경우 평등의 원칙을 적용할 수 있는지가 문제될 수 있는데 평등의 원칙을 적용하게 된다면 선례가 없는 상태이기에 처분기준을 적용할 경우를 상정하여 처분이 합리적 사유가 없다면 결국 평등의 원칙을 적용하는 것에 한계가 있을 것이고, 이러한 경우에는 그러한 처분이 비례원칙이나 신뢰보호원칙에 반하는 것은 아닌지를 추가검토해야 할 수도 있다. 판례는 대체로 평등의 원칙 및 비례의 원칙, 평등의 원칙 및 신뢰보호의 원칙 위반으로 판시하고 있다.

쟁점 10 행정의 자기구속의 원칙 (A)

1. 의의

행정청은 동일 사안에 대해서는 특별한 사정이 없는한 동일한 결정을 하여야 한다는 원칙이다.

2. 요건

① 동일한 상황에서 동일한 법적용인 경우(동종사안), ② 기존의 법적 상황을 창출한 처분청일 것(동일행정청), ③ 행정관행이 있을 것, 이에 대해 선례불필요설은 재량준칙이 존재하는 경우 재량준칙 자체만으로 '미리 정해진 행정관행(선취된 행정관행 또는 예기관행)'이 성립되는 것으로 보고, 자기구속의 법리를 인정한다. 선례필요설은 재량준칙이 존재하는 경우에 1회의 선례만으로 자기구속의 법리가 인정될 수도 있다는 견해도 있지만, 대체로 선례가 되풀이 되어 행정관행이 성립된 경우에 한하여 인정된다고 본다.

3. 한계

특별한 사정이 있는 경우(사정변경으로 다른 결정을 할 공익상 필요가 심히 큰 경우)에는 자기구속의 법리의 적용이 배제될 수 있다. 또한 불법에 있어서 평등대우는 인정될 수 없으므로, 행정관행이 위법한 경우에는 행정청은 자기구속을 당하지 않는다. 관행이 위법한 경우에는 신뢰보호의 원칙의 적용 여부가 문제될 수 있을 뿐이다.

쟁점 11 　비례의 원칙 [S]

1. 의의 및 효력(헌법 제37조 제2항 및 행정기본법 제10조)

비례의 원칙이란 행정목적과 행정수단 사이에는 합리적인 비례관계가 있어야 한다는 원칙을 말한다. 이에 반하는 행정권 행사는 위법하다. 헌법 제37조 제2항 및 행정기본법 제10조에 근거한다.

2. 내용(행정기본법 제10조)

(1) 적합성의 원칙

적합성의 원칙이란 행정은 행정목적을 달성하는 데 유효하고 적절할 것이어야 한다는 원칙이다(제1호).

(2) 필요성의 원칙(최소침해의 원칙)

필요성의 원칙이란 적합한 수단이 여러 가지인 경우에 국민의 권리를 최소한으로 침해하는 수단을 선택하여야 한다는 원칙이다. 행정목적을 달성하는 데 필요한 최소한도에 그칠 것을 말한다(제2호).

(3) 협의의 비례원칙(상당성의 원칙)

협의의 비례원칙이란 행정작용으로 인한 국민의 이익 침해가 그 행정작용이 의도하는 공익보다 크지 아니할 것을 말한다(제3호).

(4) 3원칙의 상호관계

적합성의 원칙, 필요성의 원칙, 그리고 좁은 의미의 비례원칙은 단계구조를 이룬다. 즉, 많은 적합한 수단 중에서도 필요한 수단만이, 필요한 수단 중에서도 상당성 있는 수단만이 선택되어야 한다.

쟁점 12   신뢰보호의 원칙 (S)

1. 의의(행정기본법 제12조)

행정청은 공익 또는 제3자의 이익을 현저히 해칠 우려가 있는 경우를 제외하고는 행정에 대한 국민의 정당하고 합리적인 신뢰를 보호하여야 한다는 원칙이다.

2. 근거

행정절차법 제4조 제2항 및 국세기본법 제18조 제3항에 실정법상 근거를 두고 있다. 행정기본법 제12조에서 이를 명문화하고 있다.

3. 요건

① 행정청이 개인에 대하여 신뢰의 대상이 되는 공적인 견해표명을 하여야 하고, ② 행정청의 견해표명이 정당하다고 신뢰한 데에 대하여 그 개인에게 귀책사유가 없어야 하며, ③ 그 개인이 그 견해표명을 신뢰하고 이에 상응하는 어떠한 행위를 하였어야 하고, ④ 행정청이 위 견해표명에 반하는 처분을 함으로써 그 견해표명을 신뢰한 개인의 이익이 침해되는 결과가 초래되어야 한다.

4. 한계

신뢰보호의 원칙은 법적 안정성을 위한 것이지만, 법치국가원리의 또 하나의 내용인 행정의 법률적합성의 원리와 충돌되는 문제점을 갖는다. 결국 양자의 충돌은 법적 안정성(사익보호)과 법률적합성(공익상 요청)의 비교형량에 의해 문제를 해결해야 한다(비교형량설). 또한 신뢰보호의 이익과 공익 또는 제3자의 이익이 상호 충돌하는 경우에는 이들 상호간에 이익형량을 하여야 한다.

* 심화학습 : 신뢰보호원칙의 요건

1. 공적견해표명

    판례는 '행정청의 공적인 견해표명이 있었는지의 여부를 판단함에 있어서는 반드시 행정조직상의 형식적인 권한분배에 구애될 것은 아니고 담당자의 조직상의 지위와 임무, 해당 언동을 하게 된 구체적인 경우 및 그에 대한 상대방의 신뢰가능성에 비추어 실질에 의해 판단하여야 한다'고 판시한 바 있다(대판 1997.9.12. 96누18380).

2. 선행조치의 종류

    신뢰의 대상이 되는 행위인 선행조치에는 법령, 행정계획, 행정행위, 사실행위 등이 포함되며, 적극, 소극, 명시, 묵시적 행위를 불문한다.

3. 귀책사유의 의미 및 판단

    판례는 '귀책사유라 함은 행정청의 견해표명의 하자가 상대방 등 관계자의 사실은폐나 기타 사위의 방법에 의한 신청행위 등 부정행위에 기인한 것이거나 그러한 부정행위가 없다고 하더라도 하자가 있음을 알았거나 중대한 과실로 알지 못한 경우 등을 의미한다고 해석함이 상당하고 귀책사유의 유무는 상대방과 그로부터 신청행위를 위임받은 수임인 등 관계자 모두를 기준으로 판단하여야 한다'라고 판시한 바 있다(대판 2002.11.8. 2001두1512).

4. '신뢰보호의 원칙' 요건 판례(대판 2001.9.28. 2000두8684)

    일반적으로 행정상의 법률관계에 있어서 행정청의 행위에 대하여 신뢰보호의 원칙이 적용되기 위하여는, 첫째 행정청이 개인에 대하여 신뢰의 대상이 되는 공적인 견해표명을 하여야 하고, 둘째 행정청의 견해표명이 정당하다고 신뢰한 데에 대하여 그 개인에게 귀책사유가 없어야 하며, 셋째 그 개인이 그 견해표명을 신뢰하고 이에 상응하는 어떠한 행위를 하였어야 하고, 넷째 행정청이 위 견해표명에 반하는 처분을 함으로써 그 견해표명을 신뢰한 개인의 이익이 침해되는 결과가 초래되어야 하며, 마지막으로 위 견해표명에 따른 행정처분을 할 경우 이로 인하여 공익 또는 제3자의 정당한 이익을 현저히 해할 우려가 있는 경우가 아니어야 한다.

쟁점 13 실권의 법리 (B)

1. 의의 및 효력(행정기본법 제12조 제2항)

행정청은 권한 행사의 기회가 있음에도 불구하고 장기간 권한을 행사하지 아니하여 국민이 그 권한이 행사되지 아니할 것으로 믿을 만한 정당한 사유가 있는 경우에는 그 권한을 행사해서는 아니 된다. 다만, 공익 또는 제3자의 이익을 현저히 해칠 우려가 있는 경우는 예외로 한다. 이에 반하는 행정권 행사는 위법하게 된다.

2. 요건

실권의 법리가 적용되기 위하여는 ① 권리행사가 가능하였을 것, ② 장기간 권한의 불행사가 있을 것, ③ 권한불행사에 대한 국민의 신뢰가 형성되었을 것과 ④ 공익 또는 제3자의 이익을 현저히 해할 우려가 없을 것을 요건으로 한다.

3. 기타

행정기본법 제23조 제1항에서는 행정청은 법령등의 위반행위가 종료된 날부터 5년이 지나면 해당 위반행위에 대하여 제재처분(인허가의 정지·취소·철회, 등록 말소, 영업소 폐쇄와 정지를 갈음하는 과징금 부과를 말한다. 이하 이 조에서 같다)을 할 수 없다고 규정하고 있다.

쟁점 14 부당결부금지의 원칙 (A)

1. 의의 및 효력(행정기본법 제13조)

행정작용을 할 때 상대방에게 해당 행정작용과 실질적인 관련이 없는 의무를 부과해서는 안 된다는 원칙이다. 이에 반하는 행위는 위법하다.

2. 내용(요건) 및 적용례

실질적 관련성은 원인적 관련성과 목적적 관련성을 뜻한다. 원인적 관련성은 행정작용은 반대급부와 결부되어야 하고, 목적적 관련성은 반대급부는 주된 행정작용과 동일 목적의 범위에서 급부되어야 한다. ① 기부채납의무의 부담, ② 관허사업의 제한과 관련하여 특히 문제될 수 있다.

> **＊ 비례원칙과의 관계**
> 부당결부금지의 원칙은 비례의 원칙 중 적합성의 원칙은 목적과 수단의 적합성을 동일 내용을 구성하고 있다. 따라서 부당결부금지원칙을 비례원칙보다 우선 검토해야 하며, 부당결부금지원칙에 반하지 않은 경우에 비례의 원칙 중 필요성 및 상당성의 원칙을 검토하면 된다.

> **＊ 심화학습 : 효력논의**
> 부당결부금지의 원칙이 헌법적 효력을 갖는 원칙이라면 부당결부금지의 원칙에 반하는 행정권 행사는 법률에 근거한 것이라도 위법한 것이 된다.
>
> **1. 헌법적 효력설**
> 부당결부금지의 원칙은 법치국가의 원리와 자의금지의 원칙으로부터 도출된다고 보면서 부당결부금지의 원칙은 헌법적 효력을 갖는다는 견해이며 다수견해이다.
>
> **2. 법률적 효력설**
> 부당결부금지의 원칙은 법치국가의 원칙과 무관하지 않지만 부당결부금지의 원칙의 직접적 근거는 권한 법정주의와 권한남용금지의 원칙에 있다고 보는 것이 타당하므로 부당결부금지의 원칙은 법률적 효력을 갖는 법원칙으로 보는 견해이다. 행정기본법 제13조에서 이를 명문화하고 있다.

쟁점 15 성실의무의 원칙 (B)

1. 의의 및 근거

성실의무의 원칙이란 행정청은 법령등에 따른 의무를 성실히 수행하여야 한다는 것으로서 행정기본법 제11조 제1항에 근거한다.

2. 적용범위 및 위반 시 효과

성실의무의 원칙은 모든 행정분야에 적용되며, 이에 반하는 행정작용은 무효 또는 취소할 수 있는 행위가 된다.

쟁점 16 권한남용 금지의 원칙 (B)

1. 의의 및 근거

권한남용 금지의 원칙은 행정청은 행정권한을 남용하거나 그 권한의 범위를 넘어서는 안된다는 원칙으로 행정기본법 제11조 제2항에 근거한다.

2. 적용범위 및 위반 시 효과

권한남용 금지의 원칙은 모든 행정분야에 적용되며, 이에 반하는 행정작용은 무효 또는 취소할 수 있는 행위가 된다.

쟁점 17 소급적용금지의 원칙 (B)

1. 소급적용금지의 원칙

(1) 의의(행정기본법 제14조)

새로운 법령등은 법령등에 특별한 규정이 있는 경우를 제외하고는 그 법령등의 효력발생 전에 완성되거나 종결된 사실관계 또는 법률관계에 대해서는 적용되지 아니한다는 원칙을 말한다. 법령의 효력발생일 이전에 종결되지 않은 사안에도 효력이 미친다(부진정소급적용).

(2) 내용

① 새로운 법령등은 법령등에 특별한 규정이 있는 경우를 제외하고는 그 법령등의 효력발생 전에 완성되거나 종결된 사실관계 또는 법률관계에 대해서는 적용되지 아니한다.

② 당사자의 신청에 따른 처분은 법령등에 특별한 규정이 있거나 처분 당시의 법령등을 적용하기 곤란한 특별한 사정이 있는 경우를 제외하고는 처분 당시의 법령등에 따른다.

③ 법령등을 위반한 행위의 성립과 이에 대한 제재처분은 법령등에 특별한 규정이 있는 경우를 제외하고는 법령등을 위반한 행위 당시의 법령등에 따른다. 다만, 법령등을 위반한 행위 후 법령등의 변경에 의하여 그 행위가 법령등을 위반한 행위에 해당하지 아니하거나 제재처분 기준이 가벼워진 경우로서 해당 법령등에 특별한 규정이 없는 경우에는 변경된 법령등을 적용한다.

쟁점 18   소급입법 금지의 원칙 (B)

1. 의의

법치주의 원칙인 법적 안정성에 근거하여 이미 종결된 사안에 대한 입법은 금지된다는 원칙을 말한다. 예외적으로 소급입법을 예상할 수 있거나 보호이익이 적은 경우에는 소급입법이 인정될 수 있다(친일반민족행위자 재산의 국가귀속에 관한 특별법 등).

쟁점 19   기타 일반원칙 (C)

1. 적법절차의 원칙

적법절차의 원칙이란 누구든지 법률이 규정하고 있는 절차에 따라서만 처분할 수 있다는 원칙으로 국민의 권리를 제한하는 경우에는 법률에 정해진 절차와 내용을 따라야 한다는 원칙을 말한다.

2. 수인성의 원칙

수인성의 원칙이란 행정작용은 그 결과를 사인이 수인하리라고 기대할 수 있는 경우에만 정당화될 수 있다는 원칙을 말한다.

관련조문 행정기본법

제2조(정의)
1. "법령등"이란 다음 각 목의 것을 말한다.
   가. 법령 : 다음의 어느 하나에 해당하는 것
      1) 법률 및 대통령령·총리령·부령
      2) 국회규칙·대법원규칙·헌법재판소규칙·중앙선거관리위원회규칙 및 감사원규칙
      3) 1) 또는 2)의 위임을 받아 중앙행정기관(「정부조직법」 및 그 밖의 법률에 따라 설치된 중앙행정기관을 말한다. 이하 같다)의 장이 정한 훈령·예규 및 고시 등 행정규칙
   나. 자치법규 : 지방자치단체의 조례 및 규칙

제38조(행정의 입법활동)
① 국가나 지방자치단체가 법령등을 제정·개정·폐지하고자 하거나 그와 관련된 활동(법률안의 국회 제출과 조례안의 지방의회 제출을 포함하며, 이하 이 장에서 "행정의 입법활동"이라 한다)을 할 때에는 헌법과 상위 법령을 위반해서는 아니 되며, 헌법과 법령등에서 정한 절차를 준수하여야 한다.
② 행정의 입법활동은 다음 각 호의 기준에 따라야 한다.
   1. 일반 국민 및 이해관계자로부터 의견을 수렴하고 관계 기관과 충분한 협의를 거쳐 책임 있게 추진되어야 한다.
   2. 법령등의 내용과 규정은 다른 법령등과 조화를 이루어야 하고, 법령등 상호 간에 중복되거나 상충되지 아니하여야 한다.
   3. 법령등은 일반 국민이 그 내용을 쉽고 명확하게 이해할 수 있도록 알기 쉽게 만들어져야 한다.

관련조문 헌법

제40조
입법권은 국회에 속한다.

제75조
대통령은 법률에서 구체적으로 범위를 정하여 위임받은 사항과 법률을 집행하기 위하여 필요한 사항에 관하여 대통령령을 발할 수 있다.

제76조
① 대통령은 내우·외환·천재·지변 또는 중대한 재정·경제상의 위기에 있어서 국가의 안전보장 또는 공공의 안녕질서를 유지하기 위하여 긴급한 조치가 필요하고 국회의 집회를 기다릴 여유가 없을 때에 한하여 최소한으로 필요한 재정·경제상의 처분을 하거나 이에 관하여 법률의 효력을 가지는 명령을 발할 수 있다.
② 대통령은 국가의 안위에 관계되는 중대한 교전상태에 있어서 국가를 보위하기 위하여 긴급한 조치가 필요하고 국회의 집회가 불가능한 때에 한하여 법률의 효력을 가지는 명령을 발할 수 있다.

제95조
국무총리 또는 행정각부의 장은 소관사무에 관하여 법률이나 대통령령의 위임 또는 직권으로 총리령 또는 부령을 발할 수 있다.

쟁점 20 │ 기본개념 (S)

1. 입법이란

국가기관(의회)이 입법절차에 따라 일반적·추상적 규범인 법을 제정하는 작용을 말한다.

2. 행정입법이란

행정권이 일반적, 추상적 규범을 정립하는 작용을 말한다. 법률과 함께 행정행위의 근거가 된다. 행정입법이란 통상 법규명령을 의미하나 행정규칙을 포함하는 개념으로도 사용된다.

3. 법규명령이란(대내·외적7) 구속력을 갖는 규범)

행정권이 제정하는 법규를 말한다.
① **위임명령** : 법률 또는 상위명령의 위임(수권규정)에 의해 제정되는 명령이다.
② **집행명령** : 상위법령의 집행을 위하여 필요한 사항을 법령의 위임 없이 직권으로 발하는 명령을 말한다. 새로운 법규사항을 정할 수 없다.

4. 행정규칙

행정의 사무처리기준으로 제정된 일반적, 추상적 규범을 말한다. 통상 법적 근거 없이 제정되고 법규가 아닌 점에서 법규명령과 구별된다.

5. 법규명령과 행정규칙의 구별

법규명령은 행정기관이 상위법령의 위임에 따라 제정한 법규로서 국민을 구속하는 힘(대외적 구속력, 법규성)을 가진다. 반면, 행정규칙은 행정 내부의 조직과 활동을 규율하기 위한 것으로 법규의 성질을 가지지 않는다.

쟁점 21 │ 법규명령 (A)

1. 의의 및 근거

행정권이 제정하는 법규성 있는 규범을 의미한다. 법규명령은 대외적 구속력 측면에서 행정규칙과 구분되며 통상 처분성이 부정된다. 법규명령은 헌법 제75조, 제76조, 제95조 등에 근거한다.

2. 종류

(1) 근거에 따른 분류

① 헌법 제75조에 근거한 대통령령, ② 헌법 제95조에 근거한 총리령 및 부령으로 분류된다.

---

7) 대내적이란 행정주체를 말하고, 대외적이란 국민을 뜻한다.

각각은 집행명령과 위임명령을 포함한다. 법규명령형식의 행정규칙의 경우 판례는 시행령 형식은 법규명령으로, 부령형식은 행정규칙으로 판시한 바 있다. 다만, 양자 모두 헌법에 근거한 법규명령이라는 점에서 법규성을 모두 인정함이 타당하다고 판단된다.

(2) 제정 방법에 따른 분류

① 법률이나 상위명령의 위임에 의한 위임명령, ② 상위법령의 집행을 위한 사항을 직권으로 발하는 집행명령으로 분류된다.

3. 법규명령의 성립

제정권자가 제정하여 법규명령의 형식으로 관보에 공포함으로써 성립한다. 법규명령의 성립요건에 하자가 있는 경우 위법한 것이 된다. 위법한 법규명령은 행정행위와는 달리 무효가 된다(대판 2008.11.20, 2007두8287).

4. 법규명령의 효력 및 소멸요건

① 시행일이 정하여지지 않은 경우에는 공포한 날로부터 20일을 경과함으로써 효력을 발생한다.
② 법규명령은 폐지에 의해 소멸된다.
③ 법규명령의 성립요건에 하자가 있는 경우 위법한 것이 된다. 위법한 법규명령은 무효가 된다.

5. 법규명령의 효력

법규명령은 행정주체와 국민 간의 관계를 규율하는 법규범으로서 대외적 구속력을 갖는다. 따라서 국민이 이를 위반하면 행정강제 내지는 행정벌의 대상이 되고, 이에 반하는 행정작용은 위법한 행위가 된다.

6. 법규명령의 통제

(1) 직접적 통제

① 행정소송의 대상이 될 수 있는 것은 구체적인 권리의무에 관한 분쟁이어야 하고, 일반적·추상적인 법령 그 자체로서 국민의 구체적인 권리의무에 직접적인 변동을 초래하는 것이 아닌 것은 그 대상이 될 수 없다.
② 다만, 예외적으로 처분적 성질을 갖는 명령은 항고소송의 대상이 된다.

(2) 간접적 통제(다음 쟁점으로 후술)

사인이 구체적인 처분을 소송으로 다투면서 위법성의 근거로, 처분의 근거가 된 법규명령의 위헌, 위법을 주장하는 것을 말한다.

(3) 헌법재판소에 의한 통제

처분기준 자체만으로 국민의 기본권을 침해하며 항고소송의 구제수단이 없는 경우라면 권리구제형 헌법소원을 제기할 수 있을 것이다(헌법재판소는 자동집행력을 갖는 법규명령을 헌법소원의 대상으로 보고 있다). 침해의 직접성 및 보충성이 요구된다.

1) 의의

권리구제형 헌법소원이란 공권력의 행사나 불행사로 인해서 헌법에서 보장된 기본권이 침해당한 경우 사인이 직접 헌법재판소에 제소하는 것을 말한다.

2) 헌법소원 제기기간

권리구제형 헌법소원 심판은 그 사유가 있음을 안 날로부터 90일, 그 사유가 있은 날로부터 1년 이내에 청구해야 한다. 만약 다른 법률에 의한 구제절차를 거친 경우에는 최종결정 통지일로부터 30일 이내에 청구해야 한다(헌법재판소법 제69조).

3) 효력

헌법소원을 인용하는 경우 헌법재판소는 기본권 침해의 원인이 되는 공권력 행사를 취소하거나 그 불행사가 위헌임을 확인할 수 있다. 통상 헌법재판소는 법규명령 헌법소원에서 단순위헌결정을 내리는데, 이러한 경우 행정입법은 장래를 향해 효력이 상실된다. 헌법소원의 인용결정은 모든 국가기관과 지방자치단체를 기속한다.

---

* 헌법소원

① 권리구제형 헌법소원이란 국가공권력의 행사나 불행사로 인해서 헌법에서 보장된 기본권이 침해당한 경우 사인이 직접 헌법재판소에 제소하는 제도이다. 권리구제형 헌법소원에서는 법이 위헌인지를 판단하는 것이 아니라 공권력의 행사(예컨대 취소처분이나 가산점 부여 등)가 기본권을 침해해서 위헌인지 아닌지를 판단하는 것이다.

② 위헌소원(또는 위헌심사형 헌법소원)은 일반인이 재판에서 법원에 위헌법률심판을 해달라고 신청했다가 법원에서 기각되거나 각하된 경우, 헌법재판소로 바로 가서 재판의 전제가 된 그 법률이 위헌인지 아닌지를 가려달라는 것이다.

③ 헌법소원은 국민의 기본권 침해를 구제하는 수단이기도 하고(권리구제형 헌법소원), 구체적인 상황에 적용되는 법률의 위헌 여부를 가리는 수단이기도 하다(위헌소원). 권리구제형 헌법소원은 사건번호가 '2006헌마123'과 같이 나오고, 위헌소원은 사건번호가 '2006헌바123'과 같이 나온다.

관련조문 헌법재판소법

제41조(위헌 여부 심판의 제청)

① 법률이 헌법에 위반되는지 여부가 재판의 전제가 된 경우에는 당해 사건을 담당하는 법원(군사법원을 포함한다)은 직권 또는 당사자의 신청에 의한 결정으로 헌법재판소에 위헌 여부 심판을 제청한다.

② 제1항의 당사자의 신청은 제43조 제2호부터 제4호까지의 사항을 적은 서면으로 한다.

③ 제2항의 신청서면의 심사에 관하여는 「민사소송법」 제254조를 준용한다.

④ 위헌 여부 심판의 제청에 관한 결정에 대하여는 항고할 수 없다.

⑤ 대법원 외의 법원이 제1항의 제청을 할 때에는 대법원을 거쳐야 한다.

제68조(청구사유)

① 공권력의 행사 또는 불행사로 인하여 헌법상 보장된 기본권을 침해받은 자는 법원의 재판을 제외하고는 헌법재판소에 헌법소원심판을 청구할 수 있다. 다만, 다른 법률에 구제절차가 있는 경우에는 그 절차를 모두 거친 후에 청구할 수 있다.

---

② 제41조 제1항에 따른 법률의 위헌 여부 심판의 제청신청이 기각된 때에는 그 신청을 한 당사자는 헌법재판소에 헌법소원심판을 청구할 수 있다. 이 경우 그 당사자는 당해 사건의 소송절차에서 동일한 사유를 이유로 다시 위헌 여부 심판의 제청을 신청할 수 없다.

(4) 기타 통제수단

국무회의 심의, 법제처 심사, 행정절차법상 입법예고, 중앙행정심판위원회의 시정조치, 의회에의 제출절차, 의회의 동의 또는 승인권 유보, 국정감사 등

✔ 알아두기

* 비고 : 대외적 구속력과 처분성

대외적 구속력이 인정되는 것이 처분성이 인정된다는 것은 아니다. 대외적 구속력은 국민을 구속하는 규범으로서 작용하는 것이고, 이러한 내용이 직접적으로 국민을 구속하기 위해서는 집행작용이 있어야 하며 집행작용을 통해 개별·구체적인 구속력이 발생하게 된다. 만약, 규범 그 자체로 개별·구체성이 인정되는 경우에는 처분적 법규명령으로 보아 처분성이 인정될 수 있다.

법규성을 가지는 법규명령은 통상 일반·추상적이어서 처분성을 가지지 못하는 것이 대부분이다. 즉, 개별, 구체성에 양자는 차이가 있다. 하지만 두밀분교폐교조례와 같이 예외적으로 처분성을 가지는 경우도 있다.

쟁점 22 구체적 규범통제 (A)

1. 구체적 규범통제의 의의 및 근거

① 구체적인 처분을 소송으로 다투면서 위법성의 근거로, 처분의 근거가 된 법규명령의 위헌, 위법을 주장하는 것을 말한다. 이는 헌법 제107조 제2항에 근거한다.
② 구체적 규범통제의 대상은 명령과 규칙이다.

2. 구체적 규범통제의 주체

통제 주체는 각급 법원이며, 대법원이 최종 심사권을 갖는다.

3. 법규명령의 한계

(1) 위임명령

1) 수권의 한계(포괄위임의 금지)

헌법 제75조는 "구체적으로 범위를 정하여" 위임하도록 하고 있다. 구체적 위임이란 수권법률 규정만으로 위임내용의 대강을 예측할 수 있는 것을 말한다.

2) 제정상 한계

위임명령은 수권의 범위 내에서 제정되어야 하고, 헌법과 상위법령에 반하는 내용을 제정해서는 아니 되며, 헌법과 법령등에서 정한 절차를 준수하여야 한다.

3) 재위임 제한

위임받은 사항을 전혀 규정하지 아니하고 모두 재위임하는 것은 복위임금지의 법리에 반하여 인정되지 않는다.

4) 국회 전속 입법사항 금지

헌법은 재산권의 수용, 사용, 제한 및 그에 따른 보상 등을 법률로써 규정하도록 하기 때문에 명령으로 규정할 수 없다.

(2) 집행명령

집행명령은 집행하기 위해 필요한 사항만을 규정할 수 있다. 이에 상위법령 내에서 구체적 절차나 형식 등만을 규정할 수 있을 뿐 새로운 사항을 정할 수 없다.

4. 구체적 규범통제의 효력

(1) 학설

1) 개별적 효력설

구체적 규범통제는 재판의 전제가 된 경우에만 가능하고, 법원은 구체적 사건의 심사를 목적으로 하며 법령의 심사를 목적으로 하지 않으므로 해당 사건에 한하여 적용되지 않는다고 본다.

2) 일반적 효력설

행정소송법 제6조가 대법원의 명령·규칙의 위헌·위법성 판단을 공고하도록 하는 것은 일반적 효력을 전제로 한 것이라는 점을 근거로 해당 법령은 일반적으로 무효가 된다고 본다.

(2) 판례

판례는 명령이 위법하다는 판결이 난 경우 당해 사건에서만 적용이 배제되는 것으로 보고 있다(93부32).

(3) 검토

행정소송법 제6조는 대법원에서 위헌·위법으로 판단된 명령·규칙이 다른 사건에 적용됨을 방지하기 위하여 이를 관보에 공고하는 것이지 일반적으로 무효가 됨을 공고하도록 하는 것이 아니므로 개별적 효력설이 타당하다.

❷ 알아두기

	소송대상	취소대상	취소사유
직접통제	법규명령	법규명령	법을 위반한 집행처분
간접통제	집행처분	집행처분	법규명령 기준 자체의 하자

쟁점 23 행정규칙 (A)

1. 의의

행정규칙이란 행정조직 내부의 사무처리기준을 규정한 일반적·추상적 규범을 말한다. 대외적 구속력을 갖지 않는 점에서 법규명령과 구별된다.

2. 행정규칙의 근거 및 한계

법령의 수권을 요하지 않는다. 법치주의의 일반원칙 및 법령이나 상위규칙에 반해서는 안 된다. 또한 실현가능한 내용이어야 한다.

3. 행정규칙의 종류

(1) 고시 형식

고시 형식의 행정규칙이란 행정 내부의 조직과 활동을 규율하기 위한 사무처리 기준으로 행정기관이 발령하는 것이다. 이는 일반·추상적 성질을 갖는다.

(2) 훈령 형식

훈령은 협의의 훈령, 지시, 예규, 일일명령으로 세분된다. ① 협의의 훈령이란 상급관청이 하급관청에 장기간 동안 권한 행사를 지시하기 위해 발하는 명령이다. ② 지시란 상급기관이 하급기관에 개별, 구체적으로 발하는 명령이다. ③ 예규란 행정사무의 통일을 위해 반복적 행정사무의 기준을 제시하는 것이다. ④ 일일명령이란 당직, 출장 등과 같은 일일업무에 관한 명령을 의미한다.

4. 법적 성질

(1) 학설

① 법규성을 부정하는 비법규설, ② 행정권의 시원적인 입법권을 인정하여 법규성을 인정하는 법규설, ③ 평등의 원칙 및 자기구속의 법리를 매개로 법규성을 인정할 수 있다는 준법규설이 대립된다.

(2) 판례

훈령에 규정된 청문을 거치지 않은 것은 위법하다고 본 판례가 있으나 예외적인 사건으로 보이며 일반적으로 행정규칙의 법규성을 인정하지 않는다.

(3) 검토

행정규칙의 법규성을 인정하는 것은 법률의 법규창조력에 반하므로 부정설이 타당하나 평등의 원칙이나 자기구속의 법리를 매개로 하는 경우에는 법규성을 긍정함이 타당하다.

5. 행정규칙의 효력

① 행정규칙은 행정조직 내부의 상대방을 구속하는 대내적 구속력이 인정된다. 직접적인 대외적 구속력은 인정되지 않는다. ② 평등의 원칙이나 자기구속력의 매개로 하는 경우(주로 재량준칙인 경우)에는 대외적인 구속력을 갖는다.

6. 행정규칙의 사법적 통제

① 판례는 행정규칙은 항고소송의 대상인 처분이 되지 않는다고 본다(대판 2012.11.29, 2008두 21669). ② 헌법재판소는 행정규칙이 기본권을 침해하고 다른 방법으로 이러한 침해를 다툴 수 없는 경우에는 헌법소원의 대상이 된다고 한다(헌재 2013.8.29, 2012헌마767).

---

* 심화학습 : 재량준칙의 경우

1. 의의 및 기능
   재량준칙은 재량권 행사의 기준을 정하는 행정규칙을 말하며, 그 자체로서는 국민에게 직접적인 법적 효과를 미치지 않는다. 재량준칙은 국민에게 법적 안정성을 보장하고, 행정에 일관성을 보장하며, 재량권 의 자의적인 행사를 방지하고, 행정권 행사의 편의성을 보장하기 위하여 사용된다.

2. 외부적 효력과 성질
   (1) 학설
   ① 부정설은 재량준칙은 행정조직 내부에서의 재량권 행사의 기준을 정하는 행정규칙이므로 외부적 구속력이 없다고 본다.
   ② 새로운 견해(평등원칙 및 자기구속 법리 설)는 평등원칙 및 자기구속 법리를 매개로 하여 간접적으 로 대외적인 구속력을 갖는다고 본다. 재량준칙은 그 자체가 직접 대외적 구속력을 갖는 것은 아니지만 특별한 사유 없이 재량준칙의 내용과 다른 처분을 하는 것은 평등원칙 및 자기구속 법리 에 반한다는 견해이다.
   ③ 법규설은 행정권에도 일정한 한도 내에서 고유한 법규제정권이 있다는 전제 하에 행정권이 독자적 입법권에 근거해 제정한 법규로 본다.

   (2) 판례 및 검토
   판례는 원칙상 행정규칙에 대해 대외적 구속력을 인정하지 않으나 특별한 사정 없이 재량준칙을 따르 지 않은 처분을 재량권 남용이라고 판시한 경우가 다수 있다. 평등원칙 및 자기구속법리에 의거 특별 한 사정이 없는 한 재량준칙의 대외적 구속력을 인정함이 타당하다.

쟁점 24 법규명령 형식의 행정규칙 [S]

1. 문제점

제재적 처분기준이 법규명령의 형식으로 제정되었으나 그 실질이 행정규칙의 내용을 갖는 경우, 이에 대한 대외적 구속력이 인정되는지가 문제된다.

2. 법적 성질

(1) 학설

① 규범의 형식과 법적 안정성을 중시하여 법규명령으로 보는 견해(형식설)와, ② 규범의 실질과 구체적 타당성을 중시하여 행정규칙으로 보는 견해(실질설), ③ 상위법의 수권 유무로 판단하는 수권여부기준설이 대립한다.

(2) 판례

대법원은 제재적 처분기준과 관련하여서는 ① (구)식품위생법 시행규칙상 제재적 처분기준은 행정규칙으로 보며, ② (구)청소년보호법 시행령상 과징금처분기준을 법규명령으로 보면서 그 처분기준은 최고한도로 보아 구체적 타당성을 기한 사례가 있다. ③ 다만, (구)여객자동차 운수사업법 시행규칙은 시외버스운송사업의 사업계획변경에 관한 절차·인가기준 등을 구체적으로 규정한 것으로서 대외적인 구속력이 있는 법규명령으로 본 바 있다.

(3) 검토

대통령령과 부령을 구분하는 판례의 태도는 합리적 이유가 없으므로 타당성이 결여된다. 또한 부령의 경우에도 법규명령의 형식을 갖는 이상 법제처의 심사에 의해 절차의 정당성을 확보하고, 공포를 통한 예측가능성이 보장된다는 점에서 부령인 경우도 법규성을 긍정함이 타당하다.

3. 법적 효력

(1) 실질설에서의 효력

법규명령 형식의 행정규칙은 행정규칙의 성질을 가지므로 재량준칙으로서의 효력과 구속력이 발생된다.

(2) 형식설에서의 효력

법규명령 형식의 행정규칙은 법규명령으로서의 효력이 발생된다.

4. 권리구제(구체적 규범통제)

(1) 구체적 규범통제

전술 참조

(2) 손해배상청구소송

위법한 법규명령에 기한 처분은 위법성이 인정되므로 손해배상의 요건을 모두 충족하는 경우라면 손해배상을 청구할 수 있다.

(3) 권리구제형 헌법소원

처분기준 자체만으로 국민의 기본권을 침해하며 항고소송의 구제수단이 없는 경우라면 권리구제형 헌법소원을 제기할 수 있을 것이다.

5. 관련문제

판례는 위헌 및 위법인 법규명령에 근거한 처분의 경우에는 당해 법규명령은 무효이나, 그에 근거한 처분은 중대명백설에 따라 중대한 하자이나 처분당시에는 위헌 및 위법임을 명백하게 알 수 없으므로 취소사유에 해당한다고 한다.

쟁점 25 | 법령보충적 행정규칙 [S]

1. 법령보충적 행정규칙의 의의 및 인정여부

형식은 행정규칙이나 실질은 법령을 보충하는 사항을 정하는 것을 의미한다. 인정 여부에 대하여 견해의 대립이 있으나 다수견해 및 판례는 법령의 수권을 받아 제정되는 것을 논거로 하여 긍정한다.

---

* 인정 여부

1. 견해의 대립

   (1) 부정설(위헌무효설)

   법규적 사항은 헌법 제75조 및 제95조의 형식을 갖추어야 하므로 행정규칙의 형식으로 법규적 사항을 정하는 것은 헌법규정에 반한다고 본다.

   (2) 긍정설

   행정의 탄력적인 운용을 위해서 법령의 위임에 근거하여 행정규칙의 형식으로 법규적 사항을 제정할 현실적 필요성이 인정된다고 본다.

2. 판례

   판례는 법령보충적 행정규칙에 대해 법규명령의 효력을 인정하고 있다(대판 2017.5.31, 2017두30764).

3. 검토

   법령의 위임규정을 근거로 하며 행정의 탄력적 운용을 위하여 긍정함이 타당하다.

---

2. 법적 성질에 대한 견해의 대립

(1) 학설

① 형식이 행정규칙이라면 행정규칙이라는 행정규칙설, ② 법규와 같은 효력을 가지나 형식이 행정규칙이므로 법규명령의 효력을 갖는 행정규칙으로 보는 견해, ③ 실질이 법규명령이라면 법규명령이라는 법규명령설, ④ 수권 유무를 기준으로 구별하는 수권여부기준설, ⑤ 행정규칙 형식의 법규명령은 헌법에 반한다는 위헌무효설이 있다.

(2) 판례

1) 긍정하는 판례

① 국세청장훈령인 재산세제사무처리규정은 상위법인 소득세법 시행령과 결합하여 법규성을 가진다고 판시한 바 있다.

② 토지가격비준표는 집행명령인 개별토지가격합동조사지침과 더불어 법령보충적 구실을 하는 법규적 성질을 가지고 있는 것으로 보아야 한다고 판시한 바 있다.

③ 토지보상법 시행규칙 제22조는 행정규칙의 형식이나 공익사업법의 내용이 될 사항을 구체적으로 정하여 내용을 보충하는 기능을 갖는 것이므로, 공익사업법 규정과 결합하여 대외적인 구속력을 가진다.[8]

2) 부정하는 판례

감정평가에 관한 규칙에 따른 '감정평가실무기준'은 일반 국민을 기속하지 않는다고 판시한 바 있다.

(3) 검토

상위법령의 위임이 있는 경우에는 그와 결합하여 법령을 보충하므로 법규성을 인정하는 것이 행정현실상 타당하다고 판단된다. 다만, 일반적인 법규명령절차를 거치지 않기 때문에 '국민의 예측가능성'을 고려하여 고도의 전문적 영역에 한정되어 최소한도로 인정해야 할 것이다.

3. 법령보충적 행정규칙의 한계

위임이 불가피한 경우에 한하여야 할 것이고, 위임범위를 벗어나지 않아야 할 것이다.

위임의 한계를 준수하고 있는지를 판단할 때에는, 법률 규정의 입법 목적과 규정 내용, 규정의 체계, 다른 규정과의 관계 등을 종합적으로 살펴야 하고, 법률의 위임 규정 자체가 의미 내용을 정확하게 알 수 있는 용어를 사용하여 위임의 한계를 분명히 하고 있는데도 고시에서 문언적 의미의 한계를 벗어났다든지, 위임 규정에서 사용하고 있는 용어의 의미를 넘어 범위를 확장하거나 축소함으로써 위임 내용을 구체화하는 단계를 벗어나 새로운 입법을 한 것으로 평가할 수 있다면, 이는 위임의 한계를 일탈한 것으로서 허용되지 아니한다.

---

8) 토지보상법 시행규칙은 부령 형식의 법규명령이므로 이를 법령보충적 행정규칙으로 보는 판례의 태도는 타당하지 않다.

4. 위법한 법령보충적 행정규칙의 효력

판례는 법령보충적 행정규칙이 법령의 위임범위를 벗어난 경우에는 법규명령으로서의 대외적 구속력이 인정되지 않는다고 한다.

5. 법령보충적 행정규칙의 사법적 통제

법규명령과 같이 재판의 전제가 된 경우에는 법원이 간접적으로 통제하고(구체적 규범통제), 법령보충적 행정규칙에 의해 직접적으로 국민의 권익이 침해당한 경우에는 권리구제형 헌법소원도 제기할 수 있을 것이다(보충성 요건이 충족되는 경우).

쟁점 26 ┃ 위헌·위법인 법령에 근거한 처분의 효력 및 집행 (D)

Ⅰ 위헌·위법인 법령에 근거한 처분이 무효인지

대법원은 중대명백설에 입각하여 일반적으로 법령이 위헌·위법인지는 헌법재판소의 위헌결정 또는 대법원의 위헌·위법 판결이 있기 전에는 객관적으로 명백한 것이라고 할 수는 없기 때문에 특별한 사정이 없는 한 취소할 수 있는 행위에 불과하다고 보고 있다(2004두619).

Ⅱ 불가쟁력이 발생한 행정처분에 위헌결정의 소급효가 미치는지 여부

헌법재판소의 위헌결정의 효력은 위헌제청을 한 '당해사건', '동종사건'[9])과 '병행사건'[10])뿐만 아니라, 위헌결정 이후 같은 이유로 제소된 '일반사건'에도 미친다.

이미 취소소송의 제기기간을 경과하여 확정력이 발생한 행정처분에는 위헌결정의 소급효가 미치지 않는다(2001두3181). 위헌인 법률에 근거한 조세부과처분에 따라 세금을 납부하였고, 당해 조세부과처분에 불가쟁력이 발생한 경우 이미 낸 세금의 반환청구가 인정되지 않는다.

Ⅲ 위헌인 법률에 근거한 처분의 집행력

위헌인 법률에 근거한 처분의 제소기간이 도과되어 이를 취소할 수 없는 경우에 해당 처분의무의 이행을 위한 집행절차를 실행할 수 있는지가 문제된다.

1. 견해의 대립

① 위헌인 법률에 근거한 처분에 의해 부과된 의무를 이행하지 않는 경우에 그 의무의 이행을 강제하는 것은 위헌결정의 기속력에 반한다고 보는 부정설과 ② 위헌·위법결정의 효력은 불가쟁력이 발생한 처분에 대해서는 소급효가 없고, 불가쟁력이 발생한 처분에 따른 강제집행은 취

---

9) 동종사건 : 소송이 제기되어 위헌제청을 한 사건
10) 병행사건 : 소송이 제기되었으나 위헌제청은 하지 않은 사건

소할 수 있지만 유효한 처분에 따라 존재하는 적법한 의무의 강제집행이므로 당해 처분의 집행이 가능하다고 보는 긍정설이 있다.

처분의 근거법령이 위헌인 것이지 강제집행의 근거법령이 위헌인 것은 아니라고 한다.

2. 판례 및 검토

① 판례는 위헌법률에 기한 행정처분의 집행이나 집행력을 유지하기 위한 행위는 위헌결정의 기속력에 반하여 허용되지 않는다고 본다. 판례가 타당하다.

② 처분의 근거가 되었던 법률규정에 대하여 위헌결정이 내려진 후 행한 처분의 집행행위는 당연무효이다(2010두10907).

쟁점 27 행정계획 (A)

> **관련조문** 행정절차법
>
> **제40조의4(행정계획)**
> 행정청은 행정청이 수립하는 계획 중 국민의 권리 · 의무에 직접 영향을 미치는 계획을 수립하거나 변경 · 폐지할 때에는 관련된 여러 이익을 정당하게 형량하여야 한다.

1. 행정계획의 의의 및 종류

행정목표를 달성하기 위한 행정수단을 종합 · 조정함으로써 장래의 일정한 시점에 일정한 질서를 실현하기 위하여 설정한 활동기준이나 그 설정행위를 말한다. ① 비구속적 계획, ② 반구속적 계획, ③ 구속적 계획이 있다.

2. 법적 성질

(1) 학설

① 행정계획은 "일반적 · 추상적인 규율을 정립하는 행위"라는 입법행위설, ② 행정계획의 결정 · 고시로 인해서 법관계의 변동을 가져오는 경우는 행정행위 성질을 갖는다는 행정행위설, ③ 계획마다 개별적으로 검토해야 한다는 복수성질설, ④ 행정계획은 규범도 아니고, 행정행위도 아닌 독자적 성질을 갖는다는 독자성설이 있다.

(2) 판례

① 도시계획결정과 관련하여 처분성을 인정하였으나, ② 도시기본계획은 일반지침에 불과하다고 하여 처분성을 부인한 바 있다. ③ 또한 최근 '4대강 살리기 마스터플랜' 등은 '4대강 살리기 사업'의 기본방향을 제시하는 계획으로서, 행정처분에 해당하지 않는다고 하였다.

(3) 검토

행정계획은 그 종류와 내용이 매우 다양하고 상이하므로, 행정계획의 법적 성질은 각 계획이 갖는 목적과 내용을 기준하여 개별적으로 검토되어야 할 것이다.

3. 계획재량과 형량명령

(1) 계획재량의 의의

계획청이 행정계획을 입안·결정함에 있어서 비교적 광범위한 형성의 자유를 갖는 것을 말한다. 계획재량은 목적과 수단의 선택 및 조정에 대한 목적프로그램이다.

(2) 재량과의 구분

　1) 질적차이 긍정설

계획재량은 목적과 수단의 규범구조이므로 요건과 효과구조인 재량과 상이하고 형량명령이론이 존재하므로 구분되어야 한다는 견해이다.

　2) 질적차이 부정설

재량의 범위인 양적 차이만 있고 형량명령은 비례칙이 행정계획분야에 적용된 것이라는 견해이다.

　3) 검토

규범구조상 계획재량은 목적프로그램에서, 행정재량은 조건프로그램에서 문제되며 전자는 절차적 통제가 중심적이나, 후자는 실체적 통제도 중요한 문제가 되므로 양자의 적용범위를 구분하는 것이 타당하다.

(3) 형량명령(계획재량에 대한 사법적 통제)

　1) 의의

형량명령이란 행정계획을 수립함에 있어서 관련된 이익을 정당하게 형량하여야 한다는 원칙을 말한다.

행정절차법 제40조의4에서는 행정청은 행정청이 수립하는 계획 중 국민의 권리·의무에 직접 영향을 미치는 계획을 수립하거나 변경·폐지할 때에는 관련된 여러 이익을 정당하게 형량하여야 한다고 규정하고 있다.

　2) 형량하자

판례는 행정주체가 행정계획을 입안, 결정함에 있어서 ① 이익형량을 전혀 행사하지 아니하거나(형량의 해태), ② 이익형량의 고려대상에 마땅히 포함시켜야 할 사항을 누락한 경우(형량의 흠결), ③ 또는 이익형량을 하였으나 정당성과 객관성이 결여된 경우(형량의 오형량)에는 그 행정계획결정은 형량에 하자가 있어서 위법하게 된다고 판시한 바 있다.

4. 권리구제

(1) 사전적 권리구제

공청회나 예고제도 등을 사전적 권리구제로 볼 수 있다.

(2) 사후적 권리구제

1) 행정쟁송

행정계획의 처분성이 인정되는 경우에는 항고쟁송의 대상이 된다.

2) 손해전보

위법한 행정계획의 수립, 변경 또는 폐지로 인한 손해에 대해서는 국가배상청구가 가능하며, 적법한 행정계획으로 특별한 희생이 발생된 경우에는 손실보상을 청구할 수 있다.

3) 헌법소원

구속력이 없는 행정계획안이나 행정지침이라도 국민의 기본권에 직접적으로 영향을 끼치고 법령의 뒷받침에 의하여 그대로 실시될 것이 틀림없을 것으로 예상되는 때에도 예외적으로 헌법소원의 대상이 된다.

쟁점 28 계획보장청구권 (C)

1. 계획보장청구권

행정청이 행정계획을 폐지, 변경하는 경우 당사자가 그 계획의 존속, 계획의 준수, 경과조치 및 손실보상 등을 요구할 수 있는 권리를 의미한다. 계획보장청구권은 행정계획분야에 있어서의 신뢰보호원칙의 적용례라고 할 수 있다.

> 계획의 존속을 주장하는 계획존속청구권, 계획의 이행을 주장하는 계획이행청구권, 계획의 변경이나 폐지로 인해 손실을 입게 될 개인이 경과조치나 적응조치를 요구하는 경과조치청구권, 계획의 폐지나 변경으로 개인의 보호가치 있는 신뢰가 침해된 경우 손해전보를 요청하는 손해전보청구권이 있다.

2. 계획변경청구권

계획변경청구권은 기존 계획의 변경을 청구하는 권리이다. 원칙적으로 행정계획 변경은 공익상의 목적을 이유로 하는 것이어서 인정되기 어렵다.

3. 인정 여부

개별법령에서 특별규정을 두고 있거나, 특별한 사정이 없는 한, 변화하는 행정의 탄력적 운용 측면에서 이러한 권리들은 인정되기 어려울 것이다. 그러나, 예외적으로 법규상 또는 조리상 계획변경신청권이 인정되는 경우에는 해당 계획의 변경을 청구할 수 있을 것이다.

4. 판례

(구)국토이용관리법(2002.2.4. 법률 제6655호 국토의 계획 및 이용에 관한 법률 부칙 제2조로 폐지)상 주민이 국토이용계획의 변경에 대하여 신청을 할 수 있다는 규정이 없을 뿐만 아니라, 국토건설종합계획의 효율적인 추진과 국토이용질서를 확립하기 위한 국토이용계획은 장기성, 종합성이 요구되는 행정계획이어서 원칙적으로는 그 계획이 일단 확정된 후에 어떤 사정의 변동이 있다고 하여 그러한 사유만으로는 지역주민이나 일반 이해관계인에게 일일이 그 계획의 변경을 신청할 권리를 인정하여 줄 수는 없을 것이지만, 장래 일정한 기간 내에 관계 법령이 규정하는 시설 등을 갖추어 일정한 행정처분을 구하는 신청을 할 수 있는 법률상 지위에 있는 자의 국토이용계획변경신청을 거부하는 것이 실질적으로 당해 행정처분 자체를 거부하는 결과가 되는 경우에는 예외적으로 그 신청인에게 국토이용계획변경을 신청할 권리가 인정된다고 봄이 상당하므로, 이러한 신청에 대한 거부행위는 항고소송의 대상이 되는 행정처분에 해당한다(대판 2003.9.23, 2001두10936).

도시계획구역 내 토지 등을 소유하고 있는 주민으로서는 입안권자에게 도시계획입안을 요구할 수 있는 법규상 또는 조리상의 신청권이 있다고 할 것이고, 이러한 신청에 대한 거부행위는 항고소송의 대상이 되는 행정처분에 해당한다(대판 2004.4.28, 2003두1806).

문화재보호구역(현 문화유산보호구역) 내 토지 소유자의 문화재보호구역 지정해제 신청에 대한 행정청의 거부행위를 항고소송의 대상이 되는 행정처분에 해당한다고 한 사례 : 문화재보호구역 내에 있는 토지소유자 등으로서는 위 보호구역의 지정해제를 요구할 수 있는 법규상 또는 조리상의 신청권이 있다고 할 것이고, 이러한 신청에 대한 거부행위는 항고소송의 대상이 되는 행정처분에 해당한다(대판 2004.4.27, 2003두8821).

---

1. **계획보장청구권의 의의**
   계획보장청구권이란 행정계획에 대한 관계국민의 신뢰를 보호하기 위하여 관계국민에 대하여 인정된 행정계획주체에 대한 권리를 총칭하는 개념이다. 계획보장청구권은 행정계획분야에 있어서의 신뢰보호의 원칙의 적용례라고 할 수 있다. 계획보장청구권에 포함되는 권리로는 계획존속청구권, 계획이행청구권, 경과조치청구권 및 손실보상청구권이 들어지고 있다.

2. **계획존속청구권**
   계획존속청구권이라 함은 계획의 변경 또는 폐지에 대하여 계획의 존속을 주장하는 권리를 말한다.

3. **계획준수청구권과 계획집행청구권**
   계획의 준수는 행정기관이 구속적 행정계획을 위반해서는 안 되는 것을 의미하며, 계획의 집행이란 행정기관이 계획의 목표를 달성하기 위하여 계획을 집행하는 것을 말한다.

4. **경과조치청구권(적응조치청구권)**
   행정계획의 존속을 신뢰하여 조치를 취한 자가 행정계획의 변경 또는 폐지로 인하여 받게 될 불이익을 방지하기 위하여 행정청에 대하여 경과조치 또는 적응조치를 청구할 수 있는 권리를 말한다.

5. **손해배상청구권과 손실보상청구권**
   위법한 계획의 변경 또는 폐지로 인하여 가해진 손해에 대하여는 국가배상법에 근거하여 국가배상청구가 가능하다.
   적법한 계획의 변경 또는 폐지로 인하여 특별한 손실을 받은 경우에 손실보상을 청구할 수 있다.

PART

03

행정행위

쟁점 29 행정행위의 개념 및 요건 (S)

1. 행정행위의 개념

행정청이 행하는 구체적인 사실에 대한 법집행으로서의 권력적 단독행위를 말한다. 행정행위는 행정기관의 행위로서 내부적 의사결정이 있어야 하고 외부에 표시되어야 한다.

2. 행정행위의 성립요건

(1) 행정청의 행위

행정행위는 행정청의 행위이다. 행정청은 행정주체의 의사를 내부적으로 결정하고 외부적으로 표시할 수 있는 권한을 가진 기관이다.

(2) 구체적 사실에 대한 공법행위

행정행위는 구체적 사실에 대한 법집행 행위이며, 국민의 권리와 이익에 직접적인 영향을 발생시킨다. 이러한 행위는 공법에 근거하는 행위이다.

(3) 법적 행위

법적 행위는 외부적으로 직접적인 법률 효과의 발생을 야기시키는 행위로서 사실행위와 구별된다.

(4) 법집행으로서의 권력적 단독행위

행정행위는 권력적 작용으로서 비권력작용과 구별된다. 일방적으로 국민의 권리와 의무의 법적 관계를 구체적으로 결정하는 행위이다.

쟁점 30 행정행위의 종류 (S)

1. 하명

하명이란 행정청이 국민에게 작위, 부작위, 급부 또는 수인의무를 명하는 행위를 말한다.

2. 허가

허가란 법령에 의해 제한된 개인의 자유를 적법하게 행사할 수 있도록 회복하여 주는 행위를 말한다.

> * 심화학습 : 법령의 근거 없는 허가거부의 가능성
>
> 1. 문제점
>   사인이 모든 요건을 갖추어 허가 등을 신청했음에도 행정청은 법령에 근거하지 않는 사유로 신청을 거부
>   할 수 있는지 문제된다.
>
> 2. 각 행정행위에 따른 해결
>   (1) 기속행위 : 법률유보원칙에 반하므로 위법하다(2006두1227).
>   (2) 재량행위 : 법률유보원칙에 위반하지 않는다. 재량행위는 법령 상 요건이 충족되더라도 거부처분을
>   할 수 있고 공익상 필요에 의해 거부처분 할 수 있기 때문이다(96누15213).
>   (3) 기속재량행위 : 다수는 기속재량행위의 개념을 부정하나 판례는 일부판결에서 인정한다. 예외적으로
>   중대한 공익상 필요가 있는 경우에는 이를 거부할 수 있다고 보아야 할 것이다(98두7503).

3. 면제

면제라 함은 법령에 의해 정해진 작위의무, 급부의무 또는 수인의무를 해제해 주는 행정행위를
말한다(예방접종면제 등).

4. 특허

특허란 권리, 능력, 법적 지위, 포괄적 법률관계를 설정하는 행위를 말한다. 실정법상으로는 면
허, 허가 등으로 불린다. 권리설정행위를 협의의 특허라고도 한다.

5. 인가

인가란 타인의 법률행위를 보충하여 그 행위의 효력을 완성시켜주는 행정행위를 말한다. 행정주
체의 보충적 의사표시이다.

6. 대리

대리란 제3자가 하여야 할 행위를 행정기관이 대신하여 행함으로써 제3자가 스스로 행한 것과
같은 효과를 발생시키는 행정행위를 말한다.

7. 확인

확인행위란 특정의 사실 또는 법률관계의 존재 여부에 관해 의문이 있거나 다툼이 있는 경우에
공권적으로 판단하여 확정하는 행위를 말한다.

8. 공증

공증행위란 특정의 사실 또는 법률관계의 존재를 공적으로 증명하는 행정행위를 말한다. 공증행
위의 효력은 사실 또는 법률관계의 존재에 대하여 공적 증거력을 부여하는 것이다.

9. 통지

통지행위는 특정인 또는 불특정 다수인에게 어떠한 사실을 알리는 행정행위를 말한다. 준법률행위적 행정행위로서 통지는 법적효과를 가져오는 행위(납세독촉 등)만을 말한다.

10. 수리

수리행위는 행정청에게 수리의무가 있는 경우에 신고, 신청 등 타인의 행위를 행정청이 적법한 행위로서 받아들이는 행위를 말한다.

◆ 알아두기

처분 개념정의

* 행정기본법 제2조 제2호

처분이란 행정청이 구체적 사실에 관하여 행하는 법 집행으로서 공권력의 행사 또는 그 거부와 그 밖에 이에 준하는 행정작용을 말한다.

** 행정절차법 제2조 제2호

처분이란 행정청이 행하는 구체적 사실에 관한 법 집행으로서의 공권력의 행사 또는 그 거부와 그 밖에 이에 준하는 행정작용(行政作用)을 말한다.

*** 행정소송법 제2조 제1호

처분등이라 함은 행정청이 행하는 구체적 사실에 관한 법집행으로서의 공권력의 행사 또는 그 거부와 그 밖에 이에 준하는 행정작용 및 행정심판에 대한 재결을 말한다.

형식적 행정행위

비권력작용인 행위는 원칙적으로 항고소송의 대상이 되지 않지만, 예외적으로 국민의 권리와 이익에 영향을 미치는 경우가 있을 수 있으며, 이러한 경우 국민의 권리구제를 위하여 항고소송의 대상으로 인정할 필요가 있다.
형식적 행정행위를 인정하는 견해는 소송법상 처분개념 중 "그 밖에 이에 준하는 행정작용"으로 본다.
형식적 행정행위를 부정하는 경우에는 비권력작용의 경우에는 당사자소송 등을 활용해야 한다고 본다.

쟁점 31 기속행위와 재량행위 (A)

1. 기속행위

기속행위는 법률의 요건이 충족되는 경우에는 법률규정에 따른 행위를 반드시 해야 하는 행위를 말한다. 행정청의 재량의 여지가 인정되지 않는 행위를 기속행위라고 한다.

2. 재량행위

(1) 의의

재량행위는 법률의 요건이 충족되는 경우에 행정청에게 특정효과의 선택 및 결정권이 인정되는 것을 말한다. 재량권의 행사에 의해 행해지는 행정행위를 재량행위라고 한다.

(2) 재량하자(재량권의 한계)

① 행정청은 재량이 있는 처분을 할 때에는 관련 이익을 정당하게 형량하여야 하며, 그 재량권의 범위를 넘어서는 아니 된다. 재량하자에는 재량권의 일탈, 남용, 불행사가 있다.

② 재량권 행사는 일탈·남용이 있는 경우에만 사법심사의 대상이 된다.

③ 재량을 행사할 때 판단의 기초가 된 사실인정에 중대한 오류가 있는 경우 또는 비례·평등의 원칙을 위반하거나 사회통념상 현저하게 타당성을 잃는 등의 사유가 있다면 이는 재량권의 일탈·남용으로서 위법하다.

(3) 법령상 요건 외의 사유로의 거부

판례는 "주택건설사업계획의 승인은 행정청의 재량행위에 속하므로 공익상 필요가 있으면 처분권자는 그 승인신청에 대하여 불허가 결정을 할 수 있으며, 여기에서 말하는 '공익상 필요'에는 자연환경보전의 필요도 포함된다"고 하여 재량행위인 경우에는 공익을 이유로 거부할 수 있다고 판시하고 있다.

3. 재량행위와 기속행위의 구별

일차적으로 법규정의 표현에 따라 구분하고 표현이 불분명한 경우에는 입법취지, 입법목적 및 행위의 성질 등을 종합적으로 고려하여 판단하여야 한다.

4. 기속재량행위

기속재량행위란 원칙상 기속행위이지만 예외적으로 중대한 공익을 이유로 인허가 또는 신고수리를 거부할 수 있는 행위를 말한다(교육환경을 이유로 건축허가를 거부하는 경우).

> *** 심화학습 : 재량행위와 기속행위의 구별 기준 논의**
>
> **1. 학설**
> 효과재량설은 행위의 효과를 기준으로 침익적 행위는 기속행위, 수익적 행위는 특별한 기속이나 국민의 권리·의무에 영향이 없다면 재량행위로 본다. 종합설은 법령의 규정 방식이나 취지, 목적 등을 종합적으로 고려하여 판단하는 견해이다. 기본권기준설은 기본권 보장과 공익성을 기준으로 판단하는 견해이다.
>
> **2. 판례**
> 판례는 입법취지, 입법목적 및 행위의 성질 등을 종합적으로 고려하여 판단한다.
>
> **3. 검토**
> 재량행위와 기속행위는 단일한 기준으로 구분하기 보다는 다양한 기준을 종합적으로 고려하여 구분하여야 할 것이다.

쟁점 32 판단여지 (C)

1. 의의

법률요건에 불확정개념의 해석이 있어 사법심사가 배제되는 행정청의 전문적인 판단영역을 말한다. 판단여지라 함은 요건을 이루는 불확정개념의 해석·적용에 있어서 이론상 하나의 판단만이 가능한 것이지만, 둘 이상의 판단이 모두 적법한 판단으로 인정될 수 있는 가능성이 있는 것을 말한다.

2. 인정 여부

(1) 학설

① 판단여지는 법인식의 문제이고 재량은 법효과 선택이므로 양자를 구분해야 한다는 긍정설과, ② 사법심사의 배제측면에서 양자는 구별실익이 없고 판단여지는 요건부분에 인정되는 예외적 재량이므로 구별을 부정하는 부정설이 있다.

(2) 판례

판례는 판단여지 영역으로 볼 수 있는 교과서 검인정 등의 문제를 재량으로 본다.

(3) 검토

생각건대 양자는 사법심사가 배제되는 점에서는 동일하나 판단여지는 법인식의 문제이므로 구분함이 타당하다.

3. 인정영역

① 시험에 있어서 성적의 평가와 같은 타인이 대체할 수 없는 비대체적인 결정영역
② 고도의 전문가로 구성된 직무상 독립성을 갖는 위원회의 결정인 구속적인 가치평가영역
③ 환경행정 또는 경제행정 분야 등 행정청이 고도의 전문가로서 내린 (미래)예측결정영역
④ 외교, 경제, 사회, 교통정책 등 행정정책적 결정 등이 판단여지가 인정되는 영역으로 논해지고 있다.

4. 판단여지의 한계

① 판단기준이 적법하게 구성되었는가, ② 절차규정이 준수되었는가, ③ 정당한 사실관계에서 출발하였는가, ④ 일반적으로 승인된 평가의 척도가 침해되지 않았는가의 여부는 사법심사의 대상이 된다. 또한 판단에 있어서도 일반원칙을 준수하여야 한다.

5. 참고 : 토지보상법상 사업인정과 판단여지

사업인정의 요건으로 공공성이 요구되는데 공공성은 대표적인 불확정개념이다. 공공필요성에 대

한 판단을 판단여지 영역으로 볼 수도 있으나 다수 및 판례는 일반 재량의 영역으로 보고 있다. 행정청이 문화재의 역사적·예술적·학술적 또는 경관적 가치와 원형의 보존이라는 목표를 추구하기 위하여 문화재보호법(현 문화유산의 보존 및 활용에 관한 법률) 등 관계 법령이 정하는 바에 따라 내린 전문적·기술적 판단은 특별히 다른 사정이 없는 한 이를 최대한 존중할 필요가 있는 점 등을 고려하여야 한다(대법원 2019.2.28. 선고 2017두71031 판결 [사업인정고시취소] : 주식회사 삼표산업이 풍납토성 보존을 위한 사업인정의 취소를 구한 사건).

쟁점 33 행정행위의 적법요건 (A)

행정행위의 효력이 발생되기 위해서는 행정행위가 성립되어 적법요건과 효력발생요건을 갖추어야 한다. 성립요건은 행정행위가 내부적으로 결정되어 외부로 표시되어야 하며, 외부로 표시되어 상대방에게 도달되어야 효력이 발생된다.

1. 주체

행정행위는 권한을 가지는 행정기관이 그 권한의 범위 내에서 행하여야 한다.

2. 절차

행정행위는 행정절차법 및 각종 개별법에서 정하는 절차를 준수하여야 한다.

3. 형식

행정청이 처분을 할 때에는 다른 법령 등에 특별한 규정이 있는 경우를 제외하고 문서로 하여야 한다.

4. 내용

법률유보의 원칙에 의거 중요한 사항은 법적 근거가 필요하다. 또한 법률우위의 원칙에 따라 성문법 및 행정법 일반원칙에 반하면 안 됨이 원칙이다.

쟁점 34 무효와 취소의 구별 (A)

1. 학설

(1) 중대명백설(통설)

중대명백설은 행정행위의 하자의 내용이 중대하고, 그 하자가 외관상 명백한 때에는 해당 행정행위는 무효가 되고, 그중 어느 한 요건 또는 두 요건 전부를 결여한 경우에는 해당 행정행위는 취소할 수 있는 행정행위라고 본다. ① 하자의 중대성이란 행정행위가 중요한 법률요건을 위반하고, 그 위반의 정도가 내용상 중대하다는 것을 말한다. ② 하자의 명백성이란 하자가 일반인의 식견에서 외관상 일견 명백하다는 것을 말한다.

(2) 명백성보충요건설

행정행위가 무효로 되기 위하여는 흠의 중대성은 항상 그 요건이 되지만, 명백성은 항상 요구되는 것은 아니고 행정의 법적 안정성이나 제3자의 신뢰보호의 요청이 있는 경우에만 가중적으로 요구되는 요건으로 파악하는 견해이다.

(3) 구체적 가치형량설

구체적 가치형량설은 구체적인 사안마다 권리구제의 요청과 행정의 법적 안정성의 요청 및 제3자의 이익 등을 구체적이고 개별적으로 이익형량하여 무효인지 취소할 수 있는 행정행위인지 여부를 결정하여야 한다고 본다.

2. 판례

하자 있는 행정처분이 당연무효가 되기 위하여는 그 하자가 법규의 중요한 부분을 위반한 중대한 것으로서 객관적으로 명백한 것이어야 하며, 하자가 중대하고 명백한 것인지 여부를 판별함에 있어서는 그 법규의 목적, 의미, 기능 등을 목적론적으로 고찰함과 동시에 구체적 사안 자체의 특수성에 관하여도 합리적으로 고찰함을 요한다'고 하여 원칙상 중대명백설을 취하고 있다.

3. 검토

법규의 목적, 의미, 기능 등을 종합고려하여 중대한 하자인지와 명백한 하자인지를 판단하여 취소와 무효사유를 구분하는 것이 타당하다고 사료된다.

4. 기타

무효확인의 소를 주위적 청구로 하고, 취소청구의 소를 예비적으로 제기하거나, 추가적으로 병합할 수 있다(2005두3554).

* 심화학습 : 위헌인 법률에 근거한 행정행위의 위법성과 정도

 1. 문제점

　헌법재판소가 법률의 위헌을 결정하면 그 법률에 근거해 발령되는 행정행위는 위헌결정의 기속력에 반하여 당연무효이다. 다만, 헌법재판소가 법률을 위헌으로 결정하기 전 이미 행정행위가 발령되었고 그 이후에 근거 법률에 대해 위헌결정이 행해졌다면 행정행위의 위법성이 인정되는지, 그 위법성 정도는 어떻게 되는지 문제된다.

 2. 원칙상 장래효

　헌법재판소법 제47조 제2항에 의거 위헌결정이 있는 날부터 효력이 상실되므로 위법하게 되지 않음이 원칙이다. 다만, 동법 동조 제3항에 의거 형벌에 관한 법률 또는 법률의 조항은 소급효를 갖는다.

 3. 해석에 의한 소급효

　대법원은 위헌결정의 효력은 당해 사건은 물론 병행사건과 위헌결정 이후 같은 이유로 제소된 일반 사건에도 원칙적으로 소급효가 미친다고 한다(92누12247). 또한 위헌결정이 있기 전에는 위헌이 객관적으로 명백하다고 볼 수 없으므로 취소사유로 보았다(92누9463).

　헌법재판소는 일반사건의 경우 원칙적으로 소급효를 부정하나 법적 안정성 침해 우려가 없는 경우 예외적으로 소급효를 인정한다. 또한 대법원과 같은 사유로 취소사유로 본다(2003헌바113). 다만, 행정처분을 무효로 하더라도 법적 안정성을 크게 해치지 않는 반면 그 하자가 중대하여 구제가 필요한 경우에는 예외적으로 무효사유로 본다(92헌바23).

쟁점 35 절차하자의 독자 위법성 (S)

1. 문제점

　처분이 실체상 위법성은 없으나 절차상 위법성이 인정되는 경우에 절차상의 위법만을 이유로 처분의 위법성을 인정해야 하는지가 문제된다.

2. 학설

　① 적법절차의 보장 관점에서 독자적 위법사유가 되며, 특히 행정소송법 제30조 제3항에서 절차하자로 인한 취소의 경우에도 기속력을 인정한다는 점을 논거로 하는 긍정설, ② 절차는 수단에 불과하며, 적법한 절차를 거친 동일한 처분을 다시 받게 되어 행정경제상 불합리하다는 점을 논거로 하는 부정설이 대립한다. ③ 또한 기속, 재량을 구분하여 재량행위인 경우에는 긍정하고 기속행위인 경우에는 부정하는 견해가 있다.

3. 판례

　대법원은 ① 기속행위인 과세처분에서 이유부기 하자, ② 재량행위인 영업정지처분에서 청문절차를 결여한 것은 절차적 하자를 구성한다고 판시한 바 있다.

4. 검토

생각건대 내용상 하자만큼 절차적 적법성을 지키는 것이 필요하며, 현행 행정소송법 제30조 제3항에서 절차하자로 인한 취소의 경우에도 기속력을 준용하고 있으므로 독자적 위법사유가 된다고 보는 긍정설이 타당하다.

5. 절차상 하자의 위법성 정도

중대명백설에 따라 판단해야 할 것이다. 절차상 하자가 존재하여 실체법상 내용에 중대한 영향을 미치는 경우라면 중대한 하자로 볼 수 있으며, 외관상 명백한 경우에는 무효라고 보아야 할 것이다.

절차상 하자가 존재하지만 실체법상 내용에 중대한 영향을 미치지 못하는 경우에는 중대한 하자는 아니지만 명백한 하자로 볼 수 있으므로 취소사유라고 볼 것이다.

> ◆ 알아두기
>
> 통상 절차상 하자는 통상 외관상 명백하나 중대성이 결여되어 취소사유로 본다. 그런데, 절차하자가 내용상 하자를 유발하는 경우도 있을 수 있는데, 이러한 경우는 내용상 하자가 인정되기에 절차하자의 독자성 논의를 논할 실익이 없다. 따라서 절차하자의 독자성 논의는 내용상 하자 없이 절차하자만으로 처분의 취소를 구할 실익이 있는지를 중심으로 서술하여야 할 것이다.

쟁점 36 하자의 승계 (S)

1. 의의 및 논의 배경

하자승계란 둘 이상의 행정행위가 일련하여 동일한 법률효과를 목적으로 하는 경우에 선행행위의 하자를 이유로 후행행위를 다툴 수 있는지의 문제를 말한다. 이는 법적 안정성의 요청과 국민의 권리구제의 조화문제이다.

2. 전제요건

① 선, 후행행위는 처분일 것, ② 선행행위에의 취소사유의 위법성[11], ③ 후행행위의 적법성, ④ 선행행위에 불가쟁력이 발생할 것을 요건으로 한다.

---

11) 선행처분이 무효인 경우라면 후행처분도 당연 무효가 되는 것으로 볼 수 있으므로 하자승계법리가 당연 인정된다. 이러한 경우에는 하자승계의 요건충족여부가 문제되지 않는다.

3. 하자승계의 해결논의

(1) 학설

1) 전통적 견해(하자승계론)

선, 후행행위가 일련의 절차를 구성하면서 동일한 법률효과, 즉 하나의 효과를 목적으로 하는 경우에 하자승계를 인정한다.

2) 새로운 견해(구속력론)

선행행위의 불가쟁력이 대물적(목적), 대인적(수범자), 시간적(사실, 법률관계의 동일성) 한계와 예측가능성, 수인가능성 한도 내에서는 후행행위를 구속하므로 하자승계가 부정된다.

(2) 판례

판례는 형식적 기준을 적용하여 판단하는 듯 하나 별개의 법률효과를 목적으로 하는 경우에도 예측가능성, 수인가능성이 없는 경우에 한하여 하자승계를 긍정하여 개별사안의 구체적 타당성을 고려하고 있다.

① 사업인정의 하자가 무효가 아닌 경우에는 재결단계에서의 하자승계를 부정하나(2009두11607), 사업인정의 하자가 당연무효인 경우에는 재결처분도 무효라고 판단한다(2011두3746).

② 개별공시지가와 과세처분의 경우, 별개의 법률효과를 목적으로 하지만 개별공시지가가 개별통지되지 않은 경우에는 하자승계를 인정한 바 있으나, 개별공시지가에 대해서 불복할 수 있었음에도 이를 하지 않은 경우에는 부정한 바 있다.

③ 최근 표준지공시지가와 재결에서는(보상금증감청구소송) 별개의 효과를 목적으로 하는 경우에도 예측가능성과 수인가능성이 없는 경우에 선행행위의 위법성을 다투지 못하게 하는 것이 수인한도를 넘는 불이익을 강요하는 것이 되는 경우에 한하여 하자승계를 긍정한 바 있다.

④ 표준지공시지가와 개별공시지가, 철거명령과 대집행계고처분의 경우에는 하자승계를 부정한다.

(3) 검토

전통적 견해는 형식을 강조하여 구체적 타당성을 확보하지 못하는 경우가 있을 수 있고, 새로운 견해는 ① 구속력을 판결의 기판력에서 차용하고, ② 대물적 한계를 너무 넓게 인정하며, ③ 추가적 한계는 특유의 논리가 아니라는 비판이 제기된다.

따라서 전통적 견해의 형식적 기준을 원칙으로 하되 개별 사안에서 예측가능성, 수인가능성을 판단하여 구체적 타당성을 기함이 타당하다.

쟁점 37 하자의 치유 (A)

1. 의의 및 취지

하자의 치유란 행정행위의 성립 당시 하자를 사후에 보완하여 그 행위의 효력을 유지시키는 것을 말한다. 이는 행정행위의 무용한 반복을 피하는 소송경제와 권리구제 요청의 조화문제이다.

2. 처분사유추가변경과의 구별

처분사유추가변경은 처분 당시에 존재하였으나 처분의 사유로 제시하지 않은 사항을 소 계속 중에 추가하거나 변경하는 것이다. 반면 하자치유는 성립 당시 하자를 사후에 보완하는 것으로, 이는 다수 판례에 의거 쟁송 이전에만 가능하다. 또한 하자치유는 절차, 형식상의 하자에만 인정되므로 양자는 구별된다.

3. 인정 여부

(1) 학설

① 행정의 능률성 측면에서 긍정하는 견해, ② 행정결정의 신중성 확보 및 사인의 신뢰보호 측면에서 부정하는 견해, ③ 원고의 공격방어권을 침해하지 않는 범위에서 제한적으로 긍정하는 견해가 있다.

(2) 판례

행정행위의 무용한 반복을 피하고 당사자의 법적 안정성을 위해서, 국민의 권리나 이익을 침해하지 않는 범위 내에서 구체적 사정에 따라 합목적적으로 인정해야 한다고 판시한 바 있다.

(3) 검토

하자의 치유는 하자의 종류에 따라서, 하자의 치유를 인정함으로써 달성되는 이익과 그로 인하여 발생하는 불이익을 비교형량하여 개별적으로 결정하여야 한다.

4. 인정범위

① 판례는 절차, 형식상의 하자 중 취소사유만 인정한다. ② 무효인 행정행위의 치유는 인정될 수 없다는 부정설이 통설이며 판례의 입장이다.

5. 인정시기(시적 한계)

(1) 학설

① 이유제시는 상대방에게 쟁송의 제기에 편의를 제공하기 위하여 인정되는 것이기 때문에 쟁송 제기 전까지 가능하다는 견해, ② 행정심판은 행정의 내부통제인바, 행정소송 제기 전까지 가능하다는 견해, ③ 소송경제를 위하여 판결 시까지 가능하다는 견해가 있다.

(2) 판례

판례는 이유제시의 하자를 치유하려면 늦어도 처분에 대한 불복 여부의 결정 및 불복신청에 편의를 줄 수 있는 상당한 기간 내에 하여야 한다고 하고 있다.

(3) 검토

이유제시제도의 기능과 하자의 치유의 기능을 조화시켜야 하고, 절차상 하자 있는 행위의 실효성 통제를 위해서 쟁송제기 이전까지 가능하다고 본다.

6. 하자치유의 효과

행정행위의 하자가 치유되면 해당 행정행위는 처분 시부터 하자가 없는 적법한 행정행위로서의 효력이 유지된다.

7. 관련판례

(1) 개별공시지가와 개발부담금

판례는 선행처분인 개별공시지가결정이 위법하여 그에 기초한 개발부담금 부과처분도 위법하게 된 경우, 하자의 치유를 인정하면 개발부담금 납부의무자로서는 가산급 납부의무를 부담하게 되는 등 불이익이 있을 수 있으므로, 그 후 적법한 절차를 거쳐 공시된 개별공시지가 결정이 종전의 위법한 공시지가결정과 그 내용이 동일하다는 사정만으로는 위법한 개별공시지가 결정에 기초한 개발부담금 부과처분이 적법하게 된다고 볼 수 없다고 판시하여 권익보호상 한계의 위반으로 하자의 치유를 부정하였다.

(2) 청문서 도달기간

판례는 행정청이 청문서 도달기간을 다소 어겼다 하더라도 영업자가 이에 대하여 이의하지 아니한 채 스스로 청문일에 출석하여 그 의견을 진술하고 변명하는 등 방어의 기회를 충분히 가졌다면 청문서 도달기간을 준수하지 아니한 하자는 치유된다고 하였다.

> ◆ 알아두기
>
> **하자있는 행정행위의 전환**
>
> 1. 개념
>   하자 있는 행정행위가 행정청의 본래 의도로서는 하자가 존재하나 다른 행정행위로 간주한다면 적법해지는 경우 그것을 다른 행정행위로서 인정하는 것을 의미한다.
> 2. 인정근거
>   하자의 전환은 법적 안정성 도모 및 무용한 행정행위의 반복을 피하기 위해 인정된다. 행정행위의 전환은 무효인 행정행위에 대해서만 인정되고 취소사유에는 인정되지 않는다는 것이 전통적 견해이나 취소 사유라 할지라도 전환이 인정된다고 보는 것이 다수 견해이다.
> 3. 전환요건
>   행정행위의 전환을 위해서는 요건, 효과 등 실질적 측면에서 공통성이 있어야 하고, 다른 행정행위의 요건을 갖추어야 하며 당사자, 상대방, 제3자의 권익을 고려하여야 한다.

4. 성질 및 효과
다수는 행정행위의 전환을 하나의 행정행위로 보아 항고소송을 긍정한다. 전환으로 인해 생긴 새로운 행정행위는 소급효를 가져 발령 당시로부터 효력이 발생된다.

쟁점 38 부관 (A)

관련조문 행정기본법

제17조(부관)
① 행정청은 처분에 재량이 있는 경우에는 부관(조건, 기한, 부담, 철회권의 유보 등을 말한다. 이하 이 조에서 같다)을 붙일 수 있다.
② 행정청은 처분에 재량이 없는 경우에는 법률에 근거가 있는 경우에 부관을 붙일 수 있다.
③ 행정청은 부관을 붙일 수 있는 처분이 다음 각 호의 어느 하나에 해당하는 경우에는 그 처분을 한 후에도 부관을 새로 붙이거나 종전의 부관을 변경할 수 있다.
  1. 법률에 근거가 있는 경우
  2. 당사자의 동의가 있는 경우
  3. 사정이 변경되어 부관을 새로 붙이거나 종전의 부관을 변경하지 아니하면 해당 처분의 목적을 달성할 수 없다고 인정되는 경우
④ 부관은 다음 각 호의 요건에 적합하여야 한다.
  1. 해당 처분의 목적에 위배되지 아니할 것
  2. 해당 처분과 실질적인 관련이 있을 것
  3. 해당 처분의 목적을 달성하기 위하여 필요한 최소한의 범위일 것

---

1. 부관의 의의 및 구별개념(행정기본법 제17조)
부관이란 행정청의 주된 행정행위의 효과를 제한하거나 의무를 부과하기 위해 부가되는 종된 규율을 부관이라고 한다.

2. 부관의 종류 및 방법
(1) 조건
행정행위의 효력발생, 소멸 여부를 불확실한 사실의 발생에 결부시키는 부관을 말한다.

(2) 기한
행정행위의 효력발생 및 소멸여부를 확실히 도래할 사실의 발생에 결부시키는 부관을 말한다.

(3) 부담
행정행위의 효력발생 여부와는 관계없이 사인에게 작위, 부작위, 급부, 수인의무를 부과하는 부관을 말한다.

(4) 철회권 유보

장래 사정변경 등이 있을 때 철회할 수 있는 권리를 유보해 두는 부관을 말한다.

(5) 부관의 부가 방법

부담은 행정청이 행정처분을 하면서 일방적으로 부가할 수도 있지만 부담을 부가하기 이전에 상대방과 협의하여 부담의 내용을 협약의 형식으로 미리 정한 다음 행정처분을 하면서 이를 부가할 수도 있다(대판 2009.2.12, 2005다65500).

3. 부관의 기능 및 법적 성질

부관은 행정의 탄력성 보장, 법의 불비 보충 및 형평성의 보장 내지 이해관계의 조절에 기여할 수 있으나 행정목적과 무관한 부관을 부과할 위험이 있다. 부관은 주된 행위에 종속되는 것이 본질적 특성이며, 주된 행위와 실질적 관련성을 갖는 범위에서 허용된다 할 것이다.

4. 부관의 한계

(1) 부관의 부착 가능성

① 행정청은 처분에 재량이 있는 경우에는 부관을 붙일 수 있다. ② 행정청은 처분에 재량이 없는 경우에는 법률에 근거가 있는 경우에 부관을 붙일 수 있다. ③ 기속행위의 경우 법률의 규정이 없는 경우에도 요건충족적 부관은 가능하다. ④ 재량행위이더라도 부관의 부착이 금지되는 경우가 있다. ⑤ 이에 개별적·구체적으로 검토해야 한다.

(2) 사후부관의 가능성

1) 의의

사후부관이라 함은 행정행위를 한 후에 발하는 부관을 말한다.

2) 요건

① 법률에 근거가 있는 경우, ② 당사자의 동의가 있는 경우, ③ 사정이 변경되어 부관을 새로 붙이거나 종전의 부관을 변경하지 아니하면 해당 처분의 목적을 달성할 수 없다고 인정되는 경우에는 그 처분을 한 후에도 부관을 새로 붙이거나 종전의 부관을 변경할 수 있다.

(3) 부관의 내용상 한계

① 해당 처분의 목적에 위배되지 아니할 것, ② 해당 처분과 실질적인 관련이 있을 것, ③ 해당 처분의 목적을 달성하기 위하여 필요한 최소한의 범위일 것이어야 한다.
즉, 부당결부금지의 원칙에 반해서는 아니되면 평등의 원칙 및 비례의 원칙 등에 반하여도 안된다. ④ 또한 부관은 이행가능하여야 하고 주된 행정행위의 본질적 효력을 해하지 아니하는 한도의 것이어야 한다.

5. 독립쟁송가능성과 쟁송형식

(1) 학설

① 부담은 독립된 처분성이 인정되므로 진정일부취소소송으로 다투고 기타부관은 그것만의 취소를 구하는 소송은 인정할 수 없다는 견해

② 분리가능성을 기준으로 분리가능한 부담은 진정(또는 부진정)일부취소소송으로, 분리가능한 기타부관은 부진정일부취소소송만이 가능하다고 보는 견해

③ 부관의 분리가능성은 본안의 문제이므로 모든 부관이 독립하여 취소쟁송의 대상이 된다고 보는 견해가 있다.

(2) 판례

대법원은 부담만은 진정일부취소소송으로 다툴 수 있도록 하되 기타부관에 대해서는 부관이 위법한 경우 신청인이 부관부행정행위의 변경을 청구하고, 행정청이 이를 거부한 경우 동 거부처분의 취소를 구하는 소송을 제기할 수 있는 것으로 본다.

(3) 검토

생각건대 판례의 태도는 기타부관에 대한 권리구제에 너무나 취약하고, 분리가능성 기준으로 판단하는 것은 본안문제를 선취하는 결과를 갖는 문제점이 있다. 따라서 부담은 독립된 처분성으로 진정(또는 부진정)일부취소소송으로 다투고, 기타부관은 부진정일부취소소송을 인정하는 견해가 타당하다.

6. 독립취소가능성

(1) 학설

① 기속행위와 재량행위를 구분하여 기속행위의 경우에 법령의 규정 없이 부관을 부가한 경우에는 취소할 수 있다는 기속행위 및 재량행위 구분설

② 취소소송의 소송물은 부관 자체의 위법성이기 때문에 부관이 위법한 경우에는 부관만을 취소할 수 있다는 전부긍정설

③ 부관이 주된 행정행위의 본질적인 내용이 아닌 경우에는 주된 행위와 분리하여 독립하여 취소할 수 있다는 분리가능성설이 있다.

(2) 판례

판례는 부진정일부취소소송의 형태를 인정하지 않으므로 부담만이 독립취소가 가능하고, 부담 이외의 부관은 독립된 취소의 대상이 되지 않는다고 본다.

(3) 검토

취소소송의 청구취지는 위법한 부관만의 취소를 구한다는 점과 사후부관 및 변경이 가능하므로 부관이 위법한 경우에는 부관만의 취소를 인정하는 것이 타당하다.

7. 하자 있는(위법한) 부관이 붙은 행정행위의 효력

부관이 주된 행위의 본질적인 부분인 경우에는 주된 행위도 하자 있는 행정행위가 된다고 볼 것이다.

8. 부담과 그 이행으로서의 사법상 법률행위

위법한 기부채납이 이행된 경우 '부담과 부담의 이행으로 인한 기부채납(사법상 법률행위)'은 별개의 독립된 행위(사법상 증여행위)라고 보는 견해(판례)가 있으나, 기부채납 행위는 부담의 이행행위로서 부담이 무효이거나 취소되면 부당이득이 성립되어 부당이득반환청구를 통해 구제받을 수 있다는 견해가 있으며, 타당하다.

쟁점 39 취소 (B)

> **관련조문** 행정기본법
>
> 제18조(위법 또는 부당한 처분의 취소)
> ① 행정청은 위법 또는 부당한 처분의 전부나 일부를 소급하여 취소할 수 있다. 다만, 당사자의 신뢰를 보호할 가치가 있는 등 정당한 사유가 있는 경우에는 장래를 향하여 취소할 수 있다.
> ② 행정청은 제1항에 따라 당사자에게 권리나 이익을 부여하는 처분을 취소하려는 경우에는 취소로 인하여 당사자가 입게 될 불이익을 취소로 달성되는 공익과 비교·형량(衡量)하여야 한다. 다만, 다음 각 호의 어느 하나에 해당하는 경우에는 그러하지 아니하다.
>   1. 거짓이나 그 밖의 부정한 방법으로 처분을 받은 경우
>   2. 당사자가 처분의 위법성을 알고 있었거나 중대한 과실로 알지 못한 경우

1. 의의 및 효과(행정기본법 제18조)

행정청은 위법 또는 부당한 처분의 전부나 일부를 소급하여 취소할 수 있다. 처분청이 직권으로 행정행위의 효력을 소멸시키는 것으로 이를 직권취소라 한다. 다만, 당사자의 신뢰를 보호할 가치가 있는 등 정당한 사유가 있으면 장래를 향하여 취소할 수 있다.

2. 주체 여부(감독청의 취소 가능 여부)

감독청의 목적달성 측면에서 감독청도 취소할 수 있다는 견해가 있으나 처분청의 권한을 제한한다는 측면에서 부정하는 견해가 타당하며, 행정기본법 제18조에서는 취소권자를 처분권자로 규정하고 있다.

3. 법적 근거 필요 여부

행정기본법 제18조 제1항은 위법 또는 부당한 처분의 직권취소를 명확하게 규정하고 있다. 처분청은 자신이 한 위법 또는 부당한 처분을 명시적인 법적 근거 없이 취소할 수 있을 것이다.

4. 취소사유 해당 여부

행정행위의 위법 또는 부당이 취소사유가 된다.

5. 취소권 행사의 제한법리

① 위법 또는 부당한 침익적 처분에 대하여는 언제든지 직권취소가 가능한 것으로 보아야 한다.
② 수익적 행정행위의 경우에는 직권취소로 인하여 당사자가 입게 될 불이익과 취소로 달성되는 공익을 비교형량하여 결정하여야 한다. 다만, '당사자가 거짓이나 그 밖의 부정한 방법으로 처분을 받은 경우'이거나 '당사자가 처분의 위법성을 알고 있었거나 중대한 과실로 알지 못한 경우'에는 그러하지 아니하다.

6. 취소절차

직권취소처분도 행정처분이므로 행정절차법의 규정에 따라 사전통지 및 의견제출의 절차를 거쳐야 한다.

7. 취소의 효과

직권취소의 효과는 소급효가 원칙이나, 당사자의 신뢰를 보호할 가치가 있는 등 정당한 사유가 있는 경우에는 장래를 향하여 취소할 수 있다.

8. 손실보상

당사자의 귀책사유가 없는 경우, 취소로 인해 손실이 발생하면 이를 보상해야 한다.

9. 기타(반환청구권)

위법 또는 부당한 처분이 취소되면 행정청은 처분으로 인해 처분의 상대방이 취한 이득의 반환을 청구할 수 있다. 처분의 직권취소로 인하여 원인행위 없이 득한 부당이득이 되기 때문이다.

쟁점 40 취소의 취소 [B]

1. 문제점

무효인 경우는 처음부터 효력이 없으므로 원행위의 효력이 유지되지만, 취소처분이 위법할 경우 해당 취소처분을 취소함으로써 소멸된 본래의 행정행위를 원상회복시킬 수 있는가의 논의이다.

2. 견해대립

(1) 학설

① 취소의 취소도 행정행위인바 취소의 취소로 인해 원행정행위가 회복된다는 긍정설, ② 취소로 인해 해당 행위의 효력이 확정적으로 소멸하므로 명문규정이 없는 한 동일한 처분을 해야한다는 부정설, ③ 해당 행위의 성질, 제3자 이익의 고려 및 행정의 능률성 등을 종합 고려하여 판단하여야 한다는 견해가 있다.

(2) 판례

판례는 수익적 행위인 옥외광고물설치허가사건에서 긍정한 바 있으며, 부담적 행위인 과세처분 사건에서는 부정한 바 있다. 또한 광업권과 관련하여서는 제3자의 관계까지 고려하여 제3자의 권리침해 시는 부정된다고 본 바 있다.

(3) 검토

직권취소 역시 행정행위이므로 위법한 직권취소의 효력도 소급하여 소멸시킬 수 있다고 보아야 한다. 따라서 긍정설이 타당하다. 다만, 취소행위의 취소로 인하여 과도하게 침해되는 제3자 이익이나 공익이 있는 경우에는 장래에 향하여 취소할 수 있는 것으로 보아야 할 것이다.

쟁점 41 철회 (B)

> **관련조문** 행정기본법
>
> 제19조(적법한 처분의 철회)
> ① 행정청은 적법한 처분이 다음 각 호의 어느 하나에 해당하는 경우에는 그 처분의 전부 또는 일부를 장래를
>   향하여 철회할 수 있다.
>   1. 법률에서 정한 철회 사유에 해당하게 된 경우
>   2. 법령등의 변경이나 사정변경으로 처분을 더 이상 존속시킬 필요가 없게 된 경우
>   3. 중대한 공익을 위하여 필요한 경우
> ② 행정청은 제1항에 따라 처분을 철회하려는 경우에는 철회로 인하여 당사자가 입게 될 불이익을 철회로 달성
>   되는 공익과 비교·형량하여야 한다.

1. 의의 및 효과(행정기본법 제19조)

처분에 일정한 사유가 있는 경우에 그 처분의 전부 또는 일부의 효력을 장래에 향하여 소멸시키
는 행위를 철회라 한다.

2. 철회권자

철회는 그의 성질상 원래의 행정행위처럼 새로운 처분을 하는 것과 같기 때문에 처분청만이 이
를 행할 수 있다고 보아야 한다.

3. 철회사유

① 법률에서 정한 철회 사유에 해당하게 된 경우, ② 법령등의 변경이나 사정변경으로 처분을
더 이상 존속시킬 필요가 없게 된 경우, ③ 중대한 공익을 위하여 필요한 경우에는 철회할 수
있다.

4. 철회권 행사의 제한

행정청은 처분을 철회하려는 경우에는 철회로 인하여 당사자가 입게 될 불이익을 철회로 달성되
는 공익과 비교·형량하여야 한다.

5. 철회절차

철회는 특별한 규정이 없는 한 일반행정행위와 같은 절차에 따른다. 수익적 행정행위의 철회는
'권리를 제한하는 처분'이므로 사전통지절차, 의견제출절차 등 행정절차법상의 절차에 따라 행해
져야 한다.

6. 손실보상

당사자의 귀책사유가 없는 경우, 취소로 인해 손실이 발생하면 이를 보상해야 한다.

쟁점 42 철회의 취소 (B)

1. 문제점

무효인 경우는 처음부터 효력이 없으므로 원행위의 효력이 유지되지만, 철회가 위법할 경우 해당 철회행위를 취소함으로써 소멸된 본래의 행정행위를 원상회복시킬 수 있는가의 논의이다.

2. 견해대립

(1) 학설

① 철회의 취소도 행정행위인바 철회의 취소로 인해 원행정행위가 소생된다는 긍정설, ② 철회로 인해 해당 행위의 효력이 확정적으로 소멸하므로 명문규정이 없는 한 동일한 처분을 해야 한다는 부정설, ③ 침익적 행정행위의 경우에는 부정하나 수익적 행정행위의 경우에는 위법한 철회처분을 취소하여 원상을 회복할 필요가 있으므로 철회의 취소를 인정해야 한다는 견해가 있다.

(2) 판례

판례는 침익적 행정행위의 철회의 경우 해당 침익적 행정행위는 확정적으로 효력을 상실하므로 철회의 취소는 인정하지 않지만, 수익적 행정행위의 철회에 대하여는 취소가 가능한 것으로 본다.

(3) 검토

원행위의 소생 여부는 원행정행위인 철회와 철회의 취소 사이에 형성된 제3자의 관계를 고려함이 타당하므로 판례의 태도가 합당하다.

쟁점 43 단계적 행정결정 (B)

> **관련조문** 행정절차법
>
> 제40조의2(확약)
> ① 법령등에서 당사자가 신청할 수 있는 처분을 규정하고 있는 경우 행정청은 당사자의 신청에 따라 장래에 어떤 처분을 하거나 하지 아니할 것을 내용으로 하는 의사표시(확약)를 할 수 있다.
> ② 확약은 문서로 하여야 한다.
> ③ 행정청은 다른 행정청과의 협의 등의 절차를 거쳐야 하는 처분에 대하여 확약을 하려는 경우에는 확약을 하기 전에 그 절차를 거쳐야 한다.
> ④ 행정청은 다음 각 호의 어느 하나에 해당하는 경우에는 확약에 기속되지 아니한다.
> 　1. 확약을 한 후에 확약의 내용을 이행할 수 없을 정도로 법령등이나 사정이 변경된 경우
> 　2. 확약이 위법한 경우
> ⑤ 행정청은 확약이 제4항 각 호의 어느 하나에 해당하여 확약을 이행할 수 없는 경우에는 지체 없이 당사자에게 그 사실을 통지하여야 한다.

I 의의

행정청의 행정결정이 여러 단계를 거치는 경우를 단계적 행정결정이라고 한다.

II 확약

1. 의의 및 구별개념

확약이란 행정주체가 사인에 대해 일정한 행정행위의 발령 또는 불발령을 약속하는 자기구속의 의사표시를 말한다.

확약은 구체적인 처분에 대한 구속적인 의사표시이므로 그 대상을 처분에 한정하지 않는 확언과 구별된다.

2. 처분성 여부

① 다수설은 확약의 구속력을 이유로 긍정하나, ② 부정설은 사정변경 시 확약의 종국적 구속력이 없다는 이유로 부정한다. ③ 판례는 어업권우선순위결정을 확약으로 보면서 처분성은 부정하였다(대판 1995.1.20, 94누6529). ④ 확약에 의해 권리·의무가 발생되는 바 처분성을 긍정함이 타당하다.

3. 확약의 성립요건 및 구속력

① 정당한 권한을 가진 행정청일 것(주체), ② 확약의 대상이 적법하고 가능하며 확정적일 것(내용), ③ 본 처분의 절차를 이행할 것(절차), ④ 서면 또는 구술에 의할 것(형식) 등을 갖추어야 구속력이 발생한다.

4. 확약의 효력

(1) 확약의 구속력

확약의 성립요건을 모두 충족하면 구속력이 발생한다. 즉, 행정청은 확약의 내용을 이행할 법적 의무를 지며 확약의 상대방은 확약내용의 이행을 행정청에게 요구할 수 있다.

(2) 확약의 실효

판례는 확약이 있은 후, 법률적·사실적 사정변경이 발생하였다면 행정청의 별다른 의사표시 없이도 실효된다고 하여 구속력 배제를 인정하고 있다. 그러나 이 경우에도 일률적으로 구속력이 배제된다고 보는 것은 타당하지 않으며, 법 적합성의 원칙 및 공익과 상대방의 신뢰보호이익을 비교형량하여 판단함이 타당하다고 본다.

5. 권리구제

행정청이 확약내용을 이행하지 않으면, ① 현행법상 의무이행소송이 허용되지 않으므로, ② 상대방은 확약의 이행을 청구하고 거부처분이나 부작위에 대해 의무이행심판, 부작위위법확인소송 또는 거부처분취소소송을 제기할 수 있다. ③ 확약의 불이행으로 손해가 발생한 경우에는 손해배상청구도 가능하다.

Ⅲ 가행정행위

가행정행위란 본행정행위가 있기 전까지 행정행위의 법적 효과 또는 구속력을 잠정적으로 발생시키는 행위를 말한다. 가행정행위는 본행정행위의 효력을 향유할 수 있으며, 본행정행위가 있게 되면 가행정행위는 본행정행위로 대체되어 효력이 상실된다.

Ⅳ 사전결정(예비결정)

1. 의의

사전결정이란 종국적인 행정결정을 하기에 앞서 종국적인 행정결정의 요건 중 일부에 대해서 사전적으로 심사하여 내린 결정을 말한다.

사전결정은 그 자체가 하나의 완결된 행정행위이다. 사전결정이 발령되면 최종행위 결정 시에 사전결정의 내용과 상충되는 결정을 하여서는 안된다.

2. 사전결정의 구속력 인정여부

(1) 견해의 대립

① 사전결정이 무효가 아닌 한 후행결정에 대해 구속력을 갖는다는 긍정설과 ② 구속력을 인정하지 않으며 신뢰이익을 고려하여 개별적으로 판단해야 한다는 견해가 있다.

(2) 판례

판례는 주택건설사업계획의 승인과 관련하여 사전결정의 구속력을 부정하였으나, 폐기물처리사업부적정통보취소 사건에서는 구속력을 긍정하기도 하였다.

(3) 검토

사전결정은 그 자체가 하나의 완결된 행위이므로 이에 대한 구속력을 긍정함이 타당하다.

Ⅴ 부분허가(부분승인)

부분허가(부분승인)란 원자력발전소 건설과 같이 장기간이 필요한 경우 특정 부분에 대해서만 부분적으로 허가하는 경우를 말한다.

부분허가를 받은 범위 내에서 허가받은 행위를 할 수 있으며, 부분허가는 그 자체로 완결적인 성력을 가지므로 후행 결정을 함에 있어서 사전적인 부분허가와 상충되는 결정을 할 수 없다.

쟁점 44 공법상 계약 (D)

I 의의

공법상 계약은 공법적 효과의 발생을 목적으로 하는 대등한 당사자 간의 의사의 합치를 말한다.

II 공법상 계약의 법적 규율

공법상 계약에 관하여 개별법에 특별한 규정이 없는 경우에는 「국가를 당사자로 하는 계약에 관한 법률」 또는 「지방자치단체를 당사자로 하는 계약에 관한 법률」 및 계약에 관한 민법의 규정을 직접 적용 또는 유추적용할 수 있다.

III 공법상 계약의 하자의 효과

1. 원칙상 무효

공법상 계약에는 공정력이 인정되지 않으므로 위법한 공법상 계약은 원칙상 무효라는 것이 다수견해이다. 공법상 계약이 무효인 경우 계약이 목적으로 하는 권리나 의무는 발생하지 않는다. 이에 대하여 공법상 계약의 하자를 의사표시상의 하자와 내용상의 하자로 나누어 의사표시상의 하자는 민법상 계약의 경우와 마찬가지로 무효 또는 취소의 하자가 모두 인정되고, 내용상 하자에 있어서는 행정행위와 달리 공정력이 인정되지 않으므로 무효만이 인정된다는 견해가 있다.

2. 일부무효

공법상 계약의 위법이 계약의 일부에만 존재하는 경우에 위법인 부분이 위법이 아닌 부분과 분리될 수 없는 경우에는 당해 계약은 전부 무효가 된다.

IV 권리구제

1. 공법상 당사자소송

공법상 계약에 관한 소송은 공법상 당사자소송에 의하며, 당사자소송은 확인소송이므로 확인의 이익이 요구된다.

2. 항고소송

행정청에 의한 공법상 계약의 체결 여부 또는 계약상대방의 결정은 처분성을 가지며, 이러한 경우 항고소송의 대상이 된다. 이러한 경우는 처분이 계약의 형식으로 이루어진 것으로 보아야 한다.

3. 국가배상청구소송

공법상 계약의 의무불이행으로 발생된 손해는 국가배상청구의 대상이 된다.

쟁점 45 권력적 사실행위 (B)

1. 사실행위의 의의

사실행위란 일정한 법적 효과의 발생을 목적으로 하지 않고 교량의 건설, 폐기물 수거, 행정지도, 행정조사 등과 같이 어떠한 사실상의 효과 및 결과의 실현을 목적으로 하는 행위를 말한다.

2. 권력적 사실행위의 의의

권력적 사실행위는 대집행 실행, 행정조사 등 행정주체가 우월적인 지위에서 행하는 것으로서 공권력행사의 실체를 가지는 것을 말한다,

3. 처분성 인정여부

(1) 긍정설

국민의 권리와 의무에 영향을 미치므로 항고소송의 대상이 된다고 본다.

(2) 수인하명설

권력적 사실행위에 결합되어 있는 수인하명이 항고소송의 대상이 된다는 견해이다.

(3) 부정설

사실행위는 항고소송의 대상이 되지 않으며 사실행위에 대한 권익구제는 당사자소송으로 도모하여야 한다고 한다.

(4) 판례

권력적 사실행위라고 보여지는 단수처분, 교도소 재소자의 이송조치의 처분성을 인정한 대법원 판례가 있다.

(5) 검토

처분의 개념정의에 비추어 국민의 권리와 의무에 영향을 미치는 경우에는 권리보호의 필요성을 이유로 항고소송의 대상이 되는 것으로 보는 것이 타당하다.

쟁점 46 행정지도 (B)

> **관련조문** 행정절차법
>
> **제2조(정의)**
> 행정지도란 행정기관이 그 소관 사무의 범위에서 일정한 행정목적을 실현하기 위하여 특정인에게 일정한 행위를 하거나 하지 아니하도록 지도, 권고, 조언 등을 하는 행정작용을 말한다.
>
> **제48조(행정지도의 원칙)**
> ① 행정지도는 그 목적 달성에 필요한 최소한도에 그쳐야 하며, 행정지도의 상대방의 의사에 반하여 부당하게 강요하여서는 아니 된다.
> ② 행정기관은 행정지도의 상대방이 행정지도에 따르지 아니하였다는 것을 이유로 불이익한 조치를 하여서는 아니 된다.
>
> **제49조(행정지도의 방식)**
> ① 행정지도를 하는 자는 그 상대방에게 그 행정지도의 취지 및 내용과 신분을 밝혀야 한다.
> ② 행정지도가 말로 이루어지는 경우에 상대방이 제1항의 사항을 적은 서면의 교부를 요구하면 그 행정지도를 하는 자는 직무 수행에 특별한 지장이 없으면 이를 교부하여야 한다.
>
> **제50조(의견제출)**
> 행정지도의 상대방은 해당 행정지도의 방식·내용 등에 관하여 행정기관에 의견제출을 할 수 있다.
>
> **제51조(다수인을 대상으로 하는 행정지도)**
> 행정기관이 같은 행정목적을 실현하기 위하여 많은 상대방에게 행정지도를 하려는 경우에는 특별한 사정이 없으면 행정지도에 공통적인 내용이 되는 사항을 공표하여야 한다.

1. 의의 및 근거

행정청이 행정목적을 실현하기 위하여 특정인에게 지도, 권고, 조언 등을 하는 행정작용으로서 비권력적 사실행위를 말한다.
임의적인 협력을 구하는 행위이기에 다수는 법적 근거 없이 가능하다고 본다.

2. 법적 성질 및 근거

행정지도는 상대방의 임의적 협력을 통해 사실상 효과를 기대하므로 법적 효과 발생을 목적으로 하는 것이 아니기에 비권력적 사실행위라고 보아야 할 것이다. 또한 이는 침익적이라고 보기 어려워 법적 근거가 필요 없다고 보는 것이 다수의 견해이다. 단, 규제적 행정지도나 강제력을 갖는 경우는 근거가 필요하다는 견해도 있다.

3. 행정지도의 한계

(1) 임의성의 원칙(행정절차법 제48조 제1항)

행정지도는 그 목적달성에 필요한 최소한도에 그쳐야 하며, 행정지도의 상대방의 의사에 반하여 부당하게 강요하여서는 아니 된다.

(2) 불이익조치금지의 원칙(행정절차법 제48조 제2항)

행정기관은 행정지도의 상대방이 행정지도에 따르지 아니하였다는 것을 이유로 불이익한 조치를 하여서는 아니 된다.

(3) 조직법 및 절차법상의 한계

행정지도를 발하는 행정기관은 관할 사무 범위 내에서만 가능하며 범위 안에서도 본래 목적과 다른 목적의 지도는 할 수 없다. 또한 행정지도실명제, 서면교부청구권(행정절차법 제49조), 의견제출(동법 제50조), 공통사항의 공표(동법 제51조) 등을 준수해야 한다.

4. 권리구제

(1) 행정쟁송

1) 학설

① 임의적 협력을 구하는 비권력적 행위인바 처분성을 부정하는 부정설과, ② 사실상 강제력을 갖고 국민의 권익을 침해하는 경우에는 처분성을 인정할 수 있다는 제한적 긍정설이 있다.

2) 판례

권고적 성격의 행위는 특정인의 법률상의 지위에 변동을 가져오는 처분으로 볼 수 없다고 판시한 바 있다. 국가인권위원회의 성희롱결정과 이에 따른 시정조치의 권고는 성희롱 행위자로 결정된 자의 인격권에 영향을 미침과 동시에 공공기관의 장 또는 사용자에게 일정한 법률상의 의무를 부담시키는 것이므로 국가인권위원회의 성희롱결정 및 시정조치권고는 행정소송의 대상이 되는 행정처분으로 보았다.

3) 검토

일반적으로 행정지도의 처분성을 부정하므로 행정지도가 아닌 불이익처분을 대상으로 소를 제기해야 한다. 다만, 예외적으로 국민의 권리·의무에 직접적인 영향을 미치는 경우에는 항고소송의 대상이 된다고 보아야 한다.

(2) 손해전보

행정지도와 같은 비권력적 작용도 공무원의 직무에 포함되며 국가배상청구의 요건이 충족되는 경우에는 국가배상을 청구할 수 있다.

쟁점 47 행정조사 (B)

관련조문 행정조사기본법

제2조(정의)
이 법에서 사용하는 용어의 정의는 다음과 같다.
1. "행정조사"란 행정기관이 정책을 결정하거나 직무를 수행하는 데 필요한 정보나 자료를 수집하기 위하여 현장조사·문서열람·시료채취 등을 하거나 조사대상자에게 보고요구·자료제출요구 및 출석·진술요구를 행하는 활동을 말한다.

제4조(행정조사의 기본원칙)
① 행정조사는 조사목적을 달성하는데 필요한 최소한의 범위 안에서 실시하여야 하며, 다른 목적 등을 위하여 조사권을 남용하여서는 아니 된다.

제5조(행정조사의 근거)
행정기관은 법령등에서 행정조사를 규정하고 있는 경우에 한하여 행정조사를 실시할 수 있다. 다만, 조사대상자의 자발적인 협조를 얻어 실시하는 행정조사의 경우에는 그러하지 아니하다.

---

1. 의의

행정조사란 행정기관이 정책을 결정하거나 직무를 수행하는 데 필요한 정보나 자료를 수집하기 위하여 현장조사·문서열람·시료채취 등을 하거나 조사대상자에게 보고요구·자료제출요구 및 출석·진술요구를 행하는 활동을 말한다. 이는 수인의무를 부과하는 권력적 사실행위이다.

2. 한계

(1) 실체법적 한계

행정조사는 조사목적을 달성하는데 필요한 최소한의 범위 안에서 실시하여야 한다.

(2) 절차법적 한계

상대방의 신체나 생명 및 재산에 직접 실력을 가하여야 하는 경우에는 영장주의가 적용된다. 다만, 긴급을 요하는 불가피한 경우에는 그러하지 않는다. 판례는 긴급을 요하는 경우에 한하여 수색압수를 하고 사후에 영장을 교부받을 수 있다고 판시했다.

3. 법적 성질(처분성 인정여부)

(1) 긍정설

국민의 권리와 의무에 영향을 미치므로 항고소송의 대상이 된다고 본다.

(2) 수인하명설

권력적 사실행위에 결합되어 있는 수인하명이 항고소송의 대상이 된다는 견해이다.

(3) 부정설

사실행위는 항고소송의 대상이 되지 않으며 사실행위에 대한 권익구제는 당사자소송으로 도모하여야 한다고 한다.

(4) 판례

권력적 사실행위라고 보여지는 단수처분, 교도소 재소자의 이송조치의 처분성을 인정한 대법원 판례가 있다.

(5) 검토

처분의 개념정의에 비추어 국민의 권리와 의무에 영향을 미치는 경우에는 권리보호의 필요성을 이유로 항고소송의 대상이 되는 것으로 보는 것이 타당하다.

4. 위법한 행정조사와 행정행위의 효력

(1) 학설

① 적법절차의 원칙에 비추어 위법한 절차에 기초한 행정행위는 위법하다는 견해와 ② 행정조사와 행정행위는 별개의 행위이므로 행정조사의 위법이 바로 행정행위의 위법상 사유가 되지 않는다는 견해가 있다.
③ 행정조사의 목적이 행정행위를 위한 사전적인 정보수집의 목적인 경우에는 행정행위의 절차상의 하자를 구성한다는 견해도 있다.

(2) 판례

판례는 부정한 목적을 위한 조사와 위법한 중복세무조사에 기초하여 이루어진 과세처분은 위법하다고 판시한 바 있다.

(3) 검토

적법절차의 원칙에 비추어 행정조사의 절차상 하자가 있는 경우에는 그에 기초한 행정행위도 위법한 것으로 보아야 할 것이다.

5. 행정조사에 대한 행정구제

(1) 행정쟁송

행정조사가 권력적 사실행위라면 항고소송의 제기가 가능하지만 행정조사는 통상 단기에 종료되는 경우가 많으므로 협의의 소익이 결여되어 각하되는 경우가 많을 것이다.

(2) 손해전보

위법한 행정조사로 인한 손해에 대해서는 국가배상을 청구할 수 있다. 적법한 행정조사로 인하여 특별한 희생이 발생된 경우라면 손실보상을 청구할 수 있다.

쟁점 48 인허가의제제도 (B)

1. 의의

계획확정이 일반법규에 규정되어 있는 승인 또는 허가 등을 대체시키는 효과를 집중효라고 부른다. 인·허가의제제도란 근거법상의 주된 인가, 허가, 특허 등을 받으면 그 행위에 필요한 다른 법률상의 인가, 허가 등을 받은 것으로 간주하는 제도를 말한다.

2. 기능

① 다수의 인·허가부서를 통합하는 효과를 가져오고, ② 절차간소화를 통해 사업자의 부담해소 및 절차촉진에 기여한다.

3. 집중효의 정도

(1) 학설

1) 절차집중설

주된 처분의 인허가 기간은 의제되는 인허가기관이 준수해야 하는 절차적 요건은 준수하지 않아도 되지만, 실체적 요건은 갖추어야 한다는 견해이다.

2) 제한적 절차집중설

실체적 요건은 존중해야 하지만, 집중효의 대상이 되는 인·허가의 모든 절차를 거칠 필요는 없지만 통합적인 절차를 거쳐야 한다고 하여 제한적인 범위에서 절차집중을 인정한다.

(2) 판례

판례는 의제되는 법률에 규정된 이해관계인의 의견청취절차를 생략할 수 있다고 하여 절차집중을 인정하고 있다.

(3) 관련규정(행정기본법 제24조 제5항)

관련 인허가에 필요한 심의, 의견 청취 등 절차에 관하여는 법률에 인허가의제 시에도 해당 절차를 거친다는 명시적인 규정이 있는 경우에만 이를 거쳐야 한다고 규정하고 있다.

(4) 검토

법률규정에서 명시적으로 의제되는 인허가규정의 절차를 거치도록 되어 있는 경우에는 의무규정으로 보되, 그렇지 않은 경우에는 통합적으로 고려하면 되는 것으로 보는 것이 합리적이다.

4. 인·허가의제와 소송의 대상

판례는 주택건설사업계획승인처분에 따라 의제된 지구단위계획결정에 하자가 있음을 이해관계인이 다투고자 하는 경우, 주된 처분(주택건설사업계획승인처분)과 의제된 인·허가(지구단위계획결정) 중 어느 것을 항고소송의 대상으로 삼아야 하는지에 대해서 주택건설사업계획승인처분의 취소를 구할 것이 아니라 의제된 인·허가의 취소를 구하여야 하며, 의제된 인·허가는 주택건설사업계획승인처분과 별도로 항고소송의 대상이 되는 처분에 해당한다고 판시한 바 있다(2016두38792).

판례에 따르면 주된 인허가(창업사업계획승인)로 의제된 인허가(산지전용허가)는 통상적인 인허가와 동일한 효력을 가지므로, 의제된 인허가의 취소나 철회가 허용된다. 그리고, 의제된 인허가의 직권취소나 철회는 항고소송의 대상이 되는 처분에 해당한다고 본다(2017두48734).

관련조문 행정기본법

제24조(인허가의제의 기준)

① 이 절에서 "인허가의제"란 하나의 인허가(이하 "주된 인허가"라 한다)를 받으면 법률로 정하는 바에 따라 그와 관련된 여러 인허가(이하 "관련 인허가"라 한다)를 받은 것으로 보는 것을 말한다.

② 인허가의제를 받으려면 주된 인허가를 신청할 때 관련 인허가에 필요한 서류를 함께 제출하여야 한다. 다만, 불가피한 사유로 함께 제출할 수 없는 경우에는 주된 인허가 행정청이 별도로 정하는 기한까지 제출할 수 있다.

③ 주된 인허가 행정청은 주된 인허가를 하기 전에 관련 인허가에 관하여 미리 관련 인허가 행정청과 협의하여야 한다.

④ 관련 인허가 행정청은 제3항에 따른 협의를 요청받으면 그 요청을 받은 날부터 20일 이내(제5항 단서에 따른 절차에 걸리는 기간은 제외한다)에 의견을 제출하여야 한다. 이 경우 전단에서 정한 기간(민원 처리 관련 법령에 따라 의견을 제출하여야 하는 기간을 연장한 경우에는 그 연장한 기간을 말한다) 내에 협의 여부에 관하여 의견을 제출하지 아니하면 협의가 된 것으로 본다.

⑤ 제3항에 따라 협의를 요청받은 관련 인허가 행정청은 해당 법령을 위반하여 협의에 응해서는 아니 된다. 다만, 관련 인허가에 필요한 심의, 의견 청취 등 절차에 관하여는 법률에 인허가의제 시에도 해당 절차를 거친다는 명시적인 규정이 있는 경우에만 이를 거친다.

쟁점 49 행정강제 (B)

1. 의의 및 구별

행정강제는 신체 또는 재산에 실력을 가하여 행정목적을 실현하는 제도이다. 행정벌은 과거의 의무 위반에 대한 제재이나 행정강제는 행정목적 실현을 목적으로 하므로 구분된다.

2. 종류

(1) 대집행

행정대집행법상의 대집행이란 대체적 작위의무의 불이행이 있는 경우에 당해 행정청이 스스로 의무자가 행할 행위를 하거나 제3자로 하여금 이를 행하게 하고 그 비용을 의무자로부터 징수하는 것을 말한다(행정대집행법 제2조).

(2) 집행벌(이행강제금)

의무자가 행정상 의무를 이행하지 아니하는 경우 행정청이 적절한 이행기간을 부여하고, 그 기한까지 행정상 의무를 이행하지 아니하면 금전급부의무를 부과하는 것을 말한다.

(3) 직접강제

의무자가 행정상 의무를 이행하지 아니하는 경우 행정청이 의무자의 신체나 재산에 실력을 행사하여 그 행정상 의무의 이행이 있었던 것과 같은 상태를 실현하는 것을 말한다.

(4) 행정상 강제징수

의무자가 행정상 의무 중 금전급부의무를 이행하지 아니하는 경우 행정청이 의무자의 재산에 실력을 행사하여 그 행정상 의무가 실현된 것과 같은 상태를 실현하는 것을 말한다.

(5) 즉시강제

현재의 급박한 행정상의 장해를 제거하기 위한 경우로서 ① 행정청이 미리 행정상 의무이행을 명할 시간적 여유가 없는 경우, ② 그 성질상 행정상 의무의 이행을 명하는 것만으로는 행정목적 달성이 곤란한 경우에 행정청이 곧바로 국민의 신체 또는 재산에 실력을 행사하여 행정목적을 달성하는 것을 말한다. 이는 권력적 사실행위이며, 법적 근거가 필요하다.

3. 새로운 행정의 실효성 확보수단

(1) 과징금

과징금은 법령상 의무위반에 대한 제재로 부과하는 금전부과금을 말한다. 행정청은 법령등에 따른 의무를 위반한 자에 대하여 법률로 정하는 바에 따라 그 위반행위에 대한 제재로서 과징금을 부과할 수 있다(행정기본법 제28조). 영업정지에 갈음하는 과징금은 영업정지처분 대신 부과하는 과징금을 말한다.

(2) 가산세

가산세란 세법상의 의무의 성실한 이행을 확보하기 위하여 그 세법에 의하여 산출된 세액에 가산하여 징수되는 세금을 말한다(국세기본법 제2조 제4호).

(3) 명단공표

명단공표는 행정법상의 의무 위반 또는 의무불이행이 있는 경우에 그 위반자의 성명, 위반사실 등을 일반에게 공개하여 명예 또는 신용에 침해를 가함으로써 심리적인 압박을 가하여 행정법상의 의무이행을 확보하는 간접강제수단을 말한다.

판례는 병무청장이 병역법에 따라 병역의무 기피자의 인적사항 등을 인터넷 홈페이지에 게시한 것에 대한 처분성을 긍정하였다. 따라서 명단의 공표는 항고소송의 대상인 처분으로 볼 수 있다.

(4) 관허사업의 제한

행정법상의 의무를 위반하거나 불이행한 자에 대하여 각종 인·허가를 거부하는 것을 말한다.

(5) 시정명령

시정명령은 행정법규 위반에 의해 초래된 위법상태를 제거하는 것을 명하는 행정행위이다. 시정명령은 강학상 하명으로 명령에 따른 시정의무를 부담하게 되며 이행하지 않은 경우에는 행정강제(대집행, 직접강제 또는 집행벌) 및 행정벌의 대상이 된다.

쟁점 50 　행정벌 (B)

1. 의의

행정벌이란 행정법상의 의무위반행위에 대하여 제재로서 가하는 처벌을 말한다. 행정형벌과 행정질서벌이 있다.

2. 행정형벌(중대한 의무위반에 대한 벌)

행정형벌이란 형법상의 형벌을 과하는 행정벌을 말한다. 이는 죄형법정주의에 의거 법률의 근거를 요한다.

3. 행정질서벌(경미한 의무위반에 대한 벌)

행정질서벌은 과태료가 과하여지는 행정벌이다.

4. 행정형벌과 질서벌의 병과 가능성

(1) 학설

① 동일한 위반행위에 대한 행정벌이라는 점에서 부정하는 견해와, ② 목적에 차이가 있으므로 병과가 가능하다는 견해가 있다.

(2) 판례

① 대법원은 "행정법상의 질서벌인 과태료의 부과처분과 형사처벌은 그 성질이나 목적을 달리하는 별개의 것이므로 행정법상의 질서벌인 과태료를 납부한 후에 형사처벌을 한다고 하여 이를 일사부재리의 원칙에 반하는 것이라고 할 수는 없다"라고 하였고(대판 2000.10.27, 2000도3874), ② 헌법재판소는 행정질서벌로서의 과태료는 형벌(특히 행정형벌)과 목적·기능이 중복되는 면이 없지 않으므로 동일한 행위를 대상으로 하여 형벌을 부과하면서 아울러 행정질서벌로서의 과태료까지를 부과하는 것은 이중처벌금지의 기본정신에 배치되어 국가입법권의 남용으로 인정될 여지가 있다고 보았다(헌재 1994.6.30, 92헌바38).

(3) 검토

행정형벌과 질서벌은 모두 행정형벌의 일종이지만 그 목적이나 성질이 다르므로 모두 부과한다고 하여 일사부재리 원칙에 반하는 것은 아니므로 병과는 가능하다.

* 과태료(행정질서벌)

1. 법적 근거

   개별법에서 과태료 부과가능성에 대해서 규정하며, 질서위반행위규제법에서 과태료 부과, 징수 절차 및 권리구제 등에 대해 규정한다.

3. 과태료의 부과 및 징수의 절차

   행정청이 과태료를 부과하고자 하는 때에는 미리 당사자에게 대통령령으로 정하는 사항을 통지하고 10일 이상의 기간을 정하여 의견을 제출할 기회를 주어야 한다. 이 경우 지정된 기일까지 의견 제출이 없는 경우에는 의견이 없는 것으로 본다(질서위반행위규제법 제16조).

4. 과태료의 부과

   과태료는 의견 제출 절차를 마친 후 서면으로 부과하여야 한다(동법 제17조).

5. 권리구제

   (1) 이의제기

   행정청의 과태료 부과에 불복하는 당사자는 동법 제17조 제1항에 따른 과태료 부과 통지를 받은 날로부터 60일 이내에 해당 행정청에 서면으로 이의제기를 할 수 있다. 이의제기가 있는 경우 과태료 부과 처분은 그 효력을 상실한다(동법 제20조).
   이의제기를 받은 행정청은 이의제기를 받은 날부터 14일 이내에 이에 대한 의견 및 증빙서류를 첨부하여 관할법원에 통보하여야 한다(동법 제21조).

   (2) 과태료 재판 및 집행

   ① 과태료 사건은 다른 법령에 특별한 규정이 있는 경우를 제외하고는 당사자의 주소지의 지방법원 또는 그 지원의 관할로 한다(동법 제25조).
   ② 법원은 심문기일을 열어 당사자의 진술을 들어야 한다(동법 제31조).
   ③ 과태료 재판은 이유를 붙인 결정으로써 한다(동법 제36조).
   ④ 결정은 당사자와 검사에 고지함으로써 효력이 생긴다(동법 제37조).
   ⑤ 당사자와 검사는 과태료 재판에 대하여 즉시항고를 할 수 있다. 이 경우 항고는 집행정지의 효력이 있다(동법 제38조).

쟁점 51 대집행 (A)

관련조문 행정대집행법

제2조(대집행과 그 비용징수)
법률에 의하여 직접명령되었거나 또는 법률에 의거한 행정청의 명령에 의한 행위로서 타인이 대신하여 행할 수 있는 행위를 의무자가 이행하지 아니하는 경우 다른 수단으로써 그 이행을 확보하기 곤란하고 또한 그 불이행을 방치함이 심히 공익을 해할 것으로 인정될 때에는 당해 행정청은 스스로 의무자가 하여야 할 행위를 하거나 또는 제삼자로 하여금 이를 하게 하여 그 비용을 의무자로부터 징수할 수 있다.

제3조(대집행의 절차)
① 상당한 이행기한을 정하여 그 기한까지 이행되지 아니할 때에는 대집행을 한다는 뜻을 미리 문서로써 계고하여야 한다. 이 경우 행정청은 상당한 이행기한을 정함에 있어 의무의 성질·내용 등을 고려하여 사회통념상 해당 의무를 이행하는 데 필요한 기간이 확보되도록 하여야 한다.
② 의무자가 전항의 계고를 받고 지정기한까지 그 의무를 이행하지 아니할 때에는 당해 행정청은 대집행영장으로써 대집행을 할 시기, 대집행을 시키기 위하여 파견하는 집행책임자의 성명과 대집행에 요하는 비용의 개산에 의한 견적액을 의무자에게 통지하여야 한다.
③ 비상시 또는 위험이 절박한 경우에 있어서 당해 행위의 급속한 실시를 요하여 전2항에 규정한 수속을 취할 여유가 없을 때에는 그 수속을 거치지 아니하고 대집행을 할 수 있다.

제4조(대집행의 실행 등)
① 행정청(제2조에 따라 대집행을 실행하는 제3자를 포함한다. 이하 이 조에서 같다)은 해가 뜨기 전이나 해가 진 후에는 대집행을 하여서는 아니 된다. 다만, 다음 각 호의 어느 하나에 해당하는 경우에는 그러하지 아니하다.
 1. 의무자가 동의한 경우
 2. 해가 지기 전에 대집행을 착수한 경우
 3. 해가 뜬 후부터 해가 지기 전까지 대집행을 하는 경우에는 대집행의 목적 달성이 불가능한 경우
 4. 그 밖에 비상시 또는 위험이 절박한 경우
② 행정청은 대집행을 할 때 대집행 과정에서의 안전 확보를 위하여 필요하다고 인정하는 경우 현장에 긴급 의료장비나 시설을 갖추는 등 필요한 조치를 하여야 한다.
③ 대집행을 하기 위하여 현장에 파견되는 집행책임자는 그가 집행책임자라는 것을 표시한 증표를 휴대하여 대집행시에 이해관계인에게 제시하여야 한다.

제5조(비용납부명령서)
대집행에 요한 비용의 징수에 있어서는 실제에 요한 비용액과 그 납기일을 정하여 의무자에게 문서로써 그 납부를 명하여야 한다.

제6조(비용징수)
① 대집행에 요한 비용은 국세징수법의 예에 의하여 징수할 수 있다.
② 대집행에 요한 비용에 대하여서는 행정청은 사무비의 소속에 따라 국세에 다음가는 순위의 선취득권을 가진다.
③ 대집행에 요한 비용을 징수하였을 때에는 그 징수금은 사무비의 소속에 따라 국고 또는 지방자치단체의 수입으로 한다.

제7조(행정심판)
대집행에 대하여는 행정심판을 제기할 수 있다.

1. 의의(행정대집행법 제2조)

공법상 대체적 작위의무의 불이행에 대해 행정청이 스스로 의무자가 행할 행위를 하거나 제3자로 하여금 이를 행하게 하고 그 비용을 의무자로부터 징수하는 것을 말한다.

2. 대집행의 요건

(1) 공법상 대체적 작위의무의 불이행

1) 공법상 의무

① 대집행의 대상이 되는 대체적 작위의무는 공법상 의무이어야 한다. 사법상 의무는 대집행의 대상이 되지 않는다.

② 부작위의무와 수인의무는 성질상 대체적 작위의무가 아니다.

2) 대체적 작위의무

① 의의

대체적 작위의무는 타인이 대신할 수 있는 의무를 말한다.

② 물건의 인도 또는 토지·건물의 명도의무, 물건의 인도는 대체성이 있는 물건에 한하여 대집행이 가능하다.

점유자가 점유하는 물건의 인도는 대집행의 대상이 될 수 없고, 직접강제의 대상이 된다. 판례는 매점점유자의 점유배제는 직접적인 실력행사가 필요한 것이지 대체적 작위의무에 해당하는 것은 아니어서 행정대집행법에 의한 대집행의 대상이 되는 것은 아니라고 판시한 바 있다.

③ 수용 목적물인 토지나 물건의 인도 또는 이전의무

가) 견해의 대립

㉠ 토지보상법 제89조의 목적상 대집행을 긍정하는 견해, ㉡ 토지보상법 제89조의 의무도 대체적 작위의무에 한정된다고 보아 부정하는 견해, ㉢ 인도의 대상인 토지·물건을 신체로써 점유하고 있는 경우에는 직접강제에 속하고 대집행을 할 수 없으나, 존치물건으로 점유하고 있는 경우에는 대집행을 할 수 있는 것으로 보는 부분긍정설이 있다.

나) 판례

'인도'에는 명도도 포함되는 것으로 보아야 하고, 명도의무는 강제적으로 실현하면서 직접적인 실력행사가 필요한 것이지 대체적 작위의무라고 볼 수 없으므로 행정대집행법에 의한 대집행의 대상이 될 수 있는 것이 아니다.

다) 검토

대집행은 국민의 권익침해의 개연성이 높으므로 토지보상법 제89조의 의무를 법치행정의 원리상 명확한 근거 없이 비대체적 작위의무로까지 확대해석할 수 없다고 할 것이다.

(2) 비례성 요건

행정대집행법은 "다른 수단으로써 이행을 확보하기 곤란하고 또한 그 불이행을 방치함이 심히 공익을 해할 것으로 인정될 때"에 한하여 대집행이 가능한 것으로 규정하고 있다.

3. 대집행주체

대집행을 실행할 수 있는 권한을 가진 자는 의무를 부과한 당해 행정청이다. 당해 행정청의 위임이 있으면 다른 행정청도 대집행 주체가 될 수 있다. 대집행을 수행하는 자는 당해 행정청이나 제3자이며, 제3자의 경우 다수는 사법상 도급계약으로 본다.

4. 대집행권 행사의 재량성

행정대집행은 대집행 요건이 충족되는 경우에 심히 공익을 해할 것인지를 판단(계고시 기준)하여 대집행 실행의 필요성이 인정되는 경우에 할 수 있다.

5. 대집행의 절차

(1) 계고

상당한 이행기한을 정하여 그 기한까지 이행되지 아니할 때에는 대집행을 한다는 뜻을 미리 문서로써 계고하여야 한다. 다만, 긴급한 경우 생략이 가능하다.

  1) 계고의 내용 및 방식(문서)

계고는 문서로하되 대집행할 행위의 내용 및 범위가 구체적으로 특정되어야 한다.

계고서라는 명칭의 1장의 문서로서 철거를 명함과 동시에 대집행을 계고한 경우라도 철거명령과 계고처분은 독립하여 존재한다. 철거명령에서 주어진 일정기간이 자진철거에 필요한 상당한 기간이라면 그 기간 속에는 계고 시에 필요한 '상당한 이행기간'도 포함되어 있다고 보아야 한다.

판례는 상당한 기간을 부여하지 않은 경우 대집행영장으로 대집행 시기를 늦추었다고 하더라도 계고처분은 적법절차에 위배되어 위법하다고 보았다.

  2) 반복계고의 경우

계고가 반복된 경우에는 1차 계고가 소의 대상이다. 2차, 3차 계고처분은 대집행기한의 연기통지에 불과하다.

(2) 대집행영장에 의한 통지

계고를 받고 기한까지 의무를 이행하지 아니할 때에는 행정청이 대집행영장으로써 대집행실행의 시기 등을 의무자에게 통지하는 행위를 말한다. 긴급한 경우 생략이 가능하다.

(3) 대집행의 실행

대집행의 실행은 당해 행정청이 스스로 또는 타인으로 하여금 대체적 작위의무를 이행시키는 물리력을 행사하는 행위이다.

실력행사가 가능한지에 대해서는 긍정설과 부정설의 견해의 대립 있으나 판례는 부정한다. 행정의 이행확보라는 공익과 국민의 기본권 보호라는 사익을 형량해야 할 것이다.

(4) 비용징수

대집행에 실제 요한 비용과 그 납기일을 정하여 의무자에게 문서로써 그 납부를 명하는 것이다.

6. 행정구제

(1) 항고쟁송

1) 소의 대상

① 계고와 대집행영장에 의한 통지는 준법률행위적 행정행위로, ② 대집행의 실행은 권력적 사실행위의 성질을 가지며, ③ 비용납부명령은 공법상의 의무인 비용납부의무를 과하는 행정행위이므로 각 단계는 행정심판 및 행정소송의 대상이 된다.

2) 소의 이익

대집행이 실행되어 버리면 계고 또는 통지행위에 대한 항고소송은 협의의 소익이 부정된다. 계고 또는 통지에 대한 행정쟁송 제기 시 집행정지를 신청해야 한다. 대집행이 실행된 이후에는 손해배상 및 원상회복청구가 주장될 수 있다.

3) 하자의 승계

① 철거명령과 대집행절차를 이루는 행위는 별개의 법적 효과를 가져오는 행위이므로 철거명령의 하자가 대집행절차를 이루는 각 행위에 승계되지 않는다. ② 대집행절차를 이루는 계고, 통지, 실행, 비용납부명령은 상호 결합하여 대집행이라는 하나의 법적 효과를 가져오므로 선행행위의 하자가 후행행위에 승계된다.

(2) 국가배상(손해배상)

위법한 대집행으로 손해가 발행한 경우에는 국가배상청구가 가능하다.

(3) 원상회복청구(결과제거청구)

대집행의 실행으로 인하여 위법한 상태가 계속되는 경우에는 결과제거청구를 할 수 있다.

7. 기타(보상법상 협의에 의한 의무불이행)

판례는 토지보상법상 협의는 사법상 매매의 성질을 갖는 것으로서 대집행법상 대집행의 대상은 아니라고 판시한 바 있다.

PART

04

행정절차법

PART

04 행정절차법

쟁점 52 행정절차법 (S)

1. 행정절차법이란

행정절차법이란 행정절차에 관한 일반법으로, 개별 법령에 특별한 규정이 없는 한 행정절차법에 따른다. 행정절차법은 행정절차에 관한 공통적인 사항을 규정하여 국민의 행정 참여를 도모함으로써 행정의 공정성·투명성 및 신뢰성을 확보하고 국민의 권익을 보호함을 목적으로 한다.

2. 행정절차의 종류

행정절차법은 공통절차 대상으로 처분, 신고, 확약 및 위반사실 등의 공표 등, 행정상 입법예고, 행정예고, 행정지도 등에 대해 규정하고 있다. 이 중 침익적 처분에 대한 사전구제절차로서 사전통지와 의견청취 내용이 주된 쟁점영역이라 할 수 있다. 다만, 국회 또는 지방의외의 의견을 거치거나 동의 또는 승인을 얻어 행사하는 사항 등 일정한 경우에는 적용이 배제된다.

관련조문 행정절차법

제3조(적용 범위)
① 처분, 신고, 확약, 위반사실 등의 공표, 행정계획, 행정상 입법예고, 행정예고 및 행정지도의 절차)에 관하여 다른 법률에 특별한 규정이 있는 경우를 제외하고는 이 법에서 정하는 바에 따른다. 〈개정 2022. 1.11.〉
② 이 법은 다음 각 호의 어느 하나에 해당하는 사항에 대하여는 적용하지 아니한다.
  1. 국회 또는 지방의회의 의결을 거치거나 동의 또는 승인을 받아 행하는 사항
  2. 법원 또는 군사법원의 재판에 의하거나 그 집행으로 행하는 사항
  3. 헌법재판소의 심판을 거쳐 행하는 사항
  4. 각급 선거관리위원회의 의결을 거쳐 행하는 사항
  5. 감사원이 감사위원회의의 결정을 거쳐 행하는 사항
  6. 형사(刑事), 행형(行刑) 및 보안처분 관계 법령에 따라 행하는 사항
  7. 국가안전보장·국방·외교 또는 통일에 관한 사항 중 행정절차를 거칠 경우 국가의 중대한 이익을 현저히 해칠 우려가 있는 사항
  8. 심사청구, 해양안전심판, 조세심판, 특허심판, 행정심판, 그 밖의 불복절차에 따른 사항
  9. 「병역법」에 따른 징집·소집, 외국인의 출입국·난민인정·귀화, 공무원 인사 관계 법령에 따른 징계와 그 밖의 처분, 이해 조정을 목적으로 하는 법령에 따른 알선·조정·중재(仲裁)·재정(裁定) 또는 그 밖의 처분 등 해당 행정작용의 성질상 행정절차를 거치기 곤란하거나 거칠 필요가 없다고 인정되는 사항과 행정절차에 준하는 절차를 거친 사항으로서 대통령령으로 정하는 사항

제4조(신의성실 및 신뢰보호)
① 행정청은 직무를 수행할 때 신의(信義)에 따라 성실히 하여야 한다.
② 행정청은 법령등의 해석 또는 행정청의 관행이 일반적으로 국민들에게 받아들여졌을 때에는 공익 또는 제3자의 정당한 이익을 현저히 해칠 우려가 있는 경우를 제외하고는 새로운 해석 또는 관행에 따라 소급하여 불리하게 처리하여서는 아니 된다.

쟁점 53 사전통지 (A)

관련조문 행정절차법

제21조(처분의 사전통지)

① 행정청은 당사자에게 의무를 부과하거나 권익을 제한하는 처분을 하는 경우에는 미리 다음 각 호의 사항을 당사자등에게 통지하여야 한다.
 1. 처분의 제목
 2. 당사자의 성명 또는 명칭과 주소
 3. 처분하려는 원인이 되는 사실과 처분의 내용 및 법적 근거
 4. 제3호에 대하여 의견을 제출할 수 있다는 뜻과 의견을 제출하지 아니하는 경우의 처리방법
 5. 의견제출기관의 명칭과 주소
 6. 의견제출기한
 7. 그 밖에 필요한 사항
② 행정청은 청문을 하려면 청문이 시작되는 날부터 10일 전까지 제1항 각 호의 사항을 당사자등에게 통지하여야 한다. 이 경우 제1항 제4호부터 제6호까지의 사항은 청문 주재자의 소속·직위 및 성명, 청문의 일시 및 장소, 청문에 응하지 아니하는 경우의 처리방법 등 청문에 필요한 사항으로 갈음한다.
③ 제1항 제6호에 따른 기한은 의견제출에 필요한 기간을 10일 이상으로 고려하여 정하여야 한다
④ 다음 각 호의 어느 하나에 해당하는 경우에는 제1항에 따른 통지를 하지 아니할 수 있다.
 1. 공공의 안전 또는 복리를 위하여 긴급히 처분을 할 필요가 있는 경우
 2. 법령등에서 요구된 자격이 없거나 없어지게 되면 반드시 일정한 처분을 하여야 하는 경우에 그 자격이 없거나 없어지게 된 사실이 법원의 재판 등에 의하여 객관적으로 증명된 경우
 3. 해당 처분의 성질상 의견청취가 현저히 곤란하거나 명백히 불필요하다고 인정될 만한 상당한 이유가 있는 경우
⑤ 처분의 전제가 되는 사실이 법원의 재판 등에 의하여 객관적으로 증명된 경우 등 제4항에 따른 사전 통지를 하지 아니할 수 있는 구체적인 사항은 대통령령으로 정한다.
⑥ 제4항에 따라 사전 통지를 하지 아니하는 경우 행정청은 처분을 할 때 당사자등에게 통지를 하지 아니한 사유를 알려야 한다. 다만, 신속한 처분이 필요한 경우에는 처분 후 그 사유를 알릴 수 있다.
⑦ 제6항에 따라 당사자등에게 알리는 경우에는 제24조를 준용한다.

관련조문 행정절차법 시행령

제13조(처분의 사전통지 생략사유)

법 제21조 제4항 및 제5항에 따라 사전 통지를 하지 아니할 수 있는 경우는 다음 각 호의 어느 하나에 해당하는 경우로 한다.
1. 급박한 위해의 방지 및 제거 등 공공의 안전 또는 복리를 위하여 긴급한 처분이 필요한 경우
2. 법원의 재판 또는 준사법적 절차를 거치는 행정기관의 결정 등에 따라 처분의 전제가 되는 사실이 객관적으로 증명되어 처분에 따른 의견청취가 불필요하다고 인정되는 경우
3. 의견청취의 기회를 줌으로써 처분의 내용이 미리 알려져 현저히 공익을 해치는 행위를 유발할 우려가 예상되는 등 해당 처분의 성질상 의견청취가 현저하게 곤란한 경우
4. 법령 또는 자치법규(이하 "법령 등"이라 한다)에서 준수하여야 할 기술적 기준이 명확하게 규정되고, 그 기준에 현저히 미치지 못하는 사실을 이유로 처분을 하려는 경우로서 그 사실이 실험, 계측, 그 밖에 객관적인 방법에 의하여 명확히 입증된 경우

> 5. 법령 등에서 일정한 요건에 해당하는 자에 대하여 점용료·사용료 등 금전급부를 명하는 경우 법령 등에서 규정하는 요건에 해당함이 명백하고, 행정청의 금액산정에 재량의 여지가 없거나 요율이 명확하게 정하여져 있는 경우 등 해당 처분의 성질상 의견청취가 명백히 불필요하다고 인정될 만한 상당한 이유가 있는 경우

1. 의의 및 취지

권리를 제한하거나, 의무를 부과하는 처분을 할 때에는 처분의 내용 및 의견제출을 할 수 있다는 사실을 사전에 통지하도록 규정하고 있다. 이는 절차참여를 위한 필수규정이다.

2. 생략사유

① 공공복리를 위해 긴급한 처분을 할 필요가 있는 경우, ② 처분성질상 의견청취가 현저히 곤란하거나 명백히 불필요한 경우, ③ 법령상 일정처분을 하여야 함이 객관적으로 증명된 경우에는 생략할 수 있다.

이 경우 행정청은 처분을 할 때 당사자등에게 통지를 하지 아니한 사유를 알려야 한다. 다만, 신속한 처분이 필요한 경우에는 처분 후 그 사유를 알릴 수 있다.

3. 사전통지의 대상자

(1) 처분의 상대방 및 이해관계인

① 처분에 대하여 직접 그 상대가 되는 당사자 및 ② 행정청이 직권으로 또는 신청에 따라 행정절차에 참여하게 한 이해관계인이 해당된다.

(2) '고시' 등 불특정 다수인을 상대로 의무를 부과하거나 권익을 제한하는 처분

불특정 다수인을 상대로 하는 처분은 성질상 의견제출의 기회를 주어야 하는 상대방을 특정할 수 없으므로, 이와 같은 처분에 있어서는 그 상대방에게 의견제출의 기회를 주어야 하는 것은 아니다(2012두7745).

4. 사전통지의 기간

행정청은 의견제출의 준비에 필요한 기간을 10일 이상으로 주어 통지하여야 한다.

5. 거부처분 시 사전통지 필요 여부

(1) 학설

① 신청의 거부는 신청의 기대이익 제한이라는 긍정설, ② 신청만으로는 권익이 생기지 않았으므로 권익을 제한하는 것이 아니고 신청자체로 이미 의견진술이 기회를 준 것이므로 불필요하다고 보는 부정설, ③ 인·허가에 부가된 갱신기간의 경우는 권익(갱신받을 권익 침해)을 제한하는 것으로 보아 긍정하는 제한적 긍정설이 있다.

(2) 판례

판례는 신청에 따른 처분이 이루어지지 않은 경우에는 아직 당사자에게 권익이 부여되지 않았으므로, 거부처분은 권익을 제한하는 처분이 아니라고 한다.

(3) 검토

인·허가의 갱신 등처럼 기존권익의 유지가 아닌 한, 신청의 거부는 권익제한이 아니라고 판단된다. 인·허가의 갱신의 경우는 갱신에 의해 종전의 허가효과가 유지되는바, 이는 권익제한에 해당된다고 볼 수 있으므로 사전통지 결여는 위법하다고 볼 수 있다.

쟁점 54 청문 (A)

관련조문 행정절차법

제22조(의견청취)
① 행정청이 처분을 할 때 다음 각 호의 어느 하나에 해당하는 경우에는 청문을 한다.
　　1. 다른 법령등에서 청문을 하도록 규정하고 있는 경우
　　2. 행정청이 필요하다고 인정하는 경우
　　3. 다음 각 목의 처분을 하는 경우
　　　　가. 인허가 등의 취소
　　　　나. 신분·자격의 박탈
　　　　다. 법인이나 조합 등의 설립허가의 취소
② 행정청이 처분을 할 때 다음 각 호의 어느 하나에 해당하는 경우에는 공청회를 개최한다.
　　1. 다른 법령등에서 공청회를 개최하도록 규정하고 있는 경우
　　2. 해당 처분의 영향이 광범위하여 널리 의견을 수렴할 필요가 있다고 행정청이 인정하는 경우
　　3. 국민생활에 큰 영향을 미치는 처분으로서 대통령령으로 정하는 처분에 대하여 대통령령으로 정하는 수 이상의 당사자등이 공청회 개최를 요구하는 경우
③ 행정청이 당사자에게 의무를 부과하거나 권익을 제한하는 처분을 할 때 제1항 또는 제2항의 경우 외에는 당사자등에게 의견제출의 기회를 주어야 한다.
④ 제1항부터 제3항까지의 규정에도 불구하고 제21조 제4항 각 호의 어느 하나에 해당하는 경우와 당사자가 의견진술의 기회를 포기한다는 뜻을 명백히 표시한 경우에는 의견청취를 하지 아니할 수 있다.
⑤ 행정청은 청문·공청회 또는 의견제출을 거쳤을 때에는 신속히 처분하여 해당 처분이 지연되지 아니하도록 하여야 한다.
⑥ 행정청은 처분 후 1년 이내에 당사자등이 요청하는 경우에는 청문·공청회 또는 의견제출을 위하여 제출받은 서류나 그 밖의 물건을 반환하여야 한다.

---

1. 청문의 의의 및 취지

행정청이 어떤 처분을 하기에 앞서 상대방 등의 의견을 직접 듣고 증거를 조사하는 절차를 말한다. 이는 사전적 권리구제를 가능하게 함에 취지가 인정된다.

2. 필수적 절차 여부

청문에 대한 명문 규정이 있거나 행정청이 필요하다고 인정하는 경우 및 인허가 등의 취소, 신분·자격의 박탈, 법인이나 조합 등의 설립허가의 취소처분 시에 청문을 한다.

행정절차법 제21조 제4항(사전통지 생략사유) 및 당사자의 포기의사가 있는 경우는 생략이 가능하다.

3. 관련 판례

(1) 도달기간을 준수하지 않은 청문의 효력

청문서 도달기간을 지키지 않았다면 이는 청문의 절차적 요건을 준수하지 아니한 것이므로 이를 바탕으로 한 행정처분은 위법하다. 다만, 청문서 도달기간을 다소 어겼다 하더라도 당사자가 이의를 제기하지 아니하고 스스로 청문기일에 출석하여 충분한 방어기회를 가졌다면 청문서 도달기간을 준수하지 않은 하자는 치유되었다 보아야 한다.

(2) 협의에 의한 청문배제 가능성

의견청취절차를 배제하는 협약을 체결하였다 하여도 청문을 실시하지 않아도 되는 예외적인 경우에 해당한다고 할 수 없다.

(3) 판례는 '청문통지서가 반송되었다거나, 행정처분의 상대방이 청문일시에 불출석하였다는 이유'가 의견청취가 현저히 곤란한 경우에 해당하지 않는다고 본다.

쟁점 55 이유제시 (A)

> **관련조문** 행정절차법
>
> 제23조(처분의 이유제시)
> ① 행정청은 처분을 할 때에는 다음 각 호의 어느 하나에 해당하는 경우를 제외하고는 당사자에게 그 근거와 이유를 제시하여야 한다.
>   1. 신청 내용을 모두 그대로 인정하는 처분인 경우
>   2. 단순·반복적인 처분 또는 경미한 처분으로서 당사자가 그 이유를 명백히 알 수 있는 경우
>   3. 긴급히 처분을 할 필요가 있는 경우
> ② 행정청은 제1항 제2호 및 제3호의 경우에 처분 후 당사자가 요청하는 경우에는 그 근거와 이유를 제시하여야 한다.

> **관련조문** 행정절차법 시행령
>
> 제14조의2(처분의 이유제시)
> 행정청은 행정절차법 제23조의 규정에 의하여 처분의 이유를 제시하는 경우에는 처분의 원인이 되는 사실과 근거가 되는 법령 또는 자치법규의 내용을 구체적으로 명시하여야 한다.

PART 04

1. 의의 및 필요성

행정청이 처분을 하는 경우에 그 근거와 이유를 제시함을 말하고 모든 처분을 대상으로 한다. ① 이는 행정결정의 신중성 및 공정성을 도모하고, ② 행정쟁송 제기 여부의 판단 및 쟁송준비의 편의제공 목적에 취지가 인정된다.

2. 필수적 절차인지

① 당사자의 신청대로 인정하는 경우, ② 단순반복 및 경미한 처분으로 당사자가 그 이유를 명백히 아는 경우, ③ 긴급을 요하는 경우 생략이 가능하다.
②, ③의 경우에 처분 후 당사자가 요청하는 경우에는 그 근거와 이유를 제시하여야 한다.

3. 이유제시의 정도와 하자

판례는 '처분의 근거와 이유를 상대방이 이해할 수 있을 정도로 구체적으로 서면으로 하되, 이를 전혀 안하거나 구체적이지 않은 경우 위법하게 된다'고 한다.
이유제시가 전혀 없거나 없는 것과 같이 불충분한 경우는 무효로 보고 불충분한 경우는 취소로 보아야 할 것이나 판례는 이유제시 누락도 취소로 본다.

4. 이유제시의 시기 및 내용

이유제시는 처분과 동시에 행하여야 한다. 행정청이 처분을 하는 때에는 당사자에게 그 처분에 관하여 행정심판 및 행정소송을 제기할 수 있는지 여부, 기타 불복을 할 수 있는지 여부, 청구절차 및 청구기간 기타 필요한 사항을 알려야 한다.

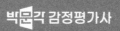
박문각 감정평가사

05 행정구제법 기초개념

PART

05

행정구제법

행정구제법 기본개념

1. 행정구제 및 행정쟁송

행정구제절차는 행정권의 행사에 의한 국민의 권익침해를 구제해주는 것으로서 국민의 기본권 보장과 법치행정을 담보하는 수단이다. 행정구제절차로서 행정심판과 행정소송을 아울러 행정쟁송제도라 한다.

2. 행정심판

행정심판은 행정심판위원회가 위법·부당한 처분을 심리·판단하는 것이다.

3. 행정소송

행정소송은 행정법원이 위법한 처분에 대한 심리·판단하는 절차를 말한다.

4. 구제제도 유형분류

(1) 위법성에 따른 분류

① 위법한 행정권의 행사에 의해 침해된 권익의 구제제도로는 행정쟁송(행정심판과 행정소송), 헌법소원, 국가배상청구, 공법상 결과제거청구, 국민고충처리제도 등이 있다.
② 적법한 공권력 행사에 의해 가해진 손해에 대한 구제제도로는 행정상 손실보상이 있다.

(2) 원상회복 유무에 따른 분류

① 원상회복적인 구제방법으로는 행정쟁송, 헌법소원 및 공법상 결과제거청구권이 있으며, ② 금전에 의한 구제방법으로는 손해전보(손해배상 및 손실보상)가 있다.

(3) 공권력 행사에 따른 분류

① 공권력(公權力) 행사의 위법·부당을 시정하는 구제제도로는 행정쟁송(행정심판과 행정소송), 헌법소원이 있으며, ② 공권력 행사의 결과에 대한 구제제도로는 공법상 결과제거청구, 행정상 손해배상과 행정상 손실보상이 있다.

(4) 사전적 및 사후적 구제제도에 따른 분류

① 사전구제제도에는 행정절차, 예방적 부작위(금지)청구소송(입법론)이 있으며, ② 사후구제제도는 통상의 행정구제제도를 지칭한다.

(5) 행정소송의 성질에 의한 분류

1) 형성의 소

판결 그 자체에 의하여 법률관계가 발생·변경 또는 소멸되는 소이다.

2) 이행의 소

피고에 대한 특정한 이행청구권의 존재를 주장하여 그의 확정과 이에 따른 이행명령의 판결을 구하는 소이다.

3) 확인의 소

특정한 권리 또는 법률관계의 존재 또는 부존재를 주장하여 이를 확인하는 내용의 판결을 구하는 소이다.

5. 핵심개념 정리

(1) 손해전보

행정상 손해전보는 통상 국가작용에 의해 개인에게 가해진 손해의 전보를 의미한다. 행정상 손해배상과 행정상 손실보상이 이에 해당한다.

(2) 공법상 결과제거청구

공법상 결과제거청구라 함은 공공행정작용으로 인하여 야기된 위법한 상태로 인하여 자기의 권익을 침해받고 있는 자가 행정주체에 대하여 그 위법한 상태를 제거하여 침해 이전의 원래의 상태로 회복시켜 줄 것을 청구하는 것을 말한다.

(3) 행정소송

행정소송이라 함은 행정법 관계에 있어서의 법적 분쟁을 당사자의 청구로 심리·판정하는 심판절차를 말한다. 행정심판은 행정기관이 심판하는 행정쟁송절차를 말하고, 행정소송은 법원이 심판하는 행정쟁송절차를 말한다.

(4) 주관적 쟁송 및 객관적 쟁송

주관적 쟁송이란 개인의 권리·이익의 구제를 주된 목적으로 하는 쟁송을 말한다. 객관적 쟁송이란 행정의 적법·타당성의 통제를 주된 목적으로 하는 쟁송을 말한다. 우리나라의 당사자소송은 주관적 소송이고, 기관소송과 민중소송은 객관적 소송이다.

(5) 정식쟁송 및 약식쟁송

정식쟁송이란 심판기관이 독립된 지위를 갖는 제3자이고 당사자에게 구술변론의 기회가 보장되는 쟁송을 말하고, 약식쟁송이란 이 두 요건 중 어느 하나라도 결여하거나 불충분한 쟁송을 말한다. 행정소송은 정식쟁송이고, 행정심판은 약식쟁송이다.

(6) 항고쟁송 및 당사자쟁송

항고쟁송은 일방적인 공권력 행사의 위법·부당을 다투는 쟁송이고, 당사자쟁송은 상호 대등한 당사자 상호 간의 행정법상의 법률관계의 형성 또는 존부를 다투는 쟁송을 말한다. 행정심판과 항고소송은 항고쟁송이며 토지수용의 재결, 당사자소송은 당사자쟁송이다.

(7) 시심적 쟁송 및 복심적 쟁송

시심적 쟁송이란 법률관계의 형성 또는 존부의 확인에 관한 행정작용 자체가 쟁송의 형식으로 행하여지는 행정작용을 말한다(토지수용위원회의 재결 등). 복심적 쟁송이란 이미 행하여진 행정작용의 흠(위법 또는 부당)을 시정하기 위하여 행하여지는 쟁송절차를 말한다. 항고쟁송은 복심적 쟁송이다.

(8) 민중쟁송 및 기관쟁송

민중쟁송이라 함은 행정법규의 적법·타당한 적용을 확보하기 위하여 일반 민중에 의하여 제기되는 쟁송을 말한다. 기관쟁송이란 국가 또는 공공단체의 기관 상호 간의 분쟁을 해결하기 위하여 제기되는 쟁송을 말한다.

6. 행정심판과 행정소송의 관계

(1) 행정심판과 행정소송의 차이점

행정심판은 행정통제적 성격이 강한 데 대하여, 행정소송은 권리구제적 성격이 강하며, 행정심판은 행정기관인 행정심판위원회가 담당하나 행정소송은 법원이 관장한다. 또한 행정심판은 서면심리와 구술심리가 병행하여 적용되는데, 행정소송은 구두변론주의가 원칙이다. 심판대상으로 행정심판은 위법·부당한 처분을 대상으로 하지만, 행정소송은 위법한 처분 등을 대상으로 한다. 행정심판에 대한 재결도 행정소송의 대상이 된다. 행정심판은 의무이행심판을 규정하고 있으나, 행정소송에서는 의무이행소송이 인정되고 있지 않다.

(2) 행정심판과 행정소송의 관련성

(구)행정소송법은 행정심판 전치주의를 규정하여 행정심판을 거친 후 행정소송을 제기할 수 있었으나, 1994년 7월 14일의 개정된 행정소송법에서는 명문의 규정이 없는 한, 행정심판을 거치지 않고서도 행정소송을 제기할 수 있도록 행정심판 임의주의를 원칙으로 규정하고 있다.

관련조문 행정심판법

제1조(목적)

이 법은 행정심판 절차를 통하여 행정청의 위법 또는 부당한 처분(處分)이나 부작위(不作爲)로 침해된 국민의 권리 또는 이익을 구제하고, 아울러 행정의 적정한 운영을 꾀함을 목적으로 한다.

제2조(정의)

이 법에서 사용하는 용어의 뜻은 다음과 같다.

1. "처분"이란 행정청이 행하는 구체적 사실에 관한 법집행으로서의 공권력의 행사 또는 그 거부, 그 밖에 이에 준하는 행정작용을 말한다.
2. "부작위"란 행정청이 당사자의 신청에 대하여 상당한 기간 내에 일정한 처분을 하여야 할 법률상 의무가 있는데도 처분을 하지 아니하는 것을 말한다.
3. "재결(裁決)"이란 행정심판의 청구에 대하여 제6조에 따른 행정심판위원회가 행하는 판단을 말한다.
4. "행정청"이란 행정에 관한 의사를 결정하여 표시하는 국가 또는 지방자치단체의 기관, 그 밖에 법령 또는 자치법규에 따라 행정권한을 가지고 있거나 위탁을 받은 공공단체나 그 기관 또는 사인(私人)을 말한다.

제3조(행정심판의 대상)

① 행정청의 처분 또는 부작위에 대하여는 다른 법률에 특별한 규정이 있는 경우 외에는 이 법에 따라 행정심판을 청구할 수 있다.
② 대통령의 처분 또는 부작위에 대하여는 다른 법률에서 행정심판을 청구할 수 있도록 정한 경우 외에는 행정심판을 청구할 수 없다.

제5조(행정심판의 종류)

행정심판의 종류는 다음 각 호와 같다.

1. 취소심판 : 행정청의 위법 또는 부당한 처분을 취소하거나 변경하는 행정심판
2. 무효등확인심판 : 행정청의 처분의 효력 유무 또는 존재 여부를 확인하는 행정심판
3. 의무이행심판 : 당사자의 신청에 대한 행정청의 위법 또는 부당한 거부처분이나 부작위에 대하여 일정한 처분을 하도록 하는 행정심판

쟁점 56 행정심판 개관 (B)

1. 의의 및 성질

행정심판은 행정기관인 행정심판위원회가 법률관계의 분쟁에 대한 심리·재결하는 행정쟁송절차이며, 재결은 준법률행위적 행위로서 확인의 성질을 갖는다. 행정심판은 사법절차가 준용된다.

헌법 제107조 제3항
재판의 전심절차로서 행정심판을 할 수 있다. 행정심판의 절차는 법률로 정하되, 사법절차가 준용되어야 한다."

2. 행정심판의 종류

(1) 취소심판

행정청의 위법 또는 부당한 처분을 취소하거나 변경하는 행정심판이다.

(2) 무효등확인심판

처분 등의 효력 유무 또는 존재 여부를 확인하는 행정심판이다.

(3) 의무이행심판

행정청의 위법 또는 부당한 거부처분이나 부작위에 대하여 일정한 처분을 하도록 하는 행정심판
이다.

3. 이의신청과 행정심판의 구별

(1) 이의신청의 의의 및 근거

위법·부당한 처분에 대하여, 처분을 행한 처분청에 불복을 제기하는 것을 말한다. 행정기본법
제36조에서는 처분에 대한 이의신청의 원칙을 규정하고 있으며, 각 개별법에서 처분청에 대한
이의신청을 규정한다.

(2) 구별실익

이의신청이 행정심판법상의 행정심판이라고 한다면 행정심판법 제51조 재청구금지에 의해 행정
심판을 다시 청구할 수 없다. 이에 양자의 구별 실익이 있다.

(3) 구별기준

개별법상 이의신청이 단순 이의신청인지 행정심판인 이의신청인지 여부를 판단하는 기준에 관
하여 견해의 대립이 있다.

1) 심판기관기준설

행정심판과 행정심판이 아닌 이의신청을 심판기관을 기준으로 구분하는 견해이다. 즉, 이의
신청은 처분청 자체에 제기하는 쟁송인데 반하여, 행정심판은 행정심판위원회에 제기하는 쟁
송이라고 본다.

2) 쟁송절차기준설

헌법 제107조 제3항에서 행정심판절차는 사법심판절차가 준용되어야 한다고 규정하고 있으
므로 준사법절차가 보장되는 경우에만 특별법상 행정심판으로 본다.

3) 판례

판례는 부동산가격공시법상 이의신청의 법적 성질을 법률규정의 목적과 행정심판법과의 관계
및 그 절차와 담당 기관의 차이 등을 종합고려하여 특별법상 행정심판이 아닌 이의신청이라고
판단한 바 있다.

4) 검토

헌법 제107조 제3항이 행정심판에 사법절차를 준용하도록 규정하고 있는 점에 비추어 쟁송절차기준설이 타당하다.

(4) 행정심판이 아닌 이의신청에 따른 결정의 성질과 효력

이의신청에 따른 결정이 당초 처분의 효력을 그대로 유지하는 결정이라면 이는 사실행위로 보아야 할 것이나, 당초 처분의 효력을 변경 또는 소멸시킨다면 변경 또는 소멸되는 내용에 대해서는 항고소송의 대상인 처분성을 갖는다고 볼 것이다.

(5) 개별규정상 이의신청의 구체적 검토

1) 토지보상법 제83조의 이의신청

중앙토지수용위원회의 이의신청은 중앙토지수용위원회가 분쟁 당사자와 독립된 지위에서 행하는 특별법상 행정심판이다.

2) 부동산가격공시법 제7조 및 제11조의 이의신청

최근 판례가 행정심판법상 행정심판과는 목적, 취지, 절차 등이 상이함을 이유로 강학상 이의신청이라고 판시한 바 있다.

3) 감정평가법 제42조의 이의신청

과징금부과처분에 대한 이의신청을 거친 경우, 법 제42조 제3항에서는 이의신청에 대한 결정에 이의가 있는 자는 행정심판법에 따라 행정심판을 청구할 수 있다고 규정하고 있으므로 이는 강학상 이의신청의 성격을 갖는다.

4. 청원과의 구별

행정심판은 청구권자·청구기간·청구사항 등에 제한이 있으나, 청원은 누구든지 기간의 제한 없이 어떠한 국가기관에 대하여 원칙적으로 어떠한 사항에 관하여도 제출할 수 있다.

5. 진정과의 구별

진정은 법정의 형식과 절차에 의하지 아니하고 행정기관에 대하여 어떠한 희망을 표시하는 사실행위인 점에서 일정한 법적 절차인 행정심판과 구별된다.

6. 고충민원처리제도와의 구별

고충민원처리제도는 국민권익위원회가 고충민원에 대하여 조사·처리와 이와 관련된 시정권고 및 의견표명을 하는 제도를 말한다. 국민권익위원회는 행정기관에 대하여 단지 시정조치를 취하도록 권고할 수 있는 데 불과하며, 그러한 점에서 행정심판의 재결이 당사자를 법적으로 기속하는 것과는 기본적으로 다르다.

쟁점 57   취소심판 및 무효등확인심판 (A)

I   취소심판

1. 의의

행정청의 위법 또는 부당한 처분을 취소하거나 변경하는 심판을 말한다. 취소에는 적극적 처분의 취소뿐만 아니라 소극적 처분인 거부처분의 취소를 포함한다. 변경이란 취소소송에서와 달리 적극적 변경을 의미한다.

2. 청구요건

(1) 청구인

행정심판을 청구할 자격이 있는 자로 법률상 이익이 있는 자를 의미한다.

(2) 피청구인

심판청구의 상대방을 의미하며, 처분을 한 행정청을 피청구인으로 한다.

(3) 대상

처분과 부작위에 대해서 행정심판 제기가 가능하다. 이때 처분과 부작위는 행정소송에서의 그것과 동일한 개념이다.

(4) 청구기간

취소심판은 처분이 있음을 알게 된 날부터 90일 이내에 청구하여야 하며, 처분이 있었던 날부터 180일이 지나면 청구하지 못한다. 다만, 정당한 사유가 있는 경우에는 그러하지 아니하다.

(5) 방식

심판청구는 서면으로 해야 하며 형식과 관계없이 그 내용이 행정심판을 청구하는 것이라면 행정심판청구로 본다.

3. 효과

행정심판이 제기되면 행정심판위원회는 심판 청구를 심리·재결한다. 처분의 경우 집행부정지가 원칙이며, 예외적으로 집행정지가 가능하다.

4. 심리

행정심판위원회는 청구요건을 심리하여 이것을 갖추지 못한 경우 각하재결을 내린다. 심판청구 요건이 구비된 경우 본안심리를 하게 되며 심판청구가 이유 있다면 청구인용재결을, 이유 없다면 청구기각재결을 한다.

5. 재결

(1) 각하재결

행정심판 청구요건이 결여된 경우의 재결이다.

(2) 기각재결

본안심리 결과 행정심판청구가 이유 없다고 인정하는 경우의 재결이다.

(3) 인용재결

① 본안심리 결과 행정심판청구가 이유 있다고 인정하는 경우의 재결이다.
② 인용재결에는 처분취소재결, 처분변경재결, 처분변경명령재결이 있다.

(4) 사정재결

심판청구가 이유 있음에도 인용재결하는 것이 공공복리에 크게 위배된다고 인정되는 경우 기각 재결을 하는 것이다.

6. 효력

(1) 형성력

재결의 내용에 따라 새로운 법률관계의 발생이나 기존 법률관계의 변경, 소멸을 가져오는 효력 이다.

(2) 기속력

재결의 취지에 따르도록 처분청 및 관계행정청을 구속하는 효력이다. 반복금지효, 원상회복의 무, 처분의무 등을 포함한다.

7. 불복

(1) 재심판청구금지

행정심판법 제51조는 재청구금지를 규정하여 원칙상 한 번의 행정심판만을 인정한다.

(2) 행정소송

원고는 기각재결이나 일부인용재결의 경우 항고소송을 제기할 수 있다. 처분을 취소하는 인용재 결로 인해 권익을 침해당한 원처분의 상대방은 재결을 대상으로 행정소송을 제기할 수 있다.

(3) 처분청의 불복가능성

인용재결에 대해 처분청이 행정소송을 제기할 수 있는지 문제되나 판례는 기속력에 의해 불가하 다고 본다.

II 무효등확인심판

1. 의의 및 성질

무효등확인심판이란 행정청의 처분의 효력 유무 또는 존재 여부를 확인하는 심판을 말한다(처분의 무효, 유효, 실효, 존재 또는 부존재). 확인과 형성쟁송의 성질을 모두 갖는 준형성적 성질을 갖는다.

2. 청구요건

처분을 대상으로 하며, 무효확인을 구할 법률상 이익이 있는 자가 청구인이 된다. 청구기간에는 제한이 없다.

3. 재결

청구요건이 결여된 경우 각하재결을 하며, 청구 내용에 따라 유효확인, 무효확인, 실효확인, 존재확인, 부존재확인재결이 있다. 사정재결은 인정되지 않는다는 것이 통설이다.

쟁점 58 청구인 적격논의 [C]

> **관련조문** 행정심판법
>
> 제13조(청구인 적격)
> ① 취소심판은 처분의 취소 또는 변경을 구할 법률상 이익이 있는 자가 청구할 수 있다. 처분의 효과가 기간의 경과, 처분의 집행, 그 밖의 사유로 소멸된 뒤에도 그 처분의 취소로 회복되는 법률상 이익이 있는 자의 경우에도 또한 같다.
> ② 무효등확인심판은 처분의 효력 유무 또는 존재 여부의 확인을 구할 법률상 이익이 있는 자가 청구할 수 있다.
> ③ 의무이행심판은 처분을 신청한 자로서 행정청의 거부처분 또는 부작위에 대하여 일정한 처분을 구할 법률상 이익이 있는 자가 청구할 수 있다.

1. 입법상 과오라는 견해

부당한 처분에 의한 권리침해는 있을 수 없음에도 법률상 이익있는 자를 청구인으로 규정하고 있는 것은 입법상 과오라고 한다.

2. 입법과오가 아니라는 견해

심판청구인적격은 심판제기요건의 문제이고 부당의 문제는 본안의 문제이므로 입법상 과오가 아니라는 견해이다.

3. 검토

청구인 적격은 행정심판을 청구할 수 있는 자를 규정하는 것이며, 부당한 처분에 의한 권리침해의 경우도 있을 수 있으므로 입법상 과오는 아니라고 판단된다.

쟁점 59 처분적 법규명령의 대상적격 논의 [C]

1. 부정설

헌법 제107조 제2항은 명령에 대한 규범통제권을 법원에 부여하고 있으므로 명령은 행정심판의 대상이 될 수 없다고 본다.

2. 긍정설

행정심판법과 행정소송은 동일한 처분개념을 정의하고 있으므로 행정소송의 대상이 되는 경우에는 행정심판의 대상도 된다고 한다.

3. 검토(긍정설)

행정심판법상 처분개념과 행정소송법상 처분개념은 동일한 개념이므로 처분적 명령도 행정심판의 대상이 된다고 보아야 할 것이다.

쟁점 60 의무이행심판 [B]

1. 의의 및 성질

행정청의 위법 또는 부당한 거부처분이나 부작위에 대하여 일정한 처분을 하도록 하는 심판이다. 이는 이행적 쟁송의 성질과 함께 형성적 쟁송의 성격을 아울러 갖는다.

2. 의무이행심판의 청구요건

의무이행심판은 거부처분 또는 부작위를 대상으로 하며, 의무이행심판의 경우에는 청구인의 신청을 받은 행정청을 피청구인으로 하되 청구기간에는 제한이 없다.

3. 의무이행재결

(1) 의의

의무이행심판의 청구가 이유 있다고 인정한 때에 신청에 따른 처분을 스스로 하거나 처분을 할 것을 피청구인에게 명하는 재결을 말한다.

(2) 종류와 성질

1) 처분재결

처분재결은 위원회가 스스로 처분을 하는 것이므로 형성재결이다.

2) 처분명령재결

처분명령재결은 처분청에게 처분을 명하는 재결이므로 이행재결이다.

(3) 재결의 기준시

의무이행심판에서 재결은 재결 시를 기준으로 하여 내려진다.

(4) 판결의 효력(기속력)

1) 처분명령재결

당사자의 신청을 거부하거나 부작위로 방치한 처분의 이행을 명하는 재결이 있으면 행정청은 지체 없이 이전의 신청에 대하여 재결의 취지에 따라 처분을 하여야 한다.

2) 절차의 하자를 이유로 한 신청에 따른 처분을 취소하는 재결

신청에 따른 처분이 절차의 위법 또는 부당을 이유로 재결로써 취소된 경우 적법한 절차에 따라 신청에 따른 처분을 하거나 신청을 기각하는 처분을 하여야 한다.

쟁점 61 직접처분 (B)

1. 의의 및 취지(행정심판법 제50조)

행정청이 처분명령재결의 취지에 따라 이전의 신청에 대한 처분을 하지 아니하는 때에 위원회가 해당 처분을 직접 행하는 것을 말한다. 직접처분은 의무이행재결의 실효성을 확보하기 위하여 인정된다.

2. 직접처분의 성질

직접처분은 처분명령재결의 실효성을 확보하기 위한 행정심판작용이면서 동시에 행정처분(원처분)으로서의 성질을 갖는다.

3. 요건

(1) 적극적 요건

① 처분명령재결이 있었을 것, ② 위원회가 당사자의 신청에 따라 기간을 정하여 시정을 명하였을 것, ③ 해당 행정청이 그 기간 내에 시정명령을 이행하지 아니하였을 것을 요건으로 한다. 해당 행정청이 어떠한 처분을 하였다면 그 처분이 재결의 내용에 따르지 아니하였다고 하더라도 재결청이 직접처분을 할 수는 없다.

(2) 소극적 요건(한계)

그 처분의 성질이나 그 밖의 불가피한 사유로 위원회가 직접처분을 할 수 없는 경우에는 불가하다. '처분의 성질상 위원회가 직접처분을 할 수 없는 경우'라 함은 처분의 성질에 비추어 직접처분이 불가능한 경우를 말한다.

4. 직접처분에 대한 불복(제3자의 불복)

직접처분은 원처분의 성질을 가지므로 직접처분으로 법률상 이익을 침해받은 제3자는 행정심판위원회를 피고로 하여 직접처분의 취소를 구하는 행정소송을 제기할 수 있다.

5. 처분청의 조치(행정심판법 제50조 제2항)

위원회는 직접처분을 하였을 때에는 그 사실을 해당 행정청에 통보하여야 하며, 그 통보를 받은 행정청은 위원회가 한 처분을 자기가 한 처분으로 보아 관계법령에 따라 관리·감독 등 필요한 조치를 하여야 한다.

쟁점 62 간접강제 (B)

1. 의의 및 취지(행정심판법 제50조의2)

행정심판위원회의 거부처분취소재결 및 처분명령재결에 따른 처분을 하지 아니하면 청구인의 신청에 의하여 결정으로 상당한 기간을 정하고 피청구인이 그 기간 내에 이행하지 아니하는 경우에는 그 지연기간에 따라 일정한 배상을 하도록 명하거나 즉시 배상을 할 것을 명할 수 있다. 간접강제제도는 거부처분에 대한 재결의 실효성을 담보하고자 도입된 제도이다.

2. 요건

① 거부처분에 대한 취소(무효)재결 및 의무이행심판에 대한 이행재결이 확정될 것, ② 재처분의무를 이행하지 않는 경우일 것을 요건으로 하고, ③ 청구인의 신청에 의하여 결정으로서 상당한 기간을 정하고, 피청구인이 그 기간 내에 이행하지 아니하였어야 한다.

3. 효력(동조 제5항)

결정의 효력은 피청구인인 행정청이 소속된 국가·지방자치단체 또는 공공단체에 미치며, 결정서 정본은 「민사집행법」에 따른 강제집행에 관하여는 집행권원과 같은 효력을 가진다. 이 경우 집행문은 위원장의 명에 따라 위원회가 소속된 행정청 소속 공무원이 부여한다.

4. 불복(동조 제4항)

청구인은 결정에 불복하는 경우 그 결정에 대하여 행정소송을 제기할 수 있다.

5. 배상금의 법적 성격

간접강제결정에 기한 배상금은 재처분의 지연에 대한 제재나 손해배상이 아니고 재처분의 이행에 관한 심리적 강제수단에 불과하다.

쟁점 63 임시처분 (B)

1. 의의 및 취지(행정심판법 제31조)

임시처분이란 처분 또는 부작위가 위법, 부당하다고 상당히 의심되는 경우로서 처분 또는 부작위 때문에 당사자가 받을 우려가 있는 중대한 불이익이나 당사자에게 생길 급박한 위험을 막기 위하여 임시지위를 정하여야 할 필요가 있는 경우 행정심판위원회가 발할 수 있는 가구제수단이다.

2. 요건

(1) 적극적 요건

처분 또는 부작위가 위법, 부당하다고 상당히 의심되는 경우일 것, 당사자에게 생길 중대한 불이익이나 급박한 위험을 방지할 필요가 있을 것을 요건으로 한다.

(2) 소극적 요건

행정심판법 제31조 제2항은 동법 제30조 제3항을 준용하는 결과 임시처분도 공공복리에 중대한 영향을 미칠 우려가 있을 때에는 허용되지 아니한다.

3. 임시처분의 보충성

임시처분은 집행정지로 목적을 달성할 수 있는 경우에는 허용되지 아니한다.

4. 임시처분의 절차

① 위원회는 직권으로 또는 당사자의 신청에 의하여 임시처분을 결정할 수 있다(제31조 제2항).
② 위원회는 임시처분을 결정한 후에 임시처분이 공공복리에 중대한 영향을 미치는 등의 사유가 있는 경우에는 직권 또는 당사자의 신청에 의하여 이 결정을 취소할 수 있다(제31조 제1항, 제30조 제4항).
③ 위원회의 심리, 결정을 기다릴 경우 중대한 손해가 생길 우려가 있다고 인정되면 위원장은 직권으로 위원회의 심리, 결정을 갈음하는 결정을 할 수 있다(제31조 제2항, 제30조 제6항).

④ 위원회는 임시조치 또는 임시조치의 취소에 관하여 심리·결정하면 지체 없이 당사자에게 결정서 정본을 송달하여야 한다(제31조 제2항, 제30조 제7항).

쟁점 64 행정심판법상 집행정지 (B)

1. 의의

행정심판법 제30조 제1항에 의거 행정심판은 집행부정지가 원칙이다. 하지만 일정한 요건을 갖춘 경우 행정심판위원회는 직권 또는 당사자의 신청에 따라 집행정지를 결정할 수 있다.

2. 요건

(1) 신청요건

1) 정지 대상인 처분 등이 존재할 것

정지의 대상이 되는 처분 등이 존재하여야 한다. 거부처분에 대해서 인정여부가 문제되나 다수는 부정한다.

2) 적법한 심판청구가 계속될 것

명문상 규정은 없으나 집행정지는 심판청구 보전을 위한 부수적 수단이므로 적법한 심판청구가 계속될 것을 요건으로 한다.

(2) 본안요건

1) 중대한 손해 예방 필요성

행정심판법 제30조 제2항에 의거 중대한 손해가 생기는 것을 예방할 필요성이 인정되어야 한다. 회복되기 어려운 손해를 규정하는 행정소송보다 다소 완화되어 있다고 볼 수 있다.

2) 긴급한 필요

시간적으로 볼 때 손해 발생 가능성이 절박하여 기다릴 여유가 없어야 한다.

3) 공공복리에 중대한 영향을 미치지 않을 것

행정심판법 제30조 제3항에 의거 공공복리에 중대한 영향을 미칠 우려가 없어야 한다.

4) 본안이 이유 없음이 명백하지 아니할 것

명문상 규정은 없으나 본안이 이유 없음이 명백한 경우 집행정지를 할 이유가 없다.

3. 대상 및 절차

처분의 효력, 집행 또는 절차의 속행 전부 또는 일부를 대상으로 한다. 다만, 처분의 효력정지는 집행 또는 절차의 속행정지로 목적달성이 가능한 경우에는 허용되지 아니한다. 집행정지는 당사자의 신청이나 직권으로 위원회가 결정한다.

4. 효력 및 취소

집행정지가 결정되면 별도의 절차 없이 처분 등의 효력, 집행, 절차의 속행이 정지된다(형성력).
위원회는 집행정지를 결정한 후 공공복리에 중대한 영향을 미치거나 정지 사유가 없어진 경우에
는 집행정지를 직권이나 당사자의 신청에 의해 취소할 수 있다.

쟁점 65 처분청의 불복가능성 [D]

인용재결에 대해 처분청이 행정소송을 제기할 수 있는지가 문제된다.

1. 부정설(판례)

재결은 피청구인인 행정청과 그 밖의 관계 행정청을 구속한다고 규정하고 있는 행정심판법 제
49조 제1항(기속력 규정)에 근거하여 처분청은 행정심판의 재결에 대해 불복할 수 없다고 본다.
판례도 이러한 입장을 취하고 있다(대판 1998.5.8, 97누15432).

2. 제한적 긍정설

행정심판의 인용재결에 대한 처분청의 행정소송 제기가능성을 원칙상 부정하는 것이 타당하지만,
자치사무에 속하는 처분에 대한 행정심판의 인용재결에 대하여는 지방자치단체의 장이 행정소송
을 제기할 수 있다고 보아야 한다고 주장한다. 그 논거는 자치권은 지방자치단체의 주관적 공권
이기 때문에 자치권이 침해된 경우 지방자치단체에게 원고적격을 인정하여야 한다는 데 있다.

3. 검토

위원회가 처분청과 동일 행정주체에 속하는 경우에 행정의사의 통일성에 비추어 명문의 규정이
없는 한 인용재결에 대한 불복을 인정하는 것은 타당하지 않다. 다만, 자치사무에 속하는 처분
의 경우 위원회와 처분청은 동일한 법주체에 속하지 않으며 지방자치단체의 자치권을 보장할
필요가 있으므로 행정심판의 인용재결에 대하여 항고소송을 제기할 수 있다고 보아야 한다.

쟁점 66 행정심판고지제도 [C]

1. 고지제도의 의의 및 근거

행정청이 처분을 함에 있어서 상대방에게 그 처분에 대하여 행정심판을 제기할 수 있는지 여부,
심판청구절차, 청구기간 등 행정심판의 제기에 필요한 사항을 미리 알려 주도록 의무지우는 제
도를 말한다.

행정심판법은 직권에 의한 고지(제58조 제1항)와 청구에 의한 고지(제58조 제2항)를 규정하고 있다. 그리고, 고지하지 않은 경우와 잘못 고지한 경우의 제재를 규정하고 있다(제23조 제2항, 제27조 제5항, 제6항).

2. 고지의 성질

고지는 불복제기의 가능 여부 및 불복청구의 요건 등 불복청구에 필요한 사항을 알려 주는 비권력적 사실행위이다. 따라서 행정심판이나 행정소송의 대상이 되지 않는다.

3. 직권에 의한 고지[행정심판법 제58조 제1항]

(1) 고지의 대상

처분을 대상(서면에 의한 처분에 한하지 않는다)으로 하므로 처분이 아닌 행정작용에 대해서는 고지를 요하지 않는다.

(2) 고지의 상대방

고지는 처분의 직접 상대방에 대하여만 하면 된다.

(3) 고지의 내용

① 행정심판을 청구할 수 있는지 여부, ② 심판청구절차(심판청구절차 중 중요한 것은 행정심판서를 제출할 행정청, 즉 처분청과 위원회의 명칭을 고지하는 것), ③ 심판청구기간이 있다.

(4) 고지의 방법과 시기

직권고지에 대한 방법에 대하여 명문의 규정이 없기 때문에 문서 또는 구술로도 가능하다.

4. 청구[신청]에 의한 고지[행정심판법 제58조 제2항]

행정청은 이해관계인이 요구하면 ① 해당 처분이 행정심판의 대상이 되는 처분인지 및 ② 행정심판의 대상이 되는 경우 소관 위원회 및 심판청구기간을 지체 없이 알려 주어야 한다. 이 경우 서면으로 알려 줄 것을 요구받으면 서면으로 알려 주어야 한다(제58조 제2항).

(1) 고지의 청구권자 및 내용

처분의 이해관계인은 행정심판의 대상이 되는 처분인지 여부, 소관 위원회 및 청구기간에 대해 행정청에 고지해 줄 것을 청구할 수 있다.

(2) 고지의 방법과 시기

고지는 서면이나 구술로 할 수 있는데, 청구인으로부터 서면으로 알려 줄 것을 요구받은 때에는 서면으로 알려야 한다(제58조 제2항 제2문). 고지의 청구를 받은 때에는 지체 없이 고지하여야 한다(제58조 제2항 제1문).

'지체 없이'라 함은 행정심판을 제기하는 데 큰 지장을 주지 않을 합리적인 기간 내를 의미한다.

5. 불고지 또는 오고지의 효과

(1) 불고지 및 오고지의 효과[심판청구서 제출기관과 권리구제(행정심판법 제23조)]

행정청이 고지를 하지 아니하거나 잘못 고지하여 청구인이 심판청구서를 다른 행정기관에 제출한 경우에는 그 행정기관은 그 심판청구서를 지체 없이 정당한 권한이 있는 피청구인에게 보내야 한다(제2항). 심판청구서를 보낸 행정기관은 지체 없이 그 사실을 청구인에게 알려야 한다(제3항). 심판청구기간을 계산할 때에는 피청구인이나 위원회 또는 행정기관에 심판청구서가 제출되었을 때에 행정심판이 청구된 것으로 본다(제4항).

(2) 청구기간

1) 불고지

처분청이 심판청구기간을 고지하지 아니한 때에는 심판청구기간은 처분이 있음을 안 경우에도 해당 처분이 있은 날로부터 180일이 된다(제27조 제6항). 또한 판례는 개별법률에서 정한 심판청구기간이 행정심판법이 정한 심판청구기간보다 짧은 경우에도 행정청이 그 개별법률상 심판청구기간을 알려주지 아니하였다면 행정심판법이 정한 심판청구 기간 내에 심판청구가 가능하다는 입장이다.

2) 오고지

처분청이 심판청구기간을 '처분이 있음을 안 날로부터 90일 이내'보다 더 긴 기간으로 잘못 알린 경우에 그 잘못 알린 기간 내에 심판청구가 있으면 그 심판청구는 적법한 기간 내에 제기된 것으로 의제된다.

(3) 불고지 또는 오고지와 처분의 효력

불고지나 오고지는 처분 자체의 효력에 직접 영향을 미치지 않는다.

(4) 기타

불고지 및 오고지의 구제조치에 대한 입법적 개선이 요구된다.

쟁점 67 행정심판기관 [D]

Ⅰ 개설

행정심판기관이라 함은 행정심판의 제기를 받아 심판청구를 심리·재결하는 권한을 가진 행정기관을 말한다.

Ⅱ 행정심판위원회

1. 종류 및 법적 지위

일반행정심판위원회와 특별행정심판위원회가 있으며(토지수용위원회 등), 행정심판위원회는 행정심판청구를 심리·재결하는 기관이다.

2. 권한 및 의무

행정심판위원회는 행정심판사건을 심리하여 재결하는 권한을 가진다. 행정심판위원회는 제3자가 심판청구를 한 경우의 처분의 상대방에게 통지할 의무, 피청구인에 대한 심판청구서 부본의 송부의무, 청구인에 대한 답변서 부본의 송달의무, 당사자가 제출한 증거서류 부본의 다른 당사자에 대한 송달의무, 당사자에 대한 재결서 정본의 송달의무, 증거자료 원본의 반환의무 등의 의무도 있다.

쟁점 68 당사자의 절차적 권리 [D]

1. 위원 등에 대한 기피신청권(행정심판법 제10조)

당사자는 위원에게 공정한 심리·의결을 기대하기 어려운 사정이 있으면 위원장에게 기피신청을 할 수 있다.

2. 이의신청권(행정심판법 제16조, 제17조, 제20조, 제29조)

행정심판위원회의 결정 중 당사자 또는 심판참가인의 절차적 권리에 중대한 영향을 미치는 지위승계의 불허가, 참가신청의 불허가 또는 청구의 변경 불허가 등에 대하여는 행정심판위원회에 이의신청을 할 수 있다.

3. 청구인의 피청구인에 대한 답변서제출요구권(행정심판법 제24조)

피청구인이 심판청구서를 송부받으면 10일 이내에 심판청구서와 답변서를 위원회에 보내야 한다.

4. 보충서면제출권(행정심판법 제33조)

당사자는 심판청구서·보정서·답변서·참가신청서 등에서 주장한 사실을 보충하고 다른 당사자의 주장을 다시 반박하기 위하여 필요하면 위원회에 보충서면을 제출할 수 있다.

5. 물적 증거제출권(행정심판법 제34조)

당사자는 심판청구서·보정서·답변서·참가신청서·보충서면 등에 덧붙여 그 주장을 뒷받침하는 증거서류나 증거물을 제출할 수 있다.

6. 증거조사신청권(행정심판법 제36조)

위원회는 사건을 심리하기 위하여 필요하면 직권으로 또는 당사자의 신청에 의하여 본인·관계인의 신문, 증거자료의 제출요구, 감정·검증 등 증거조사를 할 수 있다.

7. 구술심리신청권(행정심판법 제40조)

행정심판의 심리는 구술심리나 서면심리를 할 수 있는데, 당사자는 행정심판위원회에 구술심리를 신청할 수 있는 권리를 가진다.

8. 심판참가인의 절차적 권리(행정심판법 제20조 내지 제22조)

심판참가인에게 당사자에 준하는 절차적 권리가 주어지고, 관련서류를 참가인에게도 송달하도록 하는 등 참가인의 절차적 권리가 보장되고 있다.

Chapter 03 행정소송

제1절 행정소송의 개관

> **관련조문** 행정소송법
>
> **제1조(목적)**
> 이 법은 행정소송절차(구제절차)를 통하여 행정청의 위법한 처분 그 밖에 공권력의 행사·불행사 등으로 인한 국민의 권리 또는 이익의 침해를 구제하고(항고소송), 공법상의 권리관계(당사자소송) 또는 법적용에 관한 다툼(객관소송)을 적정하게 해결함을 목적으로 한다.

I 행정소송의 의의

행정소송이라 함은 행정청의 공권력 행사에 대한 불복 및 기타 행정법상의 법률관계에 관한 분쟁에 대하여 법원이 정식의 소송절차를 거쳐 행하는 행정쟁송절차를 말한다.

II 행정소송의 종류

1. **항고소송** : 행정청의 처분 등이나 부작위에 대하여 제기하는 소송(주관소송)

2. **당사자소송** : 행정청의 처분 등을 원인으로 하는 법률관계에 관한 소송 그 밖에 공법상의 법률관계에 관한 소송으로서 그 법률관계의 한쪽 당사자를 피고로 하는 소송(주관소송)

3. **민중소송** : 국가 또는 공공단체의 기관이 법률에 위반되는 행위를 한 때에 직접 자기의 법률상 이익과 관계없이 그 시정을 구하기 위하여 제기하는 소송(객관소송)

4. **기관소송** : 국가 또는 공공단체의 기관상호 간에 있어서의 권한의 존부 또는 그 행사에 관한 다툼이 있을 때에 이에 대하여 제기하는 소송. 다만, 헌법재판소법 제2조의 규정에 의하여 헌법재판소의 관장사항으로 되는 소송은 제외한다(객관소송).

III 항고소송

1. **취소소송** : 행정청의 위법한 처분 등을 취소 또는 변경하는 소송(형성소송)

2. **무효 등 확인소송** : 행정청의 처분 등의 효력 유무 또는 존재여부를 확인하는 소송(확인소송)

3. **부작위위법확인소송** : 행정청의 부작위가 위법하다는 것을 확인하는 소송(확인소송)

제2절 무명항고소송

쟁점 69 예방적 금지소송 (S)

1. 의의 및 대상

예방적 금지소송이란 장래 행정청에 의한 국민의 권익침해가 명백한 경우에 그 처분을 하지 않을 것을 구하는 소송을 말한다.

2. 인정 여부에 대한 견해의 대립

(1) 학설

  1) 부정설

  법원이 행정청에 대하여 어떠한 처분을 명하는 것은 행정청의 처분권을 침해하는 것이 되며, 행정소송법 제4조에 규정되지 않은 소송은 인정되지 않는다.

  2) 긍정설

  ① 이행소송을 인정하는 것이 권력분립원칙에 반하는 것은 아니며, ② 행정소송법 제4조 규정은 예시규정이기에 인정할 수 있다고 본다.

  3) 절충설

  항고소송에 의해서 실효성 있는 권리구제가 기대될 수 없는 경우에 한하여 인정될 수 있다고 본다.

(2) 판례

신축건물의 준공처분을 하여서는 아니 된다는 내용의 부작위를 구하는 청구는 행정소송에서 허용되지 아니하는 것이므로 부적법하다고 판시한 바 있다.

(3) 검토

침익적처분에 대한 사전적 구제예방의 필요성이 큰 경우에 권리구제를 도모하기 위하여 인정함이 타당하다.

3. 가처분

예방적 금지소송은 침익적 처분이 임박한 경우에 제기되는 것이므로 현상유지를 구하는 가처분이 인정되어야만 권리구제수단으로서의 실효성을 가질 수 있다.

쟁점 70 의무이행소송 [S]

1. 의의 및 성질

의무이행소송은 행정청의 거부처분 또는 부작위에 대하여 법상의 작위의무의 이행을 청구하는 소송을 말한다.

2. 인정 여부

(1) 학설

  1) 부정설

  법원이 행정청에 대하여 어떠한 처분을 명하는 것은 행정청의 처분권을 침해하는 것이 되며, 행정소송법 제4조에 규정되지 않은 소송은 인정되지 않는다.

  2) 긍정설

  ① 이행소송을 인정하는 것이 권력분립원칙에 반하는 것은 아니며, ② 행정소송법 제4조 규정은 예시규정이기에 인정할 수 있다고 본다.

  3) 절충설

  항고소송에 의해서 실효성 있는 권리구제가 기대될 수 없는 경우에 한하여 인정될 수 있다고 본다.

(2) 판례

'검사에게 압수물 환부를 이행하라는 청구는 행정청의 부작위에 대하여 일정한 처분을 하도록 하는 의무이행소송으로 현행 행정소송법상 허용되지 아니한다'고 한다.

(3) 검토

거부나 부작위에 대한 일회적인 구제를 위하여 의무이행소송을 인정함이 타당하다.

3. 가처분

거부처분이나 부작위에 대한 실효성 있는 권리구제를 위하여는 의무이행소송과 함께 가처분이 인정되어야 한다.

제3절 취소소송

쟁점 71 취소소송의 개념 및 소송물 [A]

1. 취소소송의 의의 및 성격

취소소송이란 행정청의 위법한 처분 등을 취소 또는 변경하는 소송을 말한다. 이는 법률관계를 소멸 또는 변경시키는 등 위법상태를 제거하여 원상회복시키는 형성소송의 성질을 갖는다.

2. 취소소송의 소송물

(1) 학설

분쟁의 일회적 해결을 위하여 처분의 위법성 일반으로 보는 견해, 원고의 법적 주장(권리침해)을 소송물로 보는 견해, 처분의 개개의 위법사유로 보는 견해 등이 대립된다.

(2) 판례

판례는 취소판결의 기판력은 소송물로 된 행정처분의 위법성 존부에 관한 판단 그 자체에만 미치는 것이므로 전소와 후소가 그 소송물을 달리하는 경우에는 전소 확정판결의 기판력이 후소에 미치지 아니한다고 하여 위법성 일반으로 본다.

(3) 검토

취소소송은 위법상태를 제거하여 침해당한 권리를 회복시켜 주는 형성소송의 성질을 가지며, 분쟁의 일회적 해결을 도모하기 위하여 위법성 일반이 소의 대상이 되어야 한다고 본다.

쟁점 72 변경의 의미(일부취소) [A]

1. 문제점

취소소송의 "취소 또는 변경"에서 변경의 의미가 일부취소인지 적극적인 내용변경의 형성판결인지 견해가 대립한다. 일부취소인 경우 재량행위에도 인정되는지가 문제된다.

2. 변경의 의미에 대한 논의

(1) 학설

① 적극적인 내용변경의 형성판결은 권력분립 위반이므로 변경의 의미는 일부취소로 보는 견해,
② 권력분립의 원칙을 실질적으로 이해하여 적극적인 내용변경의 형성판결을 인정하는 견해가 있다.

(2) 판례

판례는 변경은 소극적 변경, 즉 일부취소를 의미하는 것으로 보고 있다. 법원이 직접처분을 행하도록 하는 형성판결을 구하는 소송은 인정되지 않는다고 본다.

(3) 검토

처분의 내용을 변경하는 것은 처분청의 권한을 행사하는 것이므로 권력분립의 원칙에 비추어 일부취소의 의미로 보아야 할 것이다.

3. 일부취소의 가능성(일부취소의 인정기준)

(1) 분리가능성과 특정가능성(일부취소의 가능요건)

① 외형상 하나의 행정처분이라 하더라도 가분성이 있거나 ② 처분대상의 일부가 특정될 수 있다면 일부만의 취소도 가능하고 그 일부의 취소는 해당 취소부분에 관하여 효력이 생긴다고 할 것이다(대판 1995.11.16, 95누8850).

(2) 일부취소가 가능한 경우

과세처분이나 개발부담금 등과 같은 금전급부부과처분의 경우에는 적법하게 부과될 정당한 금액이 산출되는 때에는 그 정단한 금액을 초과하는 부분만 일부취소하여야 한다(대판 2000.6.13, 98두5811; 2004.7.22, 2002두868).

① 조세부과처분과 같은 금전부과처분이 기속행위인 경우, 부과금액의 산정에 잘못이 있는 경우 증거에 의해 정당한 부과금액을 산정할 수 있다면 부과처분 전체를 취소할 것이 아니라 정당한 부과금액을 초과하는 부분만 일부취소하여야 한다.

② 여러 개의 운전면허를 가진 사람이 음주운전을 한 경우 취소되는 운전면허는 음주운전 당시 운전한 차량의 종류에 따라 그 범위가 달라진다(2003두3017, 2004두10159).

(3) 일부취소가 불가한 경우

재판상 당사자가 제출한 자료에 의하여 적법하게 부과될 정당한 금액을 산출할 수 없는 경우는 부과처분을 전부취소할 수 밖에 없다(대판 1992.7.24, 92누4840).

과징금부과처분이나 영업정지처분처럼 행정청의 재량권이 인정되는 처분의 경우에는 행정청의 재량권을 존중하여 재량권을 초과한 부분만을 취소할 수 없고 전부취소를 하여야 한다(대판 1982.9.28, 82누2).

① 과징금부과처분과 같이 재량행위인 경우에는 처분청의 재량권을 존중하여야 하고, 법원이 직접처분을 하는 것은 인정되지 아니하므로 전부취소를 하여 처분청이 재량권을 행사하여 다시 적정한 처분을 하도록 하여야 한다. 재량행위의 일부취소(영업정지 6개월 중 영업정지 3개월을 취소하는 것)는 행정청의 재량권에 속하는 것이므로 인정될 수 없다.

② 금전부과처분에서 당사자가 제출한 자료에 의해 적법하게 부과될 부과금액을 산출할 수 없는 경우에는 동 금전부과처분이 기속행위일지라도 법원이 처분청의 역할을 할 수는 없으므로 금전부과처분의 일부취소가 인정되지 않는다.

4. 재량행위의 경우

법원이 재량행위를 일부 취소하는 것은 행정청의 재량을 침해하는 것으로서 불가하다고 보아야 할 것이다.

쟁점 73 처분 등 개념 (S)

1. 처분 등의 개념

행정청이 행하는 구체적 사실에 관한 법집행으로서의 공권력의 행사 또는 그 거부와 그 밖에 이에 준하는 행정작용 및 행정심판에 대한 재결을 말한다.

2. 행정청의 행정작용

행정청이라 함은 국가 또는 지방자치단체의 행정청 및 공공단체를 의미하며, 본래의 행정청으로부터 "법령에 의하여 행정권한의 위임 또는 위탁을 받은 행정기관·공공단체 및 그 기관 또는 사인"이 포함된다.

3. 구체적 사실에 관한 법집행으로서의 행정작용(개별성 및 구체성)

"구체적 사실에 관한 법집행"으로서의 행정작용이라 함은 법을 집행하여 특정 개인에게 구체적이고 직접적인 영향을 미치는 행정작용을 말한다. 일반처분은 그 법적 성질이 행정행위로서 구체적인 법적 효과를 가지므로 처분에 해당한다.

4. 공권력 행사와 그 거부

'공권력 행사'란 행정청이 우월한 공권력의 주체로서 일방적으로 행하는 행위, 즉 권력적 행위를 의미한다. '거부'라 함은 위에서 언급한 공권력 행사의 거부를 말한다.

5. 행정심판에 대한 재결

행정심판이라 함은 행정청의 위법·부당한 처분 또는 부작위에 대한 불복에 대하여 행정기관이 심판하는 행정심판법상의 행정쟁송절차를 말한다. 이러한 행정심판에 대한 판단결과를 재결이라고 한다.

✅ 알아두기

행정행위와 처분의 관계

1. 행정행위의 개념

통설에 의하면 행정행위란 행정청이 구체적인 사실에 대한 법집행으로서 행하는 외부에 대하여 직접적·구체적인 법적 효과를 발생시키는 권력적 단독행위인 공법행위를 말한다. 행정행위는 학문상의 필요에 의해 만들어진 개념이며, 실무상으로는 '처분', '행정처분'이라는 개념이 사용된다.

2. 행정행위와 처분의 관계

(1) 학설

① 일원론은 다양한 행위에 따른 소송유형을 통해 권리구제하는 것이 타당하다고 보며, 행정행위에 해당하지 않는 행정작용은 항고소송이 아닌 당사자소송 등으로 해결해야 한다고 본다.

② 이원론은 항고소송은 권리구제를 위함이므로 처분을 행정행위와 별개의 개념으로 파악한다. 이에 다양한 행정작용에 대한 항고소송을 인정하여 실효적인 권리구제를 추구해야 한다고 주장한다.

(2) 판례 및 검토

판례는 처분에 해당하는지 판단하기 위해서는 행위의 성질, 효과 외에도 제도의 목적 등을 충분히 고려하여 합목적적으로 판단해야 한다고 판시하여 처분개념이 확대될 여지를 인정한 바 있다. 〈생각건대〉 국민의 두터운 권리구제를 위하여 이원론이 타당하다고 판단된다.

✅ 알아두기

행정심판의 경우

행정심판은 행정 내부의 통제이므로 소극적 변경뿐만 아니라 적극적 변경도 가능하다. 또한 재량행위에 대해서도 가능하다고 보아야 할 것이다.

쟁점 74 대상적격 - 처분의 개념 (A)

1. 행정소송법 제2조 제1항 제1호 "처분"

행정쟁송법상의 처분은 '행정청의 구체적 사실에 대한 법집행으로서의 공권력의 행사 및 그 거부'와 '이에 준하는 행정작용'을 포함한다.

2. 행정청의 구체적 사실에 관한 법집행으로서의 공권력 행사

(1) 행정청

행정청이란 국가 또는 공공단체의 의사표시의 권한을 갖고 있는 기관으로서 법령에 의한 위임, 위탁기관과 공무수탁사인을 포함한다.

(2) 구체적 사실에 관한 법집행행위

구체적 사실은 특정 관련인에게 개별적이고 구체적으로 행해지는 것을 의미한다. 일반 추상적 규율인 입법행위와 구분된다.

(3) 공권력 행사

행정청이 공권력의 주체로서 우월성을 갖는 일방적 행위로 일체의 행정작용을 의미한다.

3. 거부처분

거부가 항고소송의 대상인 처분이 되기 위해서는 공권력 행사의 거부여야 하며, 국민의 권리·의무에 영향을 미쳐야 한다. 또한 법규상·조리상 신청권이 필요하다.

4. 이에 준하는 행정작용

공권력의 행사는 그 거부는 아니지만 국민의 권익에 직접·우월적인 영향을 주는 작용을 말한다.

쟁점 75 거부가 처분이 되기 위한 요건 (S)

1. 거부처분의 의의 및 구별개념

거부처분이란 국민의 공권력 행사의 신청에 대해 처분의 발령을 거부하는 것으로서 처음부터 아무런 의사표시를 하지 않는 부작위와 구별된다.

2. 거부가 처분이 되기 위한 요건

(1) 거부가 처분이 되기 위한 요건

판례는 거부처분이 처분성을 갖기 위해서는 ① 공권력 행사의 거부일 것, ② 국민의 권리와 의무에 영향을 미칠 것, ③ 법규상·조리상 신청권을 갖을 것을 요구한다. 신청권이 대상적격에서의 필요요건인지 견해의 대립이 있다.

(2) 신청권 존부에 대한 견해의 대립

1) 신청권의 의미

이 신청권은 행정청의 응답을 구하는 권리(형식적 권리)이며, 신청된 대로의 처분을 구하는 권리(실체적 권리)가 아니라고 한다. 또한 이는 절차적 권리에 해당한다.

2) 견해의 대립

① 신청권의 존재는 본안문제라는 견해, ② 처분성은 소송법상 개념요소만 갖추면 된다고 하여 원고적격으로 보는 견해, ③ 신청권은 신청에 대한 응답의무에 대응하는 절차적 권리이므로 이를 대상적격의 문제로 보는 견해가 있다.

(3) 검토

판례와 같이 신청권을 일반·추상적인 응답요구권으로 보게 되면 개별·구체적 권리일 것을 요하는 원고적격과 구별되고, 이러한 신청권이 없다면 바로 각하하여 법원의 심리부담의 가중도 덜어줄 수 있으므로 대상적격의 문제로 보는 것이 타당하다.

3. 반복된 거부처분(2차 거부)의 경우

거부처분에 대한 제소기간이 경과한 뒤에도 동일한 내용의 신청을 다시 하여 그에 대하여 행정청의 거부처분이 행해지면 당해 거부처분은 독립된 새로운 처분이므로 그 거부처분에 대하여 소를 제기할 수 있다.

쟁점 76 ｜ 변경처분 시 소의 대상 (S)

Ⅰ 징계 및 조세처분 등에 대한 변경처분

1. 견해의 대립

(1) 변경된 원처분설(역흡수설)

변경처분에 의해 당초부터 유리하게 변경되어 존속하는 감경된 처분을 대상으로 취소소송을 제기하여야 한다는 견해이다. 변경처분은 당초처분에 흡수되어 변경된 당초처분이 소의 대상이 된다는 견해이다.

(2) 새로운 처분설(흡수설)

직권에 의한 변경처분은 당초처분을 대체하는 새로운 처분으로 보고 변경처분을 대상으로 취소소송을 제기하는 것이 타당하다는 견해이다. 당초처분은 변경처분에 흡수되어 변경처분이 소의 대상이 된다는 견해이다.

2. 판례

(1) 감액(감경)처분의 경우

① 판례는 행정청이 과징금부과처분을 한 후 감액처분을 한 경우에는 감액처분은 일부취소처분의 성질을 가지므로 감액처분이 항고소송의 대상이 되는 것이 아니며 감액처분에 의하여 취소되지 않고 남은 부분이 항고소송의 대상이 된다.

② 행정청이 유리하게 변경하는 처분을 한 경우, 변경처분에 의하여 당초 처분은 소멸하는 것이 아니고 당초부터 유리하게 변경된 내용의 처분으로 존재하는 것이므로, 그 취소소송의 대상은 변경된 내용의 당초 처분이고 제소기간의 준수 여부도 변경처분이 아닌 변경된 내용의 당초 처분을 기준으로 판단하여야 한다.

(2) 증액처분의 경우

판례는 증액경정처분에 대하여 증액처분의 경우에는 당초의 처분은 증액처분에 흡수되어 소멸되므로 증액처분이 항고소송의 대상이 된다고 한다.

3. 검토

증액처분의 경우에는 증액처분을 소의 대상으로 하되, 감액(감경)처분의 경우에는 감액처분에 의하여 취소되지 않고 남은 부분이 소의 대상이 된다고 보는 것이 타당하다.

▌Ⅱ▐ 인·허가 처분 등에 대한 변경처분

1. 견해의 대립

(1) 원처분이 소의 대상이 된다는 견해

후속처분의 내용이 종전처분의 유효를 전제로 내용 중 일부만을 추가·철회·변경하는 것이고 추가·철회·변경된 부분이 내용과 성질상 나머지 부분과 불가분적인 것이 아닌 경우에는, 후속처분에도 불구하고 종전처분이 여전히 항고소송의 대상이 된다고 본다.

(2) 새로운 처분이 소의 대상이 된다는 견해

기존의 행정처분을 변경하는 내용의 행정처분이 뒤따르는 경우, 후속처분이 종전처분을 완전히 대체하는 것이거나 주요 부분을 실질적으로 변경하는 내용인 경우에는 특별한 사정이 없는 한 종전처분은 효력을 상실하고 후속처분만이 항고소송의 대상이 된다고 본다.

(3) 원처분과 변경처분이 모두 소의 대상이 된다는 견해

변경처분의 내용이 원처분이 유효함을 전제로 새로운 내용을 추가하였고, 추가된 부분이 원처분과 독립하여 존재할 수 있다면 원처분과 변경처분으로 추가된 부분이 모두 소의 대상이 된다고 본다.

2. 판례

적극적 변경처분의 경우 당초처분은 효력을 상실하므로 변경처분을 대상으로 항고소송을 제기하여야 하는 것으로 본다.

선행처분의 내용 중 일부만을 소폭 변경하는 정도에 불과한 경우 또는 당초처분과 동일한 요건과 절차가 요구되지 않는 경미한 사항에 대한 변경처분과 같이 분리가능한 일부변경처분의 경우에는 선행처분이 소멸한다고 볼 수 없다. 이 경우 선행처분과 후행변경처분을 별도로 다툴 수 있다.

3. 검토

변경처분이 당초처분을 실질적으로 대체하는 내용이라면 변경처분이 소의 대상이 될 것이고, 변경처분이 당초처분의 효력 중 일부만을 취소하는데 그치는 경우라면 취소되고 남은 원처분이 소의 대상이 된다. 변경처분이 당초처분의 일부만을 변경하는 것이고 변경된 부분이 당초처분과 별도로 존재하는 경우라면 변경된 부분은 당초처분과 별도로 소의 대상이 될 것이다.

III. 개별공시지가 정정처분(이의신청에 따른 변경처분 포함)

개별공시지가의 정정처분이 있는 경우에는 그 내용에 따라 변경된 원처분 또는 새로운 처분으로 보아야 한다. 개별공시지가의 정정내용이 조세 및 부담금산정에 있어서 유리하게 변경된 경우에는 변경된 원처분에 대해서 소를 제기하고, 불리하게 변경된 경우에는 새로운 처분으로 보아 소를 제기하면 될 것이다(이 경우 정정된 내용의 효력은 공시기준일로 소급하여 발생한다. 대상적격 논의와 소급효는 각각의 물음임에 주의한다).

IV. 이의신청에 대한 결과통지가 있는 경우

이의신청은 처분청에 제기하는 처분에 대한 불복절차로서, 이의신청에 대한 결과통지는 사실의 통지로서 처분이 아니며, 이의신청의 결과로서 이행된 변경처분이 있는 경우 변경처분 자체가 소송의 대상이 된다.

이의신청에 대한 기각결정의 경우에는 별도의 변경처분이 없으므로 원처분이 소의 대상이 되며, 인용결정의 경우에는 견해의 대립에 따라 변경된 원처분 및 변경처분이 소의 대상이 될 것이다.

쟁점 77 원처분주의 (S)

1. 원처분주의와 재결주의

① 원처분주의란 원처분을 취소소송의 대상으로 하고, 재결 자체의 고유한 하자가 있는 경우에는 재결을 취소소송의 대상으로 하는 것을 말한다.
② 재결주의는 재결을 대상으로 취소소송을 제기하는 것을 말한다.

2. 행정소송법 제19조의 태도

행정소송법 제19조는 "취소소송은 처분 등을 대상으로 한다. 다만, 재결취소소송의 경우에는 재결 자체에 고유한 위법이 있음을 이유로 하는 경우에 한한다"고 하여 원처분주의를 채택하고 있다.

3. 재결고유의 하자유형

① 주체상 하자로는 권한 없는 기관의 재결이 있고, ② 절차상 하자로는 심판절차를 준수하지 않은 경우 등이 있다. ③ 형식상 하자로는 서면으로 하지 않거나, 중요기재사항을 누락한 경우가 있다. ④ 내용상 하자의 경우 견해대립이 있으나 판례는 '재결청의 권한 또는 구성의 위법, 재결의 절차나 형식의 위법, 내용의 위법은 위법·부당하게 인용재결을 한 경우에 해당한다'고 판시하여 내용상 하자를 재결고유의 하자로 인정하고 있다.

4. 원처분주의하 소의 대상

(1) 각하재결

판례는 심판청구요건을 갖추었음에도 각하한 경우와 관련하여 "실체심리를 받을 권리를 박탈한 것으로서 원처분에 없는 고유한 하자이므로 재결소송의 대상이 된다"고 판시한 바 있다.

(2) 기각재결

판례는 원처분과 동일한 이유로 원처분을 유지한 경우에는 고유한 하자가 존재하지 않는다고 판시한 바 있다. 이러한 경우에는 원처분이 소의 대상이 된다.

단, 원처분과 다른 사유인 경우는 고유한 하자로 볼 수 있다.

(3) 인용재결인 경우

1) 부적법한 인용재결인 경우

부적법한 인용재결이 있는 경우에는 재결고유의 하자로 볼 수 있으므로 재결소송의 대상이 된다.

2) 제3자효 인용재결

가. 학설

① 제3자효 있는 행정행위에서 인용재결로 피해를 입은 자는 재결의 고유한 하자를 주장하는 것이라는 견해(행정소송법 제19조 단서에 의한 것으로 보는 견해)가 있다.

② 해당 인용재결은 형식상으로는 재결이나 실질적으로는 제3자에 대한 별도의(새로운) 처분이므로 인용재결이 최초의 처분이라는 견해가 있다(행정소송법 제19조 본문에 의한 것으로 보는 견해).

나. 판례

판례는 '인용재결의 취소를 구하는 것은 원처분에는 없는 고유한 하자를 주장하는 셈이어서 당연히 취소소송의 대상이 된다.'고 판시한 바 있다.

다. 검토

제3자는 인용재결로 비로소 권익을 침해받게 되므로 인용재결을 대상으로 재결고유의 하자를 다투는 소를 제기할 수 있을 것이다. 인용재결의 위법을 이유로 재결이 취소되면 처분청이 원처분을 다시 하지 않아도 취소된 원처분은 원상을 회복한다.

3) 변경재결이 있는 경우

가. 학설

① 변경된 원처분설

불이익처분에 대한 취소심판에서 일부취소재결 및 변경재결이 내려진 경우 원처분주의에 따라서 일부취소되고 남은 원처분이 소의 대상이 된다는 견해이다.

② 변경처분설

행정심판위원회의 일부취소재결은 원처분을 대체하는 새로운 처분이므로 행정심판위원회의 결정이 소의 대상이 된다는 견해이다.

나. 판례

변경재결로 인하여 감경되고 남은 원처분을 대상으로 원처분청을 피고로 소송을 제기하여야 하는 것으로 보고 있다.

다. 검토

변경재결을 재결내용의 고유한 위법이 있는 것이라고 할 수 없는바, 일부취소 및 감경되고 남은 처분을 소의 대상으로 보는 것이 타당하다.

4) 변경명령재결에 따른 변경처분의 경우

가. 학설

① 변경된 원처분설

당초부터 유리하게 변경되어 존속하는 감경된 처분을 대상으로 취소소송을 제기하여야 한다는 견해이다.

② 변경처분설

명령재결에 따른 변경처분은 당초처분을 대체하는 새로운 처분으로 보고 변경처분을 대상으로 취소소송을 제기하는 것이 타당하다는 견해이다.

나. 판례

취소소송의 대상은 변경된 내용의 당초처분이지 변경처분은 아니고, 제소기간의 준수 여부도 변경처분이 아닌 변경된 내용의 당초처분을 기준으로 판단하여야 한다고 한다(행정심판을 거친 경우이므로 재결서 정본 송달일부터 90일 이내에 소송을 제기해야 한다).

다. 검토

판례의 태도에 따라 당초부터 유리하게 변경되어 존속하는 감경된 처분을 대상으로 소송을 제기하여야 할 것이다.

5) 인용재결 이후 행정청의 취소 또는 변경처분이 있는 경우

취소재결 및 변경재결은 형성재결이므로 행정청의 별도의 이행행위가 요구되지 않는다. 행정청의 취소 또는 변경처분의 단순한 사실의 통지에 불과하므로 재결을 소의 대상으로 해야 한다.

6) 거부처분 취소재결인 경우

거부처분을 취소하는 재결이 있더라도 그에 따른 후속처분이 있기까지는 제3자의 권리나 이익에 변동이 있다고 볼 수 없고 후속처분 시에 비로소 제3자의 권리나 이익에 변동이 발생하며, 재결에 대한 항고소송을 제기하여 재결을 취소하는 판결이 확정되더라도 그와 별도로 후속처분이 취소되지 않는 이상 후속처분으로 인한 제3자의 권리나 이익에 대한 침해 상태는 여전히 유지된다. 거부처분이 재결에서 취소된 경우 재결에 따른 후속처분이 아니라 그 재결의 취소를 구하는 것은 실효적이고 직접적인 권리구제수단이 될 수 없어 분쟁해결의 유효적절한 수단이라고 할 수 없으므로 법률상 이익이 없다.

(4) 사정재결의 경우

사정재결을 함에 있어서 공공복리에 대한 판단을 잘못한 재결도 재결취소의 대상이 될 수 있다고 본다.

(5) 명령재결의 경우[12]

1) 문제점

명령재결의 경우는 재결 이외에 재결에 따른 처분이 있으므로 재결이 소의 대상인지 아니면 재결에 따른 처분이 소의 대상인지 여부가 문제된다.

2) 학설

① 처분명령재결과 처분이 모두 독립된 처분이므로 소의 대상이 된다는 견해가 있다.

② 처분명령재결의 기속력을 고려할 때 재결이 유지되는 상태에서 그에 따른 처분만을 위법하다고 할 수 없으므로 재결취소가 선행되어야 한다고 본다고 보아 명령재결이 대상이 된다는 견해가 있다.

③ 처분명령재결은 내부적 행위에 불과하고 처분에 의해 구체적 권리변동이 발생하므로 처분이 소의 대상이라는 견해가 있다.

3) 판례

판례는 양자 모두 소의 대상이 된다고 판시한 바 있다.

4) 검토

재결의 기속력을 강조하면 재결만이 소의 대상이 될 것이나, 국민에 대한 구체적인 권익침해는 재결에 따른 처분이 있어야 한다는 점을 강조하면 행정청의 처분도 소의 대상으로 하는 판례의 입장이 타당하다고 본다. 국민의 대상선택 편의를 도모하여 둘 다 가능하다고 봄이 타당하다.

5. 원처분주의의 위반효과

고유한 위법없이 소송을 제기한 경우에는 각하판결을 해야 한다는 견해가 있으나, 다수·판례는 재결 자체의 위법 여부는 본안사항이므로 기각판결을 해야 한다고 본다.

6. 기타(관련문제 : 행정청의 행정소송 가능여부)

인용재결이 나온 경우 행정청이 인용재결의 취소를 구하는 행정소송을 제기할 수 있는지가 문제될 수 있다. 행정심판법 제49조 제1항에서 행정심판의 인용재결은 피청구인인 행정청을 기속한다고 규정하고 있으므로 행정청은 재결에 대해서 불복할 수 없을 것이다.

---

12) 명령재결과 그에 따른 처분이 있는 경우 명령재결과 처분 중 무엇을 소의 대상으로 할 것인지의 논의이다. "변경명령재결과 그에 따른 변경처분"의 논의는 변경처분을 변경된 원처분으로 볼 것인지 변경된 처분으로 볼 것인지의 논의로써 양자는 다른 논의이다.

변경재결 및 변경명령재결은 재결고유의 하자로 보지 않으므로 변경재결 및 변경명령재결을 논하는 경우에는 '재결고유의 하자유형' 및 '원처분주의의 위반효과'에 대한 논의는 생략해도 무방할 것이다.

쟁점 78 원고적격 (S)

관련조문 행정소송법

제12조(원고적격)
취소소송은 처분 등의 취소를 구할 법률상 이익이 있는 자가 제기할 수 있다. 처분 등의 효과가 기간의 경과, 처분 등의 집행 그 밖의 사유로 인하여 소멸된 뒤에도 그 처분 등의 취소로 인하여 회복되는 법률상 이익이 있는 자의 경우에는 또한 같다.

1. 의의 및 취지[행정소송법 제12조]

원고적격이란 본안판결을 받을 수 있는 자격으로, 행정소송법 제12조에서는 "취소소송은 처분 등의 취소를 구할 법률상 이익이 있는 자가 제기할 수 있다"고 규정하고 있다. 이는 소를 제기할 수 있는 자를 규정하여 남소방지를 도모함에 취지가 인정된다.

2. 법률상 이익의 의미

(1) 학설

① 처분 등으로 권리가 침해당한 자가 소송을 제기할 수 있다는 권리구제설, ② 법적으로 보호된 개인적 이익을 침해당한 자가 제기할 수 있다는 법률상 보호이익설, ③ 재판에 의하여 보호할 가치 있는 이익이 침해된 자가 제기할 수 있다는 소송상 보호할 가치 있는 이익구제설, ④ 처분의 위법을 다툴 가장 적합한 자가 원고적격을 갖는다는 적법성 보장설이 대립된다.

(2) 판례

법률상 보호되는 이익이라 함은 해당 처분의 근거법규 및 관련법규에 의하여 보호되는 개별적·직접적·구체적 이익이 있는 경우를 말하고, 일반적·간접적·추상적 이익이 생기는 경우에는 법률상 보호되는 이익이 있다고 할 수 없다.

(3) 검토

권리구제설은 원고의 범위를 제한하고, 소송법상 보호가치 있는 이익구제설은 보호가치 있는 이익의 객관적 기준이 결여되는 문제가 있다. 또한 적법성 보장설은 객관소송화의 우려가 있다. 따라서 취소소송을 주관적, 형성소송으로 보면 법률상 보호이익설이 타당하다.

3. 법률의 범위

(1) 학설

법률상 이익구제설의 경우 보호법률의 범위가 문제되는 데, 이에 대하여 ① 처분의 근거법규에 한정하는 견해, ② 처분의 근거법규뿐만 아니라 관계법규까지 보호규범으로 보는 견해, ③ 처분의 근거 및 관계법규에 헌법규정(자유권 등 구체적 기본권)이 보충적으로 보호규범이 된다는 견해, ④ 이에 민법규정도 보호규범에 포함시켜야 한다는 견해 및 절차규정도 보호규범에 포함시켜야 한다는 견해가 있다.

(2) 판례

판례는 처분의 근거법규 및 관계법규에 의해 개별적으로 보호되는 직접적이고 구체적인 개인적 이익을 법률상 이익으로 보고 있다. 또한 최근 절차법령까지 관련법규의 범위를 확대하였다. 헌법재판소는 경쟁의 자유를 이유로 법률상 이익을 인정한 바 있다.

(3) 검토

처분의 근거법규 및 관계법규에 의한 개인적 이익은 물론, 헌법상 구체적인 기본권과 절차규정에 의해 보호될 수 있는 이익도 법률상 이익의 범위에 포함된다고 보는 것이 국민의 권리구제에 유리하다고 판단된다.

4. 제3자의 원고적격

(1) 경업자인 경우(경쟁자)

경업자소송은 경쟁관계에 있는 한쪽 영업자에 대한 처분 또는 부작위를 다른 영업자가 자기의 이익을 위해서 다투는 소송이다.

판례는 기존업자가 특허기업인 경우에는 원고적격을 인정하며 허가기업인 경우에는 원칙적으로 원고적격을 부정하나 예외적으로 처분의 근거가 되는 법률이 해당 업자들 사이의 과당경쟁으로 인한 경영의 불합리를 방지하는 것도 그 목적으로 하고 있는 경우 취소를 구할 원고적격을 인정하고 있다.

(2) 경원자인 경우

① 경원자소송은 수익적 행정처분의 신청에 대하여 타방의 허가가 타방의 불허가로 귀결되는 관계에서 불허가 처분을 받은 자가 타방의 허가에 대해서 제기하는 것을 말한다.

② 판례는 경원자는 "처분의 상대방이 아니라 하더라도 해당 처분의 취소를 구할 원고적격이 있다"고 판시한 바 있다.

(3) 이웃주민의 경우(환경영향평가법령상 이익에 대한 판례의 태도)

① 인인소송은 어떠한 시설의 설치를 허가하는 처분에 대하여 해당 시설의 인근 주민이 다투는 소송을 말한다(시설설치를 하는 경우 주변환경에 미치는 영향을 검토하도록 규정되어 있는 경우).

② 평가대상지역 안의 주민의 경우에는 특단의 사정이 없는 한 환경상의 이익에 대한 침해 또는 침해우려가 있는 것으로 사실상 추정되어 원고적격이 인정된다고 본다.

③ 평가대상지역 밖의 주민인 경우는 처분 등으로 인하여 처분 전과 비교하여 수인한도를 넘는 환경상의 이익에 대한 침해 또는 침해우려가 있다는 것을 입증함으로써 원고적격을 인정받을 수 있다.

5. 개별법령상 원고적격이 문제되는 경우

(1) 토지보상법(사업인정)

사업인정이란 공익사업을 토지 등을 수용하거나 사용할 사업으로 결정하는 것을 말하며, 사업시행자의 신청에 의해 국토교통부장관이 결정하게 된다.

사업인정처분의 상대방이 아닌 피수용자, 이해관계인 및 사업지구 밖의 간접손실 대상자는 사업인정으로 인하여 토지보상법 제25조에서 규정하고 있는 토지 등의 보전의무가 발생되는 등 헌법상 보장되는 재산권 침해가 발생되므로 재산권 보호에 대한 원고적격이 인정된다고 볼 것이다.

(2) 부동산공시법

표준지공시지가 및 개별공시지가의 결정공시에 대하여 해당 토지의 소유자는 법률상 이익이 인정되며, 소유자가 아닌 이해관계인 및 인근 토지 소유자도 법률상 이익이 있음을 인정하는 경우에는 원고적격이 인정된다.

(3) 법인 징계처분에 대한 주주임원의 원고적격 문제 등

① 법인에 대한 인가취소, 업무정지 및 과징금 등 침익적 처분이 있는 경우에 법인의 구성원에게 원고적격이 인정될 수 있는지도 문제될 수 있다.

일반적으로 법인의 주주나 임원은 당해 법인에 대한 행정처분에 관하여 사실상이나 간접적인 경제적 이해관계를 가질 뿐이어서 스스로 그 처분의 취소를 구할 원고적격이 없다고 할 것이지만, 법인에 대한 행정처분이 당해 법인의 존속 자체를 직접 좌우하는 처분인 경우에는 그 주주나 임원이라 할지라도 당해 처분에 관하여 직접적이고 구체적인 법률상 이해관계를 가진다고 할 것이므로 그 취소를 구할 원고적격이 있다고 할 것이다(대판 1962.7.19, 62누49).

② 감정평가사협회는 감정평가사 회원으로 구성된 법인으로서 회원의 평가수수료 등과 관련하여 직접적인 법률관계를 갖지 않는다고 볼 것이므로 감정평가법인 및 감정평가사 개인에 대한 행정처분에 대한 원고적격은 인정되지 않을 것이다.

③ 판례는 사단법인 대한의사협회는 의료법에 의하여 의사들을 회원으로 하여 설립된 사단법인으로서, 국민건강보험법상 요양급여행위, 요양급여비용의 청구 및 지급과 관련하여 직접적인 법률관계를 갖지 않고 있으므로, 보건복지부 고시인 '건강보험요양급여행위 및 그 상대가치점수 개정'으로 인하여 자신의 법률상 이익을 침해당하였다고 할 수 없다는 이유로 위 고시의 취소를 구할 원고적격이 없다고 판시하였다(대판 2006.5.25, 2003두11988).

쟁점 79 협의소익 (S)

> **관련조문** 행정소송법
>
> 제12조 후문(협의의 소익)
> 취소소송은 처분 등의 취소를 구할 법률상 이익이 있는 자가 제기할 수 있다. 처분 등의 효과가 기간의 경과,
> 처분 등의 집행 그 밖의 사유로 인하여 소멸된 뒤에도 그 처분 등의 취소로 인하여 회복되는 법률상 이익이
> 있는 자의 경우에는 또한 같다.

1. 협의의 소익의 의의 및 취지

본안판결을 받을 현실적 필요성을 의미한다(행정소송법 제12조 제2문). 이는 남소방지와 소송경제
를 도모함에 취지가 인정된다.

2. 원고적격과의 구별

동 규정이 원고적격에 관한 규정인지, 협의의 소의 이익에 관한 규정인지 견해의 대립이 있으나,
다수는 동조 전문은 원고적격을 규정하고 있으며, 후문은 취소소송에서의 협의의 소의 이익을 규
정하고 있다고 본다.

3. 제12조 제2문에 의한 소송의 성질

① 행정처분의 효력이 이미 소멸되었기 때문에 취소(효력배제)가 아무런 의미를 가지지 못하므로
동 규정에 의한 소송은 처분의 위법성을 확인하는 소송이라는 견해, ② 행정소송법상 소송형식
이 취소소송으로 규정되어 있으며, 쟁송취소는 소급적 효력을 가지므로 처분이 소멸된 뒤에도
취소할 위법상태가 존재한다는 견해가 있다.

4. 제12조 제2문의 회복되는 법률상 이익의 의미

(1) 논의 실익

행정소송법 제12조 후문의 법률상 이익은 법률상 이익뿐만이 아니라 부수적인 이익도 포함된다
고 보는 것이 다수견해이다. 부수적 이익에 명예, 신용 등의 이익이 포함되는지가 문제된다.

(2) 학설

① 소극설은 제12조 전문의 법률상 이익과 동일하다고 본다.
② 적극설은 이에 명예, 신용 등의 이익도 포함된다고 본다.
③ 정당한 이익설은 경제, 사회, 문화적 이익까지 포함된다고 본다.

(3) 판례

해당 처분의 근거법률에 의하여 보호되는 직접적이고 구체적인 이익을 의미하며, 간접적이거나
사실적·경제적 이해관계를 가지는 데 불과한 경우는 배제된다고 판시했다.

(4) 검토

구체적 사안별로 권리보호의 현실적 필요성이 있는지를 검토함이 타당하므로 명예, 신용의 이익
도 경우에 따라서는 소의 이익이 인정될 수 있을 것이다.

⊘ 알아두기

답안 현출시

행정소송법 제12조 후문의 법률상 이익은 취소를 통하여 구제되는 기본적인 법률상 이익뿐만이 아니라
부수적인 이익도 포함된다고 보는 것이 다수견해이나, 판례는 처분의 근거 법률에 의해 보호되는 직접적이
고 구체적인 이익을 말한다고 한다. 구체적 사안별로 권리보호의 현실적 필요성이 있는지를 검토함이 타당
하므로 명예, 신용의 이익도 경우에 따라서는 소의 이익이 인정될 수 있을 것이다.

5. 취소소송에서의 협의의 소익

① 처분의 효력이 소멸한 경우

처분이 외형상 잔존함으로 인하여 어떠한 법률상 이익이 침해되고 있다고 볼 만한 특별한
사정이 있는 경우에는 그 처분의 취소를 구할 소의 이익이 있다(가중처벌규정이 있는 경우).

② 원상회복이 불가능한 경우

회복되는 부수적 이익이 있는 경우에는 소의 이익이 인정된다(공무원 파면처분 이후 정년이
도달한 경우 지위회복할 이익이 없다. 하지만 부수적 이익인 급여청구가 가능한 경우 이익이
인정된다).

③ 처분 후의 사정에 의해 이익침해가 해소된 경우

소의 이익이 없다(사법시험 제2차 시험불합격처분 이후에 새로이 실시된 제2차와 제3차 시
험에 합격한 사람이 불합격처분의 취소를 구할 법률상 이익이 없다).

④ 보다 간이한 구제방법이 있는 경우

소의 이익이 없다(기본행위 하자 있는 인가취소소송의 경우 기본행위를 다투는 것이 더욱
간이한 수단이므로 소의 이익이 부정된다).

⑤ 참가인들이 경원관계에 있는 경우

사건 처분의 취소를 구할 당사자적격이 있다고 하여야 함은 물론 나아가 이 사건 처분이 취
소된다면 원고가 허가를 받을 수 있는 지위에 있음에 비추어 처분의 취소를 구할 정당한 이
익도 있다고 하여야 할 것이다.

6. 가중처벌과 관련된 제재적 처분기준의 경우 협의소익

제재적 처분이 장래의 제재적 처분의 가중요건 또는 전제요건으로 되어 있는 경우에도 제재기간
이 지나 제재처분의 효력이 소멸된 경우 소의 이익이 인정되는지가 문제된다.

(1) 법규명령 형식으로 규정된 경우

1) 종전 판례

제재적 처분기준이 대통령령 형식인 경우에는 소의 이익이 있다고 보았으나 부령 형식의 경우
에는 소의 이익이 없다고 보았다.

2) 최근 판례

가. 다수견해

① 법규명령 여부와 상관없이 행정청은 처분기준을 준수할 의무가 있으므로, 상대방이 장래에 받을 수 있는 가중처벌규정은 구체적이고 현실적인 것이므로 "그 불이익을 제거할 필요가 있다"고 하여 제재적 처분이 부령 형식이라도 협의의 소익을 인정한다. 또한 ② 후에 동일내용을 다투는 경우 이중의 노력과 비용이 소모되고, ③ 시간의 경과로 인한 증거자료의 일실의 문제가 발생할 수 있는 측면에서도 협의의 소익을 인정한다.

나. 소수견해

제재적 처분기준을 정한 부령인 시행규칙은 헌법 제95조에 의한 위임명령이므로 이의 법규성을 인정하는 이론적 기초위에서 그 법률상 이익을 긍정함이 합당하다고 한다.

(2) 행정규칙으로 규정된 경우

가중요건 등이 행정규칙으로 정해진 경우에도 행정청은 통상 행정규칙에 따라 가중된 제재처분을 행할 구체적이고 현실적 위험이 있으므로 선행 제재처분을 취소하여 그 위험을 제거할 이익이 있다고 본다(2008추56).

(3) 검토

부령형식으로 제정된 경우 및 행정규칙으로 제정된 경우에도 담당공무원은 이를 준수할 의무가 있으므로 가중처벌 받을 불이익을 제거할 현실적 필요를 인정함이 타당하다.

쟁점 80 피고적격 (A)

관련조문 행정소송법

제13조(피고적격)
① 취소소송은 다른 법률에 특별한 규정이 없는 한 그 처분 등을 행한 행정청을 피고로 한다. 다만, 처분 등이 있은 뒤에 그 처분 등에 관계되는 권한이 다른 행정청에 승계된 때에는 이를 승계한 행정청을 피고로 한다.
② 제1항의 규정에 의한 행정청이 없게 된 때에는 그 처분 등에 관한 사무가 귀속되는 국가 또는 공공단체를 피고로 한다.

---

1. 피고적격 의의

피고적격은 소송의 상대방을 말하며, 행정소송법 제13조에서는 취소소송은 다른 법률에 특별한 규정이 없는 한 그 처분 등을 행한 행정청을 피고로 한다고 규정하고 있다. 권리주체인 국가나 지방자치단체가 아닌 행정청을 피고로 규정하고 있으며, 정당한 권한을 가졌는지 여부는 고려대상이 아니다.

2. 행정청의 범위

'행정청'에는 본래의 행정청(국가 또는 지방자치단체의 행정청 및 공공단체) 이외에 법령에 의하여 행정권한의 위임 또는 위탁을 받은 행정기관, 공공단체 및 그 기관 또는 사인이 포함된다(행정소송법 제2조).

3. 피고적격 유형

(1) 행정청 및 합의제 행정청

처분을 행한 행정청이 원칙적으로 피고가 된다. 공정거래위원회, 토지수용위원회, 감사원 등 합의제 행정청이 한 처분에 대하여는 합의제 행정청이 피고가 된다.

(2) 수임청 및 수탁청

행정권한의 위임 및 위탁이 있는 경우에는 수임청 및 수탁청이 피고가 된다. 내부위임의 경우에는 권한이 위임되지 않으므로 수탁청이 자신의 이름으로 처분을 한 경우에는 수탁청이 피고가 되고 수탁청이 위임청의 이름으로 처분한 경우에는 위임청이 피고가 된다.

(3) 권한의 대리

대리관계에서는 대리기관이 대리관계를 표시하고 피대리 행정청을 대리하여 행정처분을 한 때에는 피대리 행정청이 피고가 된다. 만약 대리관계를 밝힘이 없이 자신의 명의로 처분을 한 경우라면 처분명의자인 당해 행정청이 피고가 됨이 원칙이지만 비록 대리관계를 밝히지 않았다 하더라도 처분명의자가 피대리 행정청 산하의 행정기관으로서 실제로 피대리행정청으로부터 대리권한을 수여받아 피대리 행정청을 대리한다는 의사로 처분을 하였고, 처분명의자는 물론 그 상대방도 그 행정처분이 피대리행정청을 대리하여 한 것임을 알고서 이를 받아들인 예외적인 경우에는 피대리 행정청이 피고가 된다.

(4) 승계행정청 및 국가 또는 지방자치단체

처분 등이 있은 뒤에 그 처분 등에 관계되는 권한이 다른 행정청에 승계된 때에는 이를 승계한 행정청을 피고로 한다.

(5) 지방의회와 지방자치단체의 장

지방자치단체의 장은 조례가 항고소송의 대상이 되는 경우 피고가 되며, 지방의회의원에 대한 징계의결에 대해서는 지방의회가 피고가 된다.

(6) 처분청과 통지한 자가 다른 경우

처분청과 통지한 자가 다른 경우에는 처분청이 피고가 된다.

(7) 다른 법률에 특별한 규정이 있는 경우

대통령처분에 대해서는 소속장관, 중앙선거관리위원회위원장의 행위에 대해서는 사무총장, 대법원장의 행위에 대해서는 법원행정처장, 헌법재판소장의 행위에 대해서는 헌재사무처장, 국회의장의 행위에 대해서는 국회사무총장이 피고가 된다.

쟁점 81 피고경정 (B)

관련조문 행정소송법

제14조(피고경정)
① 원고가 피고를 잘못 지정한 때에는 법원은 원고의 신청에 의하여 결정으로써 피고의 경정을 허가할 수 있다.
② 법원은 제1항의 규정에 의한 결정의 정본을 새로운 피고에게 송달하여야 한다.
③ 제1항의 규정에 의한 신청을 각하하는 결정에 대하여는 즉시 항고할 수 있다.
④ 제1항의 규정에 의한 결정이 있은 때에는 새로운 피고에 대한 소송은 처음에 소를 제기한 때에 제기된 것으로 본다.
⑤ 제1항의 규정에 의한 결정이 있은 때에는 종전의 피고에 대한 소송은 취하된 것으로 본다.
⑥ 취소소송이 제기된 후에 제13조 제1항 단서 또는 제13조 제2항에 해당하는 사유가 생긴 때에는 법원은 당사자의 신청 또는 직권에 의하여 피고를 경정한다. 이 경우에는 제4항 및 제5항의 규정을 준용한다.

---

1. 의의 및 취지[행정소송법 제14조]

소송의 계속 중에 피고로 지정된 자를 다른 자로 변경하는 것을 말한다. 이는 복잡한 행정조직에 있어 피고를 잘못 지정하여 생기는 소송절차 낭비를 막고 원활한 권리구제를 도모함에 제도적인 취지가 인정된다.

2. 피고경정의 절차

원고가 피고를 잘못 지정한 때에는 법원은 원고의 신청에 의하여 결정으로써 피고의 경정을 허가할 수 있다.

3. 피고경정의 효과

피고의 경정에 대한 법원의 허가결정이 있은 때에는 새로운 피고에 대한 소송은 처음에 소를 제기한 때에 제기된 것으로 보며, 종전의 피고에 대한 소송은 취하된 것으로 본다. 피고경정은 사실심 변론을 종결할 때까지 할 수 있다(행정소송규칙 제6조).

쟁점 82 제3자 소송참가 (A)

관련조문 행정소송법

제15조(공동소송)
수인의(다수의 원고) 청구 또는 수인에 대한(다수의 피고) 청구가 처분 등의 취소청구와 관련되는 청구인 경우에 한하여 그 수인은 공동소송인이 될 수 있다.

제16조(제3자의 소송참가)
① 법원은 소송의 결과에 따라 권리 또는 이익의 침해를 받을 제3자가 있는 경우에는 당사자 또는 제3자의 신청 또는 직권에 의하여 결정으로써 그 제3자를 소송에 참가시킬 수 있다.
② 법원이 제1항의 규정에 의한 결정을 하고자 할 때에는 미리 당사자 및 제3자의 의견을 들어야 한다(의견청취에 대한 구속력은 없음).
③ 제1항의 규정에 의한 신청을 한 제3자는 그 신청을 각하한 결정에 대하여 즉시 항고할 수 있다.
④ 제1항의 규정에 의하여 소송에 참가한 제3자에 대하여는 민사소송법 제67조의 규정을 준용한다(공동소송적 보조참가인의 지위를 갖는다).

관련조문 민사소송법

제67조(필수적 공동소송에 대한 특별규정)
① 소송목적이 공동소송인 모두에게 합일적으로 확정되어야 할 공동소송의 경우에 공동소송인 가운데 한 사람의 소송행위는 모두의 이익을 위하여서만 효력을 가진다.
② 제1항의 공동소송에서 공동소송인 가운데 한 사람에 대한 상대방의 소송행위는 공동소송인 모두에게 효력이 미친다.
③ 제1항의 공동소송에서 공동소송인 가운데 한 사람에게 소송절차를 중단 또는 중지하여야 할 이유가 있는 경우 그 중단 또는 중지는 모두에게 효력이 미친다.

1. 의의(행정소송법 제16조)

소송의 결과에 의하여 권리 또는 이익의 침해를 받을 제3자가 있는 경우에 당사자 또는 제3자의 신청 또는 직권에 의하여 그 제3자를 소송에 참가시키는 제도를 말하며, 취소판결의 제3자효로 인한 권리침해로부터 제3자의 권익을 보호하기 위한 제도이다.

2. 소송참가의 요건

① 타인 간의 취소소송 등이 계속되고 있을 것, ② 소송의 결과에 의해 권리 또는 이익의 침해를 받을 제3자일 것을 요건으로 한다.

3. 소송참가의 절차

제3자의 소송참가는 당사자 또는 제3자의 신청 또는 직권에 의하여 결정으로써 행한다. 법원이 제3자의 소송참가를 결정하고자 할 때에는 미리 당사자 및 제3자의 의견을 들어야 한다.

4. 참가인의 지위

민사소송법 제67조가 준용되므로 필수적 공동소송에 있어서의 공동소송인에 준하는 지위에 서게 되나, 당사자에 대하여 독자적인 청구를 하는 것이 아니므로 강학상 공동소송적 보조참가인의 지위와 유사한 것으로 보는 것이 통설이다. 피참가인의 행위와 어긋나는 행위를 할 수 있다.

5. 불복

소송참가 신청을 한 제3자는 그 신청을 각하한 결정에 대하여 즉시항고할 수 있다.

6. 소송참가의 시기 및 판결의 효력

판결선고 전까지 소송참가가 가능하다.

7. 토지보상법상 제3자의 소송참가

사업인정처분에 있어서 피수용자는 제3자의 지위에 있게 된다. 피수용자가 사업인정 취소 또는 무효확인소송을 제기하는 경우 사업인정처분의 상대방인 사업시행자는 제3자의 지위로서 소송에 참가하여 피수용자와 상반대는 주장을 할 수 있다.

반대로, 사업인정 거부처분이 있는 경우 사업시행자가 이에 대한 취소 또는 무효확인소송을 제기하는 경우 피수용자 등은 제3자로서 소송참가할 수 있다.

> **민사소송법상 보조참가**
> 행정소송사건에서 민사소송법상 보조참가의 요건을 갖춘 경우 민사소송법상 보조참가가 허용되고 그 성격은 공동소송적 보조참가이다(대결 2013.7.12, 2012무84).
> 피참가인이 공동소송적 보조참가인의 동의 없이 소를 취하하였다 하더라도 이는 유효하다. 그리고 이러한 법리는 행정소송법 제16조에 의한 제3자 참가가 아니라 민사소송법의 준용에 의하여 보조참가를 한 경우에도 마찬가지로 적용된다(대판 2013. 3. 28, 2011두13729).
> 민사소송법상 당사자능력이 없는 행정청은 민사소송법상의 보조참가는 할 수 없고 행정소송법 제17조에 의한 소송참가만 할 수 있다(대판 2002.9.24, 99두1519).

쟁점 83 제3자 재심청구 (A)

1. 의의(행정소송법 제31조)

처분 등을 취소하는 판결에 의하여 권리 또는 이익의 침해를 받은 제3자가 자기에게 책임 없는 사유로 소송에 참가하지 못함으로써 판결의 결과에 영향을 미칠 공격 또는 방어방법을 제출하지 못한 때에는 이를 이유로 확정된 종국판결에 대하여 재심의 청구를 하는 것을 말한다.

'자기에게 책임 없는 사유'의 유무는 사회통념에 비추어 제3자가 당해 소송에 참가를 할 수 없었던 데에 자기에게 귀책시킬 만한 사유가 없었는지의 여부에 의하여 사안에 따라 결정되어야 하고, 제3자가 종전 소송의 계속을 알지 못한 경우에 그것이 통상인으로서 일반적 주의를 다하였어도 알기 어려웠다는 것과 소송의 계속을 알고 있었던 경우에는 당해 소송에 참가를 할 수 없었던 특별한 사정이 있었을 것을 필요로 한다. 이에 관한 입증책임은 그러한 사유를 주장하는 제3자에게 있고, 더욱이 제3자가 종전 소송이 계속 중임을 알고 있었다고 볼 만한 사정이 있는 경우에는 종전 소송이 계속 중임을 알지 못하였다는 점을 제3자가 적극적으로 입증하여야 한다.

2. 요건

① 제3자에 의한 재심청구는 확정판결이 있음을 안 날로부터 30일 이내, 판결이 확정된 날로부터 1년 이내에 제기하여야 한다.

② 재심청구기간은 불변기간이다.

③ 행정소송법 제31조의 해석상 소송참가를 한 제3자는 판결 확정 후 행정소송법 제31조에 의한 재심의 소를 제기할 수 없다.

쟁점 84 행정청의 소송참가 (A)

관련조문 행정소송법

제17조(행정청의 소송참가)

① 법원은 다른 행정청을 소송에 참가시킬 필요가 있다고 인정할 때에는 당사자 또는 당해 행정청의 신청 또는 직권에 의하여 결정으로써 그 행정청을 소송에 참가시킬 수 있다.

② 법원은 제1항의 규정에 의한 결정을 하고자 할 때에는 당사자 및 당해 행정청의 의견을 들어야 한다.

③ 제1항의 규정에 의하여 소송에 참가한 행정청에 대하여는 민사소송법 제76조의 규정을 준용한다(단순 보조 참가인의 지위를 갖는다).

관련조문 민사소송법

제76조(참가인의 소송행위)

② 참가인의 소송행위가 피참가인의 소송행위에 어긋나는 경우에는 그 참가인의 소송행위는 효력을 가지지 아니한다.

---

1. 의의[행정소송법 제17조]

행정청의 소송참가라 함은 관계 행정청이 행정소송에 참가하는 것을 말한다.

2. 소송참가의 요건

① 타인 간의 취소소송 등이 계속되고 있을 것, ② 다른 행정청일 것(피고 행정청 이외의 행정청으로서 계쟁처분이나 재결에 관계있는 행정청), ③ 참가시킬 필요성이 있을 것을 요건으로 한다.

3. 소송참가의 절차

법원은 당사자 또는 당해 행정청의 신청 또는 직권에 의하여 결정으로써 그 행정청을 소송에 참가시킬 수 있다. 이 경우 당사자 및 당해 행정청의 의견을 들어야 한다.

4. 참가행정청의 지위

참가행정청은 보조참가인에 준하는 지위에서 소송수행을 한다. 참가인의 소송행위가 피참가인의 소송행위와 어긋나는 때에는 그 효력이 없다.

5. 토지보상법상 행정청의 소송참가

사업인정처분 시 관계 행정기관의 의견청취 및 중앙토지수용위원회의 협의절차를 거치게 된다. 관련 행정기관 및 중앙토지수용위원회는 보조참가인의 지위로 소송에 참가할 수 있다.

쟁점 85 제소기간 (S)

관련조문 행정소송법

제20조(제소기간)
① 취소소송은 처분등이 있음을 안 날부터 90일 이내에 제기하여야 한다. 다만, 제18조 제1항 단서에 규정한 경우와 그 밖에 행정심판청구를 할 수 있는 경우 또는 행정청이 행정심판청구를 할 수 있다고 잘못 알린 경우에 행정심판청구가 있은 때의 기간은 재결서의 정본을 송달받은 날부터 기산한다.
② 취소소송은 처분등이 있은 날부터 1년(第1項 但書의 경우는 裁決이 있은 날부터 1年)을 경과하면 이를 제기하지 못한다. 다만, 정당한 사유가 있는 때에는 그러하지 아니하다.
③ 제1항의 규정에 의한 기간은 불변기간으로 한다.

---

1. 의의 및 취지

제소기간이란 소송을 제기할 수 있는 시간적 간격을 의미하며, 제소기간 경과 시 "불가쟁력"이 발생하여 소를 제기할 수 없다. 행정소송법 제20조에서는 처분이 있은 날로부터 1년, 안 날로부터 90일 이내에 소송을 제기해야 한다고 규정하고 있다. 이는 행정의 안정성과 국민의 권리구제를 조화하는 입법정책과 관련된 문제이다(초일불산입).

2. 행정심판을 거친 경우

행정심판을 거쳐 취소소송을 제기하는 경우 취소소송은 재결서의 정본을 송달받은 날부터 90일 이내(제척기간)에 제기하여야 한다. 재결서의 정본을 송달받지 못한 경우에는 재결이 있은 날부터 1년이 경과하면 취소소송을 제기하지 못한다. 다만, 정당한 사유가 있는 때에는 그러하지 아니하다.

3. 행정심판을 거치지 않은 경우

취소소송은 처분 등이 있음을 안 날로부터 90일, 처분 등이 있음을 알지 못한 경우에는 처분 등이 있은 날부터 1년을 경과하면 이를 제기하지 못한다. 다만, 정당한 사유가 있는 때에는 그러하지 아니하다.

(1) 처분이 있음을 안 날의 의미

'처분이 있음을 안 날'이라 함은 '당사자가 통지·공고 기타의 방법에 의하여 해당 처분이 있었다는 사실을 현실적으로 안 날을 의미한다.

(2) 처분이 있은 날의 의미

'처분이 있은 날'이란 처분이 통지에 의해 외부에 표시되어 효력이 발생한 날을 말한다.

(3) '처분이 있음을 안 경우'와 '알지 못한 경우'의 관계

어느 하나의 제소기간이 경과하면 원칙상 취소소송을 제기할 수 없다. 제소기간은 불변기간이다.

4. 소 제기기간 준수 여부의 기준시점

소 제기기간 준수 여부는 원칙상 소 제기 시를 기준으로 한다. 제소기간의 준수 여부는 소송요건으로서 법원의 직권조사사항이다.

◆ 알아두기

처분이 있음을 안 날의 유형

1. 처분이 송달된 경우

처분에 관한 서류가 당사자의 주소지에 송달되는 등 사회통념상 처분이 있음을 당사자가 알 수 있는 상태에 놓여진 때에는 그 처분이 있음을 알았다고 추정한다.

2. 제3자의 경우

처분과 관련된 개별규정에서는 대체로 제3자에 대한 통지규정을 두고 있지 않으므로 제3자는 통상 처분이 있음을 알지 못하는 경우가 일반적이다. 따라서 처분이 있은 날로부터 1년 이내에 취소소송을 제기할 수 있으나, 제3자가 실질적으로 처분이 있음을 알게 된 날이 있다면 안 날로부터 90일 이내에 취소소송을 제기하여야 한다.

3. 처분이 공고 또는 고시된 경우

처분이 공고 또는 고시의 방법에 의해 통지되는 경우에는 원고가 실제로 공고 또는 고시를 보았으면 해당 공고 또는 고시를 본 날이 '처분이 있음을 안 날'이 될 것이나, 원고가 공고 또는 고시를 보지 못한 경우에 대하여는 견해의 대립이 있다.

① 통상 고시 또는 공고에 의하여 행정처분을 하는 경우

통상 고시 또는 공고에 의하여 행정처분을 하는 경우에는 그 처분의 상대방이 불특정 다수인이고, 그 처분의 효력이 불특정 다수인에게 일률적으로 적용되는 것이므로, 그 행정처분에 이해관계를 갖는 자는 고시 또는 공고가 있었다는 사실을 현실적으로 알았는지 여부에 관계없이 고시가 효력을 발생하는 날에 행정처분이 있음을 알았다고 보아야 하고, 따라서 그에 대한 취소소송은 그 날로부터 90일 이내에 제기하여야 한다.

고시·공고 등 행정기관이 일정한 사항을 일반에 알리기 위한 공고문서는 그 문서에서 효력발생 시기를 구체적으로 밝히고 있지 않으면 그 고시 또는 공고 등이 있은 날부터 5일이 경과한 때에 효력이 발생한다(행정업무의 운영 및 혁신에 관한 규정 제6조 제2항).

즉, 명시적으로 효력발생 시기를 따로 정하는 경우에는 그 효력일로부터 처분이 있음을 알았다고 할 것이고, 이를 정하지 않는 경우에는 공고, 고시일로부터 5일이 경과한 때에 효력이 발생했다고 볼 것이다.

② 개별처분의 성질을 갖는 경우

개별공시지가와 같이 처분의 효력이 각 상대방에 대해 개별적으로 발생하는 경우에는 그 처분은 실질에 있어서 개별처분이라고 볼 수 있으므로 공고 또는 고시가 효력을 발생하여도 통지 등으로 실제로 알았거나 알 수 있었던 경우를 제외하고는 처분이 있음을 알았다고 할 수 없고, 처분이 있음을 알지 못한 경우의 불복제기기간이 적용된다.

③ 특정인에 대한 행정처분을 주소불명 등의 이유로 송달할 수 없어 관보 등에 공고

판례는 특정인에 대한 행정처분을 주소불명 등의 이유로 송달할 수 없어 관보 등에 공고(행정절차법상의 공고)한 경우에 상대방이 그 처분이 있음을 안 날은 상대방이 처분 등을 현실적으로 안 날을 말한다.

5. 기타

(1) 무효인 처분

무효등확인소송은 제소기간의 제한이 없다.

(2) 이의신청을 거친 경우

행정기본법 제36조 제4항 및 제6항에 따라 이의신청에 대한 결과를 통지받은 날부터 90일 이내에 행정심판 및 행정소송을 제기할 수 있는 것으로 보아야 할 것이다.

(3) 변경명령재결에 따른 변경처분이 있는 경우

판례는 변경명령재결에 따른 변경처분이 있는 경우에는 행정심판재결서 정본 송달일로부터 90일 이내에 제기되어야 한다고 판시한 바 있다.

(4) 변경처분이 있는 경우

변경처분의 내용에 따라서 제소기간의 기산점을 달리 판단해야 할 것이다.

1) 금전부과 및 징계처분 등

금전부과 및 징계와 관련된 처분에 대하여 감액(감경)변경처분이 있는 경우에는 감액되고 남은 원처분을 대상으로 당초처분이 있음을 안 날부터 90일이 적용될 것이고, 증액변경처분에 대해서는 변경처분을 대상으로 변경처분이 있음을 안 날부터 90일이 적용된다고 보아야 한다.

2) 인허가처분 등

인허가 등 처분이 있은 후 해당 인허가의 내용을 변경하는 처분이 당초 인허가처분을 내용적으로 대체하는 새로운 처분인 경우에는 변경처분이 있음을 안 날로부터 90일이 적용되며, 경미한 부분을 변경한 경우라면 당초 인허가처분이 있음을 안 날부터 90일을 적용하여야 할 것이다. 만약 변경된 내용의 처분이 당초 인허가처분의 효력이 유지됨을 전제로 새로운 내용이 추가된 경우이고 추가된 내용이 당초 인허가처분과 별도로 존재한다면 추가된 내용에 대해서는 변경처분이 있음을 안 날부터 90일이 적용되어야 할 것이다.

(5) 반복된 거부처분인 경우

동일한 내용의 새로운 신청에 대하여 다시 거절의 의사표시를 한 경우에는 새로운 거부처분이 있는 것으로 보아야 할 것이다. 따라서 각 거부처분마다 별도로 제소기간이 적용된다.

(6) 청구기간 도과를 이유로 한 각하재결이 있는 경우

처분이 있음을 안 날부터 90일 이내에 행정심판을 청구하지도 않고 취소소송을 제기하지도 않은 경우에는 그 후 제기된 취소소송은 제소기간을 경과한 것으로서 부적법하고, 처분이 있음을 안 날부터 90일을 넘겨 청구한 부적법한 행정심판청구에 대한 재결이 있은 후 재결서를 송달받은 날부터 90일 이내에 원래의 처분에 대하여 취소소송을 제기하였다고 하여 취소소송이 다시 제소기간을 준수한 것으로 되는 것은 아니다.

(7) 행정청이 행정심판청구를 할 수 있다고 잘못 알린 경우

1) 원칙

행정청이 행정심판청구를 할 수 있다고 잘못 알려 행정심판의 청구를 한 경우에는 그 제소기간은 행정심판 재결서의 정본을 송달받은 날부터 기산하여야 한다.

2) 불가쟁력 발생 이후 불복고지에 따른 행정심판의 재결이 있는 경우

행정소송법 제20조 제1항은 행정심판청구가 허용되지 않음에도 할 수 있다고 잘못 알린 경우, 안내를 신뢰하여 부적법한 행정심판을 거치느라 본래 제소기간 내에 취소소송을 제기하지 못한 자를 구제함에 취지가 있다.

이와 달리 이미 제소기간이 지남으로써 불가쟁력이 발생하여 불복청구를 할 수 없었던 경우라면 그 이후에 행정청이 행정심판청구를 할 수 있다고 잘못 알렸다고 하더라도 그 때문에 처분상대방이 적법한 제소기간 내에 취소소송을 제기할 수 있는 기회를 상실하게 된 것은 아니므로 이러한 경우에 잘못된 안내에 따라 청구된 행정심판 재결서 정본을 송달받은 날부터 다시 취소소송의 제소기간이 기산되는 것은 아니다.

(8) 처분 당시에는 취소소송의 제기가 허용되지 않았으나 위헌결정이 난 경우

처분 당시에는 취소소송의 제기가 법제상 허용되지 않아 소송을 제기할 수 없다가 위헌결정으로 인하여 비로소 취소소송을 제기할 수 있게 된 경우에는 객관적으로는 '위헌결정이 있은 날', 주관적으로는 '위헌결정이 있음을 안 날' 비로소 취소소송을 제기할 수 있게 되어 이때를 제소기간의 기산점으로 삼아야 한다(대판 2008.2.1. 2007두20997).

(9) 민사소송법 제173조 제1항의 소송행위의 추완규정

동 규정은 취소소송에도 준용된다. 따라서 당사자가 책임질 수 없는 사유로 인하여 이를(불변기간을) 준수할 수 없었던 경우에는 그 사유가 없어진 후 2주일 내에 해태된 제소행위를 추완할 수 있다고 할 것이며, 여기서 당사자가 책임질 수 없는 사유란 당사자가 그 소송행위를 하기 위하여 일반적으로 하여야 할 주의를 다하였음에도 불구하고 그 기간을 준수할 수 없었던 사유를 말한다(대판 2001.5.8, 2000두6916).

쟁점 86 재판관할 [D]

> **관련조문** 행정소송법
>
> **제9조(재판관할)**
> ① 취소소송의 제1심 관할법원은 피고의 소재지를 관할하는 행정법원으로 한다.
> ② 제1항에도 불구하고 다음 각 호의 어느 하나에 해당하는 피고에 대하여 취소소송을 제기하는 경우에는 대법원소재지를 관할하는 행정법원에 제기할 수 있다.
>   1. 중앙행정기관, 중앙행정기관의 부속기관과 합의제행정기관 또는 그 장
>   2. 국가의 사무를 위임 또는 위탁받은 공공단체 또는 그 장[13]
> ③ 토지의 수용 기타 부동산 또는 특정의 장소에 관계되는 처분 등에 대한 취소소송은 그 부동산 또는 장소의 소재지를 관할하는 행정법원에 이를 제기할 수 있다.[14]

I 개설

관할이란 함은 재판권을 행사하는 여러 법원 사이에서 어떤 법원이 어떤 사건을 담당처리하느냐 하는 재판권의 분담관계를 정해 놓은 것을 말한다.

---

13) 국가의 사무를 위임 또는 위탁받은 공공단체 또는 그 장에 대하여 그 지사나 지역본부 등 종된 사무소의 업무와 관련이 있는 소를 제기하는 경우에는 그 종된 사무소의 소재지를 관할하는 행정법원에 제기할 수 있다(행정소송규칙 제5조 제1항).
14) '기타 부동산 또는 특정의 장소에 관계되는 처분등'이란 부동산에 관한 권리의 설정, 변경 등을 목적으로 하는 처분, 부동산에 관한 권리행사의 강제, 제한, 금지 등을 명령하거나 직접 실현하는 처분, 특정구역에서 일정한 행위를 할 수 있는 권리나 자유를 부여하는 처분, 특정구역을 정하여 일정한 행위의 제한·금지를 하는 처분 등을 말한다(행정소송규칙 제5조 제2항).

Ⅱ 행정소송의 관할법원

1. 전속관할과 임의관할

(1) 전속관할

전속관할이라 함은 법정관할 가운데서 재판의 적정·공평 등 고도의 공익적 견지에서 정해진 것으로, 오로지 특정 법원만이 배타적으로 관할권을 갖게 한 것을 말한다. 행정소송의 관할은 행정법원의 전속관할이므로 민사법원은 계쟁사건의 관할이 행정법원인 경우 해당 사건을 행정법원으로 이송하여야 한다.

(2) 임의관할

① 합의관할이란 당사자의 합의에 의하여 생기게 되는 관할을 말한다. ② 변론관할이란 원고가 관할권 없는 법원에 소제기하였는데, 피고가 이의 없이 본안변론함으로써 생기는 관할을 말한다.

2. 사물관할

사물관할이라 함은 제1심 소송사건을 다루는 지방법원 단독판사와 지방법원 합의부 사이에서 사건의 경중을 표준으로 재판권의 분담관계를 정해 놓은 것을 말한다. 행정법원의 심판권은 판사 3인으로 구성된 합의부에서 이를 행한다. 다만, 행정법원에 있어서 단독판사가 심판할 것으로 행정법원 합의부가 결정한 사건의 심판권은 단독판사가 이를 행한다(법원조직법 제7조 제3항).

3. 토지관할

토지관할은 소재지를 달리하는 동종의 법원 사이에 소송사건(제1심 사건)의 분담관계를 정해 놓은 것을 말한다. 이는 사건의 능률적 처리와 피고인의 출석·방어의 편의를 고려하여 결정되어야 한다.

(1) 보통관할

보통재판적이란 특정인에 대한 일체의 소송사건에 관해서 인정되는 토지관할을 말하며, 행정소송법에서는 항고소송의 제1심 관할법원은 피고의 소재지 및 대법원 소재지(중앙행정기관의 장 등이 피고인 경우)의 행정법원으로 규정하고 있다(행정소송법 제9조 제1항 및 제2항).

(2) 특별관할

특별재판적이란 한정된 종류의 사건에 관하여만 인정되는 토지관할을 말하며, 행정소송법에서는 토지의 수용 기타 부동산 또는 특정의 장소에 관계되는 처분 등에 대한 취소소송은 그 부동산 또는 장소의 소재지를 관할하는 행정법원에 이를 제기할 수 있다고 규정하고 있다(제9조 제3항).

4. 심급관할

심급관할이란 상소(재판이 확정되기 전에 상급법원에 취소·변경을 구하는 불복신청) 관계에 있어서의 관할을 말한다. 현행 행정소송법은 행정법원을 제1심 법원으로 하고 있으며, 행정법원이 설치되지 않은 지역에 있어서의 행정법원의 권한에 속하는 사건은 행정법원이 설치될 때까지 해당 지방법원본원이 관할한다(법원조직법 부칙 제2조). 그런데, 현재 서울에만 행정법원이 설치되었을 뿐이다.

III 관할법원에의 이송

법원은 소송의 전부 또는 일부가 그 관할에 속하지 않는다고 인정할 경우에는 결정으로 관할법원에 이송한다(민사소송법 제34조 제1항). 행정소송법 제7조에서는 민사소송법 제34조 제1항의 규정은 원고의 고의 또는 중대한 과실없이 행정소송이 심급을 달리하는 법원에 잘못 제기된 경우에도 적용된다고 규정하고 있다.

쟁점 87 관련청구소송의 이송 및 병합 [C]

> **관련조문** 행정소송법
>
> 제10조(관련청구소송의 이송 및 병합)
> ① 취소소송과 다음 각호의 1에 해당하는 소송(이하 "관련청구소송"이라 한다)이 각각 다른 법원에 계속되고 있는 경우에 관련청구소송이 계속된 법원이 상당하다고 인정하는 때에는 당사자의 신청 또는 직권에 의하여 이를 취소소송이 계속된 법원으로 이송할 수 있다(주된 취소소송 등과 관련청구소송은 각각 소송요건을 갖추어야 한다).
> 1. 당해 처분등과 관련되는 손해배상·부당이득반환·원상회복 등 청구소송(예 취소소송 + 손해배상)
> 2. 당해 처분등과 관련되는 취소소송(예 자격취소 + 법인인가취소)
> ② 취소소송에는 사실심의 변론종결시까지 관련청구소송을 병합하거나 피고외의 자를 상대로 한 관련청구소송을 취소소송이 계속된 법원에 병합하여 제기할 수 있다.

I 관련청구소송의 병합

1. 의의 및 취지

행정소송법상 관련청구소송의 병합이라 함은 취소소송 또는 무효등확인소송에 해당 취소소송 등과 관련이 있는 청구소송(관련청구소송)을 병합하여 제기하는 것을 말한다. 이는 소송경제를 도모하고, 서로 관련 있는 사건 사이에 판결의 모순·저촉을 피하기 위한 것이다.

2. 종류

관련청구소송의 병합에는 계속 중인 취소소송 등에 관련청구소송을 병합하는 후발적 병합과 취소소송 등과 관련청구소송을 함께 제기하는 원시적 병합이 있다.

Ⅱ 관련청구소송의 병합요건

1. 취소소송 등에 병합할 것

취소소송 등과 취소소송 등이 아닌 관련청구소송의 병합은 취소소송 등에 병합하여야 한다. 취소소송 등이 주된 소송이며, 각 소송은 소송요건을 갖추어야 한다.

2. 각 청구소송이 적법할 것

주된 취소소송 등과 관련청구소송은 각각 소송요건을 갖추어야 한다.

3. 관련청구소송의 병합

(1) 관련청구소송

'관련청구소송'이라 함은 주된 취소소송 등의 대상인 처분 등과 관련되는 손해배상·부당이득반환·원상회복 등 청구소송 및 취소소송을 말한다(행정소송법 제10조 제1항).

(2) 처분 등과 관련되는 손해배상·부당이득반환·원상회복 등의 청구

'처분 등과 관련되는 손해배상·부당이득반환·원상회복 등의 청구'란 손해배상청구 등의 청구의 내용 또는 발생원인이 행정소송의 대상인 처분 등과 법률상 또는 사실상 공통되거나, 그 처분의 효력이나 존부 유무가 선결문제로 되는 등의 관계에 있는 청구를 말한다(대판 2000.10.27, 99두561).

(3) 처분 등과 관련되는 취소소송

'처분 등과 관련되는 취소소송'이란 해당 처분 등과 관련되는 재결의 취소청구 또는 재결에 관련되는 처분의 취소청구와 같이 해당 항고소송의 대상이 원인적으로 서로 관련되는 경우를 의미한다.

(4) 기타

항고소송에 당사자소송을 병합할 수 있는지 여부도 문제될 수 있으나 양 청구가 상호 관련되는 청구인 경우에는 병합이 가능하다고 보아야 할 것이다(대판 1992.12.24, 92누3335).

4. 관련청구소송의 병합요건의 조사 및 판결

병합요건은 법원의 직권조사사항이다. 병합요건이 충족되지 않은 경우 변론을 분리하여 별도의 소로 분리심판하여야 하는 것이 원칙이다.
판례는 본래의 '취소소송 등'이 부적합하여 각하되면 그에 병합된 관련청구소송도 소송요건을 흠결하여 부적합하다고 보고, 각하되어야 한다고 한다(대판 2011.9.29, 2009두10963).

Ⅲ 소송의 이송

1. 관련청구소송의 이송

취소소송과 관련청구소송이 각각 다른 법원에 계속되고 있는 경우에 관련청구소송이 계속된 법원이 상당하다고 인정하는 때에는 당사자의 신청 또는 직권에 의하여 관련청구소송을 취소소송이 계속된 법원으로 이송할 수 있다(행정소송법 제10조 제1항).

2. 이송의 효과(이송결정의 기속력과 소송계속의 유지)

① 소송을 이송받은 법원은 이송결정에 따라야 하며, 소송을 이송받은 법원은 사건을 다시 다른 법원에 이송하지 못한다(민사소송법 제38조). 이를 이송의 기속력이라고 한다. ② 또한 이송결정이 확정된 때에는 소송은 처음부터 이송받은 법원에 계속된 것으로 본다(민사소송법 제40조 제1항).

Ⅳ 당사자소송에의 준용

당사자소송과 관련된 청구소송이 각각 다른 법원에 계속되고 있는 경우에 병합과 이송내용이 준용된다.

> ● 알아두기
>
> 1. 객관적 병합
>   객관적 병합이란 당사자는 동일하나 청구가 다수인 경우를 말한다.
>   (1) 단순경합
>   원고가 여러 개의 청구에 대하여 차례로 심판을 구하는 형태의 병합이다. 병합된 모든 청구에 대하여 법원의 심판을 필요로 한다. 각 청구에 대한 재판의 결과들이 상호 독립되거나 양립될 수 있다.
>   (2) 선택적 경합
>   양립할 수 있는 여러 개의 청구를 하면서 그 중에 어느 하나가 인용되면 원고의 소의 목적을 달할 수 있기 때문에 다른 청구에 대해서는 심판을 바라지 않는 형태의 병합이다. 법원은 이유 있는 청구 어느 하나를 선택하여 원고청구를 인용하면 된다. 논리적으로 양립할 수 없는 여러 개의 청구는 예비적 병합청구는 할 수 있지만 선택적 병합청구를 할 수 없다.
>   (3) 예비적 경합
>   양립될 수 없는 여러 개의 청구를 하면서 제1차적(주위적) 청구가 기각·각하될 때를 대비하여 제2차적(예비적) 청구에 대하여 심판을 구하는 것을 말한다. 제1차적 청구를 먼저 심리하여 보고 인용되면 제2차적 청구에 대해서는 더 나아가 심판할 필요가 없게 된다.
> 2. 주관적 병합
>   (1) 주관적 병합
>   공동소송이란 1개의 소송절차에 여러 사람의 원고 또는 피고가 관여하는 소송형태를 말하는데, 이를 소의 주관적 병합이라고도 한다(취소소송에 국가배상청구소소송을 병합하는 경우).
>   1) 원시적 원인 : 처음부터 여러 사람의 원고가, 또는 여러 사람의 피고에 대하여 공동으로 소를 제기할 경우로서 공동소송의 원칙적인 발생원인이다. 이를 소의 고유의 주관적 병합이라고도 한다.
>   2) 후발적 발생원인 : 공동소송은 소송계속이 된 뒤에 후발적으로 발생하는 경우도 있다.
>   (2) 주관적·예비적 병합(예비적·선택적 공동소송)
>   1) 주관적·예비적 병합
>   주관적·예비적 병합이란 공동소송인의 청구나 공동소송인에 대한 청구가 법률상 양립할 수 없는 관계에 있고 어느 것이 인용될 것인가 쉽게 판정할 수 없을 때 필수적 공동소송[15]을 준용하여 서로 모순 없는 통일적인 재판을 구하는 공동소송의 형태이다(민사소송법 제70조).
>   2) 인정 여부
>   주관적·예비적 병합이 허용될 것인가에 대해 (구)민사소송법상 명문의 규정이 없었기 때문에 이를 부정하는 것이 판례의 태도였으나, 현행 민사소송법 제70조 및 최근 판례는 이를 인정하고 있다.

15) 필수적 공동소송이라 함은 공동소송인 사이에 합일확정을 필수적으로 하는 공동소송이다(민사소송법 제67조).

쟁점 88 소의 변경 (A)

1. 소의 종류의 변경

(1) 의의 및 취지(행정소송법 제21조)

행정소송의 종류를 잘못 선택한 경우에 행정소송 간의 소를 변경하는 것으로서 행정소송 종류를 잘못 선택하여 발생할 수 있는 불이익으로부터 권리구제를 도모함에 제도적 취지가 인정된다.

(2) 종류

1) 항고소송 간의 변경

항고소송 간에는 소의 변경이 가능하다.

2) 항고소송과 당사자소송 간의 변경

취소소송, 무효등확인소송을 국가 또는 공공단체에 대한 당사자소송으로 변경하거나 당사자소송을 항고소송으로 변경하는 것이 가능하다.

3) 요건

① 청구의 기초에 변경이 없을 것, ② 소를 변경하는 것이 상당하다고 인정될 것, ③ 변경의 대상이 되는 소가 사실심에 계속되어 있고, 사실심 변론종결 전일 것, ④ 새로운 소가 적법할 것, ⑤ 원고의 신청이 있을 것을 요건으로 한다.

4) 절차

법원은 사실심의 변론종결 시까지 원고의 신청에 의하여 결정으로써 소의 변경을 허가할 수 있으며, 허가를 하는 경우 피고를 달리하게 될 때에는 법원은 새로이 피고로 될 자의 의견을 들어야 한다.

5) 효과

소의 변경을 허가하는 결정이 확정되면 새로운 소는 제소기간과 관련하여 변경된 소를 제기한 때에 제기된 것으로 본다. 변경된 소는 취하된 것으로 보며, 변경된 소의 소송자료는 새로운 소의 소송자료가 된다.

6) 불복방법

소의 변경을 허가하는 결정에 대하여 새로운 소의 피고와 변경된 소의 피고는 즉시항고할 수 있다. 불허가결정에 대하여는 독립하여 항고할 수 없고, 종국판결에 대한 상소로써만 다툴 수 있다.

2. 처분변경으로 인한 소의 변경

(1) 의의 및 취지(행정소송법 제22조)

행정청이 소송 중에 처분을 변경하는 경우 원고의 신청에 의하여 법원의 결정으로서 소를 변경하는 것을 말한다. 변경된 처분을 대상으로 다시 소를 제기해야 하는 절차반복을 배제하여 권리보호를 도모함에 제도적 취지가 인정된다.

(2) 요건

행정청이 소송의 대상인 처분을 소가 제기된 후 변경하였어야 하고, 원고는 처분의 변경이 있음을 안 날로부터 60일 이내에 소의 변경을 신청하여야 한다. 법원은 원고의 신청에 대하여 결정으로서 청구의 취지 또는 원인의 변경을 허가할 수 있다.

(3) 효과

소의 변경을 허가하는 법원의 결정이 있으면, 당초의 소가 처음에 제기된 때에 변경한 내용의 새로운 소가 제기된 것으로 보며, 변경 전의 소송은 취하된 것으로 본다.

> ◆ 알아두기
>
> **부작위가 거부로 발전된 경우의 소 변경 가능여부**
>
> 1. 문제점
>   부작위위법확인소송이 제기된 후에 거부처분이 발급된 경우 거부처분취소소송의 변경이 가능한지가 문제된다. 이는 행정소송법 제21조(소송종류의 변경)의 준용규정이 없어서 문제된다.
>
> 2. 학설
> (1) 부정설
>   부작위와 거부는 대상유형이 상이하므로 부작위에서 거부로 발전된 경우에는 부작위위법확인소송을 취소소송으로 변경할 수 없다고 본다.
>
> (2) 긍정설
>   부작위에서 거부로 발전된 경우 소의 변경에 관한 규정을 준용하지 않고 있는 것은 입법의 불비이다. 행정소송법 제21조 및 제22조에 근거하여 부작위위법확인소송을 취소소송으로 변경하는 것이 가능하다고 보아야 할 것이다.
>
> 3. 검토
>   행정경제와 국민의 권리구제 측면에서 인정함이 타당할 것이다.

3. 민사소송과 행정소송 간의 소의 변경 허용 여부

(1) 학설

실무상 민사소송과 당사자소송의 구별이 분명하지 않기 때문에 가능하다고 보는 긍정설과 민사소송법상 소의 변경과는 달리 행정소송법상 소의 변경은 주체가 변경되는 경우가 생기므로 양자는 구별되어야 한다고 보는 부정설이 대립한다.

(2) 판례

판례는 당사자의 권리구제나 소송경제의 측면서 행정소송과 민사소송 간의 소 변경이 가능하다고 보고 있다(대판 2023.6.29, 2022두44262<교부청산금 일부 부존재확인의 소>).

(3) 검토

소송경제 및 권리구제 측면에서 소의 변경을 인정함이 타당하다.

쟁점 89 집행정지 (S)

관련조문 행정소송법

제23조(집행정지)
① 취소소송의 제기는 처분등의 효력이나 그 집행 또는 절차의 속행에 영향을 주지 아니한다.
② 취소소송이 제기된 경우에 처분등이나 그 집행 또는 절차의 속행으로 인하여 생길 회복하기 어려운 손해를 예방하기 위하여 긴급한 필요가 있다고 인정할 때에는 본안이 계속되고 있는 법원은 당사자의 신청 또는 직권에 의하여 처분등의 효력이나 그 집행 또는 절차의 속행의 전부 또는 일부의 정지(이하 "執行停止"라 한다)를 결정할 수 있다. 다만, 처분의 효력정지는 처분등의 집행 또는 절차의 속행을 정지함으로써 목적을 달성할 수 있는 경우에는 허용되지 아니한다.
③ 집행정지는 공공복리에 중대한 영향을 미칠 우려가 있을 때에는 허용되지 아니한다.
④ 제2항의 규정에 의한 집행정지의 결정을 신청함에 있어서는 그 이유에 대한 소명이 있어야 한다.
⑤ 제2항의 규정에 의한 집행정지의 결정 또는 기각의 결정에 대하여는 즉시항고할 수 있다. 이 경우 집행정지의 결정에 대한 즉시항고에는 결정의 집행을 정지하는 효력이 없다.
⑥ 제30조 제1항의 규정은 제2항의 규정에 의한 집행정지의 결정에 이를 준용한다.

제24조(집행정지의 취소)
① 집행정지의 결정이 확정된 후 집행정지가 공공복리에 중대한 영향을 미치거나 그 정지사유가 없어진 때에는 당사자의 신청 또는 직권에 의하여 결정으로써 집행정지의 결정을 취소할 수 있다.
② 제1항의 규정에 의한 집행정지결정의 취소결정과 이에 대한 불복의 경우에는 제23조 제4항 및 제5항의 규정을 준용한다.

---

1. 집행부정지원칙과 집행정지 예외

집행부정지의 원칙은 취소소송의 제기는 처분 등의 효력이나 그 집행 또는 절차의 속행에 영향을 주지 아니함을 말한다. 단, 처분이 진행되는 등의 사정으로 회복되기 어려운 손해가 발생할 경우 예외적으로 집행정지를 인정한다(행정소송법 제23조).

2. 요건

(1) 신청요건

1) 정지대상인 처분 등이 존재할 것

행정소송법상 집행정지는 종전의 상태, 즉 원상을 회복하여 유지시키는 소극적인 것이므로 침해적 처분을 대상으로 한다. 거부처분에 대하여 집행정지가 가능한지에 관하여 견해의 대립이 있다.

2) 적법한 본안소송이 계속 중일 것

집행정지는 행정처분의 집행부정지원칙의 예외로서 인정되는 것이고, 또 본안에서 원고가 승소할 수 있는 가능성을 전제로 한 권리보호수단이라는 점에 비추어 보면, 신청인의 본안청구가 적법한 것이어야 한다.

3) 신청인적격 및 신청이익

집행정지를 신청할 수 있는 자는 본안소송의 당사자이다. 신청인은 '법률상 이익'이 있는 자이어야 한다. 집행정지의 신청요건인 법률상 이익은 항고소송의 요건인 '법률상 이익'과 동일하다. 또한 집행정지결정의 현실적 필요성이 있어야 한다.

(2) 본안요건

1) 회복하기 어려운 손해

판례는 금전보상이 불가능하거나 사회통념상 참고 견디기가 현저히 곤란한 유·무형의 손해와 중대한 경영상의 위기를(아람마트사건) 회복하기 어려운 손해로 보고 있다. 이에 대한 소명책임은 신청인에게 있다.

2) 긴급한 필요의 존재

회복하기 어려운 손해의 발생이 절박하여 손해를 회피하기 위하여 본안판결을 기다릴 여유가 없을 것을 말한다.

3) 공공복리에 중대한 영향이 없을 것

처분의 집행에 의해 신청인이 입을 손해와 집행정지에 의해 영향을 받을 공공복리 간의 이익형량을 하여 공공복리에 중대한 영향을 미칠 우려가 없어야 한다. '공공복리에 중대한 영향을 미칠 우려'의 주장·소명책임은 행정청에게 있다.

4) 본안청구가 이유 없음이 명백하지 아니할 것

집행정지는 인용판결의 실효성을 확보하기 위하여 인정되는 것이며 행정의 원활한 수행을 보장하며 집행정지 신청의 남용을 방지할 필요도 있으므로 본안청구가 이유 없음이 명백하지 아니할 것을 집행정지의 소극적 요건으로 하는 것이 타당하다.

3. 절차

본안이 계속된 법원에 당사자의 신청 또는 직권에 의하여 처분 등의 효력이나 그 집행 또는 절차의 속행의 전부 또는 일부의 정지를 결정할 수 있다.

4. 내용

① 처분의 효력을 존재하지 않는 상태에 놓이게 하는 처분의 효력정지, ② 처분의 집행을 정지하는 집행정지, ③ 절차의 속행을 정지하는 절차속행의 정지를 내용으로 한다. ④ 행정소송법은 처분의 일부에 대한 집행정지도 가능하다고 규정한다.

5. 효력 및 시기

① 처분의 효력을 잠정적으로 소멸시키는 형성력, ② 행정청은 동일한 처분을 할 수 없는 기속력(행정소송법 제30조 제1항 준용), ③ 판결주문에 정해진 시점까지 존속하는 시적 효력이 있다. 집행정지기간은 법원이 시기와 종기를 자유롭게 정할 수 있는데, 종기의 정함이 없으면 본안판결

확정 시까지 정지의 효력이 존속한다. ④ 법원이 집행정지를 결정하는 경우 그 종기는 본안판결 선고일부터 30일 이내의 범위에서 정한다(행정소송규칙 제10조).

6. 집행정지결정에 대한 불복과 취소

집행정지의 결정 또는 기각결정에 대하여 즉시항고를 할 수 있으나, 이 경우 집행정지의 결정에 대한 즉시항고에는 결정의 집행을 정지하는 효력이 없다. 집행정지의 결정이 확정된 후 집행정지가 공공복리에 중대한 영향을 미치거나 그 정지사유가 없어진 때에는 당사자의 신청 또는 직권에 의하여 결정으로써 집행정지의 결정을 취소할 수 있다.

7. 거부처분 집행정지 가능성

(1) 견해의 대립

① 부정설(통설)은 수익적 행정처분의 신청에 대한 거부처분은 신청이익이 없으므로 집행정지의 대상이 되지 않는다고 본다.

② 긍정설은 집행정지결정에는 기속력(행정소송법 제30조 제2항 재처분의무)이 인정되므로 거부처분의 집행정지에 따라 행정청에게 잠정적인 재처분의무가 생긴다고 볼 수 있으므로 거부처분의 집행정지의 이익이 있다고 보는 견해이다.

③ 예외적 긍정설은 거부처분의 집행정지에 의하여 거부처분이 행하여지지 아니한 상태로 복귀됨에 따라 신청인에게 어떠한 법적 이익이 있다고 인정되는 경우에 한하여 집행정지 신청을 인정하여야 한다는 견해이다(인·허가기간에 붙은 기간이 갱신기간인 경우 등).

(2) 판례

신청 전의 상황으로 돌아갈 뿐 신청이 허가된 것과 동일한 상태가 실현된 것이 아니고, 신청에 따른 처분을 해야 할 의무를 부담하는 것이 아니므로 신청의 이익이 없다고 한다.

(3) 검토

행정소송법 제30조 제2항 재처분의무의 명시적인 준용규정이 없는 점으로 보아, 예외적으로 신청의 이익이 있다고 인정되는 경우에 한해서 집행정지가 인정된다고 보아야 할 것이다.

> **관련쟁점**
>
> 집행정지결정의 효력은 결정 주문에서 정한 기간까지 존속하다가 그 기간이 만료되면 장래에 향하여 소멸한다. 집행정지결정은 처분의 집행으로 회복하기 어려운 손해를 예방하기 위하여 긴급한 필요가 있고 달리 공공복리에 중대한 영향을 미치지 않을 것을 요건으로 하여 본안판결이 있을 때까지 해당 처분의 집행을 잠정적으로 정지함으로써 위와 같은 손해를 예방하는 데 취지가 있으므로, 항고소송을 제기한 원고가 본안소송에서 패소확정판결을 받았더라도 집행정지결정의 효력이 소급하여 소멸하지 않는다.
> 그러나 제재처분에 대한 행정쟁송절차에서 처분에 대해 집행정지결정이 이루어졌더라도 본안에서 해당 처분이 최종적으로 적법한 것으로 확정되어 집행정지결정이 실효되고 제재처분을 다시 집행할 수 있게 되면, 처분청으로서는 당초 집행정지결정이 없었던 경우와 동등한 수준으로 해당 제재처분이 집행되도록 필요한 조치를 취하여야 한다. 집행정지는 행정쟁송절차에서 실효적 권리구제를 확보하기 위한 잠정적 조치일 뿐이므로, 본안 확정판

결로 해당 제재처분이 적법하다는 점이 확인되었다면 제재처분의 상대방이 잠정적 집행정지를 통해 집행정지가 이루어지지 않은 경우와 비교하여 제재를 덜 받게 되는 결과가 초래되도록 해서는 안 된다. 반대로, 처분상대방이 집행정지결정을 받지 못했으나 본안소송에서 해당 제재처분이 위법하다는 것이 확인되어 취소하는 판결이 확정되면, 처분청은 그 제재처분으로 처분상대방에게 초래된 불이익한 결과를 제거하기 위하여 필요한 조치를 취하여야 한다(대법 2020.9.3. 2020두34070).

* 집행정지의 기간 산정

순서	구분	내용	비고
1	징계의 종류	업무정지 3개월(2012.1.1~3.31)	– 국토교통부장관
2	회원(사)의 소송제기		– 원고 : 회원(사) – 피고 : 국토교통부장관
3	집행정지 가처분신청	2012.1.5	– 원고가 법원에 신청
4	집행정지 결정문	2012.1.15	– 법원은 원고에게 결정문 통지
5	1심	집행정지 결정문의 날부터 판결선고(행정법원) 전날까지 집행정지 효력 발생	– 판결선고(1심, 2심) 시부터 국토교통부의 업무정지처분 효력이 판결선고날짜로 재발생
6	2심	집행정지 결정문의 날부터 판결선고(고등법원) 전날까지 집행정지 효력 발생	※ 원고 승소와 관계 없음
7	3심	집행정지 결정문의 주문일부터 판결확정(대법원) 전날까지 집행정지 효력 발생	– 원고 패소가 확정될 경우 업무정지처분 효력 재발생

① 원고는 각 법원(1심, 2심) 승소 및 패소와 관계없이 "4. 집행정지 결정문"을 법원에서 받아야만 집행정지 효력이 발생됨.
② 또한, 업무정지 외 모든 징계처분 및 행정처분(주의, 경고)의 경우도 원고의 승소와 관계없이 판결선고날짜로 효력이 재발생됨.
③ 업무정지 3개월(2012.1.1 ~ 3.31)을 받은 회원사(회원)가 행정소송 제기 후 최종판결(대법원 : 원고 패)이 확정됐을 경우 아래의 기간을 업무정지기간으로 봄.
④ 행정소송규칙 제10조(집행정지의 종기)
　　법원은 집행정지를 결정하는 경우 그 종기는 본안판결 선고일부터 30일 이내의 범위에서 정한다(다만, 법원은 당사자의 의사, 회복하기 어려운 손해의 내용 및 그 성질, 본안 청구의 승소가능성 등을 고려하여 달리 정할 수 있다).

구분	법원	구분	업무정지기간
①	1심 진행	집행정지결정(12.1.15)	12.1.1~1.14(14일)
②	1심 판결 [원고승(패)] 2심 진행	1심 판결선고(12.4.7) 2심 집행정지결정(12.4.15)	12.1.1~1.14(14일) 12.4.7~4.14(8일)
③	2심 판결 [원고승(패)] 3심 진행	2심 판결선고(12.7.15) 3심 집행정지결정(12.7.25)	12.1.1~1.14(14일) 12.4.7~4.14(8일) 12.7.15~7.24(10일)
④	3심 최종 (원고패)	판결확정(12.10.15)	12.1.1~1.14(14일) 12.4.7~4.14(8일) 12.7.15~7.24(10일) 12.10.15~12.12(59일)

쟁점 90 가처분 [A]

1. 문제점

집행정지제도는 처분이 존재함을 전제로 한 가구제제도이므로, 거부처분 등의 소극적 침해에 대하여 적절한 가구제 수단이 되지 못한다. 따라서 행정소송법 제8조 제2항에 따라 민사소송법상 가처분을 인정할 수 있는지가 문제된다.

2. 의의

가처분이란 금전 이외의 급부를 목적으로 하는 청구권의 보전 및 다툼 있는 권리관계에 관하여 임시적 지위를 구하는 것을 말한다.

3. 인정 여부

(1) 학설

1) 소극설(부정설)

행정소송법상 집행정지에 관한 규정은 민사집행법상의 가처분제도에 대한 특별규정이므로 민사집행법상의 가처분을 배제한다는 뜻을 포함한다고 본다.

2) 적극설(긍정설)

① 행정소송법은 가처분을 배제하는 규정을 특별히 두고 있지 않으며, ② 가처분을 통하여 국민의 권리보호를 실효성 있게 하는 것은 사법권의 범위에 속하는 것이며 헌법 제27조 제1항이 보장하는 재판을 받을 권리에도 포함된다고 본다.

3) 제한적 긍정설

거부처분과 같이 집행정지제도를 통해서 목적달성이 안 되는 경우에는 가처분제도를 활용하여 잠정적인 권리구제를 도모해야 한다는 견해이다.

(2) 판례

민사소송법상의 가처분으로서 행정청의 어떠한 행정행위의 금지를 구하는 것은 허용될 수 없다고 하여 부정설의 입장이다.

(3) 검토

가처분을 인정하는 것은 처분청의 판단권을 행사하는 것이 되어 권력분립원칙에 반할 소지가 있다. 따라서 현행 행정소송법은 가처분제도를 규정하지 않고 집행정지제도를 규정한 것으로 보아야 할 것이다.

PART · 05

쟁점 91 직권심리주의 (B)

> **관련조문** 행정소송법
>
> **제25조(행정심판기록의 제출명령)**
> ① 법원은 당사자의 신청이 있는 때에는 결정으로써 재결을 행한 행정청에 대하여 행정심판에 관한 기록의 제출을 명할 수 있다.
> ② 제1항의 규정에 의한 제출명령을 받은 행정청은 지체없이 당해 행정심판에 관한 기록을 법원에 제출하여야 한다.
>
> **제26조(직권심리)**
> 법원은 필요하다고 인정할 때에는 직권으로 증거조사를 할 수 있고, 당사자가 주장하지 아니한 사실에 대하여도 판단할 수 있다.

1. 의의[행정소송법 제26조]

직권심리주의란 법원이 직접 증거조사를 위한 소송자료를 수집하여 당사자가 주장하지 아니한 사실에 대하여 심리·판단하는 것을 말한다.

2. 직권탐지의 범위

(1) 학설

1) 직권탐지주의원칙설

소송법 제26조에서는 "당사자가 주장하지 아니한 사실에 대하여도 판단할 수 있다"고 규정하고 있으므로 직권탐지주의가 원칙이라고 본다. 따라서 당사자의 주장이 없어도 직권으로 증거를 조사하여 심리판단할 수 있다.

2) 변론주의원칙설(직권탐지주의보충설)

원칙적으로 당사자가 주장한 사실만 증거조사하고 판단할 수 있다고 본다. 하지만 일건 기록상 현출된 사항에 대해서 보충적으로 당사자가 주장하지 아니한 사실에 대해서도 법원이 이를 직권으로 탐지하여 이를 판단의 자료로 삼을 수 있다고 본다.

(2) 판례의 태도

판례는 행정소송법 제26조는 "당사자주의, 변론주의에 대한 일부 예외규정일 뿐 법원이 아무런 제한 없이 당사자가 주장하지 아니한 사실을 판단할 수 있는 것은 아니고, 일건 기록에 현출되어 있는 사항에 관하여서만 직권으로 증거조사를 하고 이를 기초로 하여 판단할 수 있을 따름이다"고 하여 소송기록에 나타난 사실에 한하여 직권탐지를 인정하고 있다(변론주의원칙설).

(3) 검토

법원은 당사자의 입증책임에 국한되지 않고 실체적 진실을 밝혀 진실된 권리구제를 이행해야 할 것이다. 따라서 변론주의를 원칙으로 직권탐지주의를 보충적으로 적용하는 변론주의원칙설이 타당하다.

3. 직권탐지의 의무

현행 행정소송법 제26조는 "…할 수 있고, …할 수 있다"라고 규정하고 있으므로, 실체적 진실을 밝혀 권리구제의 필요성이 인정되는 경우에는 직권탐지의무가 있다고 볼 것이다.

쟁점 92 위법성 판단 기준시점 (B)

1. 학설

(1) 처분 시설

처분 시 이후의 사정고려는 행정청의 1차적 판단권을 침해하는 것이며 취소소송은 위법한 처분의 사후심사를 통한 권리보호를 도모하므로 처분 시를 기준하여 위법성을 판단해야 한다.

(2) 판결 시설

취소소송은 처분으로 인하여 형성된 위법상태를 배제하는 데에 목적이 있으며, 판결 시를 기준하여 해당 처분에 계속적인 효력을 부여할 것인지를 판단해야 한다고 본다.

(3) 절충설

처분 시설을 원칙으로 하되 예외적으로 계속적 효력을 가진 처분이나 미집행의 처분에 대한 소송에 있어서는 판결 시설을 취하는 것이 타당한 경우가 있다고 본다.

2. 판례

판례는 행정소송에서 행정처분의 위법 여부는 행정처분이 행하여졌을 때의 법령과 사실상태를 기준으로 하여 판단하여야 하고, 처분 후 법령의 개폐나 사실상태의 변동에 의하여 영향을 받지는 않는다고 하여 처분 시설을 취하고 있다.

3. 검토

취소소송은 주관소송으로서 권리구제를 도모해야 하며, 권리침해는 처분 시를 기준하여 발생하므로 처분 시를 기준하여 위법성을 판단하는 것이 타당하다. 거부처분의 경우에는 의무이행소송이 도입되지 않은 상황에서 판결 시로 봄이 타당하다.

쟁점 93 처분사유 추가·변경 [A]

1. 의의 및 구별개념

처분의 적법성을 유지하기 위해 처분 당시에 존재하였으나 처분의 근거로 제시하지 않았던 법적 또는 사실적 사유를 소 계속 중에 추가 또는 변경하는 것을 말한다. 처분 당시에 존재하는 사유를 추가하거나 변경한다는 점에서 처분 시의 하자를 사후에 보완하는 하자치유와 구별된다.

2. 소송물과 처분사유의 추가·변경

소송물을 개개의 위법성 사유로 보면 처분사유의 추가·변경은 소송물의 추가·변경이 되므로 원칙적으로 불가하다. 따라서 처분사유의 추가·변경은 소송물(위법성 일반)의 범위 내에서 논의되어야 한다.

3. 인정 여부

(1) 학설

① 국민의 공격·방어권 침해를 이유로 부정하는 견해, ② 소송경제 측면에서 긍정하는 견해, ③ 처분의 상대보호와 소송경제의 요청을 고려할 때 제한적으로 긍정하는 견해, ④ 행정행위 및 행정쟁송의 유형 등에 따라 개별적으로 판단해야 한다는 견해가 있다.

(2) 판례

실질적 법치주의와 행정처분의 상대방인 국민의 신뢰보호견지에서 기본적 사실관계의 동일성이 인정되는 경우에 제한적으로 긍정하고 있다.

(3) 검토

처분사유의 추가·변경은 소송경제 및 분쟁의 일회적 해결을 위한 것이므로 권리보호와 소송경제를 고려하여 제한적으로 인정하는 판례의 태도가 타당하다. 따라서 행정청은 사실심 변론을 종결할 때까지 당초의 처분사유와 기본적 사실관계가 동일한 범위 내에서 처분사유를 추가 또는 변경할 수 있다(행정소송규칙 제9조).

4. 인정기준

(1) 처분 당시 객관적으로 존재하였을 것

위법판단의 기준 시에 관하여 처분 시설을 취하는 경우 위법성 판단은 처분 시를 기준으로 하므로 추가사유나 변경사유는 처분 시에 객관적으로 존재하던 사유이어야 한다.

(2) 기본적 사실관계의 동일성이 유지될 것

통설 및 판례는 ① 법률적 평가 이전의 사회적 사실관계의 동일성을 기준으로 하여, ② 시간적, 장소적 근접성, ③ 행위의 태양, 결과 등을 종합적으로 고려해서 판단하여야 한다고 본다.

(3) 재량행위의 경우

① 재량행위의 경우에 고려사항의 변경은 새로운 처분을 의미하는 것이라는 견해가 있으나, ② 재량행위에서 처분이유를 사후에 변경하는 경우에도, 분쟁대상인 행정행위가 본질적으로 변경되지 않음을 전제로 하는 것이므로 재량행위에서도 인정함이 타당하다.

5. 법원의 판단

처분사유의 추가·변경이 인정되면 법원은 변경된 사유를 기준으로 본안심사를 하여야 한다.

＊ 처분사유의 추가·변경에 있어서 생각해 볼 문제

처분사유의 추가·변경의 개념과 관련하여,
처분사유의 추가는 ① 처분당시에 제시된 근거법령 및 처분이유를 좀 더 구체적으로 추가하는 것과, ② 기존의 사유와 별도로 새로운 사유를 추가하는 경우를 상정할 수 있다.
또한, 처분사유를 변경하는 것은 당초 사유가 인정되지 않기에 적법성을 유지할 수 있는 새로운 사유로 변경하는 것을 상정할 수 있을 것이다.
이처럼 처분사유의 추가·변경은 크게 2가지의 경우를 상정해 볼 수 있을 것인데, 이 중 새로운 사유를 추가하거나 변경하는 경우에는 판례의 태도에 따라 기본적 사실관계의 동일성이 인정되는 경우에만 가능할 것이다. 당초 사유를 구체화하거나 법령만을 추가하는 것은 새로운 사유를 추가 또는 변경하는 것은 아니기에 항상 허용된다고 할 것이다.
판례는 기본적 사실관계의 동일성을 판단하는 기준에 대해서 원론적인 해석을 판시하였고, 개별사안마다 개별·구체적으로 판단해야 하기에 각 사유의 근거법령 및 취지를 중심으로 해석하여 적용하여야 할 것이다.

제4절 재판

관련조문 행정소송법

제27조(재량처분의 취소)
행정청의 재량에 속하는 처분이라도 재량권의 한계를 넘거나 그 남용이 있는 때에는 법원은 이를 취소할 수 있다.

제28조(사정판결)
① 원고의 청구가 이유있다고 인정하는 경우에도 처분등을 취소하는 것이 현저히 공공복리에 적합하지 아니하다고 인정하는 때에는 법원은 원고의 청구를 기각할 수 있다. 이 경우 법원은 그 판결의 주문에서 그 처분등이 위법함을 명시하여야 한다.
② 법원이 제1항의 규정에 의한 판결을 함에 있어서는 미리 원고가 그로 인하여 입게 될 손해의 정도와 배상방법 그 밖의 사정을 조사하여야 한다.
③ 원고는 피고인 행정청이 속하는 국가 또는 공공단체를 상대로 손해배상, 제해시설의 설치 그 밖에 적당한 구제방법의 청구를 당해 취소소송등이 계속된 법원에 병합하여 제기할 수 있다.

제32조(소송비용의 부담)

취소청구가 제28조의 규정에 의하여 기각되거나 행정청이 처분등을 취소 또는 변경함으로 인하여 청구가 각하 또는 기각된 경우에는 소송비용은 피고의 부담으로 한다.

제29조(취소판결등의 효력)

① 처분등을 취소하는 확정판결은 제3자에 대하여도 효력이 있다.

② 제1항의 규정은 제23조의 규정에 의한 집행정지의 결정 또는 제24조의 규정에 의한 그 집행정지결정의 취소결정에 준용한다.

제30조(취소판결등의 기속력)

① 처분등을 취소하는 확정판결은 그 사건에 관하여 당사자인 행정청과 그 밖의 관계행정청을 기속한다.

② 판결에 의하여 취소되는 처분이 당사자의 신청을 거부하는 것을 내용으로 하는 경우에는 그 처분을 행한 행정청은 판결의 취지에 따라 다시 이전의 신청에 대한 처분을 하여야 한다.

③ 제2항의 규정은 신청에 따른 처분이 절차의 위법을 이유로 취소되는 경우에 준용한다.

제34조(거부처분취소판결의 간접강제)

① 행정청이 제30조 제2항의 규정에 의한 처분을 하지 아니하는 때에는 제1심수소법원은 당사자의 신청에 의하여 결정으로써 상당한 기간을 정하고 행정청이 그 기간내에 이행하지 아니하는 때에는 그 지연기간에 따라 일정한 배상을 할 것을 명하거나 즉시 손해배상을 할 것을 명할 수 있다.

② 제33조와 민사집행법 제262조의 규정은 제1항의 경우에 준용한다.

쟁점 94 형성력 (B)

1. 의의 및 근거(행정소송법 제29조 제1항)

행정처분 및 행정심판에 대한 재결의 취소판결이 확정되면 해당 행정처분 및 행정심판에 대한 재결은 그 효력이 상실되는 효력을 말한다.

2. 형성력의 내용

(1) 형성효

행정처분을 취소한다는 확정판결이 있으면 그 취소판결의 형성력에 의하여 해당 행정처분의 취소나 취소통지 등의 별도의 절차를 요하지 아니하고 당연히 취소의 효과가 발생한다고 할 것이고 별도로 취소의 절차를 취할 필요는 없다.

(2) 취소의 소급효

처분을 취소하는 판결이 확정되면 그 처분은 처분 시에 소급하여 소멸한다.

(3) 제3자효(대세효)

취소판결의 효력은 법적 이해관계 있는 제3자에게 미치며, 일반처분인 경우에도 소송에 참여하지 않은 제3자에도 미친다.

3. 취소판결의 형성력의 준용

형성력은 집행정지의 결정 및 집행정지결정의 취소결정에도 준용되고, 무효확인소송 및 부작위
위법확인소송에도 준용된다.

4. 관련문제(제3자보호)

취소판결의 효력이 제3자에게도 미침으로 인하여 제3자가 불측의 손해를 입을 수 있으므로 행
정소송법은 제3자의 권리를 보호하기 위하여 제3자의 소송참가제도와 제3자의 재심청구제도를
인정하고 있다.

쟁점 95 기속력 (S)

1. 의의 및 취지(행정소송법 제30조)

행정청에 대하여 판결의 취지에 따라 행동하도록 당사자인 행정청과 그 밖의 관계 행정청을 구
속하는 효력을 말한다. 이는 인용판결의 실효성을 확보하기 위하여 인정된 제도이며 기각판결에
는 인용되지 않는다.

2. 구별개념 및 성질

구속력의 성질을 무엇으로 볼 것인가에 대하여 기판력설과 특수효력설이 대립하고 있는데 기판
력은 법적 안정성을 위하여 인정된 소송법상의 효력인데 반하여 기속력은 판결의 실효성을 확보
하기 위한 실체법상의 효력이므로 기속력은 기판력과 구분되는 특수한 효력이라는 것이 다수의
견해이다.

3. 내용

(1) 반복금지효(행정소송법 제30조 제1항)

취소판결이 확정되면 당사자인 행정청과 관계 행정청은 판결의 취지에 저촉되는 처분을 할 수
없다. 동일한 처분인지는 기본적 사실관계의 동일성 유무를 기준으로 판단한다.

(2) 재처분의무(제30조 제2항 및 제3항)

판결에 의하여 취소되는 처분이 당사자의 신청에 대한 거부처분인 경우에는 행정청은 판결의 취
지에 따라 이전 신청에 대한 처분을 하여야 한다. 절차의 위법을 이유로 취소되는 경우와 같다.

(3) 원상회복의무(결과제거의무)

취소판결이 확정되면 행정청은 취소된 처분에 의해 초래된 위법상태를 제거하여 원상회복할 의무
를 진다. 이에 대해 견해의 대립이 있으나 다수견해는 원상회복의무를 기속력의 내용으로 본다.

> *** 축약시**
> ① 판결의 취지에 저촉되는 처분을 해서는 안되는 반복금지효, ② 거부처분의 취소인 경우에는 이전신청에 대한 재처분을 해야 하는 의무, ③ 처분에 의해 초래된 위법상태를 제거할 원상회복의무를 내용으로 한다.

4. 기속력의 인정범위

(1) 객관적 범위

판결의 취지는 판결의 주문과 판결이유를 말한다. 기속력은 판결의 주문과 이유에 적시된 개개의 위법사유에 미친다.

재결의 기속력은 재결의 주문 및 그 전제가 된 요건사실의 인정과 판단, 즉 처분 등의 구체적 위법사유에 관한 판단에만 미친다고 할 것이다.

(2) 주관적 범위

기속력은 당사자인 행정청과 그 밖의 관계 행정청을 기속한다. 취소된 처분 등을 기초로 하여 그와 관련되는 처분이나 부수되는 행위를 할 수 있는 행정청을 총칭하는 것이라고 할 것이다.

(3) 시간적 한계

처분의 위법 여부의 판단시점은 처분 시이기 때문에(통설 및 판례) 기속력은 처분 당시까지 존재하던 사유에 대하여만 미치고 그 이후에 생긴 사유에는 미치지 아니한다.

5. 기속력 위반의 효과

소송법상 기속력은 강행규정이므로 이에 대한 위반은 그 하자가 중대, 명백하여 당연무효라고 본다.

쟁점 96 간접강제 [B]

1. 간접강제의 의의 및 취지

재처분의무를 이행하지 않는 경우에, 손해배상의무를 부과하여 재처분의무를 간접적으로 강제하는 제도이다. 판결의 실효성을 확보함에 제도적 취지가 인정된다(행정소송법 제34조).

2. 요건

① 거부처분취소판결 및 부작위위법확인판결이 확정될 것, ② 재처분의무를 이행하지 않는 경우일 것을 요건으로 한다. ③ 제1심 수소법원은 당사자의 신청에 의하여 결정으로서 상당한 기간을 정하고, 행정청이 그 기간 내에 이행하지 아니하는 때에는 그 지연기간에 따라 일정한 배상을 할 것을 명하거나 즉시 손해배상할 것을 명할 수 있다.

3. 절차

간접강제의 결정에도 불구하고 해당 행정청이 판결의 취지에 따른 처분을 아니하는 경우에 신청인은 그 간접강제 결정을 집행권으로 하여 집행문을 부여받아 이행강제금을 강제집행할 수 있다.

4. 인정범위

무효등확인소송의 경우 준용되는지에 견해의 대립이 있으나 판례는 명문규정이 없음을 이유로 부정한다.

5. 배상금의 성질과 추심

① 판례는 배상금은 재처분지연에 대한 손해배상이 아니라 이행에 대한 심리적 강제수단으로 보며, ② 일정기간 경과 시는 금전채권의 집행방법으로 추심하나, 기간경과 후 재처분이 있는 경우에는 특별한 사정이 없는 한 심리적 강제를 꾀할 목적이 상실되어 더 이상 배상금 추심을 할 수 없다고 한다.

6. 입법론

간접강제제도는 우회적인 제도이므로 의무이행소송을 도입하여 국민의 권리보호에 만전을 기하여야 할 것이다.

쟁점 97 기판력 [A]

1. 기판력의 의의 및 취지

기판력이란 ① 판결이 확정된 후, ② 소송당사자는 전소에 반하는 주장을 할 수 없고, ③ 후소법원도 전소에 반하는 판결을 할 수 없는 효력이다. 이는 소송절차의 무용한 반복을 방지하고 법적 안정성을 도모함에 취지가 인정된다.

> **관련조문** 민사소송법
>
> 제216조(기판력의 객관적 범위)
> ① 확정판결(確定判決)은 주문에 포함된 것에 한하여 기판력을 가진다.
>
> 제218조(기판력의 주관적 범위)
> ① 확정판결은 당사자, 변론을 종결한 뒤의 승계인(변론 없이 한 판결의 경우에는 판결을 선고한 뒤의 승계인) 또는 그를 위하여 청구의 목적물을 소지한 사람에 대하여 효력이 미친다.

2. 내용

① 당사자는 동일소송물을 대상으로 소를 제기할 수 없으며(반복금지효), ② 후소에서 당사자는 전소에 반하는 주장을 할 수 없고, 법원은 전소에 반하는 판결을 할 수 없다(모순금지효).

3. 효력범위

(1) 주관적 범위

취소소송의 기판력은 당사자 및 이와 동일시할 수 있는 승계인과 보조참가자에게만 미치며 제3자에게는 미치지 않는다. 판례는 관계 행정청에도 미치는 것으로 보고 있다.

(2) 객관적 범위

기판력은 판결의 주문에 포함된 것에 한하여 인정된다. 다수와 판례는 소송물을 위법성 일반으로 보므로 기판력은 판결의 주문에 적시된 위법성 일반에 한하여 인정된다.

(3) 시적 범위

기판력은 사실심 변론의 종결 시를 기준으로 하여 발생한다. 변론종결 시까지 제출된 자료를 기초하여 확정판결이 내려진다.

4. 기판력과 국가배상소송

(1) 문제소재

취소판결의 위법성에 대한 기판력이 국가배상소송에서 가해행위의 위법성 판단에 영향을 미치는지가 문제된다.

(2) 학설

1) 기판력 긍정설

취소소송에서의 위법과 국가배상소송에서의 위법이 동일한 개념이라고 본다면 취소판결 및 기각판결의 기판력은 국가배상소송에 미친다고 본다.

2) 기판력 부정설

국가배상청구소송의 위법을 취소소송의 위법과 다른 개념으로 보는 견해(상대적 위법성설 또는 결과위법설)에 의하면 취소판결의 기판력은 국가배상청구소송에 미치지 않는다고 본다.

3) 제한적 긍정설

국가배상청구소송의 위법개념을 취소소송의 위법개념보다 넓은 개념으로 본다면 인용판결의 기판력은 국가배상소송에 미치지만, 기각판결의 기판력은 국가배상소송에 미치지 않는다고 본다.

> * 위법성 개념을 중심으로 서술하는 경우
>
> **(2) 학설**
> **1) 양 소송에서의 위법성 개념**
>   행정소송에서는 통상 행위의 법 위반을 위법성의 개념으로 보나, 국가배상소송에서는 ① 손해가 수인
>   될 수 있는지 여부로 판단하는 결과책임설, ② 행위 자체의 위법, 피침해이익의 성격과 침해의 정도,
>   가해행위의 태양 등을 종합고려하여 판단해야 한다는 상대적 위법성설, ③ 행위의 법규위반으로 보는
>   행위위법설(협의), ④ 행위의 법규위반에 행위의 태양까지 포함되는 것으로 보는 행위위법설(광의)이
>   있다.
> **2) 학설**
>   ① 취소소송에서의 위법과 국가배상소송에서의 위법이 동일한 개념이라고 보는 협의의 행위위법설에
>   의하면 취소판결 및 기각판결의 기판력은 국가배상소송에 미친다고 본다(기판력 긍정설). ② 국가배
>   상청구소송의 위법을 취소소송의 위법과 다른 개념으로 보는 견해(상대적 위법성설 또는 결과위법설)
>   에 의하면 취소판결의 기판력은 국가배상청구소송에 미치지 않는다고 본다(기판력 부정설). ③ 국가
>   배상청구소송의 위법개념을 취소소송의 위법개념보다 넓은 개념(광의의 행위위법설)으로 본다면 인
>   용판결의 기판력은 국가배상소송에 미치지만, 기각판결의 기판력은 국가배상소송에 미치지 않는다고
>   본다(제한적 긍정설).

(3) 판례

판례는 동일한 행위의 위법이 문제되는 경우 행위위법설을 취하는 경우에는 취소소송판결의 기판
력이 국가배상소송에 미친다고 보고, 상대적 위법성설을 취하는 경우에는 미치지 않는다고 본다.

(4) 검토

국가배상소송에서 취소된 처분 자체가 가해행위가 되는 취소소송의 인용판결의 기판력은 국가
배상소송에 미친다고 보나, 취소된 처분 자체가 가해행위가 아니라 처분에 수반되는 손해방지의
무 위반이 손해의 원인이 되는 경우에는 위법의 대상이 다르므로 처분의 취소판결의 기판력은
처분에 수반되는 손해방지의무 위반으로 인한 손해에 대한 국가배상청구소송에 미치지 않는다
고 보아야 할 것이다(권리구제 측면에서 제한적 긍정설이 타당하다).

5. 국가배상판결의 취소소송에 대한 기판력

국가배상소송의 처분의 위법 또는 적법의 판단은 취소소송에 기판력을 미치지 아니한다. 국가배
상소송에서의 위법 또는 적법은 기판력이 미치는 소송물이 아니기 때문이다.

6. 기타(기판력과 처분청의 직권취소)

원고의 청구가 기각된 이후에 처분청이 직권취소를 할 수 있는지가 문제될 수 있다. 소송상 밝
혀지지 않은 위법사유가 기각판결 이후에 밝혀진 경우에는 직권취소가 가능하다 할 것이다.

* **기판력의 적용**
① **동일 소송물**
동일한 처분에 대하여 절차의 하자를 이유로 취소소송을 제기하여 기각당한 후 내용상 위법을 이유로 다시 취소소송을 제기한 경우
② **모순되는 주장**
취소소송에서 기각판결이 확정된 후 무효확인소송을 제기한 경우. 그러나 무효확인소송에서 기각판결이 확정되어도 무효확인소송의 대상이 된 처분의 위법을 주장하면서 취소소송이나 국가배상소송을 제기할 수 있다.
③ **전소의 소송물이 후소의 선결문제로 되는 경우**
처분에 대한 취소판결 후 동 처분으로 인한 손해에 대해 국가배상청구소송을 제기한 경우, 처분에 대한 무효확인판결 또는 기각판결을 받은 후 부당이득반환청구소송을 제기한 경우

쟁점 98 사정판결 [A]

1. 의의(행정소송법 제28조)

사정판결이란 원고의 청구가 이유 있다고 인정되는 경우에도 그 처분이나 재결을 취소 · 변경하는 것이 현저히 공공복리에 적합하지 아니하다고 인정하는 때에 법원이 원고의 청구를 기각하는 판결을 말한다.

2. 요건

① 원고의 청구가 이유 있을 것, ② 처분 등의 취소가 현저히 공공복리에 적합하지 않을 것, ③ 당사자의 신청이 있을 것을 요건으로 하나, 판례는 '기록상 현출되어 있는 상황에 관하여서만 직권으로 증거조사하고 이를 기초로 판단할 수 있을 따름이다'고 하여 당사자의 신청이 없더라도 직권으로 사정판결을 할 수 있다고 보고 있다. 사정판결의 요건은 엄격히 제한적으로 해석하여야 한다.

법원이 당사자의 신청 없이 직권으로 사정판결을 할 수 있는지의 문제
1. **문제점** : 행정소송법 제28조에서는 당사자의 신청을 명문요건으로 규정하고 있지 않으므로 당사자(피고)의 신청이 없는 경우에도 법원이 직권으로 사정판결을 할 수 있는지가 문제된다. 이는 직권탐지의 범위의 문제이다.
2. **학설** : ① 직권탐지주의를 원칙이라고 보고 당사자의 변론을 보충적이라고 보는 직권탐지주의설(당사자가 주장하지 않은 사실도 직권탐지가 가능하다)이 있으나, ② 변론주의가 원칙이며 직권탐지주의는 보충적인 것으로 보는 변론주의원칙설(기록상 현출되어 있는 상황에 관하여서만 직권으로 증거조사하고 이를 기초로 판단할 수 있다)의 견해가 다수이다.
3. **판례** : 판례는 '기록상 현출되어 있는 상황에 관하여서만 직권으로 증거조사하고 이를 기초로 판단할 수 있을 따름이다'고 하여 소송기록에 나타난 사실에 한하여 직권탐지를 인정하고 있다.
4. **검토** : 직권탐지주의를 어느 정도 도입할 것인가는 입법정책의 문제이다. 법원의 전문성 및 인적 · 재정적 여건이 미비하므로 변론주의를 원칙으로 하고 직권탐지주의를 보충적인 것으로 하는 것이 타당하다. 따라서 법원은 피고의 신청이 없는 경우에도 직권으로 사정판결을 할 수 있다.

3. 인정범위(무효인 경우의 가능 여부)

(1) 학설

1) 긍정설

무효인 경우에도 행정행위의 외관이 존재하므로 무효인 경우에도 사정판결을 인정하여야 한다고 본다.

2) 부정설

무효인 경우에는 존치시킬 효력이 없으며, 사정판결을 준용한다는 규정도 없으므로 부정해야 한다고 본다.

(2) 판례

판례는 "당연무효의 행정처분을 소송목적물로 하는 행정소송에서는 존치시킬 효력이 있는 행정행위가 없기 때문에 행정소송법 제28조 소정의 사정판결을 할 수 없다"고 판시한 바 있다.

(3) 검토

사정판결은 처분 등이 위법함에도 불구하고 공익을 위하여 기각판결을 하는 법치주의의 중대한 예외인바, 무효인 경우까지 사정판결을 인정하는 것은 권리보호에 불리하므로 부정함이 타당하다.

4. 위법판단의 기준 시와 사정판결 필요성의 판단시점

사정판결에 있어서도 위법성 판단의 기준 시는 일반론에 따라 처분 시로 결정되어야 할 것이나, 사정판결의 필요성은 처분 후의 사정이 고려되어야 할 것이므로 변론종결 시를 기준으로 판단하여야 할 것이다.

5. 사정판결의 효과

사정판결은 원고의 청구가 이유 있음에도 이를 취소·변경하는 것이 현저히 공공복리에 적합하지 아니하여 원고의 청구를 기각하는 것이므로 위법한 처분의 효력이 그대로 유지된다.

6. 법원의 조치

판결의 주문에 ① 처분 등의 위법을 명시하고, ② 법원은 사정판결을 함에 있어서 미리 원고가 그로 인하여 입게 될 손해의 정도와 배상방법 그 밖의 사정을 조사하여야 한다. ③ 사정판결은 원고의 주장이 이유가 있음에도 공익을 위해서 하는 것인바 소송비용은 피고가 부담해야 한다.

7. 권익구제

원고는 피고인 행정청이 속하는 국가 또는 공공단체를 상대로 손해배상, 재해시설의 설치 그 밖에 적당한 구제방법의 청구를 당해 취소소송등이 계속된 법원에 병합하여 제기할 수 있다. 당사자가 이를 간과하였음이 분명하다면 적절하게 석명권을 행사하여 그에 관한 의견을 진술할 수 있는 기회를 주어야 한다.

쟁점 99 소의 병합 (C)

1. 의의 및 취지

행정소송법상 관련청구소송의 병합이라 함은 취소소송 또는 무효등확인소송에 해당 취소소송 등과 관련이 있는 청구소송(관련청구소송)을 병합하여 제기하는 것을 말한다. 이는 소송경제를 도모하고, 서로 관련 있는 사건 사이에 판결의 모순·저촉을 피하기 위한 것이다.

2. 종류

(1) 병합 시점에 따른 분류

관련청구소송의 병합에는 계속 중인 취소소송 등에 관련청구소송을 병합하는 후발적 병합과 취소소송 등과 관련청구소송을 함께 제기하는 원시적 병합이 있다.

(2) 병합 방법에 따른 분류

1) 선택적 병합

양립할 수 있는 여러 개의 청구를 하면서 그 중에 어느 하나가 인용되면 원고의 소의 목적을 달성할 수 있기 때문에 다른 청구에 대해서는 심판을 바라지 않는 형태의 병합이다. 법원은 이유 있는 하나를 선택하여 인용하면 된다(예 토지보상법상 간접손실보상청구와 환경정책기본법상 손해배상청구).

2) 예비적 병합

양립할 수 없는 여러 개의 청구를 하면서 1차적 청구가 기각 혹은 각하될 때를 대비하여 2차, 3차적 청구에 대해 심판을 구하는 것이다. 법원은 1차적 청구를 먼저 심리하여 보고 인용되면 2차적, 3차적 청구는 심판하지 않는다. 1차적 청구가 인용되지 않는 경우 2차적 청구를 심판한다[예 잔여지수용청구(1차적 청구)와 잔여지가치하락보상청구(2차적 청구)].

3. 병합요건

(1) 취소소송 등에 병합할 것

취소소송 등과 취소소송 등이 아닌 관련청구소송의 병합은 취소소송 등에 병합하여야 한다. 취소소송 등이 주된 소송이며, 각 소송은 소송요건을 갖추어야 한다.

(2) 각 청구소송이 적법할 것

주된 취소소송 등과 관련청구소송은 각각 소송요건을 갖추어야 한다.

4. 병합요건의 조사 및 판결

병합요건은 법원의 직권조사사항이다. 병합요건이 충족되지 않은 경우 변론을 분리하여 별도의 소로 분리심판하여야 하는 것이 원칙이다.

판례는 본래의 '취소소송 등'이 부적합하여 각하되면 그에 병합된 관련청구소송도 소송요건을 흠결하여 부적합하다고 보고, 각하되어야 한다고 한다(대판 2011.9.29, 2009두10963).

쟁점 100 선결문제 (S)

> **관련조문** 행정기본법
>
> 제15조(처분의 효력)
> 처분은 권한이 있는 기관이 취소 또는 철회하거나 기간의 경과 등으로 소멸되기 전까지는 유효한 것으로 통용된다. 다만, 무효인 처분은 처음부터 그 효력이 발생하지 아니한다.

> **관련조문** 행정소송법
>
> 제11조(선결문제)
> ① 처분 등의 효력 유무 또는 존재 여부가 민사소송의 선결문제로 되어 당해 민사소송의 수소법원이 이를 심리·판단하는 경우에는 제17조(행정청의 소송참가), 제25조(행정심판기록의 제출명령), 제26조(직권심리) 및 제33조(소송비용에 관한 재판의 효력)의 규정을 준용한다.
> ② 제1항의 경우 당해 수소법원은 그 처분 등을 행한 행정청에게 그 선결문제로 된 사실을 통지하여야 한다.

1. 문제점(논의의 전제)

행정소송법 제11조에서는 민사법원은 처분 등의 효력 유무 및 존재 여부를 심사할 수 있다고 규정하고 있으나, 단순위법인 경우에 대해서는 규정하고 있지 않으므로 후소법원이 단순위법을 확인하거나 위법한 행위의 효력을 부인할 수 있는지가 문제된다.

2. 선결문제의 의의

선결문제란 처분 등의 효력 유무 또는 위법 유무가 민사법원 또는 형사법원의 판결의 전제가 되는 문제이다. 즉, 행정행위의 위법 여부 및 효력 유무 또는 효력 부인이 재판의 전제가 되는 경우에 민사소송이나 형사소송의 수소법원이 해당 선결문제를 심리·판단할 수 있는지의 문제이다.

3. 공정력과 구성요건적 효력

① 공정력이란 행정행위는 당연무효가 아닌 한 권한을 가진 기관에 의해 취소될 때까지 유효하다는 힘을 의미한다.

② 구성요건적 효력이란 유효한 행정행위가 존재하는 한, 모든 행정기관과 법원은 그 행정행위와 관련된 자신들의 결정에 해당 행위의 존재와 효과를 인정해야 하고, 그 내용에 구속되는 것을 의미한다.

③ 공정력은 행정행위의 상대방에 대한 구속력이며 제3자에 대한 구속력은 구성요건적 효력으로 봄이 타당하므로 이하 선결문제를 구성요건적 효력과 관련하여 해결한다.

4. 민사사건과 선결문제

(1) 행정행위의 효력 유무가 쟁점인 경우

① 무효인 행정행위는 구성요건적 효력이 없기 때문에 민사법원은 선결문제가 무효임을 전제로 본안을 판단할 수 있다.

② 그러나 단순위법인 경우에는 민사법원은 행정행위의 구성요건적 효력으로 인해 행정행위의 효력을 부인할 수 없다고 본다.

(2) 행정행위의 위법 여부가 쟁점인 경우

1) 학설

① 행정소송법 제11조 제1항을 제한적으로 해석하고, 구성요건적 효력은 행정행위의 적법성 추정력을 의미하므로 위법 여부를 확인할 수 없다는 부정설이 있다.

② 행정소송법 제11조 제1항을 예시적으로 해석하고, 구성요건적 효력은 유효성 통용력을 의미하므로 해당 행정행위의 위법성을 확인할 수 있다는 긍정설이 있다.

2) 판례

계고처분이 위법임을 이유로 손해배상을 청구한 사안에서 행정처분의 취소판결이 있어야만 손해배상을 청구할 수 있는 것은 아니라고 보아 긍정설의 입장을 취하고 있다.

3) 검토

생각건대 민사법원이 위법성을 확인해도 행정행위의 효력을 부정하는 것이 아니므로 긍정설이 타당하며, 소송경제적인 이유와 개인의 권리보호의 관점에서도 타당하다고 볼 것이다.

5. 형사사건과 선결문제

(1) 행정행위의 효력 유무가 쟁점인 경우

행정행위의 위법성이 무효인 경우에는 이의 효력을 부인할 수 있으나, 취소사유인 경우에도 이의 효력을 부인할 수 있는지가 문제된다.

1) 학설

① 다수설은 형사법원은 해당 행정행위의 구성요건적 효력으로 인해 효력을 부인할 수 없다고 하나,

② 일설은 피고인의 인권보장이 고려되어야 하고 신속한 재판을 받을 권리가 보장되어야 한다는 형사소송의 특수성을 이유로 형사재판에서는 구성요건적 효력이 미치지 않는다고 본다.

2) 판례

미성년자라서 결격자인 피고인의 운전면허는 당연무효가 아니고, 취소가 되지 않는 한 유효하므로 무면허운전에 해당하지 않는다고 하여 부정설의 입장이다.

3) 검토

명문의 규정이 없는 한 인권보장을 위하여 형사법원이 위법한 행정행위의 효력을 부인하고 범죄의 성립을 부인할 수 있는 것으로 보는 것이 타당하므로 긍정설이 타당하다.

(2) 행정행위의 위법 여부가 쟁점인 경우

1) 학설

① 행정소송법 제11조 제1항을 제한적으로 해석하고, 구성요건적 효력은 행정행위의 적법성 추정력을 의미하므로 위법 여부를 확인할 수 없다는 부정설이 있다.

② 행정소송법 제11조 제1항을 예시적으로 해석하고, 구성요건적 효력은 유효성 통용력을 의미하므로 해당 행정행위의 위법성을 확인할 수 있다는 긍정설이 있다.

2) 판례

위법한 시정명령에 기한 명령위반죄는 성립하지 아니한다고 하여 긍정설의 입장이다.

3) 검토

국민의 권리구제 측면에서 행정행위의 위법성을 확인하는 것은 행정행위의 효력을 부인하는 것은 아니므로 구성요건적 효력에 반하지 않는다고 보는 것이 타당하다.

> * 참고
>
> 민사소송에서의 선결문제 유형은 통상 손해배상청구 및 부당이득반환청구소송이 제시되는데 이러한 소송 외에도 소유권이전말소등기청구소송 등 통상의 민사소송이 모두 적용되므로 소송의 유형에 한정하여 선결문제 쟁점을 찾는다면 어려움이 있을 수 있다. 민사소송, 형사소송, 당사자소송에서 행정처분의 효력유무나 존재여부를 다루는 경우에는 모두 선결문제이므로 이를 항상 주의해야 한다.

쟁점 101 판결에 의하지 않는 취소소송의 종료 (D)

1. 소의 취하

소의 취하란 원고가 제기한 소의 전부 또는 일부를 철회하는 취지의 법원에 대한 일방적 의사표시를 말한다. 취소소송은 행정의 적법성 확보를 그 목적의 하나로 하기 때문에 그의 가능성 여부가 문제될 수 있다.

2. 청구의 포기 · 인낙

청구의 포기란 변론 또는 준비절차에서 원고가 자기의 소송상의 청구가 이유 없음을 자인하는 법원에 대한 일방적 의사표시를 말하며, 청구의 인낙이란 피고가 원고의 소송상의 청구가 이유 있음을 자인하는 법원에 대한 일방적 의사표시를 말한다. 행정의 적법성 확보와 공익보호 등을 고려하여 소송경제를 도모하는 범위에서 제한적으로 인정하는 것이 요구된다.

3. 재판상 화해

재판상의 화해란 당사자 쌍방이 소송계속 중에 소송물인 법률관계에 관한 주장을 서로 양보하여 소송을 종료시키기로 하는 변론기일에 있어서의 합의를 말한다. 화해조서는 확정판결과 같은 효력이 있다. 법률에 의한 행정의 원칙과 행정소송의 특수성을 해치지 않는 범위 안에서 재판상의 화해를 인정하는 긍정설이 타당하다.

4. 당사자의 멸실

원고가 사망하고 또한 소송물의 권리관계의 성질상 승계가 허용되지 아니하는 소송관계에 있어서는 상대방이 없는 소송이 되고 그 소송은 종료하게 된다.

5. 조정권고(행정소송규칙 제15조)

① 재판장은 신속하고 공정한 분쟁 해결과 국민의 권익 구제를 위하여 필요하다고 인정하는 경우에는 소송계속 중인 사건에 대하여 직권으로 소의 취하, 처분등의 취소 또는 변경, 그 밖에 다툼을 적정하게 해결하기 위해 필요한 사항을 서면으로 권고할 수 있다.
② 재판장은 권고를 할 때에는 권고의 이유나 필요성 등을 기재할 수 있다.
③ 재판장은 권고를 위하여 필요한 경우에는 당사자, 이해관계인, 그 밖의 참고인을 심문할 수 있다.

제5절 **부작위위법확인소송 및 무효등확인소송**

관련조문 행정소송법

제35조(무효등 확인소송의 원고적격)
무효등 확인소송은 처분등의 효력 유무 또는 존재 여부의 확인을 구할 법률상 이익이 있는 자가 제기할 수 있다.

제36조(부작위위법확인소송의 원고적격)
부작위위법확인소송은 처분의 신청을 한 자로서 부작위의 위법의 확인을 구할 법률상 이익이 있는 자만이 제기할 수 있다.

제37조(소의 변경)
제21조의 규정은 무효등 확인소송이나 부작위위법확인소송을 취소소송 또는 당사자소송으로 변경하는 경우에 준용한다.

제38조(준용규정)
① 제9조, 제10조, 제13조 내지 제17조, 제19조, 제22조 내지 제26조, 제29조 내지 제31조 및 제33조의 규정은 무효등 확인소송의 경우에 준용한다.
② 제9조, 제10조, 제13조 내지 제19조, 제20조, 제25조 내지 제27조, 제29조 내지 제31조, 제33조 및 제34조의 규정은 부작위위법확인소송의 경우에 준용한다.

쟁점 102 부작위위법확인소송 개관 (C)

I 개설(부작위위법확인소송의 의의 및 성질, 소송물)

1. 의의 및 성질(행정소송법 제4조 제3호)

부작위위법확인소송이라 함은 행정청의 부작위가 위법하다는 것을 확인하는 소송을 말한다. 처분의 부작위를 그 대상으로 하므로 항고소송에 해당하지만 그 실질은 부작위에 의한 법상태가 위법함을 확인함에 있으므로 확인소송으로서의 성질을 가진다.

2. 부작위위법확인소송의 소송물

부작위위법확인소송의 소송물은 부작위의 위법성이다.

II 소송요건 – 관련쟁점 : 거부가 처분이 되기 위한 요건

1. 대상적격

(1) 부작위의 의의(행정소송법 제2조 제1항 제2호)

부작위라 함은 행정청이 당사자의 신청에 대하여 상당한 기간 내에 일정한 처분을 하여야 할 법률상 의무가 있음에도 불구하고 이를 하지 아니하는 것을 말한다.

(2) 부작위의 성립요건

당사자의 신청의 존재, 행정청이 상당한 기간 내에 일정한 처분을 하여야 할 법률상 의무가 있음에도 불구하고 처분을 하지 아니할 것이 요구된다.

2. 원고적격

행정소송법 제36조에서는 처분의 신청을 한 자로서 부작위위법의 확인을 구할 법률상 이익 있는 자가 부작위위법확인소송을 제기할 수 있다고 규정하고 있다. 판례는 법규상 또는 조리상 신청이 있어야 한다고 한다(대판 1999.12.7, 97누17568).

3. 피고적격

당해 부작위청이 피고가 된다(행정소송법 제38조 제2항).

4. 소의 이익

부작위위법확인소송 계속 중에 신청에 대한 처분이 발급되거나 거부처분 있게 되면 부작위 상태가 해소되어 소의 이익이 없게 된다.

5. 제소기간

부작위 상태가 계속되고 있는 한 부작위의 종료시점을 정할 수 없으므로 제소기간이 적용되지 않는다. 그러나 행정심판을 거친 경우에는 재결서 정본을 받은 날부터 90일 이내에 제기하여야 한다.

6. 행정심판 전치주의[행정소송법 제18조]

개별법령에서 부작위위법확인소송을 제기하기 전에 의무이행심판을 규정하고 있는 경우를 제외하고는 행정심판을 제기함이 없이 부작위위법확인소송을 제기할 수 있다.

7. 기타

(1) 집행정지

부작위위법확인소송이 제기되면 소의 효과로서 집행정지는 인정되지 않는다. 부작위상태에 대한 집행정지는 그 성질상 인정되지 않기 때문이다.

(2) 소송비용(행정소송규칙 제17조)

법원은 부작위위법확인소송 계속 중 행정청이 당사자의 신청에 대하여 상당한 기간이 지난 후 처분등을 함에 따라 소를 각하하는 경우에는 소송비용의 전부 또는 일부를 피고가 부담하게 할 수 있다.

III 소송의 심리

1. 심리의 범위

판례는 "부작위위법확인소송은 행정청의 부작위 내지 무응답이라고 하는 소극적인 위법상태를 제거하는 것을 목적으로 하는 것"이라고 하여 절차적 심리설을 취한다.

2. 위법판단의 기준 시[판결 시설]

부작위위법확인소송 계속 중 처분의 발급이나 거부처분이 있게 되면 소의 이익이 결여되어 각하되므로 판결시를 기준하여 부작위의 위법상태가 존재하는지를 판단해야 한다.

3. 입증책임

원고가 일정한 처분을 신청한 사실 및 원고에게 처분의 신청권이 있다는 사실과 상당한 기간이 경과했다는 사실은 원고가 입증해야 한다. 상당한 기간이 경과하였음에도 처분을 하지 못한 것에 대한 정당성은 행정청이 입증해야 한다.

Ⅳ 판결의 종류

판결의 종류는 소송요건의 흠결을 이유로 행하는 각하판결, 원고의 청구가 이유 없음을 이유로 행하는 기각판결, 원고의 청구가 이유 있음을 이유로 행하는 인용판결이 있다.

사정판결은 위법한 처분의 효력을 유지시키는 것이므로 부작위위법확인소송에서는 사정판결이 있을 수 없다.

Ⅴ 판결의 효력 – 기속력(재처분의무의 내용)

판결의 취지는 부작위의 위법을 시정하여 어떠한 처분이라도 하라는 것이므로 단순히 신청에 대한 응답의무로만 족하다고 한다. 따라서 다시 거부하더라도 기속력에 반하지 않는다.

Ⅵ 부작위위법확인판결의 효력

부작위위법확인 판결에도 제3자효와 기속력에 관한 규정(행정소송법 제29조, 제30조) 및 간접강제에 관한 규정(행정소송법 제34조)이 준용된다(행정소송법 제38조 제2항). 집행정지의 결정 및 사정판결에 관한 경우는 준용되지 않는다. 또한 형성력도 생기지 않는다(부작위 위법만을 확인하는 것이므로).

쟁점 103 부작위의 성립요건 (A)

1. 부작위의 의의(행정소송법 제2조 제1항 제2호)

부작위라 함은 행정청이 당사자의 신청에 대하여 상당한 기간 내에 일정한 처분을 하여야 할 법률상 의무가 있음에도 불구하고 이를 하지 아니하는 것을 말한다.

2. 부작위의 성립요건

(1) 당사자의 신청 및 신청권의 존재

판례는 부작위가 성립하기 위해서는 처분의무에 대응하는 절차적 권리인 법규상 또는 조리상 신청권이 있어야 한다고 한다. 적법한 신청권이 있는 자의 신청에 한정된다는 견해가 있으나 신청이 적법할 것은 요하지 않는다.

(2) 상당한 기간이 경과할 것

상당한 기간이라 함은 사회통념상 행정청이 해당 신청에 대한 처분을 하는 데 필요한 합리적인 기간을 말한다.

(3) 행정청의 처분의무와 처분의 부존재

당사자의 신청에 대해서 행정청의 처분의무가 존재해야 하고 아무런 처분을 하지 않은 상태이어야 한다. 법령이 정한 일정기간이 경과한 경우 거부한 것으로 의제되는 경우에는 거부처분이 되므로 부작위위법확인소송을 제기할 수 없다.

쟁점 104 부작위위법확인소송의 심리 (A)

1. 심리의 범위

(1) 학설

① **절차적 심리설**(신청에 대한 응답의무)

법원은 부작위의 위법 여부만을 심리하여야 한다. 행정청이 어떠한 처분을 해야하는지 처분의 내용을 판단하게 된다면 이는 의무이행소송을 인정하는 결과가 된다. 따라서 신청에 대한 응답여부만을 심리하게 된다.

② **실체적 심리설**(신청에 따른 처분을 하여 줄 의무)

법원은 행정청의 특정 작위의무 존재까지 심리하여 행정청의 처리방향을 제시해야 한다는 견해이다. 일정한 처분의무를 신청에 대한 처분발급의무로 본다.

(2) 판례

판례는 "부작위위법확인소송은 행정청의 부작위 내지 무응답이라고 하는 소극적인 위법상태를 제거하는 것을 목적으로 하는 것"이라고 하여 절차적 심리설을 취한다.

(3) 검토

판례의 태도가 타당하다. 부작위위법확인소송은 소극적인 위법상태를 제거하는 것을 목적으로 하는 것이므로 절차적 심리설이 타당하다.

2. 기속력

(1) 절차적 심리설(다수설, 판례)

판결의 취지는 부작위의 위법을 시정하여 어떠한 처분이라도 하라는 것이므로 단순히 신청에 대한 응답의무로만 족하다고 한다. 따라서 다시 거부하더라도 기속력에 반하지 않는다.

(2) 실체적 심리설

판결의 취지는 신청된 특정의 처분을 하라는 것이므로 기속행위의 경우는 사인이 신청한 대로 처분을 하는 것이고, 재량행위의 경우에는 하자 없는 재량권을 행사할 의무라고 한다.

(3) 검토

절차적 심리설이 다수 및 판례의 태도이므로 신청에 대한 하자 없는 응답을 해야 한다고 본다.

쟁점 105 무효등확인소송 개관 (C)

I 무효등확인소송의 의의 및 성질

무효등확인소송이란 행정청의 처분이나 재결의 효력 유무 또는 존재 여부의 확인을 구하는 소송으로서 항고소송과 확인소송의 성질을 아울러 갖는다. 무효등확인소송에는 처분등의 무효·유효 또는 존재·부존재이며, 실효확인소송이 포함된다.

II 소송요건

1. 대상적격

처분등을 대상으로 하며, 재결무효확인소송은 재결 자체에 고유한 위법이 있음이 인정되는 경우에 한한다.

2. 원고적격 및 협의의 소익

무효등 확인소송은 처분등의 효력 유무 또는 존재 여부의 확인을 구할 법률상 이익이 있는 자가 제기할 수 있다(행정소송법 제35조).

3. 피고적격 및 소송참가

취소소송의 피고적격 규정은 무효등확인소송에 준용된다. 피고경정 및 제3자의 소송참가와 행정청의 소송참가도 준용된다.

4. 제소기간 및 행정심판 임의주의

무효등확인소송의 경우에는 제소기간의 제한이 없다. 다만, 무효선언을 구하는 취소소송의 경우에는 취소소송에서와 같이 제소기간의 제한이 있다(대판 1993.3.12, 92누11039). 또한 무효등확인소송에는 행정심판 임의주의가 적용되지 않는다.

III 소송의 심리(입증책임)

1. 학설

(1) 법률요건분배설

민사소송법상 입증책임분배의 원칙에 따라야 한다는 견해이다. 소송 당사자는 자기에게 유리한 사실의 존재에 대하여 입증책임을 부담하게 된다(취소소송 참조).

(2) 원고책임설

무효등확인소송은 제소기간의 제한이 없는 점, 행정기관의 서류보존 기간 등이 도과되거나 담당자가 변경되는 경우에는 해당 자료의 증거가 없어지거나 적극적으로 입증되기 어려운 면이 있는 점을 종합고려하면 원고가 입증해야 한다는 견해이다.

2. 판례

행정처분의 당연무효를 주장하여 그 무효확인을 구하는 행정소송에 있어서는 원고에게 그 행정처분이 무효인 사유를 주장·입증할 책임이 있다(대판 1992.3.10, 91누6030).

3. 검토

증거자료의 보존 및 제소기간의 제한이 없다는 점 등을 고려할 때, 원고가 입증함이 타당하다고 판단된다.

IV 판결의 종류 및 판결의 효력

1. 판결의 종류

판결의 종류는 소송요건의 흠결을 이유로 행하는 각하판결, 원고의 청구가 이유 없음을 이유로 행하는 기각판결, 원고의 청구가 이유 있음을 이유로 행하는 인용판결이 있다.

2. 무효등확인판결의 효력

무효등확인판결에는 취소판결의 제3자효와 기속력에 관한 규정(행정소송법 제29조, 제30조)이 준용된다(행정소송법 제38조 제1항). 사정판결 및 간접강제 규정은 준용되지 않는다.

V 기타(취소소송과 무효등확인소송의 병합)

행정처분에 대한 무효확인청구와 취소청구는 서로 양립할 수 없는 청구로서 선택적 청구로서의 병합이나 단순 병합은 허용되지 아니한다(대판 1999.8.20, 97누6889).

쟁점 106 무효확인소송 확인의 이익 (A)

1. 문제점

행정소송법 제35조에서는 확인을 구할 법률상 이익을 요구하고 있는데, 확인을 구할 법률상 이익을 어떻게 볼 것인가에 대하여 견해가 대립된다. 확인의 이익이란 확인소송은 확인판결 받는 것이 가장 유효 적절한 수단인 경우에만 인정된다는 것이다.

2. 견해의 대립

① 무효등확인소송이 확인소송이므로 확인의 이익이 필요하다고 보는 견해와 ② 무효확인소송은 확인판결 자체로 기속력(원상회복의무)이 인정되며 민사소송과는 목적과 취지를 달리하므로 요구되지 않는다고 보는 견해가 있다.

3. 판례

종전 판례는 확인소송의 보충성을 요구하였으나, 최근 판례는 ① 행정소송은 민사소송과 목적, 취지, 기능을 달리하고, ② 확정판결의 기속력으로 판결의 실효성을 확보할 수 있고, ③ 보충성 규정의 명문규정이 없으며, ④ 행정처분의 근거법률에 의하여 보호되는 구체적, 직접적 이익이 있는 경우에는 무효확인을 구할 법률상 이익이 있다고 보아야 한다고 하여 보충성이 요구되지 않는다고 판시하였다.

4. 검토

무효확인판결에는 기속력으로 원상회복의무(위법상태제거의무)가 인정되므로 취소소송에서 요구되는 소의 이익과 별도로 확인의 이익이 추가로 요구되지 않는다고 보는 부정설이 타당하다.

> * 확인의 이익(보충성 논의)
>
> 민사소송에는 이행소송(확인+이행)과 확인소송이 있는데, 이행까지 필요한 경우에는 이행소송을 제기해야지 확인소송을 제기하면 안된다는 것이다. 확인소송을 제기하여 인용되어도 이행소송을 제기해야 하기에 이러한 경우 불필요한 소송방지를 위해서 확인소송을 불가하는 것이다.

쟁점 107 │ 취소사유를 무효확인소송으로 제기한 경우 판결 (B)

1. 학설

(1) 소변경필요설

소제기의 형식이 무효등확인소송이므로 취소소송으로의 변경을 통하여 취소소송으로 변경하여 취소판결을 해야 한다는 견해이다.

(2) 취소판결설

법원은 취소소송요건을 충족한 경우 취소판결을 하여야 한다는 견해이다.

2. 판례

일반적으로 행정처분의 무효확인을 구하는 소에는 원고가 그 처분의 취소를 구하지 아니한다고 밝히지 아니한 이상 그 처분이 만약 당연무효가 아니라면 그 취소를 구하는 취지도 포함되어 있는 것으로 보아야 하므로 계쟁처분의 무효확인청구에 그 취소를 구하는 취지도 포함된 것으로 보아 계쟁처분에 취소사유가 있는지 여부에 관하여 심리판단하여야 한다.

3. 관련규정의 검토[행정소송규칙 제16조][무효확인소송에서 석명권의 행사]

재판장은 무효확인소송이 제소기간 내에 제기된 경우에는 원고에게 처분등의 취소를 구하지 아니하는 취지인지를 명확히 하도록 촉구할 수 있다. 다만, 원고가 처분등의 취소를 구하지 아니함을 밝힌 경우에는 그러하지 아니하다.

4. 검토

법원은 석명권을 행사하여 취소소송의 제소요건을 갖춘 경우에 한하여 취소소송으로의 변경을 한 후 취소판결을 하는 것이 타당하다.

재판장은 무효확인소송이 법 제20조에 따른 기간 내에 제기된 경우에는 원고에게 처분등의 취소를 구하지 아니하는 취지인지를 명확히 하도록 촉구할 수 있다. 다만, 원고가 처분등의 취소를 구하지 아니함을 밝힌 경우에는 그러하지 아니하다(행정소송규칙 제16조).

> ❷ 알아두기
>
> 무효를 이유로 취소소송을 제기한 경우에는 무효선언적 의미의 취소판결을 한다.

제6절 당사자소송, 기관소송 및 민중소송

쟁점 108 당사자소송 [D]

관련조문 행정소송법

제39조(피고적격)
당사자소송은 국가·공공단체 그 밖의 권리주체를 피고로 한다.

제40조(재판관할)
제9조의 규정은 당사자소송의 경우에 준용한다. 다만, 국가 또는 공공단체가 피고인 경우에는 관계행정청의 소재지를 피고의 소재지로 본다.

제41조(제소기간)
당사자소송에 관하여 법령에 제소기간이 정하여져 있는 때에는 그 기간은 불변기간으로 한다.

제42조(소의 변경)
제21조의 규정은 당사자소송을 항고소송으로 변경하는 경우에 준용한다.

제43조(가집행선고의 제한)
국가를 상대로 하는 당사자소송의 경우에는 가집행선고를 할 수 없다.
[단순위헌, 2020헌가12, 2022.2.24, 행정소송법(1984. 12. 15. 법률 제3754호로 전부개정된 것) 제43조는 헌법에 위반된다.]

제44조(준용규정)
① 제14조 내지 제17조, 제22조, 제25조, 제26조, 제30조 제1항, 제32조 및 제33조의 규정은 당사자소송의
경우에 준용한다.
② 제10조의 규정은 당사자소송과 관련청구소송이 각각 다른 법원에 계속되고 있는 경우의 이송과 이들 소송의
병합의 경우에 준용한다.

1. 의의 및 종류

당사자소송이라 함은 공법상 법률관계의 주체가 당사자가 되어 다투는 공법상 법률관계에 관한
소송을 말한다. 실질적 당사자소송과 형식적 당사자 소송으로 나뉜다.

2. 항고소송과의 구별

항고소송은 처분등이나 부작위를 대상을 하지만, 당사자소송은 법률관계를 대상을 한다.

3. 실질적 당사자소송

(1) 의의 및 소송물

실질적 당사자소송이라 함은 공법상 법률관계에 관한 소송으로서 그 법률관계의 주체를 당사자
로 하는 소송을 말한다. 공법상 법률관계 그 자체가 소송물이 된다.

(2) 당사자소송의 예

① 행정청의 처분 등을 원인으로 하는 법률관계에 관한 당사자소송인 '처분 등의 무효 또는 취소
를 전제로 하는 공법상의 부당이득반환청구소송', '공무원의 직무상 불법행위에 대한 손해배상청
구소송', '적법한 처분을 원인으로 한 손실보상청구소송' 등이 있으며, ② 상기 원인 없이 존재하
는 공법상의 법률관계에 관한 당사자소송인 '공법상의 신분 또는 지위의 확인소송', '공무원의 급
여 및 연금 등 공법상의 금전지급청구소송', '공법상 계약 또는 사무관리에 관한 소송' 등이 있다.

4. 형식적 당사자소송

(1) 의의

형식적 당사자소송이란 처분이 원인이 되어 형성된 법률관계를 다투는 소송을 말한다. 처분청을
피고로 하지 않고 법률관계의 한쪽 당사자를 피고로 제기하는 소송이다. 처분의 효력 부인을
전제로 하므로 실질적 당사자소송과 구분된다.

(2) 인정 필요성

신속한 권리구제를 도모하고 소송절차를 간소화하려는데 필요성이 인정된다. 이해관계자를 소
송당사자로 하여 다투는 것이 분쟁의 해결에 보다 적절하기 때문이다.

(3) 당사자소송의 예

1) 토지보상법

토지보상법 제85조 제2항은 보상금의 증감에 관한 소송을 제기하는 경우에는 해당 소송을 제기하는 자가 토지소유자 또는 관계인인 때에는 사업시행자를, 사업시행자인 때에는 토지소유자 또는 관계인을 각각 피고로 한다고 하는 보상금증감청구소송을 규정하고 있다. 보상금증감소송은 처분청(토지수용위원회)의 처분(재결)에 불복하여 다투는 의미도 갖는 것이므로 항고소송의 성질도 갖는다. 따라서 보상금증감청구소송은 형식적 당사자소송으로 볼 수 있는 대표적인 예가 된다.

2) 특허법

특허법 제187조는 동법 제186조 제1항의 규정에 의한 소(심결 등에 대한 소)의 제기는 특허청장을 피고로 하여야 한다. 다만, 특허의 무효심판 등에 있어서는 그 청구인 또는 피청구인을 피고로 하여야 한다고 규정하고 있다. 동법 제191조는 보상금 또는 대가에 대한 불복의 소송을 제기하는 데 있어서는 보상금을 지급할 관서 또는 출석인·특허권자 등을 피고로 하여야 한다고 규정하고 있다.

3) 기타 개별법

토지보상법 및 특허법 외에도 상표법, 실용신안법, 디자인보호법 등의 개별법이 있다.

5. 소송요건 및 판결의 종류

(1) 소송요건

① 법률관계가 소송의 대상이 되며 ② 행정주체가 피고가 된다. ③ 원칙적으로 제소기간의 제한이 없으나 개별규정에 제소기간이 규정된 경우에는 그에 따르고, ④ 관할법원은 취소소송의 경우와 같다.

(2) 당사자소송의 판결의 종류

① 소송요건이 결여되면 각하판결, ② 원고의 청구가 이유 없다고 판단되는 경우 기각판결, ③ 원고의 청구가 이유 있다고 인정하는 경우 인용판결을 내리게 된다. 당사자소송의 소의 종류에 따라 확인판결을 내리기도 하고 이행판결을 내리기도 한다.

6. 당사자소송의 대상(행정소송규칙 제19조)

당사자소송은 다음 각 소송을 포함한다.

(1) 다음 각 목의 손실보상금에 관한 소송

가. 「공익사업을 위한 토지 등의 취득 및 보상에 관한 법률」 제78조 제1항 및 제6항에 따른 이주정착금, 주거이전비 등에 관한 소송

나. 「공익사업을 위한 토지 등의 취득 및 보상에 관한 법률」 제85조 제2항에 따른 보상금의 증감(增減)에 관한 소송

다. 「하천편입토지 보상 등에 관한 특별조치법」 제2조에 따른 보상금에 관한 소송

(2) 그 존부 또는 범위가 구체적으로 확정된 공법상 법률관계 그 자체에 관한 다음 각 목의 소송

　가. 납세의무 존부의 확인

　나. 「부가가치세법」 제59조에 따른 환급청구

　다. 「석탄산업법」 제39조의3 제1항 및 같은 법 시행령 제41조 제4항 제5호에 따른 재해위로금 지급청구

　라. 「5·18민주화운동 관련자 보상 등에 관한 법률」 제5조, 제6조 및 제7조에 따른 관련자 또는 유족의 보상금 등 지급청구

　마. 공무원의 보수·퇴직금·연금 등 지급청구

　바. 공법상 신분·지위의 확인

(3) 처분에 이르는 절차적 요건의 존부나 효력 유무에 관한 다음 각 목의 소송

　가. 「도시 및 주거환경정비법」 제35조 제5항에 따른 인가 이전 조합설립변경에 대한 총회결의의 효력 등을 다투는 소송

　나. 「도시 및 주거환경정비법」 제50조 제1항에 따른 인가 이전 사업시행계획에 대한 총회결의의 효력 등을 다투는 소송

　다. 「도시 및 주거환경정비법」 제74조 제1항에 따른 인가 이전 관리처분계획에 대한 총회결의의 효력 등을 다투는 소송

(4) 공법상 계약에 따른 권리·의무의 확인 또는 이행청구 소송

7. 당사자소송에서의 가처분 인정

공법상 당사자소송에서 집행정지는 인정되지 않는다. 당사자소송은 민사소송과 유사하므로 민사집행법상의 가처분이 준용된다는 것이 실무 및 학설의 일반적인 견해이다.

또한 공법상 당사자소송에서는 가압류가 인정되고 공법상 당사자소송에서 재산권의 청구를 인용하는 판결을 하는 경우, 가집행선고를 할 수 있다(99두3416).

> 행정소송법 제43조는 "국가를 상대로 하는 당사자소송의 경우에는 가집행선고를 할 수 없다."라고 규정하고 있었는데, 이 규정은 피고가 국가인 경우에만 가집행선고를 제한하는 것은 피고가 공공단체인 경우에 비해 이유없는 차별을 하는 것으로 평등원칙 위반으로 위헌(단순위헌)이라는 결정이 내려졌다(헌재 2022.2.24, 2020헌가12).

쟁점 109 기관소송과 민중소송 (D)

관련조문 행정소송법

제45조(소의 제기)
민중소송 및 기관소송은 법률이 정한 경우에 법률에 정한 자에 한하여 제기할 수 있다.

제46조(준용규정)
① 민중소송 또는 기관소송으로서 처분등의 취소를 구하는 소송에는 그 성질에 반하지 아니하는 한 취소소송에 관한 규정을 준용한다.
② 민중소송 또는 기관소송으로서 처분등의 효력 유무 또는 존재 여부나 부작위의 위법의 확인을 구하는 소송에는 그 성질에 반하지 아니하는 한 각각 무효등 확인소송 또는 부작위위법확인소송에 관한 규정을 준용한다.
③ 민중소송 또는 기관소송으로서 제1항 및 제2항에 규정된 소송외의 소송에는 그 성질에 반하지 아니하는 한 당사자소송에 관한 규정을 준용한다.

▮ I 객관적 소송

객관적 소송이란 행정의 적법성 보장을 목적으로 하는 소송으로 민중소송과 기관소송이 있다.

▮ II 민중소송

1. 민중소송의 의의(행정소송법 제3조 제3호)

민중소송이란 국가 또는 공공단체의 기관이 법률에 위반되는 행위를 한 때에 직접 자기의 법률상의 이익과 관계없이 그 시정을 구하기 위하여 제기하는 소송을 말한다.

2. 민중소송의 성질

민중소송은 개인의 권리구제를 목적으로 하지 않고 행정의 적법성 등 객관적 법익을 목적으로 하는 객관적 소송이다.

3. 민중소송의 유형

(1) 선거소송

① 대통령 및 국회의원선거에 있어서 선거의 효력에 관하여 이의가 있는 선거인 · 정당 또는 후보자는 선거일부터 30일 이내에 당해 선거구 선거관리위원회 위원장을 피고로 하여 대법원에 소를 제기할 수 있다(공직선거법 제222조 제1항). ② 지방의회의원 및 지방자치단체의 장의 선거에 있어서 선거의 효력에 관한 소청의 결정에 불복이 있는 소청인은 해당 소청에 대하여 기각 또는 각하의 결정이 있는 경우에는 해당 선거구선거관리위원회 위원장을, 인용결정이 있는 경우에는 그 인용결정을 한 선거관리위원회 위원장을 피고로 하여 그 결정서를 받은 날부터 10일 이내에 비례대표 시 · 도의원선거 및 시 · 도지사선거에 있어서는 대법원에, 지역구시 · 도의원선거, 자

치구·시·군의원선거 및 자치구·시·군의 장 선거에 있어서는 그 선거구를 관할하는 고등법원에 소를 제기할 수 있다(동조 제2항).

(2) 국민투표

국민투표의 효력에 관하여 이의가 있는 투표인은 중앙선거관리위원회 위원장을 피고로 하여 대법원에 국민투표무효확인소송을 제기할 수 있다.

4. 민중소송에 대한 적용법규

민중소송의 적용법규에 대하여는 민중소송의 제기를 허용하는 각 개별법에서 보통 관련규정을 두고 있다. 이러한 규정이 없는 경우에는 개개의 소송유형에 따라 그에 상응하는 행정소송법의 규정이 적용된다.

Ⅲ 기관소송

1. 기관소송의 의의(행정소송법 제3조 제4호)

기관소송이란 함은 국가 또는 공공단체의 기관 상호간에 있어서의 권한의 존부 또는 그 행사에 관한 다툼이 있을 때에 이에 대하여 제기하는 소송을 말한다.

2. 기관소송의 성질

기관소송은 개인의 권리구제를 목적으로 하는 것이 아니며, 행정조직 내부의 권한배분에 관한 문제를 다투는 소송이므로 객관적 소송이다.

3. 기관소송의 유형

기관소송은 법률이 정한 경우에 한하여 제기할 수 있다(행정소송법 제45조). 지방자치법상 지방자치단체의 장이 지방의회의 재의결사항이 법령에 위반된다고 판단되면 대법원에 제소하는 소송, 지방교육자치에 관한 법률상 교육감이 시·도의회 또는 교육위원회의 재의결에 대한 소송 등이 있다.

4. 기관소송에 대한 적용법규

기관소송에 대하여는 이를 인정하는 각 개별법에서 규정하고 있는 사항을 제외하고는 그 성질이 허용하는 한 행정소송법의 규정을 준용한다.

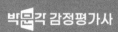박문각 감정평가사

PART

06

국가배상

쟁점 110 국가배상의 의의 및 요건 (A)

1. 의의

행정기관의 업무수행 중 위법한 행정작용으로 타인에게 손해를 가한 경우 이를 배상해주는 제도이다. ① 공무원의 불법행위로 인한 배상책임과 ② 영조물의 설치·관리상의 하자로 인한 배상 등이 있다.

2. 국가배상책임의 성질

① 공권과 사권설의 대립이 있으나, ② 행정기관의 행정작용을 원인으로 하므로 공권으로 봄이 타당하다. 〈판례〉는 국가배상법은 민법상 특별법으로 보아 민사소송으로 해결한다.

3. 요건

국가배상법 제2조에 의한 국가배상책임이 성립하기 위하여는 ① 공무원이 직무를 집행하면서 타인에게 손해를 가하였을 것, ② 공무원의 가해행위는 고의 또는 과실로 법령에 위반하여 행하여졌을 것, ③ 손해가 발생하였고, 공무원의 불법한 가해행위와 손해 사이에 인과관계(상당인과관계)가 있을 것이 요구된다.

4. 상세 요건

(1) 공무원

국가배상법 제2조상의 '공무원'은 국가공무원법 또는 지방공무원법상의 공무원뿐만 아니라 공무수탁사인도 포함한다.

(2) 직무행위

국가배상법 제2조가 적용되는 직무행위에 관하여 판례 및 다수설은 공권력 행사 외에 비권력적 공행정작용을 포함하는 모든 공행정작용을 의미한다고 본다. 또한 입법작용과 사법작용(재판작용)도 포함된다.

(3) 직무를 집행하면서(직무관련성)

공무원의 가해행위가 직무집행행위인 경우뿐만 아니라 그 자체는 직무집행행위가 아니더라도 직무와 일정한 관련이 있는 경우에도 인정된다.

(4) 법령위반(위법)

① 손해가 수인될 수 있는지 여부로 판단하는 결과책임설, ② 행위 자체의 위법, 피침해이익의 성

격과 침해의 정도, 가해행위의 태양 등을 종합고려하여 판단해야 한다는 상대적 위법성설, ③ 행위의 법규위반으로 보는 행위위법설(협의), ④ 행위의 법규위반에 행위의 태양까지 포함되는 것으로 보는 행위위법설(광의)이 있다. 판례는 광의의 행위위법설(광의)을 취하는 것으로 보인다. ⑤ 국민의 사익보호에 영향을 미치는 직무의무를 위반한 경우에 위법하다고 보는 견해가 있다(직무의무위반설).

(5) 고의 또는 과실

고의란 위법임을 알고 있음에도 행하는 것이고, 과실이란 통상의 주의의무 위반을 의미한다.

(6) 위법과 과실의 관계

위법과 과실은 개념상 상호 구별되어야 한다. 행위위법설에 의할 때 위법은 '행위'가 판단대상이 되며 가해행위의 법에의 위반을 의미하는 것이며, 과실은 '행위의 태양'이 직접적 판단대상이 되며 판례의 입장인 주관설에 의하면 주의의무 위반(객관설에 의하면 국가작용의 흠)을 의미한다.

(7) 손해

공무원의 불법행위가 있더라도 손해가 발생하지 않으면 국가배상책임이 인정되지 않는다. 국가배상책임으로서의 '손해'는 민법상 불법행위책임에 있어서의 그것과 다르지 않다.

(8) 인과관계

공무원의 불법행위와 손해 사이에 인과관계가 있어야 한다. 국가배상에서의 인과관계는 민법상 불법행위책임에서의 그것과 동일하게 상당인과관계가 요구된다.

5. 부작위에 의한 손해배상책임

부작위에 의한 국가배상에서의 부작위는 신청을 전제로 하지 않으므로 국가배상법상 부작위는 행정권의 불행사를 의미한다.
① 판례는 형식적 의미의 법령에 명시적으로 공무원의 작위의무가 규정되어 있지 않음에도 일정한 경우에 관련 법규정에 비추어 조리상 위험방지작위의무(危險防止作爲義務)를 인정하고 있다.
② 판례는 재량행위인 행정권의 불행사(부작위 또는 거부)가 현저하게 불합리하다고 인정되는 경우에는 직무상의 의무를 위반한 것이 되어 위법하게 된다고 한다.

---

* 국가배상청구(공무원의 과실책임)요건 집중 서술시
(1) 공무원
　국가배상법 제2조상의 '공무원'은 국가공무원법 또는 지방공무원법상의 공무원뿐만 아니라 널리 공무를 위탁(광의의 위탁)받아 실질적으로 공무에 종사하는 자(공무수탁사인)를 말한다.
(2) 직무행위
　국가배상법 제2조가 적용되는 직무행위에 관하여 판례 및 다수설은 공권력 행사 외에 비권력적 공행정작

용을 포함하는 모든 공행정작용을 의미한다고 본다. 또한 '직무행위'에는 입법작용과 사법작용(재판작용)도 포함된다.

(3) 직무를 집행하면서(직무관련성)

공무원이 불법행위에 의한 국가의 배상책임은 공무원의 가해행위가 직무집행행위인 경우뿐만 아니라 그 자체는 직무집행행위가 아니더라도 직무와 일정한 관련이 있는 경우, 즉 '직무를 집행하면서' 행하여진 경우에 인정된다.

(4) 법령위반(위법)

① 손해가 수인될 수 있는지 여부로 판단하는 결과책임설, ② 행위 자체의 위법, 피침해이익의 성격과 침해의 정도, 가해행위의 태양 등을 종합고려하여 판단해야 한다는 상대적 위법성설, ③ 행위의 법규위반으로 보는 행위위법설(협의), ④ 행위의 법규위반에 행위의 태양까지 포함되는 것으로 보는 행위위법설(광의)이 있다.

판례는 광의의 행위위법설(광의)을 취하는 것으로 보인다.

(5) 고의 또는 과실

주관설은 과실을 '해당 직무를 담당하는 평균적 공무원이 통상 갖추어야 할 주의의무를 해태한 것'으로 본다. 과실이 인정되기 위하여는 위험 및 손해발생에 대한 예측가능성과 회피가능성(손해방지가능성)이 있어야 한다.

(6) 위법과 과실의 관계

위법과 과실은 개념상 상호 구별되어야 한다. 행위위법설에 의할 때 위법은 '행위'가 판단대상이 되며 가해행위의 법 위반을 의미하는 것이며, 과실은 '행위의 태양이 직접적 판단대상이 되며 판례의 입장인 주관설에 의하면 주의의무 위반(객관설에 의하면 국가작용의 흠)을 의미한다.

(7) 손해

공무원의 불법행위가 있더라도 손해가 발생하지 않으면 국가배상책임이 인정되지 않는다. 국가배상책임으로서의 '손해'는 민법상 불법행위책임에 있어서의 그것과 다르지 않다.

(8) 인과관계

공무원의 불법행위와 손해 사이에 인과관계가 있어야 한다. 국가배상에서의 인과관계는 민법상 불법행위책임에서의 그것과 동일하게 상당인과관계가 요구된다.

* 사익보호성의 필요여부

판례는 직무의 사익보호성을 인관관계의 문제로 본다. 위법성의 문제로 보아야 한다는 견해와 직무의 내용으로 보는 견해가 있다.

쟁점 111 국가배상법상 위법의 유형 (C)

1. 행위 자체의 법 위반

행정처분의 위법과 같이 공권력 행사 자체가 가해행위인 경우에는 공권력 행사 자체의 법의 위반 여부가 위법의 판단기준이 된다.

2. 행위의 집행방법상 위법

행위 자체는 적법하나 그 집행방법상 위법이 인정되는 경우이다. 집행방법에 관한 명문의 규정이 있는 경우 그 위반이 위법이나 명문의 규정이 없는 경우에도 손해방지의무 위반이 있으면 위법이 인정된다.

3. 직무의무 위반으로서의 위법

직무상 의무는 법령에서 명시적으로 규정하고 있는 경우도 있지만 명시적인 규정이 없는 경우에도 법질서 및 조리로부터 도출되는 경우도 있다. 공무원의 일반적인 직무상 손해방지의무는 법령에 명시적인 규정이 없이 인정되는 직무상 의무의 대표적인 예이다.

판례는 직무상 의무의 사익보호성을 위법성의 요소로 보지 않고, 상당인과관계의 요소로 보고 있다.

4. 부작위에 의한 손해배상책임

(1) 개설

부작위에 의한 국가배상에서의 부작위는 신청을 전제로 하지 않는다. 국가배상법상 부작위는 행정권의 불행사를 의미한다.

(2) 조리에 의한 작위의무의 인정 여부

　1) 학설

　　① 국가의 임무(인권보장 및 생명과 재산권 보호) 등에 비추어 조리에 의한 위험방지의무를 인정하여 조리에 의한 작위의무를 긍정하는 견해와, ② 명시적인 법률의 근거가 없는 경우에는 인정할 수 없다는 부정설이 있다.

　2) 판례

　　판례는 형식적 의미의 법령에 명시적으로 공무원의 작위의무가 규정되어 있지 않음에도 일정한 경우에 관련 법규정에 비추어 조리상 위험방지작위의무를 인정하고 있다.

　　국민의 생명, 신체, 재산 등에 대하여 절박하고 중대한 위험상태가 발생하였거나 발생할 우려가 있어서 국민의 생명, 신체, 재산 등을 보호하는 것을 본래적 사명으로 하는 국가가 초법규적·일차적으로 그 위험 배제에 나서지 아니하면 국민의 생명, 신체, 재산 등을 보호할 수 없는 경우에는 형식적 의미의 법령에 근거가 없더라도 국가나 관련 공무원에 대하여 그러한 위험을 배제할 작위의무를 인정할 수 있다고 본다(2002다53995).

3) 검토

국가는 국민의 생명·신체·재산권보호 등의 책무를 지므로 법령의 규정이 없다고 하여도 조리에 의한 작위의무를 인정할 수 있을 것이다.

5. 행정권 불행사의 위법성 : 직무상 작위의무 위반

법령상 의무가 있음에도 이에 대한 불행사는 부작위로서 위법하게 된다. 판례는 재량행위인 행정권의 불행사(거부 또는 부작위)가 현저하게 불합리하다고 인정되는 경우에는 직무상의 의무를 위반한 것이 되어 위법하게 된다고 한다.

쟁점 112 국가배상의 성질과 선택적 청구 가능성 (A)

1. 공무원의 위법행위로 인한 국가배상책임

(1) 개념 및 근거(국가배상법 제2조)

국가의 과실책임이란 공무원의 과실 있는 위법행위로 인하여 발생한 손해에 대한 배상책임을 말한다.

(2) 국가배상책임의 성질

1) 학설

① 대위책임설은 공무원의 위법한 행위는 국가의 행위로 볼 수 없으나 피해자보호를 위해 국가가 대신 부담한다고 하며, ② 자기책임설은 국가는 공무원을 통해 행위하므로[16] 그에 귀속되어 스스로 책임져야 한다고 한다. ③ 중간설은 공무원의 불법행위가 경과실인 경우는 자기책임으로 보며, 고의 중과실인 경우에는 기관행위로서의 품격을 상실하고 공무원 개인의 불법행위로 보아야 하므로 국가의 배상책임은 대위책임이라고 한다. ④ 절충설은 경과실의 경우에는 국가 등의 기관행위로 볼 수 있어 자기책임으로 보며, 고의·중과실인 경우에는 국가기관의 행위로 볼 수 없어 공무원만 책임을 지지만 직무상 외형을 갖춘 경우에는 피해자와의 관계에서 국가도 일종의 배상책임을 지므로 자기책임이라고 본다.

2) 판례

고의·중과실의 경우에도 외관상 공무집행으로 보여질 때에는 국가 등이 공무원 개인과 중첩적으로 배상책임을 부담한다고 한다.

---

16) 공무원의 직무상 불법행위는 기관의 불법행위가 되므로 국가는 기관인 공무원의 불법행위에 대하여 직접 자기책임을 진다.

3) 검토

국가면책특권이 헌법상 포기되면서 국가배상책임이 인정되게 되었으며, 고의·중과실에 의한 경우라도 직무상 외형을 갖춘 경우라면 피해자와의 관계에서 국가기관의 행위로 인정할 수 있으므로 자기책임설이 타당하다고 본다.

2. 공무원의 배상책임

국가 등의 배상책임 이외에 공무원 자신의 배상책임이 인정될 수 있는지의 여부가 문제된다.

(1) 학설

1) 자기책임설

논리적으로 보면 자기책임설은 가해행위는 국가의 행위인 동시에 가해공무원 자신의 행위이기에 선택적 청구가 인정된다.

2) 대위책임설

논리적으로 보면 대위책임설은 국가배상책임이 원래 공무원의 책임이지만 국가가 이를 대신하여 부담한다고 보기에 공무원의 대외적 배상책임은 부정된다.

3) 중간설

중간설은 ① 경과실이든 고의·중과실이든 국가가 배상하였기에 선택청구를 부정한다는 견해와(홍정선), ② 경과실은 자기책임이기에 긍정하고 고의·중과실은 대위책임이기에 부정하는 견해가 있다(김병기).

4) 절충설(제한적 긍절설)

경과실의 경우에는 국가나 지방자치단체에 대해서만, 고의·중과실의 경우에는 공무원만 배상책임을 지지만, 후자의 경우 그 행위가 직무로서 외형을 갖춘 경우에는 피해자와의 관계에서 국가도 배상책임을 지기 때문에 이 경우 피해자는 공무원과 국가에 대해 선택적으로 청구할 수 있다.

(2) 판례(제한적 긍절설)

판례는 절충설을 취하고 있다. 국가 등이 국가배상책임을 부담하는 외에 공무원 개인도 고의 또는 중과실이 있는 경우에는 피해자에 대하여 그로 인한 손해배상책임을 부담하고, 가해공무원 개인에게 경과실만이 인정되는 경우에는 공무원 개인은 손해배상책임을 부담하지 아니한다고 보고 있다.

(3) 검토(절충설)

공무원의 고의 또는 중과실로 인한 불법행위가 직무와 관련이 있는 경우에는 국가 등이 공무원 개인과 경합하여 배상책임을 부담하도록 하고, 국가 등이 배상한 경우에는 최종적 책임자인 공무원 개인에게 구상할 수 있도록 하는 것이 타당하다.

쟁점 113 공법상 결과제거청구 (D)

1. 의의

결과제거청구권은 위법한 공행정작용으로 발생된 불이익한 상태의 제거를 구할 수 있는 권리를 말한다. 제2차 세계대전 이후 발전된 개념이다.

2. 법적 근거 및 성질

법치행정원리, 기본권 규정, 민법상 관련규정을 유추적용하고 행정소송법 제30조(기속력) 규정을 근거로 든다. 공행정작용을 원인으로 하므로 공권으로 보나 사권의 일종으로 보는 견해도 있다.

3. 요건

(1) 공행정작용으로 인한 침해

결과제거청구권은 권력작용을 전제로 하며 부작위에(압류한 물건을 반환하지 않는 경우) 의해서도 발생할 수 있다. 오늘날 비권력작용의 결과의 제거까지 확대되고 있다.

(2) 법률상 이익의 침해

법에 의해 보호되는 이익이어야 한다. 재산권 및 명예와 신용 및 직업 등에 의한 것도 포함된다.

(3) 침해의 위법성 등(위법한 상태의 존재)

사실심 변론종결 시를 기준하여 행정작용의 결과로서 위법한 상태가 계속되어야 한다. 위법한 상태는 위법한 행정작용에 의해 발생할 수도 있고, 기한의 경과나 조건의 발생 등으로 사후에 생겨날 수도 있다.

(4) 결과제거의 가능성 및 수인가능성

원상회복이 가능하고, 법률상 허용되어야 하며 수인[17]가능해야 한다. 원상회복이 사실상이나 법률상으로 불가능한 경우에는 침해행위의 적법, 위법에 따라 손실보상이나 손해배상에 의한 구제만이 가능하다.

4. 청구권의 내용

결과제거청구권은 위법한 상태의 제거를 목적으로 한다. 위법한 상태를 제거하여 위법작용이 발생되기 이전의 상태 또는 그와 유사한 상태로 회복되어야 한다.

5. 권리구제 수단

결과제거청구권을 공권으로 보는 것이 타당하므로 결과제거청구소송은 공법상 당사자소송이다. 결과제거청구와 손해배상은 중첩행사가 가능하다.

---

17) 원상회복에 소요되는 비용 등이 과도하여 비례원칙에 반하는 경우에는 인정될 수 없다. 이러한 경우에는 손실보상 또는 손해배상을 청구할 수 있게 된다.

제2부

개별법

PART

01

공용수용

공용수용 (A)

1. 의의 및 취지

공용수용이란 공익사업을 시행하기 위하여 공익사업의 주체가 타인의 토지 등을 강제로 취득하고 그로 인한 손실을 보상하는 물적 공용부담제도를 말한다. 이는 공익사업의 효율적인 수행을 통하여 공공복리의 증진과 사유재산권의 적정한 보호를 도모하는 것을 목적으로 한다(토지보상법 제1조).

2. 근거

(1) 이론적 근거

공공복리의 실현을 위해서, 즉 사유재산불가침원칙의 특례로서 공공필요의 실현을 목적으로 가치보장을 전제한 재산권의 박탈을 인정할 필요성이 인정된다.

(2) 법적 근거

1) 헌법적 근거

헌법 제23조 제3항에서는 '공공필요에 의한 재산권의 수용·사용 또는 제한 및 그에 대한 보상은 법률로써 하되, 정당한 보상을 지급하여야 한다'고 규정하고 있다.

2) 토지보상법

토지보상법은 공용수용을 할 수 있는 공익사업과 공용수용의 목적물 및 공용수용의 절차와 효과 등에 관한 일반적인 내용을 규정하고 있어, 공용수용에 관한 일반법적 지위에 있다.

3) 그 외 개별법

공용수용에 관하여는 토지보상법 외에도 국토의 계획 및 이용에 관한 법률, 도시개발법, 주택법, 도로법, 하천법, 수산업법, 광업법 등 많은 개별법이 있다.

3. 요건

① 공공필요(실질적 허용요건이자 본질적 제약요소), ② 법적 근거(헌법 제23조 및 토지보상법 등 개별법), ③ 정당보상(재산권의 객관적 가치보상 및 생활보상 지향)을 요건으로 한다.

4. 현대적 동향

① 목적물 확대, ② 수용제도의 종합화, 객관화, ③ 생활보상 지향, ④ 개발이익의 사회환원, ⑤ 공공적 사용·수용의 인정 등이 있다.

5. 판단기준

공공필요는 공익사업을 통한 공익과 사인의 침해되는 사익 간의 이익형량을 통해 결정된다. 이의 입증책임은 사업시행자에게 있으며 공공필요는 사업인정 시에 비례의 원칙을 적용하여 판단한다.

---

1. 토지소유권의 특수성

토지는 투기적 자본화의 경향, 소유권과 이용권의 대립, 이용권 상호간의 대립, 공공복리 등의 특수성을 갖기 때문에 (토지소유권의 본질을 침해하지 않는 범위 안에서) 토지의 효율적 이용과 공공복리의 증진을 위하여 공익사업용 토지를 취득하게 되는 것이다.

2. 토지의 공개념

토지의 공개념이란 토지가 지니는 기능, 적성, 위치 등에 따라 공공복리를 위하여 가장 가치 있고 효율적으로 이용되지 않으면 아니되며, 그를 위해서 적정한 규제가 가해지는 것을 의미한다. 따라서 토지이용질서를 확립하고 그 불합리를 제거하기 위하여는 공익사업의 주체가 수용으로 공익사업용 토지를 취득하여 공공적 이용에 충당할 필요가 있는 것이다.

---

* 수용의 종류

- 취득수용 – 취득하는 수용
- 소멸수용 – 사업시행자 소유토지 위의 소유권 외 권리 소멸
- 본래수용 – 사업을 위해 목적물을 수용하는 것
- 간주수용 – 본래수용 외의 것으로서 매수청구의 의미, 제72, 74, 75조가 해당
- 직접취득 – 사업시행자가 협의, 수용절차에 의해 취득
- 위탁취득 – 시·도지사 및 보상전문기관에 위탁하여 취득

---

* 공용부담

1. 의의

공용부담이란 국가, 지방자치단체 등 공익사업자가 일정한 공공복리를 적극적으로 증진하기 위하여 개인에게 부과하는 공법상의 경제적 부담을 말한다.

2. 인적공용부담

인적공용부담이란 사람에 대하여 일정한 공공복리를 증진하기 위하여 일정한 작위, 부작위 또는 급부의무를 부과하는 것을 말한다.

3. 물적공용부담

물적공용부담은 권리(재산권)에 대하여 일정한 공공복리를 증진하기 위하여 일정한 제한, 수용 또는 교환의 제약을 가하는 것을 말한다. 물적공용부담은 특정의 권리에 대하여 부과되는 부담으로서 대물적 성질을 가지므로 권리의 이전과 함께 이전된다. 물적공용부담으로는 공용제한, 공용사용, 공용수용, 공용환지·공용환권 등이 있다.

---

* 심화학습 : 토지보상사업은 공익사업을 위한 경우에만 적용된다.

공익사업을 위한 토지 등의 취득 및 보상에 관한 법률의 적용범위 및 사업시행자가 민법상 사용대차의 방법에 의하여 토지를 사용하는 경우 공익사업을 위한 토지 등의 취득 및 보상에 관한 법률을 적용할 수 있는지 여부(소극)

공토법 제1조, 제3조에 의하면, 공토법은 사업시행자가 공익사업에 필요한 토지 등을 사용하는 모든 경우에 적용되는 것이 아니라, 그 토지 등을 협의 또는 재결에 의하여 토지를 사용하는 경우에 한하여 적용되고, 한편 토지 등 소유자의 사용승낙에 의하여 성립하는 민법상의 사용대차와 공토법상의 협의에 의한 토지사용은 그 요건, 절차 및 법률효과가 상이하므로, 사업시행자가 전자의 방법에 의하여 토지를 사용하는 경우 이를 공토법상 협의에 의한 토지사용이라고 보아 공토법을 적용할 수는 없다(2011다24104).

---

* 심화학습 : 토지보상법 연혁

공익사업을 위한 토지의 취득과 손실보상에 관한 제도는 1962년에 제정된 토지수용법과 1975년에 제정된 공공용지의 취득 및 손실보상에 관한 특례법으로 이원화되어 있었다. 2개의 법은 여러 차례의 개정을 거듭하면서 변화하는 현실적인(시대적인) 상황을 대응하다보니 법체계의 일관성과 운용상의 불합리성을 동시에 지니게 되는 문제가 발생하였다. 2개의 법은 상호 준용규정이 많아 법체계의 이해를 어렵게 하고 보상지연을 초래하는 원인의 하나가 되었다.

토지수용법은 국민의 권익에 직접 영향을 미치는 손실보상의 규정에 관하여 공특법을 준용하도록 규정하고 있었고, 공특법은 손실보상에 관한 주요내용을 법에 근거없이 시행규칙에 두고 있었기 때문에(법에 근거규정이 없는 보상유형이 일부 있었음) 법규성에 대한 논란이 있었으며, 필요에 따라 수시로 보상유형이 신설됨으로써 보상기준에 관한 법률규정은 비체계적인 것이 되었다.

공용수용의 1단계 절차인 사업인정을 받으면, 사업시행자는 타인의 토지 등을 수용할 수 있는 권능이 주어지고, 수용대상의 토지가 확정되며, 수용절차 참여의 관계인의 범위가 확정되고, 수용목적인 토지의 보전의무가 발생하며, 소유자나 점유자의 허가없이도 목적물을 측량·조사할 수 있었다. 이처럼 사업인정이 있으면 피수용자의 재산권에 대한 여러 제한 등이 가해지는 데 반하여 다수의 개별법에서는 원활한 사업추진을 위하여 실시계획승인 등 특정한 절차를 거친 경우 사업인정을 의제하도록 하여 국민의 권리구제에 문제가 있다고 볼 수 있었다.

또한 토지수용법에서는 사업인정 후 1년 이내에 재결을 신청하지 아니하면 사업인정은 실효되도록 규정하고 있지만, 각 개별법에서는 그 규정의 적용을 배제하고 '사업시행기간 내'로 규정하여 사업인정의 실효기간을 장기간 연장함으로써 국민의 권리구제에 문제가 있다고 볼 수 있었다.

공특법은 동일한 공익사업을 대상으로 하고 있으면서도 사업준비를 할 수 있는 근거규정이 없었다. 따라서 보상대상을 명확히 확정하기가 곤란하여 신속한 보상이 이루어지기 어렵고 공익사업의 시행에 지연을 초래하게 됨으로써 사업의 효율적 추진에 제도적 한계가 있었다.

토지수용법에서는 대집행을 할 수 있도록 규정하고 있었으나, 해당 지방자치단체는 지방자치제의 실시 이후 주민여론 등을 과민하게 의식하여 대집행을 기피하거나 지연시키는 사례가 많아 지장물이 철거되지 않음으로써 사업기간이 연장되고 공사비와 보상비가 증가되는 문제가 발생하였다.

현행 행정소송법은 국민의 권리구제라는 측면에서 종전의 행정심판 전치주의를 폐지하고 임의적 전치주의로 개정하였는데, 토지수용법은 재결에 대하여 불복하는 경우 행정소송을 제기하려면 먼저 중앙토지수용위원회에 이의신청을 하여야만 하도록 하여, 토지소유자의 신속한 권리구제와 조속한 분쟁해결이 지연되는 문제가 있었다. 상기 문제점들을 해결하고자 2개의 법률의 통합이 진행되었고, 2003년부터 공익사업을 위한 토지 등의 취득 및 보상에 관한 법률이 제정되었다.

쟁점 02 공공적 사용수용 (B)

1. 의의 및 취지

공공적 사용수용이란 사인에 의한 공용수용으로서 사인이 법률의 힘에 의해 재산권을 강제로 취득하는 것을 말한다. 이는 ① 공행정의 민간화, ② 민간활력 도입, ③ 사업의 확대 측면에서 취지가 인정된다.

2. 인정 여부

(1) 학설

① 긍정설은 헌법 제23조 제3항에서 사업주체를 국가로 한정하지 않고 토지보상법 제4조 제5호 및 민간투자법 등 개별법에서 인정한다고 주장한다.
② 부정설은 공용수용은 사인의 재산권을 크게 침해하는 것으로서 국가만 가능하다고 주장한다.

(2) 판례

어떤 사업이 공익사업인지 여부는 그 사업 자체의 성질, 목적에 의하여 결정할 것이고, 사업주체 여부에 의하여 정할 것은 아니라고 하여 사인의 사용수용을 인정하고 있다.

(3) 검토

공공사업은 공동체 구성원 전체의 공익을 위한 사업이므로, 사업주체가 반드시 행정주체일 것을 요하지는 않는다고 볼 것이다.

3. 법적 성질

① 행위 측면에서 공행정의 민간화라는 점에서 공법상 대리로 볼 수 있고, ② 수용권 측면에서 수용의 본질이 재산권 취득인바 공용수용으로 볼 수 있다.

4. 요건

본질이 공용수용이므로 ① 공공성, ② 법적 근거, ③ 손실보상을 요건으로 한다.

5. 계속적 공익실현을 위한 보장책

(1) 문제점

사기업은 수지타산에 따라 언제든지 공익사업을 포기할 가능성이 있으므로 공익사업의 계속적 보장을 위한 법적·제도적 장치가 필요하게 된다.

(2) 토지보상법

토지보상법 제91조에서는 환매권을 규정하고 있으며, 동법 제23조 및 제24조에서는 사업의 실효 및 폐지를 규정하고 있다.

(3) 기타

개별법에서 통제규정을 마련한 경우가 있으며, 민간투자법에서는 사업시행자에 대한 감독명령, 벌칙을 규정하고 있다. 또한 충분한 보상이 이루어지지 않는다면 행정쟁송을 통한 통제가 가능하다.

6. 문제점 및 개선방안

환매권은 관할 행정청의 개입이 없고, 민간투자법은 민간자본유치에 역점을 두어 계속성 담보에 대한 배려가 미흡하다. 구체적 보장수단으로 인·허가 유보 등의 행정입법, 부관 등이 입법적으로 보완될 필요가 요구된다.

쟁점 03 부대사업과 공공적 사용수용 (D)

Ⅰ 문제점

부대사업이란 사업시행자가 민간투자사업과 연계해서 시행하는 주택건설, 택지개발사업을 말한다. 이는 투자비 보전, 운영도모를 위한 것으로 공공성과 관련하여 인정 여부가 문제된다.

Ⅱ 인정 여부

1. 관련규정 검토

사회기반시설에 대한 민간투자법 제20조에서는 실시계획고시를 사업인정으로 의제하고 있고 동법 제21조는 부대사업의 내용을 실시계획에 포함하고 있어서 부대사업에까지 수용권이 인정되는지가 문제된다.

2. 인정 여부

(1) 견해의 대립

① 긍정하는 견해는 '토지보상법' 제4조 제6호(부속시설에 관한 사업의 수용 또는 사용) 및 '국토의 계획 및 이용에 관한 법률' 제95조 제2항(일시사용) 규정을 근거로 든다.

② 부정하는 견해는 '토지보상법' 제4조 제6호는 사업을 위하여 필요한 것으로 해당 사업에 필요한 범위이며, 국토계획법 제95조 제2항은 일시사용이므로 이는 지대수용을 인정하는 것으로 보기는 어렵다고 한다.

(2) 검토

부대사업은 해당 수용사업의 본질적 부분이 아닌바, 부대사업 자체의 공공성 판단을 통해 판단되어야 하고 수익측면이 강하므로 인정되기 어렵다고 판단된다.

Ⅲ 개선방안

부대사업에 의해 수익을 보장하기보다는 주된 사업의 절차 간소화를 통해 사업의 원활화를 도모하여 초기 투자비용을 낮추는 것이 바람직하다고 본다.

> * 국토의 계획 및 이용에 관한 법률 제95조(토지 등의 수용 및 사용)
>
> ② 도시 · 군계획시설사업의 시행자는 사업시행을 위하여 특히 필요하다고 인정되면 도시 · 군계획시설에 인접한 다음 각 호의 물건 또는 권리를 일시 사용할 수 있다.
>
> 　1. 토지 · 건축물 또는 그 토지에 정착된 물건
>
> 　2. 토지 · 건축물 또는 그 토지에 정착된 물건에 관한 소유권 외의 권리

쟁점 04 지대수용 (D)

I 의의 및 필요성

지대수용이란 사업에 필요한 토지 이외에 ① 사업을 위한 건축, ② 토지의 조성정리에 필요한 때에 인접한 부근 일대를 수용하는 것으로서 개발이익의 흡수 및 지가억제효과가 있다.

II 인정 여부

1. 긍정설

토지보상법 제4조 제6호의 규정의 '사업을 시행하기 위하여 필요한 통로, 교량, 전선로, 재료적치장 또는 그 밖의 부속시설에 관한 사업'을 위하여 토지를 수용하는 경우와 국토의 계획 및 이용에 관한 법률 제95조 제2항의 '사업시행을 위해 특히 필요하다고 인정되는 때에는 도시계획시설에 인접한 토지 · 건축물 또는 물건에 관한 소유권 이외의 권리를 일시 사용할 수 있다.'라는 규정을 지대수용의 근거규정으로 본다.

2. 부정설

토지보상법 제4조 제6호의 규정은 사업을 시행하기 위하여 필요한 것으로서 필요범위를 초과한 것이 아니라는 점과 국토의 계획 및 이용에 관한 법률 제95조의 규정도 일시사용에 관한 것이라는 점에서 이를 지대수용의 근거규정으로 볼 수 없다고 한다.

3. 검토

지대수용은 공공성이 희박하고 수용의 본질과도 부합할 수 없는 점 등을 고려하여 명문의 규정이 없는 한 인정되기 어렵다고 판단된다.

III 결(입법필요성)

영국의 사업구역, 프랑스의 우선시가지 조정구역 등 외국의 예에서 보듯이 개발이익의 환수기능을 할 수 있으므로 입법에 의한 도입을 고려할 필요가 있다고 본다.

1. 의의

공용수용의 주체라 함은 토지 등에 대하여 수용권을 가지는 자, 즉 공익사업을 수행하는 자(토지보상법 제2조 제3호)를 말한다.

2. 주체에 관한 학설 논의

(1) 논의 실익

수용절차 각 단계의 법적 성질, 당사자적격이 달라진다. 단, 어느 견해에 따르더라도 처분성이 인정되므로 행정소송의 대상이 된다.

(2) 학설

① 국가수용권설은 사업시행자는 국가의 수용권 발동에 따른 수용의 효과를 향유하는 수용청구권을 갖는데 불과하다고 한다.

② 사업시행자수용권설은 수용권은 수용의 효과를 향유할 수 있는 능력이고 사업시행자가 수용의 주체가 된다고 한다.

(3) 판례의 태도

사업인정은 일정한 절차를 거칠 것을 조건으로 하여 일정한 내용의 수용권을 설정하여 주는 설권적 형성행위라고 판시하여 사업시행자수용권설의 입장을 취하고 있다.

---

* 사업인정의 법적 성질(주체와 관련하여)

1. 확인행위설(국가수용권설)

사업인정은 특정한 사업이 공익사업에 해당되는지의 여부를 판단·결정하는 확인행위로 본다. 확인행위가 있게 되면, 토지보상법이 규정한 여러 가지 권리를 행사할 수 있는 법적 지위를 갖게 되는데, 이는 사업인정의 효과가 아니라 법률에 의한 직접적인 효과로 볼 수 있다. 이 견해에 따르면 사업인정은 특정한 사업이 일정한 요건을 갖추고 있는지의 여부를 형식적으로 판단하는 것이기 때문에 기속행위가 되며, 국가는 해당 사업을 위하여 수용할 만한 공익성이 있는지에 대한 판단을 하지 못하게 된다.

2. 형성행위설(사업시행자설)

사업인정은 과연 그 사업을 토지 등을 수용할 만한 공익성이 인정되는지를 판단해야 하는 형성행위이며, 공익성이 인정되는 경우에 일정한 조건을 거칠 것을 조건으로 수용권을 설정하는 형성행위라고 한다. 따라서 행정청의 재량이 개입될 수밖에 없으며, 사업인정은 재량행위라고 본다.

---

(4) 검토

수용권은 수용의 효과를 향유할 수 있는 능력으로 봄이 타당하다. 따라서 사업시행자가 수용의 주체가 됨이 합당하다.

3. 권리와 의무

(1) 권리

① 타인토지출입권(제9조), ② 장해물제거권(제12조), ③ 사업인정신청권(제20조), ④ 조서작성 시 타인토지출입권(제27조), ⑤ 협의성립확인신청권(제29조), ⑥ 재결신청권(제28조), ⑦ 대행, 대집행청구권(제44조, 제89조), ⑧ 원시취득권(제45조), ⑨ 이의신청 및 행정쟁송권이 있다.

(2) 의무

① 신분증, 증표제시의무(제13조), ② 타인토지출입 시 손실보상(제9조), ③ 사업인정실효 시 손실보상(제23조), ④ 사업의 폐지, 변경 시 손실보상(제24조), ⑤ 재결신청청구에 응할 의무(제30조), ⑥ 위험부담(제46조), ⑦ 원상회복(제48조), ⑧ 보상금지급의무(제40조)가 있다.

(3) 권리의무의 승계(토지보상법 제5조)

사업시행자 변경 시 권리와 의무는 승계된다. 이는 절차중복을 피하고, 사업의 원활한 시행을 도모, 피수용자의 권리보호에 취지가 인정된다. 사업인정은 특정한 사업시행자에 대한 수용권 부여이기 때문에 대인적 처분의 성격을 지니는 것으로 볼 수 있다. 따라서 사업의 승계가 있다고 하여 당연히 사업시행자의 권리·의무가 승계되는 것으로 볼 수 없으므로, 이를 보완하기 위해 토지보상법 제5조에서는 "권리·의무의 승계"를 규정하고 있다. 따라서 현재 및 장래의 권리자에게 대항할 수 있다.

쟁점 06 피수용자 (A)

1. 의의

피수용자라 함은 수용의 목적물인 재산권의 주체를 말한다. 피수용자는 수용할 토지 또는 물건의 소유자와 그 토지 또는 물건에 대하여 소유권 이외의 권리를 가진 자를 포함한다. 토지보상법상 토지소유자 및 관계인이 피수용자가 된다(제2조 제4호).

2. 토지소유자 및 관계인의 범위

① 수용 또는 사용할 토지의 소유자로서 등기에 관계없이 처분권한이 있는 진실한 소유자를 말한다.

② 관계인이란 토지 소유권 외의 권리를 가진 자나 토지상의 물건의 소유권, 기타 권리를 가진 자를 말한다. 단, 사업인정고시 후 새로운 권리를 취득한 자는 승계인을 제외하고 관계인이 아니다. 관계인에는 토지와 별도로 취득 또는 사용의 대상이 되는 정착물에 대한 소유권이나 수거·철거권 등 실질적 처분권을 가진 자도 포함된다.

> **＊ 심화학습 : 실질적 처분권자**
>
> 공익사업법상 입목, 건물을 제외한 '기타 토지에 정착한 물건(이하 '정착물'이라고 한다)'은 토지의 부합물임
> 을 원칙으로 하는데(대판 2007.1.25, 2005두9583 참조), 그 정착물에 대하여도 공익사업법 제75조 제1항
> 에 따라 이전비로 보상하여야 하고, 그 정착물의 이전이 어렵거나 그 이전으로 인하여 정착물을 종래의
> 목적대로 사용할 수 없게 되거나 정착물의 이전비가 그 물건의 가격을 넘는 경우에는 당해 물건의 가격으로
> 보상하여야 하므로, 공익사업법상 보상대상이 되는 '기타 토지에 정착한 물건에 대한 소유권 그 밖의 권리를
> 가진 관계인'에는 독립하여 거래의 객체가 되는 정착물에 대한 소유권 등을 가진 자뿐 아니라 당해 토지와
> 일체를 이루는 토지의 구성부분이 되었다고 보기 어렵고 거래관념상 토지와 별도로 취득 또는 사용의 대상이
> 되는 정착물에 대한 소유권이나 수거·철거권 등 실질적 처분권을 가진 자도 포함된다(대판 2009.2.12,
> 2008다76112).

3. 피수용자의 권리와 의무

(1) 권리

① 토지출입손해 시, 장해물제거 시 손실보상청구권(제9조, 제12조), ② 재결신청 시 의견을 제시할 수 있는 권리(제31조), ③ 사업인정 시 의견제출권(제21조), ④ 조서작성 시 이의부기권(제27조), ⑤ 재결신청청구권(제30조), ⑥ 환매권(제91조), ⑦ 확장수용청구권(제72조, 제74조 및 제75조의2), ⑧ 원상회복 및 반환청구권(제48조), ⑨ 행정쟁송권이 있다.

(2) 의무

① 토지점유자등 인용의무(제11조), ② 토지 등의 보전의무(제25조), ③ 인도이전의무(제43조)가 있다.

(3) 권리·의무의 승계

피수용자의 권리와 의무가 승계된다.

4. 관계인의 법적 지위

(1) 권리

① 토지출입손해 시, 장해물제거 시 손실보상청구권(제9조, 제12조), ② 재결신청 시 의견을 제시할 수 있는 권리(제31조), ③ 사업인정 시 의견제출권(제21조), ④ 조서작성 시 이의부기권(제27조), ⑤ 재결신청청구권(제30조), ⑥ 환매권(제91조), ⑦ 원상회복 및 반환청구권(제48조), ⑧ 행정쟁송권 외에도 물상대위권(제47조) 및 권리존속청구권(제72조, 제74조 및 제75조의2)이 있다.

(2) 의무

① 토지점유자 등 인용의무(제11조), ② 토지 등의 보전의무(제25조), ③ 인도이전의무(제43조)가 있다.

* 심화학습 : 공무수탁사인

공무수탁사인이란 공행정 사무를 법적 근거에 의해 위탁받아 자신의 이름으로 처리하는 권한을 갖고 있는 행정주체인 사인을 말한다.
① 공무수탁행위가 사법행위인 경우에는 민사상 불법행위책임 또는 채무불이행책임을 민사소송으로 청구할 수 있다.
② 공무수탁사인의 행위가 처분인 경우에는 항고소송으로 다툴 수 있고, 공법상 계약인 경우는 당사자소송으로 다툴 수 있다.
③ 위법한 공행정작용으로 인한 손해에 대하여는 손해배상을 청구할 수 있고, 적법한 공권력 행사로 특별한 손해를 입은 자는 손실보상을 청구할 수 있다.

* 행정주체로서 공무수탁사인(사업시행자)의 법률관계

1. 공무수탁사인과 국가와의 관계
   국가와 공무수탁사인의 관계는 공법상 위임관계에 해당하고 수탁사인은 자신의 책임하에 수탁사무의 수행권 및 위탁자에 대한 비용청구권을 가지며, 경영의무를 진다. 수탁사인은 당연히 위임자인 국가의 감독하에 놓인다.

2. 공무수탁사인과 국민과의 관계
   수탁사인은 행정심판법 및 행정소송법상 행정청에 해당되어 행정행위 등 공법상 행위를 할 수 있고, 이것이 위법한 경우 국민은 수탁사인을 피고로 행정심판, 행정소송을 제기할 수 있으며, 국가나 지방자치단체에 대하여 손해배상을 청구할 수 있다.

쟁점 07 담보권자의 물상대위 (C)

1. 문제점

목적물은 원시취득이므로 유치권, 저당권, 질권의 담보물권이 소멸하게 된다. 소멸되는 담보물권의 보호와 관련하여 물상대위문제가 제기된다.

2. 물상대위권의 내용

(1) 적용요건 및 취지

보상금을 지급하기 전에 압류하여야 하며, 판례는 제3자가 압류해도 무방하다고 한다. 이는 소유권자의 다른 재산과 보상액이 혼입되면 특정성을 잃기 때문이다.

(2) 물상대위의 효력이 미치는 보상의 범위

목적물에 대한 보상금(잔여지보상금 포함)에만 미치며, 일반재산에는 미치지 않는다.

(3) 전세권자의 물상대위문제

1) 문제점

용익물권인 전세권은 담보물권의 성격도 가지므로 물상대위가 인정되는지가 문제된다.

2) 학설 및 검토

긍정설과 부정설의 대립이 있으며 토지보상법 제47조가 담보물권자에 대해서만 한정적으로 물상대위를 인정했다고 보기 어려우므로 권리보호 측면에서 용익물권인 전세권자에게도 물상대위가 인정된다고 보는 것이 타당하다.

3. 불법행위

① 사업시행자가 수용할 토지의 저당권자에게 협의나 통지를 하지 않았다면 위법하다.

② 저당권자로 하여금 적법한 물상대위권을 행사할 기회를 상실하게 한 경우, 기업자의 불법행위 책임을 인정한다.

③ 중앙토지수용위원회가 수용대상 토지의 관계인인 갑의 주소로 송달한 재결서 정본이 반송되자 갑의 실제 주소를 파악하기 위한 기본적인 조치도 없이 곧바로 공시송달의 방법으로 재결서 정본을 송달한 사안에서, 갑이 수용대상 토지의 수용보상금 중 일부에 대하여 물상대위권을 행사할 수 있는 기회를 잃게 됨으로써 피담보채권을 우선변제받지 못하는 손해를 입었다고 보아 국가배상책임을 인정한 바 있다.

4. 결어

기존권리 승계인은 관계인이지만, 사업인정고시 후 새로운 담보물권을 취득한 자는 관계인이 아니므로(토지보상법 제2조 제5호) 해당 채권에 대한 민사소송으로 구제받을 수밖에 없을 것이다.

＊ 원시취득과 평등의 원칙

공공필요에 의한 토지수용에 있어서 수용자가 취득하는 소유권이 담보물권 기타 모든 법적인 제한이 소멸된 완전한 소유권이어야 하는 것은 공익목적을 달성하기 위하여 불가피한 것으로 합리적인 조치라고 할 것이고, 토지수용법 제67조 제1항에 의하여 토지수용으로 인하여 그 토지에 대한 가압류집행의 효력이 상실된다고 하더라도 토지수용 후 그 보상금에 대하여 다시 보전절차를 취할 수 있으므로, 그러한 보전절차를 취하지 아니한 사람과 보전절차를 취한 사람을 동일하게 취급하지 아니한다고 하여 위 규정이 헌법상의 평등권을 침해하는 것이라고 할 수는 없다(대판 2000.7.4, 98다62961).

쟁점 08 공용수용의 목적물 (A)

토지보상법 제3조에서는

① 토지 및 이에 관한 소유권 외의 권리

② 토지와 함께 공익사업을 위하여 필요한 입목, 건물, 그 밖에 토지에 정착된 물건 및 이에 관한 소유권 외의 권리

③ 광업권·어업권·양식업권 또는 물의 사용에 관한 권리[18) 19)]

④ 별도의 경제적 가치가 있는 흙·돌·모래 또는 자갈을 규정하고 있다.

목적물은 공익사업을 위한 제 절차 중 사업인정의 세목고시에 의하여 수용목적물의 범위가 확정된다. 따라서 수용목적물의 범위에 대한 다툼은 사업인정의 다툼으로 이어지게 된다.

◆ 알아두기

목적물의 제한

1. **수용제도 본질상**
   공용수용의 목적물은 헌법상 기본권인 재산권 보호(헌법 제23조 제1항) 측면에서 필요최소한도(헌법 제37조 제2항) 내에서 이루어져야 한다(대판 1987.9.8, 87누395).

2. **세목고시 제한**
   사업인정 시에는 사업의 종류, 사업의 지역 및 수용 또는 사용할 토지의 세목을 고시하여야 하는데, 세목고시에 기재되지 않은 토지 등은 목적물이 될 수 없다. 단, 잔여지는 토지세목에 기재되어 있지 않아도 수용의 목적물이 될 수 있다.

3. **목적물 성질상**
   목적물의 성질상 ① 치외법권 토지, ② 국·공유지, ③ 사업시행자 소유토지, ④ 공익사업에 수용·사용되고 있는 토지(제19조 제2항)는 제한된다.

＊ 하천수 사용권이 손실보상의 대상인지

1. **하천수 사용권의 법적 성질**
   하천법 제33조 및 제50조에 의한 하천의 점용허가 및 하천수 사용권은 해당 하천을 점용하고 하천수를 이용할 수 있는 권리로서 특허에 의한 공물사용권이다. 또한, 하천수의 사용허가 시에 환경부장관은 공익상의 이유로 허가를 거부할 수 있는바 허가는 재량행위이다.

2. **하천수사용권이 손실보상 대상인지 여부**
   하천의 점용허가 및 하천수 사용권은 특정인에게 하천이용권이라는 독점적 권리를 설정하여 주는 처분에 해당하므로, 하천의 관리주체에 대하여 일정한 특별사용을 청구할 수 있는 권리에 해당하고, 독립된 재산적 가치가 인정된다(2014마1404).

---

18) 하천법 제50조에 따른 하천수 사용권이 공익사업을 위한 토지 등의 취득 및 보상에 관한 법률 제76조 제1항에서 손실보상의 대상으로 규정하고 있는 '물의 사용에 관한 권리'에 해당하는지 여부(적극)(2014도11601)

19) '먹는샘물'(생수) 제조에 사용되던 지하수에 대한 이용권이 (구)토지수용법 제2조 제2항 제3호에서 수용대상으로 규정한 '물의 사용에 관한 권리'에 해당하지 않는다(대판 2005.7.29, 2003도2311).

3. 손실보상 방법규정(공법규정)의 흠결과 보충

현행 토지보상법에서는 물의 사용에 관한 권리에 대한 구체적인 보상방법이 결여되어 있다.

(1) 공법규정의 유추적용

행정법규정의 흠결이 있는 경우에는 유사한 법령규정을 적용할 수 있다. 유사한 공법이 있는 경우에는 공법을 우선 적용하며 유추적용을 위해서는 법적 규율이 없는 사안과 법적 규율이 있는 사안 사이에 공통점 또는 유사점이 있어야 할 뿐만 아니라, 법규범의 체계, 입법 의도와 목적 등에 비추어 유추적용이 정당하다고 평가되는 경우이어야 한다(2019다277812).

(2) 사법규정 및 조리

공법이 존재하지 않는 경우에는 사법규정을 적용할 수 있다. 공법도 사법도 없는 경우에는 조리에 의해 판단해야 할 것이다.

(3) 해결

토지보상법 시행규칙 제44조 어업권의 평가방법에 있어서 면허어업의 경우에는 어업면허를 받은 자는 어업권원부에 등록함으로써 어업권을 취득하는데 어업면허는 독점적·배타적으로 어업을 할 수 있는 권리를 설정하여 주는 특허로서의 성격을 가진다. 이는 물의 사용에 관한 권리와 유사한 재산적 가치로 볼 수 있다. 따라서 어업권 평가방법 중 면허어업에 대한 보상방법을 유추적용할 수 있을 것이다(2014도11601).

쟁점 09 확장수용 [A]

1. 의의 및 취지

확장수용이란 사업의 필요를 넘는 재산권의 수용을 말한다. 수용은 최소필요한도 원칙이나 피수용자의 권리보호 및 사업의 원활한 시행을 위하여 취지가 인정된다.

2. 확장수용의 법적 성질

(1) 학설

1) 사법상매매설

확장수용은 피수용자의 청구에 의하여 사업시행자가 피수용자의 재산권을 취득하는 것이므로 사업시행자의 재산권 취득은 피수용자와의 합의에 의하여 이루어지는 사법상의 매매행위라고 한다.

2) 공용수용설

확장수용은 공용수용에 있어서 하나의 특수한 예이기는 하나, 그 본질에 있어서는 일반의 공용수용과 다른 점이 없으므로 공용수용으로 본다.

3) 공법상특별행위설

확장수용은 해당 공익사업의 시행에 있어서 필요한 최소한도를 넘어서 행하여지고 피수용자의 청구에 의하여 이루어지는 점에 비추어 볼 때, 이는 수용이 아닌 일종의 특별한 공법행위라고 한다.

(2) 판례

잔여지수용청구권은 그 요건을 구비한 때에는 토지수용위원회의 조치를 기다릴 것 없이, 청구에 의하여 수용의 효과가 발생하므로 이는 형성권적 성질을 갖는다고 판시한 바 공용수용설의 입장이다.

(3) 검토

확장수용은 피수용자의 청구를 요건으로 하는 사업시행자의 일방적인 권리취득행위로 볼 수 있으므로 그 본질은 다른 일반적인 수용과 다를 바가 없다. 따라서 공용수용설이 타당하다.

3. 확장수용청구권의 법적 성질

확장수용을 공용수용으로 보는 것이 타당하므로 "공권"으로 봄이 타당하다. 잔여지수용청구권은 요건만 구비하면 효과가 발생하는 형성권적 성격을 갖는다.

4. 확장수용의 종류

(1) 사용토지 완전 수용(법 제72조)

사업인정 후 ① 3년 이상 사용, ② 사용으로 인하여 형질변경, ③ 건물이 있는 경우 토지소유자는 사업시행자에게 토지의 매수를 청구하거나, 수용을 청구할 수 있다. 이때 사용은 토지보상법이 정하는 절차에 따라 적법하게 사용되는 것을 의미한다.

(2) 잔여지수용(법 제74조)

잔여지 수용이란 동일한 토지소유자에 속하는 일단의 토지(용도상 불가분) 중 잔여지를 매수 또는 수용청구하는 것을 말한다. 이는 손실보상책임의 일환으로 부여된 것으로서 피수용자의 권리보호에 취지가 인정된다.

(3) 이전갈음수용(법 제75조)

건축물 등은 이전비보상이 원칙이나, ① 이전이 어렵거나 이전으로 종래의 목적으로 사용이 곤란한 경우, ② 이전비가 가격을 넘는 경우 이를 이전에 갈음하여 수용하는 것을 말한다.[20] 이전비랑 대상물건의 유용성을 유지하면서 이를 사업구역 밖으로 이전하는데 소요되는 비용을 의미한다. 이전이 곤란하다는 것은 물리적인 곤란뿐만 아니라 사회, 경제적으로 곤란한 경우 역시 포함된다.

(4) 잔여건축물수용(법 제75조의2 제2항)

동일한 소유자에게 속하는 일단의 건축물의 일부가 협의에 의하여 매수되거나 수용됨으로 인하여 잔여건축물을 종래의 목적에 사용하는 것이 현저히 곤란할 때에는 그 건축물소유자는 사업시

---

20) 종래에는 전자의 경우 해당 물건의 소유자가 수용청구권을 행사할 수 있었고, 후자의 경우에는 사업시행자가 수용청구권을 행사할 수 있도록 규정하고 있었으나, 현행 규정에서는 두 경우 모두 사업시행자가 청구할 수 있도록 규정하고 있다.

행자에게 잔여건축물을 매수하여 줄 것을 청구하는 것을 말한다. 협의 또는 수용 시 잔여건축물을 매수청구, 수용청구하는 것을 말한다.

5. 확장수용 청구거부 시 권리구제

(1) 문제점

확장수용의 결정은 토지수용위원회의 재결에 의해서 결정되므로 재결에 대한 일반적인 불복수단이 적용될 것이다. 이 경우 제85조 제2항의 보상금증감청구소송의 심리범위에 손실보상의 범위가 포함되는지에 따라 실효적인 쟁송형태가 달라지게 된다.

(2) 이의신청(토지보상법 제83조 제1항)

① 재결서 정본 송달일부터 30일 이내에 중앙토지수용위원회에 신청한다. 이는 특별행정심판이며 임의적 절차에 해당된다.

② 잔여지취득의 문제는 손실보상액의 증액에 본질적인 관련이 있다고 보이므로 보상금증액청구의 성격을 갖는 것으로 보는 것이 타당하다.

(3) 행정소송 형태

1) 학설

① 취소소송설 및 무효등확인소송설

보상금증감청구소송은 문언에 충실하게 '보상금액의 다과'만을 대상으로 하며, 확장수용은 수용의 범위문제인바, 먼저 재결에 대해 다투어야 하므로 취소 내지 무효등확인소송을 제기해야 한다고 한다.

② 보증소설

확장수용은 손실보상의 일환으로서 보상금증감청구소송의 취지가 권리구제의 우회방지이고, 손실보상액은 손실보상 대상의 범위에 따라 달라지므로 손실보상의 범위도 보상금증감청구소송의 범위에 포함된다고 본다.

③ 손실보상청구소송설

확장수용청구권은 형성권인바 이에 의해 손실보상청구권이 발생하고, 확장수용청구권의 행사에 의해서 수용의 효과가 발생하므로 이를 공권으로 본다면 공법상 당사자소송으로 손실보상청구를 하여야 한다고 본다.

2) 판례

잔여지수용청구권은 토지소유자에게 손실보상책의 일환으로 부여된 권리이어서 이는 수용할 토지의 범위와 그 보상액을 결정할 수 있는 토지수용위원회에 대하여 토지수용의 보상가액을 다투는 방법에 의하여도 행사할 수 있으며 사업시행자를 피고로 한다.

3) 검토

잔여지보상에 관한 소송은 위법성 여부를 따지는 것이 아니라 보상금과 관련된 사항이므로 분쟁의 일회적 해결을 위해서 보상금증감청구소송이 타당하다.

● 알아두기

물음별 답안작성 방향

1. 보증소가 가능한지 묻는 문제
   ① 긍정설 : 수용의 범위에 따라 보상범위가 달라지므로 정당보상 관점에서 심리범위에 해당한다.
   ② 부정설 : 보증소는 단순히 보상액의 다과만 심리하는 것이다.

2. 어떠한 소송을 제기해야 하는지 묻는 문제
   ① 항고소송설
   ② 보증소설
   ③ 손실보상청구소송설

(4) 민사소송 가능 여부

보상금증액을 구하는 행정소송을 제기해야 하며 곧바로 기업자를 상대로 하여 민사소송으로 잔여지에 대한 보상금의 지급을 구할 수는 없다.

(5) 관련문제(지연손해금)

잔여지 손실보상금 지급의무는 이행기의 정함이 없는 채무로 보는 것이 타당하다. 따라서 잔여지 손실보상금 지급의무의 경우 잔여지의 손실이 현실적으로 발생한 이후로서 잔여지 소유자가 사업시행자에게 이행청구를 한 다음 날부터 그 지연손해금 지급의무가 발생한다.

6. 관련문제(잔여지 가격감소에 대한 권리구제 등)

(1) 잔여지 가격감소

사업시행자는 동일한 소유자에게 속하는 일단의 토지의 일부가 취득되거나 사용됨으로 인하여 잔여지의 가격이 감소한 때에는 그 손실을 보상하되 잔여지의 가격감소분과 잔여지에 대한 공사의 비용을 합한 금액이 잔여지의 가격보다 큰 경우에는 사업시행자는 그 잔여지를 매수할 수 있다.

(2) 잔여지의 가치손실보상의 범위(잔여지 가치감소 유형)

토지 일부의 취득 또는 사용으로 인하여 그 획지조건이나 접근조건 등의 가격형성요인이 변동됨에 따라 발생하는 손실뿐만 아니라 그 취득 또는 사용목적사업의 시행으로 설치되는 시설의 형태·구조·사용 등에 기인하여 발생하는 손실과 수용재결 당시의 현실적 이용상황의 변경 외 장래의 이용가능성이나 거래의 용이성 등에 의한 사용가치 및 교환가치상의 하락 모두가 포함된다(대판 2011.2.24, 2010두23149).

(3) 잔여지 가치손실보상의 요건

잔여지수용청구에서와는 달리 잔여지를 종래의 목적에 사용하는 것이 현저히 곤란한 사정이 인정되지 않는 경우에도 그에 대한 손실보상을 부정할 근거가 없다(대판 1999.5.14, 97누4623).

(4) 구제절차

잔여지 및 잔여건축물의 가격감소 등으로 인한 손실보상을 받기 위해서는 토지보상법 제34조,

제50조 등에 규정된 재결절차를 거친 다음 재결에 대하여 불복이 있는 때에 비로소 토지보상법 제83조 내지 제85조에 따라 권리구제를 받을 수 있을 뿐, 재결절차를 거치지 않은 채 곧바로 사업시행자를 상대로 손실보상을 청구하는 것은 허용되지 않고, 이는 수용대상 건축물에 대하여 재결절차를 거친 경우에도 마찬가지이다(대판 2014.9.24, 2012두24092, 대판 2015.11.12, 2015두2963).

(5) 잔여지 수용청구와 가격감소보상의 관계

공익사업을 위한 토지 등의 취득 및 보상에 관한 법률 제74조에 따른 잔여지수용청구와 제73조에 따른 잔여지의 가격감소로 인한 손실보상청구는 논리적으로 양립할 수 없는 청구로서 선택적 병합은 허용되지 않는다(대판 2014.4.24, 2012두6773).

(6) 기타

① 잔여지를 뺀 수용재결처분이 위법하다는 것을 이유로 한 이의재결취소청구의 소를 잔여지의 가격감소로 인한 손실보상청구의 소로 변경한 경우, 제소기간 준수 여부의 기준은 이의재결 취소청구소송 제기시를 기준한다(대판 1999.10.12, 99두7517).

② 공익사업의 사업시행자가 동일한 소유자에게 속하는 일단의 토지 중 일부를 취득하거나 사용하고 남은 잔여지에 현실적 이용상황 변경 또는 사용가치 및 교환가치의 하락 등이 발생하였으나 그 손실이 토지의 일부가 공익사업에 취득되거나 사용됨으로 인하여 발생한 것이 아닌 경우, 공익사업을 위한 토지 등의 취득 및 보상에 관한 법률 제73조 제1항 본문에 따른 잔여지 손실보상대상에 해당하는지 여부(원칙적 소극) : 잔여지의 손실, 즉 토지의 일부가 접도구역으로 지정·고시됨으로써 일정한 형질변경이나 건축행위가 금지되어 장래의 이용가능성이나 거래의 용이성 등에 비추어 사용가치 및 교환가치가 하락하는 손실은, 고속도로를 건설하는 이 사건 공익사업에 원고들 소유의 일단의 토지 중 일부가 취득되거나 사용됨으로 인하여 발생한 것이 아니라, 그와 별도로 국토교통부장관이 이 사건 잔여지 일부를 접도구역으로 지정·고시한 조치에 기인한 것이므로, 원칙적으로 토지보상법 제73조 제1항에 따른 잔여지 손실보상의 대상에 해당하지 아니한다(대판 2017.7.11, 2017두40860).

> ◉ 알아두기
>
> **잔여지 감가보상 연혁**
>
> 1. **1962.1.15. 토지수용법**
>   잔여지 가격이 감소하는 경우의 손실보상의 평가방법이나 매수대상 잔여지의 구체적인 기준 등에 대한 규정이 없으며, 매수청구의 경우 그 절차를 규정하고 있지 않다는 문제점이 있었다.
>
> 2. **1962.11.12. 댐건설수몰지구용지매수 및 손실보상요강**
>   잔여지의 감가보상 및 공사비보상에 대해서 규정하였으나, 매수보상에 대해서는 규정하고 있지 않다는 문제점이 있었다.
>
> 3. **1971.11.5. 건설사업용지보상규정**
>   잔여지의 매수보상을 신설하였으나, 감가보상이나 공사비보상은 규정하고 있지 않다는 문제점이 있었다.

4. **1975.9.1. 공공사업용지보상규정**
   잔여지의 매수보상·감가보상·공사비보상에 대하여 규정하고 있으나, 잔여지의 요건이나 감가보상의 평가방법 등에 대해서는 규정하고 있지 않다는 문제점이 있었다.

5. **1975.12.31. 공공용지의 취득 및 손실보상에 관한 특례법**
   잔여지 매수의 경우 평가방법에 대하여 규정하고 있었으나, 감가보상 및 공사비보상은 법률에서 직접 규정하고 있지 않다는 문제점이 있었다.

6. **1977.3.21. 공공용지의 보상평가기준에 관한 규칙**
   잔여지 매수보상, 감가보상 및 공사비보상의 평가방법에 대하여 최초로 규정하였으나, 잔여지의 구체적인 판단기준이 없다는 문제점이 있었다.

7. **1990.4.7. 토지수용법**
   잔여지 매수 및 수용청구의 절차를 규정하였으나, 편입토지를 포함하는 일단의 토지 전체의 매수청구나 수용청구만을 인정하여, 편입토지에 대한 보상액을 수령하면 잔여지매수청구가 불가능하도록 규정함으로써 편입토지에 대한 보상액에 이의가 없는 경우에도 잔여지의 매수청구를 위하여 협의에 불응할 수밖에 없게 되었다는 문제점이 있었다. 또한 여전히 잔여지 감가보상에 대한 절차 등은 규정하지 않았다는 문제점이 있었다.

8. **1995.9.26. 손실보상 및 수용업무처리규정**
   매수대상인 잔여지의 판단기준을 규정하였으나, 건설부의 훈령으로 규정하였다는 문제점이 있었다.

9. **1999.2.8. 토지수용법**
   종전에는 수용의 청구를 재결신청의 열람기간 내에 하도록 하였으나, 이를 개정하여 일단의 토지의 일부 수용에 대한 토지수용위원회의 재결이 있기 전까지로 확대하였으며, 나머지는 동일하다.

10. **2003.1.1. 토지보상법**
    종전의 규정과 큰 차이가 없었다.

11. **2008.4.18. 토지보상법**
    현행 규정의 가장 큰 특징은 잔여지의 감가보상 청구기한을 해당 사업의 공사완료일부터 1년까지로 하여 편입토지의 보상과 잔여지의 감가보상을 분리하였다는 점이다. 즉, 법 개정 이전에는 편입토지의 협의보상에 응하거나 재결이 확정된 후에는 잔여지 감가보상만을 별도로 다투지 못하였으나, 개정법률에서는 편입토지의 협의 또는 재결 여부와 관계없이 해당 사업의 공사완료일부터 1년까지는 언제나 잔여지 감가보상을 청구할 수 있도록 하여 국민의 재산권 보장에 보다 충실할 수 있게 되었다. 또한 잔여지의 가격감소분과 잔여지에 대한 공사의 비용을 합한 금액이 잔여지의 가격보다 큰 경우에는 사업시행자는 그 잔여지를 매수할 수 있도록 한 점도 중요한 변화이다.

쟁점 10   사용하는 토지의 완전수용 (A)

1. 의의 및 요건

사업인정 후 ① 3년 이상 사용, ② 사용으로 인하여 형질변경, ③ 건물이 있는 경우 토지소유자는 사업시행자에게 토지의 매수를 청구하거나, 수용을 청구할 수 있다. 이때 사용은 토지보상법이 정하는 절차에 따라 적법하게 사용되는 것을 의미한다.

2. 성질

공용수용효과가 발생하므로 공용수용의 성질을 갖는다.

3. 효과 및 불복

① 원시취득, 관계인은 권리족속청구가 가능하다. ② 완전수용의 절차, 불복은 명문으로 규정되지 않았으나 일반적으로 잔여지수용청구절차에 의하는 것으로 본다.

쟁점 11 잔여지 수용 (A)

1. 의의 및 취지

잔여지 수용이란 동일한 토지소유자에 속하는 일단[21]의 토지(용도상 불가분[22]) 중 잔여지를 매수 또는 수용청구하는 것을 말한다. 이는 손실보상책임의 일환으로 부여된 것으로서 피수용자의 권리보호에 취지가 인정된다.

2. 성질

① 확장수용의 성질을 공용수용으로 보면 공권으로 봄이 타당하다. ② 판례는 요건충족 시에 토지수용위원회의 조치를 기다릴 것 없이 수용의 효과가 발생하는 형성권으로 보고 있다.

3. 요건

(1) 토지보상법 시행령 제39조

① 대지로서 면적이 너무 작거나 부정형 등의 사유로 건축물을 건축할 수 없거나 건축물의 건축이 현저히 곤란한 경우, ② 농지로서 농기계의 진입과 회전이 곤란할 정도로 폭이 좁고 길게 남거나 부정형 등의 사유로 영농이 현저히 곤란한 경우, ③ 공익사업의 시행으로 교통이 두절되어 사용이나 경작이 불가능하게 된 경우, ④ 기타 잔여지를 종래의 목적대로 사용하는 것이 현저히 곤란하다고 인정되는 경우에는 잔여지 수용청구가 가능하다.

(2) 구체적 의미

'종래의 목적'은 수용재결 당시에 그 잔여지가 현실적으로 사용되고 있는 구체적인 용도를 의미하고, '사용하는 것이 현저히 곤란한 때'라고 함은 물리적으로 사용하는 것이 곤란하게 된 경우

---

21) 1필지의 토지만을 가리키는 것이 아니라 일반적인 이용방법에 의한 객관적인 상황이 동일한 수필지의 토지를 포함한다(대판 2017.9.21, 2017두30252).
22) 용도상 불가분의 관계에 있는 경우라 함은 일단의 토지로 이용되고 있는 상황이 사회적·경제적·행정적 측면에서 합리적이고 당해 토지의 가치형성적 측면에서도 타당하다고 인정되는 관계에 있는 경우를 말하며(대판 2005.5.26, 2005두1428), 일시적인 이용상황 등을 고려해서는 안 된다(대판 2017.3.21, 2016두940).

는 물론 사회적, 경제적으로 사용하는 것이 곤란하게 된 경우, 즉 절대적으로 이용 불가능한 경우만이 아니라 이용은 가능하나 많은 비용이 소요되는 경우를 포함한다(2017두30252).

4. 절차

(1) 협의 및 수용청구

① 협의취득은 매수청구하고, ② 수용취득은 사업시행자에게 매수청구하고 불성립 시 공사완료일까지 토지수용위원회에 수용을 청구한다. 잔여지수용청구권의 행사기간은 제척기간으로서, 토지소유자가 그 행사기간 내에 잔여지수용청구권을 행사하지 아니하면 그 권리가 소멸한다.

(2) 수용청구 의사표시의 상대방

원칙적으로 토지수용위원회에 청구해야 한다. 잔여지수용청구의 의사표시를 수령할 권한을 부여하였다고 인정할 만한 사정이 없는 한, 사업시행자에게 한 잔여지매수청구의 의사표시를 관할 토지수용위원회에 한 잔여지수용청구의 의사표시로 볼 수는 없다.

5. 효과

① 사업인정 및 사업인정고시가 의제되고, ② 관계인의 권리보호, ③ 환매권, ④ 잔여지의 원시취득, ⑤ 손실보상의무가 발생한다.

6. 관련문제

① 잔여지의 수용을 청구하기 위하여 늦어도 수용재결 이전까지 일단의 토지에 대한 소유권을 취득하여야 하는 것이고, 수용재결 이후에 그 소유권을 취득한 자는 이를 청구할 수 없다.
② 잔여지가 공유지인 경우도 각 공유자는 그 소유지분에 대하여 각별로 잔여지수용청구를 할 수 있다.
③ 잔여지 가격감소 등으로 인한 손실보상을 받기 위해서는 토지보상법에 규정된 재결절차를 거친 다음 권리구제를 받을 수 있을 뿐이며, 재결절차를 거치지 않은 채 곧바로 사업시행자를 상대로 손실보상을 청구하는 것은 허용되지 않는다.

---

* 심화학습
1. 잔여지의 개념
   잔여지라 함은 동일한 토지소유자에 속하는 일단의 토지 중 일부만이 공공사업에 제공되어 그 잔여토지가 종래의 목적에 사용하는 것이 현저히 곤란한 경우의 토지를 말한다. 이러한 잔여지에 대한 보상은 보통의 수용과는 달리 토지소유자의 청구에 의한다.

2. 잔여지의 요건
   (1) 취득보상의 요건
       ① 동일소유자에 속하는 토지 중 일부가 협의에 의하여 매수되거나 수용
       ② 종래의 목적에 사용하는 것이 현저히 곤란
       ③ 토지소유자가 사업시행자에게 매수청구하거나 관할 토지수용위원회의 수용재결을 청구

---

218 PART 01 공용수용

　　(2) 차액보상의 요건
　　　① 동일소유자에 속하는 일단의 토지 중 일부가 취득 또는 사용
　　　② 잔여지의 가격이 하락
　　　③ 토지소유자의 청구

　　(3) 공사비보상의 요건
　　　① 동일소유자에 속하는 일단의 토지 중 일부가 취득 또는 사용
　　　② 잔여지에 통로·구거·담장 등의 신설 그 밖에 공사가 필요
　　　③ 토지소유자의 청구

3. 잔여지 보상평가 평가기준
　(1) 취득보상 → 일단의 토지 전체 가격 − 공익사업용지로 편입되는 토지의 가격
　(2) 감가보상 → 공익사업용지로 편입되기 전의 잔여지 가격 − 가격이 하락된 잔여지의 평가액
　(3) 공사비보상 → 시설의 설치나 공사에 필요한 비용

쟁점 12　이전갈음수용(사업시행자만 신청가능) (A)

1. 의의 및 요건

건축물 등은 이전비보상이 원칙이나, ① 이전이 어렵거나 이전으로 종래의 목적으로 사용이 곤란한 경우, ② 이전비가 가격을 넘는 경우 이를 이전에 갈음하여 수용하는 것을 말한다.
이전비란 대상물건의 유용성을 유지하면서 이를 사업구역 밖으로 이전하는데 소요되는 비용을 의미한다. 이전이 곤란하다는 것은 물리적인 곤란뿐만 아니라 사회, 경제적으로 곤란한 경우 역시 포함된다.

2. 법적 성질

수용효과가 발생하므로 공용수용의 성질을 가지며, 공권이고 형성권이다.

3. 구제절차

이전갈음수용의 결정도 토지수용위원회의 재결에 의하므로 이에 불복하고자 하는 경우에는 토지보상법 제83조 및 제85조에 따라서 이의신청 및 행정소송을 통한 구제가 가능할 것이다.

쟁점 13 　잔여건축물수용 (A)

1. 의의 및 요건

동일한 소유자에게 속하는 일단의 건축물의 일부가 협의에 의하여 매수되거나 수용됨으로 인하여 잔여건축물을 종래의 목적에 사용하는 것이 현저히 곤란할 때에는 그 건축물소유자는 사업시행자에게 잔여건축물을 매수하여 줄 것을 청구하는 것을 말한다. 협의 또는 수용 시 잔여건축물을 매수청구, 수용청구하는 것을 말한다.

2. 절차

협의에 의하여 매수하거나 수용된 경우에는 사업시행자에게 매수청구를 하며, 사업인정 이후에는 관할 토지수용위원회에 수용을 청구할 수 있다. 이 경우 수용청구는 매수에 관한 협의가 성립되지 아니한 경우에만 하되, 그 사업의 공사완료일까지 하여야 한다.

쟁점 14 　공물의 수용 가능성 (A)

1. 문제점

공물이란 국가, 지방자치단체 등의 행정주체에 의하여 직접 행정목적에 공용된 개개의 유체물을 말한다. 토지보상법 제19조 제2항에서는 특별한 필요가 있는 경우에는 수용할 수 있다고 보는데 ① 용도폐지 여부와, ② 특별한 필요의 해석논의가 있다.

2. 공물이 수용대상인지 여부

(1) 학설

　1) 긍정설

　　공물을 사용하고 있는 기존 사업의 공익성보다 해당 공물을 수용하고자 하는 사업의 공익성이 큰 경우에 해당 공물에 대한 수용이 가능하다고 본다.

　2) 부정설(제한적 긍정설)

　　공물은 이미 공적 목적에 제공되고 있기 때문에, 먼저 공용폐지가 되지 않는 한 수용의 대상이 될 수 없다고 한다. 또한 토지보상법 제19조 제2항에서 말하는 특별한 경우란 명문의 규정이 있는 경우라고 한다.

(2) 판례

　① (구)토지보상법 제5조(현 토지보상법 제19조 제2항)의 제한 이외의 토지에 관하여는 아무런 제한을 하지 않으므로 지방문화재로 지정된 토지와 관련하여 수용의 대상이 된다고 판시한 바 있다.

② 공익사업의 시행자가 요존국유림을 그 사업에 사용할 필요가 있는 경우에 국유림법 등에서 정하는 절차와 방법에 따르지 않고, 이와 별개로 토지보상법에 의한 재결로써 요존국유림의 소유권 또는 사용권을 취득할 수는 없다고 봄이 타당하다.

(3) 검토

공물의 수용가능성을 일률적으로 부정하는 것은 토지보상법 제19조 제2항의 해석상 타당하지 않으므로 공물이라 하더라도 '특별한 필요시'가 인정되는 경우에는 수용이 가능하다고 하여야 할 것이다. 실무상 용도폐지의 선행 후 협의계약에 의한 소유권 이전이 행해지고 있다.

3. 특별한 필요판단(비례의 원칙)

(1) 의의 및 효력

비례의 원칙이란 행정목적과 행정수단 사이에는 합리적인 비례관계가 있어야 한다는 원칙을 말한다. 이에 반하는 행정권 행사는 위법하다. 헌법 제37조 제2항 및 행정기본법 제10조에 근거한다.

(2) 내용

1) 적합성의 원칙

적합성의 원칙이란 행정은 행정목적을 달성하는 데 유효하고 적절한 것이어야 한다는 원칙이다.

2) 필요성의 원칙(최소침해의 원칙)

필요성의 원칙이란 적합한 수단이 여러 가지인 경우에 국민의 권리를 최소한으로 침해하는 수단을 선택하여야 한다는 원칙이다. 행정목적을 달성하는 데 필요한 최소한도에 그칠 것을 말한다.

3) 협의의 비례원칙(상당성의 원칙)

협의의 비례원칙이란 행정작용으로 인한 국민의 이익 침해가 그 행정작용이 의도하는 공익보다 크지 아니할 것을 말한다. 각 이익이 반비례하는 경우 위법을 구성한다.

4) 3원칙의 상호관계

적합성의 원칙, 필요성의 원칙, 그리고 좁은 의미의 비례원칙은 단계구조를 이룬다. 즉, 많은 적합한 수단 중에서도 필요한 수단만이, 필요한 수단 중에서도 상당성 있는 수단만이 선택되어야 한다.

* 생각해볼 문제

1. 기타 관련 판례
   (1) 용도폐지 되지 않은 국유재산을 매각한 경우 그 효력(대판 1992.7.14, 92다12971)
       세무서장이 용도폐지도 되지 않은 국유재산을 잡종재산으로 오인하여 매각한 경우 그 매도행위의
       효력 유무(소극)
   (2) 용도폐지 전의 국가행정재산에 관하여 지방국세청과의 사이에 성립된 수용협의의 효력(대판
       1995.1.24, 94다21221)
       국가 명의의 소유권이전등기(관리청 철도청)가 경료되어 있는 토지가 철도계획선 용지로서 국가
       행정재산이었다가 용도폐지한 잡종재산이라면, 지방국세청이 국가 소유인 그 토지에 관하여 용도
       폐지도 되기 전에 수용협의를 하고 보상금을 수령할 권한이 있다고 보기는 어려우므로, 다른 특별
       한 사정이 없는 한 그 지방국세청과 사이에 성립된 수용협의는 무효라고 하지 않을 수 없다.

2. 풍납토성 보존을 위한 사업인정사건(대판 2019.2.28, 2017두71031[사업인정고시취소])
   해당 사업인정은 문화재(국가유산)으로 지정된 토지를 수용한 사례로서, 문화재로 지정된 토지는 공물
   이나, 해당 사업은 해당 문화재를 보고할 목적의 사업이기에 통상의 공물의 수용가능성 논의에서 판단
   되는 공익간 충돌이 발생되지 않는다. 이미 공익목적에 제공되는 토지를 그 공익실현을 위해서 취득하
   는 것이기 때문이다.
   이러한 경우에 공물의 수용가능성 논의를 할 수 있는지 신중한 판단이 요구된다.

Chapter 03 공용사용의 약식절차

쟁점 15 공용사용 약식절차 [B]

I 개설

공익상 특별한 사유가 발생한 때, 사용의 경우에 한하여 보통절차의 일부를 생략하는 약식절차를 토지보상법 제38조 및 제39조에서 규정하고 있다. 이는 현실적인 필요성에 의해서 인정되는 바 엄격한 절차를 요한다.

II 약식절차

1. 천재지변 시 토지사용

① 천재·지변이나 그 밖의 사변으로 인하여, ② 공공의 안전을 유지하기 위한 공익사업을, ③ 긴급히 시행할 필요가 있는 때에는 사업시행자가 시·군·구청장의, ④ 허가를 받아 타인토지를 6개월 이내에 일시로 사용하는 것을 말한다.

2. 시급을 요하는 토지사용

① 재결이 신청된 토지에 대하여, ② 재결을 기다려서는 재해를 방지하기가 곤란하거나 그 밖에 공공의 이익에 현저한 지장을 초래할 우려가 있다고 인정되는 경우, ③ 사업시행자가 관할 토지수용위원회의 허가를 받아, ④ 담보제공 후 6개월 이내에서 일시로 사용하는 것을 말한다.

III 공통점

1. 취지상의 공통점

토지보상법 제38조의 천재이나 그 밖의 사변으로 인한 사용과, 토지보상법 제39조의 시급을 요하는 경우의 사용은 모두 공익성과 긴급성이 요구된다.

2. 요건상 공통점

① 공용사용인 경우만 인정되고, ② 긴급한 사유가 있어야 한다. ③ 또한 사용에 대한 허가가 필요하다.

3. 효과상 공통점

① 각 사용의 경우 사용기간이 6개월을 넘지 못하고, ② 사전보상의 예외로서 사후보상이 이루어진다. ③ 사용기간이 만료되면 반환 및 원상회복의무가 발생한다.

4. 권리구제상

① 각 허가에 불복할 수 있으나, ② 토지보상법상 불복수단에 관한 규정이 없으므로 일반쟁송법의 적용이 가능할 것이다.

Ⅳ 차이점

1. 사용원인 및 허가권자

① 토지보상법 제38조의 경우에는 천재·지변 등을 원인으로 하지만, 제39조의 경우에는 재해방지 등을 위한 시급을 요하는 경우를 원인으로 한다. ② 토지보상법 제38조는 시·군·구청장이 허가권자이나, 제39조는 토지수용위원회가 허가권자이다.

2. 절차상 차이점

① 토지보상법 제38조는 허가 후, 소유자 등에게 통지하는 절차를 거치지만, ② 토지보상법 제39조는 토지수용위원회의 허가 시에 담보를 제공하여야 한다.

3. 손실보상 차이점

① 토지보상법 제38조는 협의에 의하여 보상액을 산정하되, 협의 불성립 시에는 토지수용위원회에 재결을 신청할 수 있다. 이에 반해 ② 토지보상법 제39조는 토지수용위원회의 재결 전에 토지소유자 및 관계인의 보상청구가 있는 때에는 사업시행자는 자기가 산정한 보상액을 지급해야 하며, 사업시행자가 재결에 의한 보상금의 지급시기까지 지급하지 않으면 담보물의 전부 또는 일부를 취득한다.

Ⅴ 결

약식절차로 인한 침해는 정식절차에 의한 경우보다 침해의 개연성이 크므로 피침해자의 권리보호가 중요하다.

공용수용의 보통절차

타인토지출입 (B)

1. 의의 및 법적 성질

(1) 의의

공익사업의 준비를 위하여 타인이 점유하는 토지에 출입하여 측량, 조사하는 행위를 말한다.

(2) 법적 성질

1) **타인토지출입허가**

① 권리를 설정하는 특허로 보는 견해, ② 자연적 자유회복의 허가로 보는 견해, ③ 억제적 금지의 예외적 해제인 예외적 승인의 견해가 있으나 공용사용의 설정의 효과를 갖는다는 점에서 특허로 봄이 타당하다. 또한 허가 여부를 시·군·구청장이 판단하는 재량행위이다.

2) **타인토지출입**(측량조사행위)

사업시행의 사전자료, 정보 등을 수집하기 위한 권력적 사실행위이자 행정조사라 할 것이다. 또한 공용제한 중 사용제한으로 볼 수 있다.[23]

2. 절차

① 사업의 종류, 출입한 토지의 구역 및 기간을 정하여 특별자치도지사, 시장·군수·구청장의 허가를 받아야 한다. ② 출입하려는 날의 5일 전까지 특별자치도지사, 시장·군수·구청장에게 통지하고, ③ 출입 시에는 증표를 휴대하여야 한다.

3. 효과

① 토지점유자는 정당한 사유 없이 사업시행자의 조사행위를 방해하지 못하는 인용의무가 발생하며(제11조), ② 사업시행자의 측량·조사행위로 인해 발생하는 손실에 대한 손실보상청구권을 행사할 수 있고(제9조 제4항), ③ 사업시행자는 토지 사용기간 만료 시, 반환 및 원상회복의무가 발생한다(제48조). ④ 또한, 특별자치도지사, 시장·군수·구청장의 허가를 받지 아니하고 타인 토지에 출입한 사업시행자 및 인용의무규정에 반하여 사업시행자의 행위를 방해한 토지점유자는 200만원 이하의 벌금에 처하게 된다(제97조).

---

23) 행정조사를 하는 가운데 공무원이 실력행사를 할 수 있다는 견해도 있으나 행정조사 거부 시 벌칙 등 행정상 제재를 위한 규정을 두고 있으므로 실력행사는 부정된다고 봄이 다수견해이다.

4. 실력행사의 가부

(1) 문제점

실력행사에 대한 명문 규정이 존재하지 않는 경우 직접 실력을 행사하여 출입 측량, 조사를 할 수 있는지 문제된다.

(2) 학설 및 검토

긍정설은 제재규정을 두고 있으므로 비례칙 범위 내에서 가능하다고 본다. 부정설은 토지보상법상 벌칙 규정만을 두고 있고 국민의 권익을 과도하게 침해한다는 점에서 부정한다. 실력행사는 명문의 근거가 필요하므로 부정설이 타당하다고 판단된다.

행정기본법 제32조에서는 행정대집행이나 이행강제금 부과의 방법으로는 행정상 의무이행을 확보할 수 없거나 그 실현이 불가능한 경우에 직접강제[24]를 실시할 수 있다고 규정하고 있으나, 직접강제를 적용하기 위해서는 개별법령에 명시적인 근거가 있어야 가능하다고 보아야 할 것이다.

5. 위법한 측량·조사와 그에 따른 사업인정의 효력

(1) 문제점

측량, 조사가 위법한 경우 그러한 정보에 기초하여 내려진 사업인정이 내용상 정확함에도 불구하고 위법을 구성하는지 문제된다.

(2) 학설

① 위법하다고 보는 견해는 적법절차원칙에 의거 위법한 행정조사에 기한 행정행위 역시 위법하다고 본다. ② 적법하다고 보는 견해는 행정조사와 행정행위는 별개의 제도이므로 행정행위는 적법하다고 본다. ③ 위법의 중대성에 따라 판단하는 절충설도 있다.

(3) 판례 및 검토

판례는 위법한 세무조사에 기초한 부가세 부과 처분을 위법하다고 판시하였다. 하지만 행정조사 절차가 경미한 사안에 대해서는 위법하지 않다고 보았다. 〈생각건대〉 적법절차의 원칙 및 국민의 폭넓은 권리구제 측면에서 위법하다고 보는 것이 타당할 것이다.

6. 권리구제

(1) 행정쟁송

출입허가에 불복하는 경우는 행정심판, 행정소송의 제기가 가능할 것이다. 또한 출입조사행위는 권력적 사실행위이므로 그 위법을 이유로 쟁송제기 역시 가능하다.

---

24) 의무자가 행정상 의무를 이행하지 아니하는 경우 행정청이 의무자의 신체나 재산에 실력을 행사하여 그 행정상 의무의 이행이 있었던 것과 같은 상태를 실현하는 것

(2) 손해전보

적법한 측량, 조사행위로 인해 발생하는 손실에 대해서는 손실보상청구권 행사가 가능하다. 만약 위법한 조사로 인해 손해를 입은 경우에는 국가배상법에 따른 손해배상청구가 가능하다.

쟁점 17 장해물 제거 (B)

1. 의의 및 성질

(1) 의의

장해물의 제거란 타인토지에 출입하여 측량·조사함에 있어서 장해물을 제거하거나 시굴하는 것을 말한다.

(2) 법적 성질

1) 장해물 제거 허가

① 권리를 설정하는 특허로 보는 견해, ② 자연적 자유회복의 허가로 보는 견해, ③ 억제적 금지의 예외적 해제인 예외적 승인의 견해가 있으나 공용사용의 설정의 효과를 갖는다는 점에서 특허로 봄이 타당하다. 또한 허가 여부를 시·군·구청장이 판단하는 재량행위이다.

2) 장해물 제거 등

공용제한 중 공용부담으로서 사업제한에 해당한다. 사업제한이란 공익사업의 시행을 위해 타인의 재산권에 가하는 제한을 의미한다.

2. 절차

① 토지소유자 및 점유자의 동의를 받아야 하나, ② 미동의 시에는 특별자치도지사, 시장·군수·구청장의 허가를(허가 시 소유자 및 점유자의 의견청취) 받아서 장해물의 제거 등을 할 수 있으며, ③ 소유자, 점유자에게 3일 전에 통지[서면통지가 원칙이나 말로 할 수 있다(시행령 제3조)]하고 그 신분을 표시하는 증표나 허가증을 휴대·제시하여야 한다.

3. 효과

장해물의 제거는 측량 및 조사행위의 한 내용이므로 토지점유자는 정당한 사유 없이 이를 방해하여서는 안 될 것이다. 장해물의 제거 등을 함으로써 발생한 손실에 대한 손실보상청구권(제12조 제4항), 사용기간 만료 시 반환 및 원상회복의무(제48조), 기타 행정쟁송권이 발생한다. 한편, 토지소유자 및 점유자의 동의를 얻지 아니하거나 특별자치도지사, 시장·군수·구청장의 허가를 받지 아니하고 장해물 등의 제거 등을 한 자는 1년 이하의 징역 또는 1천만원 이하의 벌금에 처하게 된다(제95조의2).

쟁점 18 사업인정 전 협의 (S)

1. 의의 및 필수적 절차인지 여부

목적물 권리에 관한 쌍방의 의사의 합치이며 임의적 절차이다. 토지보상법 제16조에 근거한다.

2. 법적 성질

(1) 공법상계약설

협의 불성립 시 차후에 수용절차가 예정되고 수용에 의한 취득과 동일한 효과가 발생하므로 공법상 계약이라고 본다.

(2) 사법상계약설

당사자의 협의에 의하므로 사법상 매매와 다를 바 없다고 본다.

(3) 판례

판례는 협의취득은 협의에 의하여 사업시행자가 토지 등을 취득하는 것으로서 그 법적 성질의 지급행위는 토지 등의 권리이전에 대한 반대급여의 교부행위에 지나지 아니하므로 그 역시 사법상의 행위라고 볼 수밖에 없다고 판시한 바 있다.

(4) 검토

협의의 원인인 공익사업의 성격상 공법적 성격을 부인할 수는 없으나 매매액, 시기 등이 당사자의 의사합치로 결정되므로 대등한 사경제 지위에서 행하는 사법상 계약으로 본다.

3. 협의절차

(1) 토지조서·물건조서의 작성

사업시행자는 공익사업의 수행을 위하여 사업인정 전에 협의에 의한 토지 등의 취득 또는 사용이 필요한 때에는 토지조서와 물건조서를 작성하여 서명 또는 날인을 하고 토지소유자와 관계인의 서명 또는 날인을 받아야 한다(제14조).

(2) 보상계획의 공고·열람 등

열람 후 토지조서 및 물건조서의 내용에 대하여 이의가 있는 토지소유자 또는 관계인은 사업시행자에게 서면으로 이의를 제기할 수 있다. 다만, 사업시행자가 고의 또는 과실로 토지소유자 또는 관계인에게 보상계획을 통지하지 아니한 경우 해당 토지소유자 또는 관계인은 제16조에 따른 협의가 완료되기 전까지 서면으로 이의를 제기할 수 있다(제15조 제3항). 사업시행자는 해당 토지조서 및 물건조서에 제기된 이의를 부기하고 그 이의가 이유 있다고 인정하는 때에는 적절한 조치를 하여야 한다(제15조 제4항).

(3) 협의 및 계약의 체결

사업시행자는 토지 등에 대한 보상에 관하여 30일 이상의 협의기간을 두고(영 제8조), 토지소유자 및 관계인과 성실하게 협의하여야 한다(제16조). 사업시행자는 협의가 성립된 경우 토지소유자 및 관계인과 계약을 체결하여야 한다(제17조).

4. 협의의 효과

협의에 의하여 계약이 체결되면 사법상 계약의 효과가 발생한다. 사업시행자는 토지소유자 및 관계인에게 보상금을 지급하고 공익사업에 필요한 토지 등을 취득하게 된다. 승계취득으로서 등기를 요하게 된다.

5. 권리구제

협의의 법적 성질에 따라 공법상 계약으로 보는 경우에는 공법상 당사자소송으로, 사법상 계약으로 보는 경우에는 민사소송으로 다툰다.

6. 관련문제

대법원은 사법상 매매인바 손실보상기준에 의하지 않은 매매대금을 정할 수 있다고 한다. 그러나 토지보상법 제1조는 재산권의 적정한 보호를 도모함을 목적으로 하는바 협의취득에도 정당보상이 이루어져야 한다.

쟁점 19 사업인정 전, 후 협의 비교 (S)

1. 서설

협의란 사업시행자와 피수용자가 목적물에 대한 권리취득 및 소멸 등을 위하여 행하는 합의를 말한다. 이는 최소침해행위의 실현 및 사업의 원활한 시행에 취지가 인정된다.

2. 공통점

(1) 제도적 취지

① 임의적 합의를 통한 최소침해원칙을 구현하고, ② 신속한 사업수행을 도모함에 취지가 인정된다.

(2) 협의의 내용

① 협의취득 기간은 특별한 사유가 없으면 30일 이상으로 하여야 하며, ② 협의기간·협의장소 및 협의방법, 보상의 시기·방법·절차 및 금액을 통지하여야 한다. ③ 체결되는 계약의 내용에

는 계약의 해지 또는 변경에 관한 사항과 이에 따르는 보상액의 환수 및 원상복구 등에 관한 사항이 포함되어야 한다.

3. 차이점[① 전 협의, ② 후 협의]

(1) 법적 성질

① 사업인정 전 협의의 경우 판례 및 다수설은 사법상 매매로 보며, ② 사업인정 후 협의의 경우 판례는 사법상 매매로 보나, 다수는 공법상 계약으로 본다.

(2) 절차적 차이

① 사업인정 전 협의는 임의적 절차이나, ② 사업인정 후 협의는 원칙적으로 필수이다. 하지만 사업인정 전에 협의를 거쳤으며 협의내용에 변동이 없는 경우에는 생략이 가능하다.

(3) 내용상 차이

① 사업인정 전 협의의 경우에는 협의성립확인제도가 없으나, ② 사업인정 후 협의의 경우에는 협의성립확인제도가 있다.

(4) 효과상 차이

1) 성립 시 취득효과

① 사업인정 전의 경우에는 사법상 매매이므로 승계취득의 효과가 발생하나, ② 사업인정 후 협의성립확인에 의한 취득은 원시취득의 효과가 발생한다.

2) 불성립 시

① 사업인정 전 협의가 불성립한 경우에는 국토교통부장관에게 사업인정을 신청할 할 수 있으나, ② 사업인정 후 협의가 불성립한 경우에는 관할 토지수용위원회에 재결을 신청할 수 있다.

(5) 권리구제의 차이

① 사업인정 전 협의의 법적 성질을 사법상 매매로 보면 민사소송에 의한 구제를 도모할 수 있으며, ② 사업인정 후 협의의 법적 성질을 사법상 매매로 보는 판례의 태도에 따르면 민사사송으로 권리구제를 도모해야 하나, 공법상 계약으로 보는 견해에 따르면 공법상 당사자소송으로 권리구제를 도모할 수 있을 것이다.

4. 양자의 관계

(1) 양자의 절차상 관계

사업인정 전 협의내용이 사업인정 후 협의의 내용을 구속하는 것은 아니므로, 사업인정 전의 협의 당시에 요구하지 않은 사실에 대해서도 요구할 수 있다.

(2) 생략가능성

사업인정 전 협의내용에 변동이 없고, 당사자가 협의요구를 안하면 사업인정 후 협의는 생략이 가능하다.

> *** 협의 관련 판례**
> - **96다3319**
>   사업인정 전 협의와 후 협의 모두 사법상 계약에 해당
> - **2016두64241**
>   수용재결 이후라도 협의 가능
> - **96다3319**
>   손실보상의 요건을 완화하는 계약 가능
> - **2012다3517**
>   법이 정하는 기준에 따르지 아니하고 손실보상액에 관한 합의를 하였다고 하더라도 그 합의가 착오 등을 이유로 적법하게 취소되지 않는 한 유효하다. 합의가 성립하면 합의 내용대로 구속력이 있고 그 내용이 손실보상의 기준에 맞지 않는다고 하더라도 합의가 적법하게 취소되는 등 특별한 사정이 없는 한 손실보상의 기준에 따른 손실보상금을 청구할 수 없다.

쟁점 20 사업인정 (S)

1. 의의 및 취지(토지보상법 제20조)

사업인정이란 공익사업을 토지 등을 수용 또는 사용할 사업으로 결정하는 것을 말하며(제2조 제7호), ① 사업 전의 공익성 판단, ② 사전적 권리구제(의견청취, 절차참여), ③ 수용행정의 적정화, ④ 피수용자의 권리보호에 취지가 있다.

2. 법적 성질

(1) 처분성(형성행위)

국토교통부장관이 토지보상법 제20조에 따라서 사업인정을 함으로써 수용권이 설정되므로 이는 국민의 권리에 영향을 미치는 처분이다. 판례는 일정한 절차를 거칠 것을 조건으로 수용권을 설정하는 형성행위라고 판시한 바 있다.

> **(1) 형성행위설**
>   사업인정을 받음으로써 수용할 목적물의 범위가 확정되고 수용권으로 하여금 목적물에 관한 현재 및 장래의 권리자에게 대항할 수 있는 일종의 공법상의 권리로서의 효력을 발생시키므로 형성행위라고 본다.
> **(2) 확인행위설**
>   사업인정은 수용대상 사업으로 확인하는 것으로서 수용권이 부여되는 것은 법률규정에 의한 효과라고 본다.

(2) 재량행위성

토지보상법 제20조의 규정상 '… 받아야 한다'고 하여 불명확하나, 국토교통부장관이 사업인정 시에 이해관계인의 의견청취를 거치고 사업과 관련된 제 이익과의 형량을 거치는바 재량행위이다. 공익사업을 위한 필요에 대한 증명책임은 사업시행자에게 있다.

(3) 제3자효 행정행위

사업시행자와 토지소유자에게 수익적, 침익적 효과를 동시에 발생시키는 바 제3자효 행정행위이다.

(4) 고시의 법적 성질

1) 고시의 의의

고시는 기본적으로 대통령령인 「행정업무의 효율적 운영에 관한 규정」이 규정하는 바와 같이 일정한 사실을 일반 국민들에게 알린다는 의미의 통지나 공고의 의미를 내포하고 있다.

2) 검토

사업인정고시는 사업인정의 효력발생요건으로서 사업인정과 결합하여 사업인정의 효력을 발생시키기 위한 절차 및 형식요건으로서 사업인정과 결합하여 원활한 공익사업의 시행을 가능케하는 특허의 성질을 갖는다고 볼 것이다.

3. 사업인정의 요건

(1) 주체

토지보상법상 사업인정의 권한은 국토교통부장관이 갖는다. 이와 별도로 개별법에서 주된 인·허가를 받으면 사업인정이 의제되는 규정을 둔 경우에는 주된 행위의 인·허가권자에게 권한이 있다고 볼 수 있다.

(2) 내용

1) 공익사업에 해당할 것

사업인정의 목적이 구체적인 사업실행을 통한 공익실현에 있으므로 토지보상법 제4조 제1호 내지 제5호의 사업에 해당하여야 한다. 이에 각 개별법에서 사업인정을 의제하는 경우를 포함한다.

2) 사업을 시행할 공익성이 있을 것

사업인정에 관련된 이익을 공익과 사익 사이에서는 물론, 공익 상호 간 및 사익 상호 간에도 정당하게 비교·교량하여야 하고 그 비교·교량은 비례의 원칙에 적합하도록 하여야 한다. 이에 대한 입증책임은 사업시행자에게 있다.

3) 사업시행 의사와 능력을 갖출 것

또한 해당 공익사업을 수행하여 공익을 실현할 의사나 능력이 없는 자에게 타인의 재산권을 공권력적·강제적으로 박탈할 수 있는 수용권을 설정하여 줄 수는 없으므로, 사업시행자에게 해당 공익사업을 수행할 의사와 능력이 있어야 한다는 것도 사업인정의 한 요건이라고 보아야 한다.

> **＊ 일본의 토지수용법상 사업인정 요건**
> ① 사업이 법 제3조(공익사업) 각 호의 1에 규정한 사업일 것
> ② 기업자가 해당사업을 수행할 충분한 의사와 능력을 가진 자일 것
> ③ 사업이 토지의 적정하고도 합리적인 이용에 기여하는 것일 것
> ④ 사업이 토지를 수용 또는 사용할 공익상 필요가 있는 것일 것

(3) 절차

1) 일반적인 경우

사업시행자가 국토교통부장관에게 사업인정을 신청하면 국토교통부장관은 관계기관 및 시·도지사 및 중앙토지수용위원회와 협의를 하고 이해관계인의 의견을 청취해야 한다. 사업인정을 하는 경우에는 지체 없이 그 뜻을 사업시행자, 토지소유자 및 관계인, 관계 시·도지사에게 통지하고 관보에 고시[25]하여야 한다.

2) 의제사업의 경우

사업인정이 있는 것으로 의제되는 공익사업의 허가·인가·승인권자 등은 사업인정이 의제되는 지구지정·사업계획승인 등을 하려는 경우 중앙토지수용위원회와 협의하여야 하며, 사업인정에 이해관계가 있는 자의 의견을 들어야 한다.

3) 토지수용위원회의 협의

중앙토지수용위원회는 협의를 요청받은 경우 30일 이내에 사업인정에 이해관계가 있는 자에 대한 의견수렴절차 이행 여부, 허가·인가·승인대상 사업의 공공성, 수용의 필요성, 그 밖에 대통령령[26]으로 정하는 사항을 검토하여 의견을 제시해야 한다(30일 범위 내에서 연장 가능). 동 기간 내에 의견을 제시하지 아니하는 경우에는 협의가 완료된 것으로 본다.

4) 협의의 법적 성질

① 관계 중앙행정기관 장 등과의 협의의 경우

관계 중앙행정기관 장 등과의 협의를 하라고 규정한 의미는, 해당 사업의 시행에 필요한 자문을 구하라는 것이지 그 의견에 따라 처분을 하라는 의미는 아니므로 이는 자문의 성질을 갖는다고 볼 것이다.

② 중앙토지수용위원회의 협의의 경우

토지수용위원회는 해당 사업의 공공성, 수용의 필요성 및 사업시행자의 수행능력 등을 종합

---

25) 고시의 법적 성질 : ① 특정사실을 알리는 준법률행위로서 통지라는 견해, ② 사업인정과 사업인정고시를 통일적으로 파악하여 특허로 보는 견해가 있다. 고시는 효력발생요건인바 특허로 봄이 타당하다. 관보에 고시한 날이란 관보발행일이라고 할 수 있겠으나, 도달주의원칙에 의하여 관보가 전국 각 보급소에 배포되어 그 수신인을 포함한 일반인이 열람·구독할 수 있는 상태에 놓여진 때를 말한다(대판 1969.11.25, 69누129).
26) 시행령 제11조의2(검토사항)
  1. 해당 공익사업이 근거 법률의 목적, 상위계획 및 시행절차 등에 부합하는지 여부
  2. 사업시행자의 재원 및 해당 공익사업의 근거 법률에 따른 법적 지위 확보 등 사업수행능력 여부

검토하여 의견을 제시해야 하므로 이는 동의(승인)의 법적 성질을 갖는다고 볼 것이다.[27)]

공익성 검토 기준	
사업인정 요건	**공익성 판단기준(항목)**
법령상 전제	토지보상법 제4조 각 호 및 별표에 규정된 사업에 해당하는가?
	개별법에서 정한 수용재결의 신청요건을 갖추었는가?
시행자 의사와 능력	사업을 수행할 정당하고 적극적인 의사를 보유하였는가?
	사업을 수행할 충분한 능력을 구비하였는가?
입법목적 부합성	법령목적, 상위계획·지침, 절차 등에 부합하였는가?
	영업이 수반되는 사업의 경우 대중성·개방성이 있는가?
공익 우월성	사업으로 얻게 되는 공익이 사업으로 잃게 되는 이익보다 우월하다고 볼 수 있는가?
사업계획 합리성	구체적이고 합리적인 계획이라 볼 수 있는가?
수용 필요성	수용방식으로 사업을 수행할 필요가 있는가?
	수용대상 및 범위가 적정한가?
공익 지속성	사업의 정상 시행 및 완공 후 지속적 공익관리가 가능한가?

(4) 형식

행정절차법에 따라 서면으로 사업시행자, 토지소유자 및 관계인, 관계 시·도지사에게 통지하고 사업시행자의 성명이나 명칭, 사업의 종류, 사업지역 및 수용하거나 사용할 토지의 세목을 관보에 고시한다.

4. 사업인정(고시)의 효력

(1) 사업인정고시

사업인정은 고시한 날부터 그 효력이 발생한다. 사업인정고시는 사업인정처분의 한 구성요건으로 절차요건으로 보는 것이 타당하다. 다만, 이는 효력발생요건이기도 하다. 판례는 사업인정고시 절차를 누락한 경우 절차상 위법으로 취소사유에 해당한다고 판시한 바 있다.

(2) 효과

1) 토지수용권 발생

사업인정이 고시됨으로서 사업시행자는 일정한 절차를 거칠 것을 조건으로 목적물을 수용할 수 있는 권한이 부여된다.

---

27) 시행규칙 제9조의3(재협의 요청) 제1항에서는 "국토교통부장관 또는 법 별표에 규정된 법률에 따라 사업인정이 있는 것으로 의제되는 공익사업의 허가·인가·승인권자 등은 법 제21조 제1항 또는 제2항에 따라 중앙토지수용위원회가 사업인정 등에 동의하지 않은 경우에는 이를 보완하여 다시 협의를 요청할 수 있다"고 규정하고 있다. 즉, 동의하지 않는 경우에는 사업인정을 발급하지 않거나 재협의를 요청해야 하는 것으로 볼 수 있으므로 중앙토지수용위원회의 협의는 동의(승인)의 성질을 갖는다고 볼 수 있다.

2) 수용목적물 확정

국토교통부장관이 사업인정을 고시할 때에는 토지세목을 함께 고시해야 한다. 사업인정이 고시되면 수용 또는 사용할 토지의 범위가 특정되며, 사업시행자는 그 범위 내에서 공익사업의 시행에 따른 권리를 행사할 수 있고 현재 또는 장래의 권리자에게 대항할 수 있다(대판 1987.9.8, 87누395).

3) 토지 등의 보전의무

사업인정고시가 된 후에는 누구든지 고시된 토지에 대하여 사업에 지장을 줄 우려가 있는 형질의 변경이나 물건을 손괴하거나 수거하는 행위를 하지 못한다(토지보상법 제25조 제1항).

(3) 토지, 물건의 측량, 조사권 발생

사업인정고시 후 사업시행자나 감정평가를 의뢰받은 감정평가법인 등은 일정한 토지 및 물건에 관한 측량 및 조사권을 부여받는다.

(4) 관계인의 범위 제한

사업인정의 고시가 된 후에 권리를 취득하는 자는 기존의 권리를 승계한 자를 제외하고는 관계인에 포함되지 않는다(토지보상법 제2조 제5호).

(5) 조서의 작성 의무

협의에 의한 취득 또는 사용을 위해 토지조서 및 물건조서를 작성했다고 하더라도 사업인정 이후 조서를 다시 작성하여야 한다. 다만, 변동이 없는 경우에는 생략이 가능하다.

5. 사업인정의 효력소멸

(1) 재결신청기간 해태로 인한 실효(제23조)

① 사업인정 후 1년 이내에 재결신청을 안 하면 1년이 되는 다음 날 실효된다. 이는 ② 해제조건의 성질을 갖는 법정부관의 성질을 갖는다. ③ 사업구역 중 일부에 대한 토지에 대해서만 재결신청을 하지 않은 경우에는 그 일부에 대해서 사업인정의 효력이 상실된다.

---

* 재결신청 해태로 인한 실효

1. 의의 – 제23조 제1항
2. 법적 성질 – 철회와 구별되는 강학상 실효
3. 절차 – 사업인정고시일 1년되는 다음 날 자동실효
4. 효과 – 재결신청 안 한 토지물건의 사업인정 효력 상실
5. 권리구제
   (1) 손실보상 : 성질상 위법작용에 대한 보전인 손해배상의 성질을 갖는다고 보여진다(피수용자가 갖는 국가배상요건 충족의 어려움을 입법적으로 손실보상으로 해결).
   (2) 항고쟁송 : 실효 여부에 다툼이 있는 경우 무효등확인소송을 다투게 된다.

---

6. 관련 판례

　　사업실시계획인가·고시에 포함된 일부 토지에 대하여 도시계획사업의 시행기간 내에 수용재결신청을 하지 아니한 경우, 위 실시계획의 일부 폐지나 변경이 없더라도 그 부분 토지에 대한 실시계획인가의 효력이 상실되는지 여부(적극)(대판 1997.12.26, 97누2191)

(2) 폐지·변경에 의한 실효(제24조)

사업인정고시 후 사업의 전부 또는 일부를 폐지·변경함으로써 토지를 수용 또는 사용할 필요가 없게 된 경우, 시·도지사의 고시가 있으면 사업인정의 효력은 상실한다(사업인정 발령 후의 사유를 이유로 하므로 철회로 볼 수 있다).

---

* 폐지·변경으로 인한 효력상실

1. 의의 – 제24조 제1항
2. 법적 성질 – 폐지·변경고시는 시·도지사의 행위이므로 강학상 철회로 볼 수 있다.
3. 절차 – ① 사업시행자 신고, ② 시·도지사 고시, ③ 시·도지사의 보고
4. 고시의 효과 – 제24조 제5항 : 고시일로부터 효력상실
5. 권리구제
　(1) 손실보상 : 피수용자는 해당 사업의 존속을 청구할 수 없다. 그러나 '신뢰보호의 원칙'을 기초로 피수용자에게 손실보상청구권이 인정될 수 있을 것이며, 이를 입법화한 것으로 보인다.
　(2) 항고쟁송 : 실효 여부에 대하여 다툼이 있는 경우에는 폐지에 관한 고시 또는 변경에 관한 고시를 대상으로 하여 취소소송을 제기하게 된다.

---

(3) 효력소멸에 대한 권리구제

① 실효 및 사업의 폐지·변경으로 인한 손실을 보상해야 한다. ② 실효 여부에 다툼이 있으면 실효확인소송을 제기할 수 있다.

6. 사업인정과 권리구제

(1) 사업시행자 입장에서의 권리구제

1) 사업인정신청에 대한 거부 및 부작위에 대한 권리구제

의무이행심판, 거부처분취소소송, 부작위위법확인소송을 제기할 수 있으며 입법론으로 의무이행소송이 있다. 단, 사업인정 거부에 대한 집행정지신청에 대하여는 신청의 이익이 없으므로 일반적으로 인정되지 않는다.

2) 부관부사업인정에 대한 권리구제

국토교통부장관이 사업인정을 발령하면서 사업인정과 실질적 관련성이 인정되지 않는 기부채납 등의 부관을 부가한 경우에는 부관부사업인정에 대하여 행정쟁송을 제기할 수 있을 것이다.

3) 예방적 금지소송 및 가처분의 가능 여부

판례는 현행 행정소송법상 예방적 금지소송 및 가처분을 인정하고 있지 않고 있다.

4) 사업인정 취소재결에 대한 권리구제

행정심판의 재결에 의해서 사업인정이 취소된 경우에는 사업인정을 받았던 사업시행자는 해당 행정심판의 재결을 다투는 행정소송을 제기할 수 있다. 이는 재결고유의 하자를 다투는 재결소송이 될 것이다.

(2) 피수용자 입장에서의 권리구제
1) 사전적 권리구제

토지보상법 제21조는 사업인정에 있어 미리 이해관계인의 의견을 듣도록 하여 절차적 참여를 통한 사전적 권리구제가 가능하도록 하였다.

2) 사후적 권리구제
가. 사업인정이 적법할 때의 권리구제

적법한 사업인정으로 인하여 당사자에게 특별한 희생이 발생한 경우에는 관계 행정청(사업시행자)에게 손실보상을 청구할 수 있다.

나. 사업인정이 위법한 경우
(가) 행정쟁송

토지보상법에 사업인정불복에 관한 명문규정이 없는바 행정심판법 제3조 및 행정소송법 제8조에 의거하여 행정심판 및 행정소송을 제기할 수 있다. 또한 판결의 실효성 확보를 위하여 일정요건을 충족하는 경우에는 집행정지를 신청할 수 있을 것이다.

① 원고적격

사업인정에 대한 항고소송의 원고적격이 있는 자는 해당 수용절차에 의하여 토지 등이 수용 또는 사용될 염려가 있는 자 및 그 관계인과 간접손실을 받는 자에 한정된다.

② 불복기간

사업인정고시일(사업인정의 효력발생일)에 사업인정이 있었음을 알았다고 보고 불복기간을 기산해야 한다는 견해와, 토지소유자 및 관계인이 통지받은 경우에는 실제로 안 날부터 불복기간을 기산하고 통지받지 못한 경우에는 고시일부터 행정심판은 180일 이내에 행정소송은 1년 이내에 불복을 제기해야 한다는 견해가 있다. 사업인정의 조속한 확정을 위하여 고시일에 사업인정이 있었음을 알았다고 보아야 할 것이다.

(나) 손해배상청구 등

위법한 사업인정으로 인해 손해를 입은 당사자는 국가배상법상에 의한 일정한 요건을 충족하는 경우에 손해배상청구가 가능할 것이다. 또한 공행정작용으로 인하여 야기된 위법한 상태가 계속되어 권익을 침해받고 있다면, 그 위법한 상태를 제거하여 침해 이전의 상태로 회복시켜 줄 것을 청구하는 결과제거청구권의 행사도 고려할 수 있다.

(3) 제3자 입장에서의 권리구제

제3자라 하더라도 법률상 이익이 있다면 원고적격이 인정된다. 환경영향평가 대상지역에 거주하는 주민은 해당 사업계획승인처분을 다툴 원고적격이 있다. 지역 밖의 주민이더라도 수인한도를 넘는 침해를 입증하면 원고적격을 인정받을 수 있다.

7. 관련문제

(1) 사업인정의 구속력

토지수용위원회는 사업인정에 반하는 재결을 할 수 없다. 또한 사업인정을 무의미하게 하는, 즉 사업의 시행이 불가능하게 되는 것과 같은 재결을 행할 수는 없다.

(2) 하자승계

사업인정의 목적은 공익성 판단이고 재결의 목적은 수용의 범위 확정인 바 사업인정의 하자는 재결에 승계되지 않는다. 하지만 사업인정이 당연무효인 경우에는 하자가 당연 승계된다.

(3) 취소 시 효력

사업인정이 취소되면 수용재결은 그 효력을 상실하나, 수용재결이 취소되었다고 하여 사업인정이 취소되어야 하는 것은 아니다.

---

* 손실보상 여부 판단의 기준시점이 사업인정고시일인 이유

손실보상의 대상인지 여부는 토지소유자와 관계인, 일반인이 특정한 지역에서 공익사업이 시행되리라는 점을 알았을 때를 기준으로 판단하여야 한다.

사업인정고시일을 토지소유자 및 관계인에 대한 손실보상 여부 판단의 기준시점으로 규정하고 있는 것은, ① 사업인정을 통해 수용 및 손실보상의 대상이 되는 목적물의 범위가 구체적으로 확정되며, ② 사업인정 사실을 토지소유자 및 관계인에게 통지하고 사업시행자의 성명이나 명칭, 사업의 종류, 사업지역 및 수용하거나 사용할 토지의 세목을 관보에 고시함으로써 토지소유자 및 관계인에게 '사업예정지 안에 있는 물건이나 권리를 해당 공익사업의 시행을 위하여 수용당하거나 사업예정지 밖으로 이전하여야 하고 그에 따라 손실보상을 받을 수 있는 권리를 취득하며, ③ 사업인정고시일 이후로는 사업예정지 안에서 해당 공익사업의 시행에 지장을 줄 우려가 있는 행위를 하지 않을 의무가 발생한다'는 점을 알리는 반면, ④ 사업인정고시일 이후에 발생한 사정변경(권리의 취득, 허가받지 않은 개발행위, 영업의 개시)은 손실보상의 대상에서 배제하여 사업시행자가 해당 공익사업을 효율적으로 수행할 수 있도록 하려는 데에 그 입법취지가 있다(대판 2019.12.12, 2019두47629[영업휴업보상등]).

쟁점 21   사업인정의제제도 (B)

1. 개념 및 취지

공익사업에 관한 실시계획의 승인, 시행인가, 허가, 구역설정 등을 토지보상법상 사업인정으로 의제하는 특례로써 절차간소화를 통한 사업의 신속한 수행에 취지가 있다.

2. 인·허가의제의 근거 및 대상

인·허가의제는 행정기관의 권한에 변경을 가져오므로 법률에 명시적인 근거가 있어야 하며, 인·허가가 의제되는 범위도 법률에 명시되어야 한다. 이에 따라 토지보상법 제4조 및 제4조의 2에서는 토지 등을 수용하거나 사용할 수 있는 사업을 규정하고 있다.

3. 효력

주무행정기관의 신청된 인·허가가 있게 되면 의제되는 인·허가 등을 받은 것으로 본다. 의제되는 인·허가는 법령상 정해진 의제되는 인·허가 전부가 아닐 수도 있다. 신청인이 신청한 범위내에서 인·허가가 의제될 수 있다고 보아야 하며, 이를 명문화하여야 할 것이다.

4. 문제점 및 개선안

(1) 공공성 판단

사업인정을 의제하는 개별법률에는 통상적으로 공익형량과정이 없는 경우가 많으므로 각 개별법에서 사업인정의 의제를 규정하는 경우에는 공·사익형량의 절차를 부여하여야 할 것이다. 이에 따라 토지보상법에서는 중앙토지수용위원회와의 협의를 통해 공공성 판단에 대한 제도적인 절차를 마련하였다.

(2) 사업기간의 장기화

개별법률에서는 공사완료일까지 재결신청이 가능하도록 규정하고 있는데, 이는 수용과 관련된 법률관계의 조속한 확정을 어렵게 한다. 따라서 토지보상법에서 규정하고 있는 재결신청기간을 준용하도록 하여야 할 것이다.

쟁점 22 조서작성 [B]

1. 의의 및 취지

조서작성이란 수용 또는 사용할 토지 및 물건의 내용을 작성하는 문서로서 ① 토지, 물건상황에 대한 분쟁예방 및 ② 토지수용위원회의 심리, 재결을 용이하게 하여 절차진행을 원활하게 함에 목적이 있다.

2. 법적 성질

① 타인토지출입은 수인의무를 부과하는 권력적 사실행위이고, ② 조서작성행위는 비권력적 사실행위이다.

3. 내용

① 사업시행자는 출입허가 없이 측량, 조사할 수 있고(제27조 제1항), ② 출입의 통지(제10조), 인용의무(제11조), 증표휴대(제13조) 규정은 준용되나 장해물제거규정(제12조)은 준용되지 않는다. ③ 사업시행자는 지적도 또는 임야도에 대상물건인 토지를 표시한 용지도를 작성하고 이를 기본으로 토지 및 물건조서를 작성하여 토지소유자 및 관계인의 서명 또는 날인을 받아야 한다.

4. 토지조서 및 물건조서의 효력

(1) 진실의 추정력(제27조 제3항)

토지조서 및 물건조서는 토지소유자 및 관계인이 관여하여 그 진실 여부를 확인하여 작성되기 때문에 ① 열람기간 내에 이의를 제기한 경우와, ② 기재사항이 진실에 반함을 입증한 경우를 제외하고는 조서내용은 일응 진실한 것으로 추정된다.

(2) 하자 있는 조서의 효력

1) 내용상 하자 있는 조서의 효력

물적 상태, 권리관계가 사실과 다를 경우 이를 입증하면 진실의 추정력이 부인된다. 입증책임은 토지소유자에게 있다.

2) 절차상 하자 있는 조서의 효력

서명·날인 누락 시는 조서의 효력이 생기지 않는다. 이의제기가 없었어도 이의를 제기할 수 있다. 단, 피수용자가 추인하는 경우에는 적법하다.

(3) 하자 있는 조서가 재결에 미치는 효력

조서작성의 하자를 이유로 수용재결의 위법을 주장할 수 있는지가 토지·물건조서의 구속력과 관련하여 문제된다.

1) 학설

① 하자 있는 조서에 기초하였으므로 재결도 위법하게 된다는 견해와 ② 조서가 유일한 증거방법이 아니고, 토지수용위원회를 내용상 구속하는 것이 아니므로 재결에 영향을 미치지 않는다는 견해가 있다.

2) 판례

① 조서내용이 사실과 다르다는 주장에도 불구하고 이를 심리하지 않은 경우는 위법하나(내용상 하자), ② 절차상 하자만으로는 수용재결의 당연무효사유가 될 수 없다고 한다. 조서작성에 하자가 있다하여 그것이 곧 수용재결에 영향을 미치는 것은 아니라 할 것이므로 서명날인이 없었다는 사유만으로는 재결의 취소사유로 삼을 수 없다(대판 1993.9.10, 93누5543).[28] 기업자가 토지수용법 소정의 토지조서 및 물건조서를 작성함에 있어서 토지소유자를 입회시켜서 이에 서명날인을 하게 하지 아니하였다는 사유만으로는 이의재결이 위법하다 하여 그 취소의 사유로 삼을 수는 없으니, 그러한 사유가 이의재결의 무효원인이 될 수 없다. ③ 기업자가 토지소유자에게 성의있고 진실하게 설명하여 이해할 수 있도록 협의요청을 하지 아니하였다거나, 협의경위서를 작성함에 있어서 토지소유자의 서명날인을 받지 아니하였다는 하자 역시 절차상의 위법으로서 수용재결 및 이의재결에 대한 당연무효의 사유가 된다고 할 수도 없으므로 이 점에 관한 상고이유의 주장도 이유 없다(2003두12349). ④ 서명날인은 기재의 증명력에 관한 문제이기 때문이다(대판 1990.1.23, 87누947).

3) 검토

조서는 재결의 유일한 증거방법이 아니고 내용상 토지수용위원회를 구속하는 것도 아니다. 조서의 기재 내용이 사실이 아니더라도 토지수용위원회는 의견청취 등을 통해 재결을 결정하므로 조서에 절차상 하자만으로는 재결이 무효라고 볼 수 없을 것이다.

5. 권리구제

(1) 조서작성행위

비권력적 사실행위인바 판례는 처분성을 부정한다.

(2) 타인토지출입행위

타인토지출입조사행위는 권력적 사실행위이므로 소의 대상이 되지만, 조사기간이 매우 짧아서 협의소익이 없는 경우가 대부분이다. 따라서 소를 제기함과 동시에 집행정지를 신청해야 할 것이다.

(3) 손해전보

① 위법한 조사행위로 손해가 발생한 경우라면 손해배상을 청구할 수 있을 것이며, ② 사업시행

---

28) 유일한 증거수단이 아닌 이유 중 하나는 재결 시에 토지수용위원회가 소유자를 불러서 조서내용을 확인할 수 있기 때문이다.

자는 타인이 점유하는 토지에 출입하여 측량·조사함으로써 발생하는 손실을 보상하여야 한다 (제27조 제4항).

(4) 하자 있는 조서에 기초한 재결에 대한 구제

① 내용상 하자 있다는 주장에도 불구하고 이를 심리하지 않은 내용상 하자 있는 조서에 근거한 수용재결은 위법하므로 토지소유자는 이의신청과 취소소송을 제기할 수 있다.

② 절차상 하자는 판례의 태도에 따를 경우 재결에 영향을 미치는 것이 아니므로 재결의 취소사 유로 주장할 수 없을 것이다.

6. 실력행사 가능성(토지출입거부 시 실력행사의 가능성)

(1) 문제점

토지보상법 제97조에서는 정당한 사유없이 토지출입을 거부하거나 방해할 시에 200만원 이하의 벌금을 부과하도록 규정하고 있는데, 이러한 벌칙규정을 실력행사의 근거규정으로 볼 수 있는지가 문제된다.

(2) 학설

① 긍정설은 벌칙규정은 위법을 전제하므로 비례칙 범위 내에서 최소한의 실력행사는 가능하다고 한다. ② 부정설은 벌칙규정은 조사거부 등에 대한 실효성을 확보하기 위한 보장규정인바 부정한다. ③ 절충설은 원칙은 부정하되 조사의 긴급한 필요 시, 다른 수단이 없는 경우, 다른 공공의 생명·신체에 위험을 초래할 가능성이 많은 경우 예외적으로 실력행사가 가능하다고 한다.

(3) 검토(개선안)

명문의 근거 없이 국민의 신체나 재산에 대한 실력행사를 하는 것은 법치주의 원칙에 반하는 것으로 볼 수 있으므로 부정함이 타당하다. 행정기본법 제32조에서는 행정대집행이나 이행강제금 부과의 방법으로는 행정상 의무이행을 확보할 수 없거나 그 실현이 불가능한 경우에 직접강제를 실시할 수 있다고 규정하고 있으나, 직접강제를 적용하기 위해서는 개별법령에 명시적인 근거가 있어야 가능하다고 보아야 할 것이다. 따라서 항공측량, 인근지역에서의 측량, 도면이용 등을 활용해야 한다.

* 위법한 행정조사와 행정행위의 효력

1. 문제소재

   내용은 정확하나 조사행위에 하자가 있는 경우 후행행위가 위법한지가 문제된다.

2. 학설

   ① 적법절차원리에 비추어 위법하다는 견해, ② 행정조사가 전제조건이 아닌 경우에는 별개제도로 볼 수 있으므로 위법하지 않다는 견해, ③ 행정조사에 중대한 위법사유시만 위법하다는 견해가 대립된다.

3. 판례

   세무조사가 과세자료의 수집 또는 신고내용의 정확성 검증이라는 본연의 목적이 아니라 부정한 목적을 위하여 행하여진 것이라면 이는 세무조사에 중대한 위법사유가 있는 경우에 해당하고 이러한 세무조사에 의하여 수집된 과세자료를 기초로 한 과세처분 역시 위법하다. 세무조사가 국가의 과세권을 실현하기 위한 행정조사의 일종으로서 과세자료의 수집 또는 신고내용의 정확성 검증 등을 위하여 필요불가결하며, 종국적으로는 조세의 탈루를 막고 납세자의 성실한 신고를 담보하는 중요한 기능을 수행하더라도 만약 남용이나 오용을 막지 못한다면 납세자의 영업활동 및 사생활의 평온이나 재산권을 침해하고 나아가 과세권의 중립성과 공공성 및 윤리성을 의심받는 결과가 발생할 것이기 때문이다(2016두47659)

4. 검토

   행정조사는 처분을 위한 절차로 볼 수 있으므로 적법절차원리에 비추어 위법하다고 판단된다.

쟁점 23 사업인정 후 협의 (S)

1. 의의 및 취지

사업인정 후 토지 등의 권리취득 등에 대한 양 당사자의 의사의 합치로서 ① 최소침해요청과 ② 사업의 원활한 진행, ③ 피수용자의 의견존중에 취지가 있다.

2. 필수적 절차인지

토지보상법 제26조 제2항에서는 사업인정 전 협의를 거치고 조서변동이 없을 시에 생략할 수 있다고 규정하고 있다.

3. 법적 성질

(1) 견해

① 사업인정 후 협의는 공공기관이 사경제주체로 행하는 사법상 계약의 실질을 가지므로 사법상 법률관계라고 하는 사권설과, ② 사업인정 후 협의는 사업시행자가 수용권주체로서 행하는 공법상 계약이므로 공법상 법률관계라고 하는 공권설이 있다.

(2) 판례

판례도 사경제주체로서 행하는 사법상의 법률행위로 보며, 이는 행정처분이 아니므로 행정소송의 대상이 되지 않는다고 한다.

(3) 검토

사업인정 후 협의는 목적물을 취득하여 사업의 진행을 도모하기 위한 것이므로, 이는 공용수용의 공법상 목적을 달성시키기 위한 절차로 볼 수 있다. 따라서 공법상 법률관계로 보는 것이 타당하다.

4. 협의 성립 절차

(1) 주체 및 절차

사업시행자는 피수용자 전원을 대상으로 하여 ① 조서를 작성하고 보상계획을 공고하여야 하며, ② 보상액산정 후 30일 이상의 기간을 두고 성실하게 협의하여야 한다.

(2) 내용

① 목적물의 범위 및 취득시기와 관련된 계약사항 일반과 계약의 해지·변경 시에 보상액 반환 및 원상회복에 관한 사항을 약정하여야 한다(영 제8조 제4항). ② 협의가 불성립된 경우에는 협의 경위서를 작성하여 토지소유자 등의 서명날인을 받아야 한다.

(3) 협의로 산정된 보상금의 정당성 여부

보상합의는 사법상 계약의 실질을 가지는 것으로서, 손실보상금에 관한 당사자 간의 합의가 성립하면 그 합의 내용대로 구속력이 있고, 합의 내용이 토지보상법에서 정하는 손실보상기준에 맞지 않는다고 하더라도 합의가 적법하게 취소되는 등의 특별한 사정이 없는 한 추가로 토지보상법상 기준에 따른 손실보상금 청구를 할 수는 없다.

5. 협의성립, 불성립의 효과

(1) 협의성립의 효과

협의가 성립되면 계약내용에 따라 목적물을 취득한다. 판례는 협의성립확인이 없으면 승계취득으로 본다.

(2) 불성립의 효과

협의가 불성립되면 사업시행자는 관할 토지수용위원회에 목적물의 수용에 대한 재결을 신청할 수 있으며, 토지소유자는 사업시행자에게 재결을 신청할 것을 청구할 수 있다.

(3) 협의를 결한 재결의 효력

판례는 '기업자가 토지소유자와 협의를 거치지 아니한 하자는 절차상 위법으로서 재결의 취소를 구할 수 있는 사유가 될지언정 당연무효의 사유라고 할 수 없다'고 판시하여 취소사유로 보고 있다(대판 1971.5.24, 70다1459). 협의취득은 계약에 의한 취득이므로 승계취득이 된다. 관계인들의 권리가 그대로 존속된다. 이는 협의를 결한 경우라 하더라도, 수용목적물의 실체적 내용이 달라지지 아니하고, 해당 사업의 공익성 자체에 영향을 주는 것은 아니기 때문이다.

(4) 통지절차를 결한 재결의 효력

사업인정의 고시 후 토지소유자의 권리보호를 위하여 필요한 상당한 기간 동안 기업자와 토지소유자 사이에 토지의 취득조건 등에 관하여 실질적인 협의가 진행된 이상, 협의와 관련된 사항들을 구체적으로 통지한 바가 없다고 하여 그 협의절차에 위법이 있다고 할 수 없으므로 이를 들어 수용재결의 취소를 구하는 사유로 삼을 수 없다(대판 1993.11.26, 93누17669).

6. 협의에 대한 불복

(1) 협의성립확인 전

1) 소송형태

협의의 법적 성질을 사법상 법률관계로 보게 되면 민사소송을 통해서 권리구제를 도모할 수 있을 것이며, 공법상 법률관계로 보면 공법상 당사자소송을 통해서 권리구제를 도모할 수 있을 것이다.

2) 공법규정 흠결 시 사법규정의 유추적용문제(공법상 법률관계로 보는 경우만)

가. 문제점

협의 내용에 착오나 의사표시에 관한 하자가 있는 경우 이를 공법상 계약의 하자로 적용할 수 있는지가 문제된다. 즉, 공법상 계약관계에는 착오에 관한 하자의 내용이 없는바 민법규정을 유추적용할 수 있는지가 문제된다.

나. 사법규정의 적용가능 여부

통설은 공법관계의 성질과 유추적용되는 사법규정의 성질을 고려하여 적용할 수 있다고 보나, 공공적 특성 때문에 일정한 제한을 받는다고 한다.

다. 하자의 유형

① **무효사유한정설**(내용상 하자)

공법상 계약은 처분이 아니므로 공정력이 인정되지 않는다. 따라서 무효의 하자유형만 인정된다고 본다.

② **최소사유포함설**(의사표시상 하자)

공법상 계약도 대등당사자의 의사의 합치에 의하여 성립하므로 의사표시의 착오와 같은 취소사유도 인정된다고 본다.

라. 검토

공법상 계약도 대등당사자의 의사의 합치에 의한 것이므로 착오에 의한 의사표시의 하자를 부정할 이유는 없는 것으로 보인다. 따라서 중요부분의 착오가 있는 경우에는 취소할 수 있을 것이다. 단, 중과실이 있는 경우에는 취소할 수 없다. 판례는 실무상 민사소송으로 다툰다.

(2) 협의성립확인 후

확인의 차단효로 인하여 협의를 다툴 수 없으나, 토지수용위원회의 협의성립확인은 재결로 간주되므로 토지보상법 제83조 및 제85조의 이의신청 및 행정소송으로 확인의 효력을 다투고 난 후에 협의의 내용에 관한 하자(착오)를 다투면 된다.

7. 관련문제

(1) 재결이 있은 후 다시 협의하여 계약을 체결할 수 있는지

토지수용위원회의 수용재결이 있은 후라고 하더라도 토지소유자 등과 사업시행자가 다시 협의하여 토지 등의 취득이나 사용 및 그에 대한 보상에 관하여 임의로 계약을 체결할 수 있다고 보아야 한다.

(2) 위험부담 이전문제

댐건설로 인한 수몰지역 내의 토지를 매수하고 지상임목에 대하여 적절한 보상을 하기로 특약하였다면 보상금이 지급되기 전에 그 입목이 홍수로 멸실되었다고 하더라도 매수 또는 보상하기로 한 자는 이행불능을 이유로 위 보상약정을 해제할 수 없다고 하여 긍정설의 입장이다.

수용목적물에 대한 권리의 소멸과 그에 대한 보상금이 약정되어 있는 상황에서, 토지물건의 소유자 및 관계인에게 수용목적물의 보전책임을 지우는 것은 피수용자의 권익보호 측면에서 바람직하다고 볼 수 없다. 따라서 긍정설이 타당하다.

쟁점 24　협의성립확인 (S)

1. 의의 및 취지(토지보상법 제29조)

협의성립확인이란 협의가 성립한 경우 사업시행자가 수용재결의 신청기간 이내에 해당 토지소유자 및 관계인의 동의를 얻어 관할 토지수용위원회의 확인을 받는 것을 말한다. 이는 ① 계약 불이행에 따른 위험을 방지하고, ② 공익사업의 원활한 진행을 도모함에 취지가 인정된다.

2. 법적 성질

확인으로 보는 견해와 공증으로 보는 견해가 대립한다. 〈생각건대〉 이는 토지수용위원회가 협의성립의 존재 여부를 판단하는 행위로서 당사자의 불안정한 지위를 확고히 하여 원활한 사업수행을 목적으로 하며, 이를 재결로 간주하는 점에 비추어 볼 때 확인으로 보는 것이 타당하다. 또한 확인으로 보게 되면 확인신청이 있으면 확인을 하여야 하는 기속행위로 볼 수 있다.[29]

---

29) 확인과 공증의 차이점 : 공증은 당사자가 사실 또는 법률관계에 대한 내용을 확정하고 이러한 내용이 있음을 공적 권위로서 증명받는 것이고, 확인은 특정 사실 또는 법률관계에 대해서 행정청이 유권적으로 확정하는 행위인 점에서 차이가 있다.

3. 절차

(1) 일반적 절차(제29조 제1항)

사업시행자는 수용재결 신청기간 내에 피수용자의 동의를 얻어 관할 토지수용위원회에 신청하여야 하며, 토지수용위원회는 협의성립확인신청서를 접수한 때에는 지체 없이 이를 공고하고 공고한 날부터 14일 이상 관계서류의 사본을 일반이 열람할 수 있도록 하여야 한다.

(2) 공증에 의한 확인절차(제29조 제3항)

사업시행자가 협의성립확인신청서에 공증인의 공증을 받아 관할 토지수용위원회에 확인을 신청한 때에는 관할 토지수용위원회가 이를 수리함으로써 협의성립이 확인된 것으로 본다. 토지의 진정한 소유자의 동의 없이 공증을 받은 경우에는 토지수용위원회의 수리행위는 위법하게 되고 항고소송으로 취소를 구할 수 있다.

4. 협의성립확인의 효력

(1) 재결효력

사업시행자는 보상금의 지급 또는 공탁을 조건으로 수용목적물을 원시취득하고 피수용자의 의무불이행 시 대행·대집행을 신청할 수 있으며 위험부담이 이전된다. 피수용자는 목적물의 인도·이전의무와 손실보상청구권, 환매권이 발생하게 된다. 또한 계약에 의한 승계취득을 재결에 의한 원시취득으로 전환시키게 된다.

(2) 차단효 발생

협의성립확인이 있으면 사업시행자·토지소유자 및 관계인은 그 확인된 협의의 성립이나 내용에 대하여 다툴 수 없는 확정력이 발생한다. 협의성립확인을 받은 후에도 협의에서 정한 보상일까지 보상금을 지급하지 않으면 재결의 실효규정이 적용되어서 확인행위의 효력은 상실된다고 보아야 할 것이다.

(3) 불가변력

협의성립확인은 관할 토지수용위원회가 공권적으로 확인하는 행위로서 법원의 판결과 유사한 준사법작용으로 볼 수 있다. 따라서 다수견해 및 판례는 확인행위에는 불가변력이 발생한다고 보나 소수견해는 부정한다.

(4) 확인의 실효

협의성립확인을 받은 후에도 협의에서 정한 보상일까지 보상금을 지급하지 않으면 재결의 실효규정(제42조)이 적용되어서 확인행위의 효력은 상실된다고 보아야 할 것이다.

5. 불복절차

(1) 협의성립확인의 경우

협의성립확인이 있게 되면 재결로 간주되므로 토지보상법 제83조 및 제85조에 따라서 이의신청 및 행정소송을 제기할 수 있을 것이다.

(2) 협의 자체에 불복 시

협의성립확인의 차단효로 인해서 확인의 효력을 소멸시킨 후에 협의 자체에 대하여 다툴 수 있다. 협의는 성질에 따라 민사소송 혹은 당사자소송으로 다툴 수 있다.

쟁점 25 협의성립확인과 사업인정 후 협의 비교 [C]

1. 공통점

사업인정 후 협의와 협의성립확인은 효과면에서 손실보상, 환매권, 목적물의 권리이전, 물상대위 등 공용수용의 효과가 발생하는 공통점이 있다.

2. 차이점

(1) 취득형태

목적물의 취득형태와 관련하여 ① 사업인정 후 협의의 법적 성질을 공법상 계약으로 보면 목적물을 원시취득하는 것으로 볼 수 있고, 사법상 계약으로 보면 승계취득하는 것으로 볼 수 있다. ② 협의성립확인이 있게 되면 재결로 간주하므로 목적물에 대한 취득은 원시취득하는 것으로 볼 수 있다.

(2) 권리구제방법

착오를 이유로 다툴 수 있는지에 대해 ① 사업인정 후 협의 시에는 민법규정을 유추적용하여 또는 판례에 따라 민사소송으로 다툴 수 있다. ② 협의성립확인 시에는 차단효로 인하여 협의내용을 직접 다툴 수 없는바, 확인에 대한 효력을 이의신청이나 소송으로 소멸시킨 후 다투어야 한다.

(3) 등기의 유형

① 협의취득의 경우 환매특약등기로서 제3자에게 대항할 수 있으나, ② 확인의 경우는 수용의 등기로서 제3자에게 대항할 수 있다.

3. 양자의 관계

협의는 계약의 성질을 가지고 효력면에서 강제력이 없으므로, 협의효력을 재결의 효력으로 전환시키는 확인제도를 두고 있다. 따라서 협의와 협의성립확인은 당사자 간의 계약을 공법상의 처분으로 전환시키는 관계에 있다고 볼 수 있다.

쟁점 26 재결신청청구권 (S)

1. 의의 및 취지(토지보상법 제30조)

재결신청청구권은 사업인정 후 협의가 성립되지 않은 경우 피수용자가 사업시행자에게 서면으로 재결신청을 조속히 할 것을 청구하는 권리이다. 이는 피수용자에게는 재결신청권을 부여하지 않았으므로 ① 수용법률관계의 조속한 안정과, ② 재결신청지연으로 인한 피수용자의 불이익을 배제하기 위한 것으로 사업시행자와의 형평의 원리에 입각한 제도이다.

2. 사업시행자의 재결신청의 타당성

사업의 원활한 시행 및 사업의 장기화를 방지하기 위해 재결신청권을 사업시행자에게만 부여한 것의 타당성이 인정된다.

---

* 사업시행자에게만 재결신청권을 부여한 것에 대한 타당성

1. 이유
   ① 해당 사업의 공익성은 사업인정단계에서 판단되었으므로 공익사업의 수행을 자신의 계획에 맞추어 진행할 수 있도록 보장하기 위함이다.
   ② 또한 사업인정 이후에도 사정변경 등으로 토지 등이 필요없게 되는 경우도 발생할 수 있기 때문이다.

2. 타당성
   평등권 침해의 논란이 있을 수 있으나 ① 수용 여부 및 수용의 개시일을 선택할 수 있는 재량을 인정하여 원활한 사업시행을 보장할 수 있다는 점, ② 재결신청청구제도와 가산금제도가 규정된 점, ③ 사업인정 고시 후 1년 이내에 재결신청을 하지 않은 경우 실효제도를 두어 재결신청시기에 무제한재량을 부여한 것은 아니라는 점 때문에 타당성이 인정된다고 볼 수 있다.

---

3. 성립요건

(1) 당사자 및 청구형식

① 청구권자는 토지소유자 및 관계인이며, 피청구자는 사업시행자와 대행자이다.
② 청구형식은 엄격한 형식을 요하지 아니하는 서면행위이다.

(2) 청구기간

1) 원칙

토지소유자 등은 사업시행자에게 협의기간 만료일부터 재결신청을 할 수 있는 기간 만료일까지 재결을 신청할 것을 청구할 수 있다.

2) 예외

① 협의불성립 또는 불능 시, ② 사업인정 후 상당기간이 지나도록 사업시행자의 협의통지 없는 경우, ③ 협의불성립이 명백한 경우에는 협의기간이 종료되지 않았더라도 재결신청청구가 가능하다고 본다. 단, 협의기간이 종료되는 시점부터 60일을 기산한다. 이에 대해서 토지

보상법 제30조 제2항에서는 청구가 있은 날부터 60일 이내에 재결을 신청해야 한다고 규정하고 있으므로 기간종료 후부터 기산하는 것은 타당하지 않다는 비판이 있다.

3) 협의기간이 연장된 경우

사업시행자가 협의기간이 종료하기 전에 토지소유자 및 관계인이 재결신청의 청구를 하였으나 사업시행자가 협의기간이 종료하기 전에 협의기간을 연장한 경우, 60일 기간의 기산시점은 당초의 협의기간 만료일이 된다.

4. 재결신청청구의 효과

(1) 재결신청의무

재결신청의 청구를 받은 사업시행자는 재결신청청구가 있는 날부터 60일 이내에 관할 토지수용위원회에 재결을 신청하여야 한다(제30조 제2항). 만약 재결신청을 지연할 만한 특별한 사정이 있는 경우에는 해당 기간에 대한 지연가산금은 발생하지 않는다.

(2) 지연가산금 지급의무

사업시행자의 재결신청이 의무기간인 60일을 넘겨서 이루어진 경우에는 그 지연기간에 대하여 '소송촉진 등에 관한 특례법' 규정에 의한 법정이율을 적용하여 산정한 금액을 관할 토지수용위원회에서 재결한 보상금에 가산하여 지급하여야 한다(제30조 제3항).

협의기간이 끝난 후에 그 청구를 받은 경우에는 그 청구받은 날부터 즉시 기산하나, 협의기간 중에 그 청구를 받은 경우에는 협의기간의 만료일부터 그 청구를 받은 날이 기산된다.

지연가산금은 사업시행자가 정해진 기간 내에 재결신청을 하지 않고 지연한데 대한 제재와 토지소유자 등의 손해에 대한 보전이라는 성격을 아울러 가지고 있다. 그 성질이 보상금에 해당한다.

> * 재결신청기간에 협의기간도 포함되는지 여부(특별한 사정이 있는 경우에 재결신청을 지연하여도 되는지 여부)
>
> 재결이 실효된 이후 사업시행자가 다시 재결을 신청할 경우에는 원칙적으로 다시 보상협의절차를 거칠 필요가 없으므로(대판 2015.2.26, 2012두11287 참조), 재결실효일부터 60일이 지난 다음에는 지연가산금이 발생한다는 것이 원칙이다. 그러나 사업시행자가 재결실효 후 60일 내에 재결신청을 하지 않았더라도, 재결신청을 지연하였다고 볼 수 없는 특별한 사정이 있는 경우에는 그 해당 기간 동안은 지연가산금이 발생하지 않는다고 보아야 한다. 재결실효 후 토지소유자 등과 사업시행자 사이에 보상협의절차를 다시 하기로 합의한 데 따라 그 협의가 진행된 기간은 그와 같은 경우에 속한다고 봄이 타당하다.

---

5. 권리구제

(1) 행정쟁송 가능여부

1) 사업시행자가 손실보상의 대상이 아니라고 하여 거부한 경우

토지수용과 관련하여 사업시행자가 손실보상의 대상이 아니라고 보아 지장물에 대한 보상협의절차를 진행하지 아니하거나 거부하는 경우라면, 토지소유자의 입장에서는 보상의 길을 구할 방법이 없게 되는 것으로 볼 수 있다. 따라서 이러한 경우에는 재결신청청구권의 취지에 비추어 사업시행자를 상대로 관할 토지수용위원회에 재결신청을 하도록 청구할 수 있는 것으로 보아야 할 것이며 이에 대한 거부나 부작위시에는 행정쟁송을 제기할 수 있을 것이다(대판 2011.7.14, 2011두2309).[30)]

> 토지소유자 등의 재결신청에 대한 사업시행자의 거부는 ① 토지소유자 등은 재결절차를 거치지 아니하면 손실보상을 받을 수 없으므로, 재결신청청구에 대한 거부는 토지소유자 등의 손실보상에 관한 권리에 직접적으로 영향을 주는 점, ② 재결신청은 사업시행자에게만 독점적으로 인정되므로 그 신청에 대한 거부는 토지수용위원회에 대해서는 별론으로 하고 적어도 토지소유자 등에 대해서는 우월적 지위에서 하는 권력작용으로 봄이 타당한 점, ③ 토지보상법에서 토지소유자 등에게는 사업시행자에 대한 재결신청청구권이, 사업시행자에게는 그 재결신청청구에 따라 관할 토지수용위원회에 재결신청을 할 의무가 있다고 규정하고 있는 점 등을 고려할 때, 행정주체가 우월적 지위에서 행하는 항고소송의 대상인 처분으로 봄이 타당하다.

2) 수용절차를 개시하지 않은 경우

문화재청장(현 국가유산청장)이 토지조서 및 물건조서를 작성하는 등 위 토지에 대하여 구 공익사업법에 따른 수용절차를 개시한 바 없으므로, 甲에게 문화재청장으로 하여금 관할 토지수용위원회에 재결을 신청할 것을 청구할 법규상의 신청권이 인정된다고 할 수 없어, 위 회신은 항고소송의 대상이 되는 거부처분에 해당하지 않는다고 판시했다(대판 2014.7.10, 2012두22966).

3) 수용절차가 개시된 경우

구체적인 사안에서 토지소유자나 관계인의 재결신청청구가 적법하여 사업시행자가 재결신청을 할 의무가 있는지는 본안에서 사업시행자의 거부처분이나 부작위가 적법한가를 판단하는 단계에서 고려할 요소이지, 소송요건 심사단계에서 고려할 요소가 아니다(대판 2019.8.29, 2018두57865).

(2) 민사소송 가능 여부

판례는 가산금제도 및 사업인정의 실효규정과 그에 따른 손실보상규정을 이유로 민사소송 등에 의한 방법으로 그 이행을 청구할 수 없다고 한다.

(3) 지연가산금에 대한 다툼

판례는 지연가산금은 수용보상금과 함께 재결로 정하도록 규정하고 있으므로 지연가산금에 대한 불복은 보상금증액에 관한 소에 의하여야 한다고 한다.

---

30) 토지소유자 등의 수용재결신청에 대한 사업시행자의 거부(명시적 거부뿐만 아니라 토지수용위원회에 대한 재결신청 시 포함시키지 않는 묵시적 거부)는 토지수용위원회에 대한 재결신청권이 사업시행자에게만 부여되어 있고, 재결신청 거부의 처분성을 부인하면 다른 권리구제수단이 없는 점 등을 고려할 때 토지소유자 등의 권익(손실보상청구권)에 직접 영향을 미치는 것으로 보고 행정소송법상 처분으로 보는 것이 타당하다.

6. 관련문제(재결신청청구제도의 문제점과 개선안)

(1) 재결의 실효와 재결신청효력의 관계

재결이 실효되어도 재결신청은 유효하다는 견해가 있으나 재결신청도 실효된다고 봄이 타당하다.

(2) 재결신청청구제도의 문제점과 개선안

재결신청의무 불이행 시 토지소유자의 권리보호가 우회적이므로 토지수용위원회에 재결신청이 이루어지는 효력을 부여하는 정도로 강화될 필요성이 있다.

(3) 재결의 실효와 사업인정의 효력

재결이 실효되어 사업인정 후 1년 이내에 재결을 신청한 것이 아닌 것으로 되는 경우에는 사업인정도 실효된다.

＊ 재결신청청구권 도입의 입법취지(재결신청청구권과 피수용자의 권리보호)

재결신청청구권은 1971.1.19. 토지수용법 개정(2차) 시에 도입된 제도이다(토지수용법은 1963.4.2, 1971. 1.19, 1981.12.31, 1989.4.1, 1990.4.7 및 1991.12.31에 6차례에 걸쳐 각각 개정되었다. 그 중 제2차 개정만이 피수용자의 권리보호에 중점을 둔 개정이었고, 나머지 5차례의 개정은 행정편의적인 측면에서 기업자 위주의 개정이었다 할 것이다). 그 이전까지는 토지를 수용함에 있어서 보상액은 재결 당시의 인접 토지의 거래가격을 고려한 적정가격으로 산정하여 보상토록 하였다(구 법 제46조).

그러나 기업자에게는 수용토지의 적정가격이라 볼 수 없는, 즉 개발이익을 기대하여 앙등된 투기가격이 포함된 금액을 보상하여야 하는 등 부당한 결과가 초래되고 있었다. 이의 해결책으로 우선 기업자가 국가나 지방자치단체인 경우에는 선진국가에서 시행하고 있는 수용할 토지에 대한 가격의 고시제를 도입하여 사업 인정의 고시가 있은 때를 기준으로 토지가격을 산정토록 함으로써 개발이익이 배제된 적정금액으로 보상하 도록 하여 사실상 토지가격을 고정시키기 위한 것이었다.

종전까지는 개발이익이 포함된 인근 토지의 거래가격을 고려한 적정금액으로 보상을 하였으나, 이 제도의 시행에 따라 개발이익이 배제된 보상금을 그것도 빠른 기간 내 지급받지 못할 경우에 종전의 생활상태를 유지할 수 있도록 하는 대토 등을 마련할 수 없게 될 우려가 있기 때문에 피수용자의 정당보상을 받을 권리를 보장해주기 위하여 재결신청청구권과 예정보상금 우선지급청구권을 새로이 도입하였다(일본에서 1967.7.21. 경제호황에 따른 지가급등에 대한 대책의 일환으로 토지보상액에서의 개발이익을 배제하기 위하여 가격고정제도를 도입(사업인정고시시점 기준)하였고, 개발이익 배제에 따른 피수용자의 정당보상을 받을 권리를 보호하기 위하여 재결신청청구권과 보상금지불청구권을 신설하는 등 제도적 장치를 마련하였 다. 우리나라는 일본의 제도를 일부 변형하여 도입한 것이라고 할 수 있다). 또한 종전까지 2년간의 사업인 정 효력기간을 1년으로 단축하고, 재결신청을 청구함과 동시에 예정보상금 지급의 우선 청구를 할 수 있도 록 하고, 재결신청의 청구를 받은 날부터 2월 이내에 재결신청을 하여야 하며, 예정보상금을 청구받은 기업 자는 1월 이내에 지급토록 하였다(예정보상금을 빠른 기간 내에 받을 수 없도록 하면서 사업인정고시 당시 의 공시지가를 기준으로 하여 산정한 금액으로 보상금을 지급하게 된다면, 정당한 보상을 받을 권리를 침해 하게 될 것이다). 그러나, 기업자가 2월 이내에 재결신청을 하지 않거나 1월 이내에 예정보상액을 지급하지 않을 때에는 지가고시제도를 적용하지 아니하고 인근 토지의 거래가격을 고려한 적정가격으로 보상, 즉 개발이익이 포함된 금액으로 보상받을 수 있도록 하여 피수용자의 정당한 보상을 받을 권리를 보호해 주었 었다(구 법 제46조 제3항).

＊ 피수용자 권리보호제도의 변질

1981.12.31. 토지수용법이 개정(제3차 개정)되면서 동법에 의한 지가고시제도가 국토이용관리법에 의한 기준지가고시제도로 일원화되었으며, 종전까지는 피수용자는 기업자가 산정한 예정보상금을 수령하고 나서도 기업자를 상대로 하여 정당보상금에 대하여 관할 토지수용위원회에서나 법원에서 다툴 수 있었으나, 특별한 개정이유를 밝히지 아니하고 예정보상금 우선지급청구권제도가 삭제되었고, 재결신청청구권제도는 그대로 존속되었다.

그러나 법 개정에 따라 하위법령인 시행령을 개정(1982.8.7, 대통령령 제10883호)하면서 기업자는 사업인정의 고시가 있은 후에 피수용자와 협의하기 위해 협의기간 및 방법을 통지하도록 하였고(영 제15조의2 제1항), 협의기간이 경과 후에 재결신청의 청구를 할 수 있도록 개정되었다(영 제16조의2).

이 제도는 일본의 1967년 토지수용법 개정내용을 사실상 그대로 도입한 것이므로, 이 제도의 정확한 이해를 위하여 일본의 토지수용법상의 관련제도를 먼저 살펴볼 필요가 있겠다.

＊ 일본 토지수용법상 피수용자 권리보호제도

패전 후(1951) 종전 일본의 관료적인 토지수용제도는 상당히 민주적인 제도로 토지수용법이 개정되었으며, 그 후 1960년대의 경기호황과 이에 따른 사회간접자본시설 확충의 필요성과 지가급등대책의 일환으로 공공사업으로 인한 개발이익을 배제하기 위하여 수용토지에 대한 지가산정시점을 수용재결시점에서 사업인정고시시점으로 하도록 개정되었다(1967.7.21). 가격고정제도에 따라 피수용자의 권리를 보호하기 위하여 사업인정고시가 있으면 기업자는 피수용자에게 보상안내의무를 부여하고, 피수용자에게 재결신청청구권과 견적보상금 지불청구권을 신설하여 재결신청청구가 있게 되면 14일 이내에 수용위원회에 재결신청을 하도록 규정하고 있다. 또한 보상금지불청구를 받으면 2월 이내에 기업자의 견적보상금(기업자가 산정한 협의보상금)을 지급하여야 하고, 수용위원회의 재결 시에는 기업자가 우선 지급한 보상금과 재결금액의 차액에 대하여 연 18.25% ~ 6.25%의 지체가산금을 지불하도록 하고 있다. 즉, 사업인정고시가 있은 후에는 보상안내 고지의무, 재결신청청구권 및 보상금지불청구권 등 실질적으로 피수용자를 보호할 수 있는 제도적 장치를 두고 있다.

쟁점 27 토지수용위원회 (B)

I 의의 및 성격

토지수용위원회는 사업시행자의 신청에 의해 수용재결 또는 사용재결 등을 행하는 행정기관이다. 이는 사업시행자와 피수용자 사이의 다툼을 공정·중립된 입장에서 판단·결정하는 준사법적 합의제 행정기관이다.

II 종류 및 관할의 범위

1. 중앙토지수용위원회

국토교통부에 중앙토지수용위원회를 두며 ① 국가 또는 시·도가 사업시행자인 경우와, ② 수용 또는 사용할 토지가 2 이상의 시·도에 걸쳐 있는 사업의 재결에 관한 사항을 관장한다.

2. 지방토지수용위원회

시·도에 지방토지수용위원회를 두며 중앙토지수용위원회 이외의 사업의 재결에 관한 사항을 관장한다.

Ⅲ 토지수용위원회의 구성 및 회의 등

1. 토지수용위원회의 구성

(1) 중앙토지수용위원회

중앙토지수용위원회는 위원장 1명을 포함한 20명 이내의 위원(3년 임기)으로 구성하며 위원장은 국토교통부장관이다.

(2) 지방토지수용위원회

지방토지수용위원회는 위원장 1명을 포함한 20명 이내의 위원(3년 임기)으로 구성한다. 위원장은 시·도지사가 되며, 위원은 시·도지사가 소속 공무원 중에서 임명하는 사람 1명을 포함하여 토지수용에 관한 학식과 경험이 풍부한 사람 중에서 위촉한다.

2. 토지수용위원회의 회의

(1) 중앙토지수용위원회

중앙토지수용위원회의 회의는 위원장이 소집하며, 위원장 및 상임위원 1명과 위원장이 회의마다 지정하는 위원 7명으로 구성한다. 다만, 위원장이 필요하다고 인정하는 경우에는 위원장 및 상임위원을 포함하여 10명 이상 20명 이내로 구성할 수 있다. 구성원 과반수의 출석과 출석위원 과반수의 찬성으로 의결한다.

(2) 지방토지수용위원회

지방토지수용위원회의 회의는 위원장이 소집하며, 위원장과 위원장이 회의마다 지정하는 위원 8명으로 구성한다. 다만, 위원장이 필요하다고 인정하는 경우에는 위원장을 포함하여 10명 이상 20명 이내로 구성할 수 있다. 구성원 과반수의 출석과 출석위원 과반수의 찬성으로 의결한다.

3. 위원의 제척·기피·회피

토지수용위원회의 위원이 사업시행자, 토지소유자 또는 관계인(법인인 경우에는 그 법인의 임원 또는 그 직무를 수행하는 사람) 및 관계인의 배우자·친족 또는 대리인인 경우에는 회의에 참석할 수 없고 사업시행자, 토지소유자 및 관계인은 위원에게 공정한 심리·의결을 기대하기 어려운 사정이 있는 경우에는 그 사유를 적어 기피(忌避)신청을 할 수 있다.

4. 벌칙 적용에서 공무원 의제[제57조의2]

토지수용위원회의 위원 중 공무원이 아닌 사람은 「형법」이나 그 밖의 법률에 따른 벌칙을 적용할 때에는 공무원으로 본다.

IV 재결사항(토지보상법 제50조)

1. 재결내용

① 수용하거나 사용할 토지의 구역 및 사용방법, ② 손실보상, ③ 수용 또는 사용의 개시일과 기간, ④ 그 밖에 이 법 및 다른 법률에서 규정한 사항을 재결사항으로 한다. 토지수용위원회는 사업시행자나 토지소유자 및 관계인이 신청한 범위 안에서 재결해야 하나 손실보상에 있어서는 증액재결을 할 수 있다.

2. 재결서의 구체성

관할 토지수용위원회가 토지에 관하여 사용재결을 하는 경우, 재결서에 사용할 토지의 위치와 면적, 권리자, 손실보상액, 사용 개시일 외에 사용방법, 사용기간을 상대방이 이해할 수 있도록 구체적으로 특정하여야 한다.

지방토지수용위원회가 갑 소유의 토지 중 일부는 수용하고 일부는 사용하는 재결을 하면서 재결서에는 수용대상 토지 외에 사용대상 토지에 관해서도 '수용'한다고만 기재한 사안에서, 사용대상 토지에 관하여는 공익사업을 위한 토지 등의 취득 및 보상에 관한 법률(이하 '토지보상법'이라 한다)에 따라 사업시행자에게 사용권을 부여함으로써 송전선의 선하부지로 사용할 수 있도록 하기 위한 절차가 진행되어 온 점, 재결서의 주문과 이유에는 재결에 의하여 지방토지수용위원회에 설정하여 주고자 하는 사용권이 '구분지상권'이라거나 사용권이 설정될 토지의 구역 및 사용방법, 사용기간 등을 특정할 수 있는 내용이 전혀 기재되어 있지 않아 재결서만으로는 토지소유자인 갑이 자신의 토지 중 어느 부분에 어떠한 내용의 사용제한을 언제까지 받아야 하는지를 특정할 수 없고, 재결로 인하여 토지소유자인 갑이 제한받는 권리의 구체적인 내용이나 범위 등을 알 수 없어 이에 관한 다툼을 방지하기도 어려운 점 등을 종합하면, 위 재결 중 사용대상 토지에 관한 부분은 토지보상법 제50조 제1항에서 정한 사용재결의 기재사항에 관한 요건을 갖추지 못한 흠이 있음에도 사용재결로서 적법하다고 본 원심판단에 법리를 오해한 잘못이 있다고 한 사례(2018두42641)

쟁점 28 재결 (S)

1. 의의 및 취지

재결은 사업시행자로 하여금 토지 또는 토지의 사용권을 취득하도록 하고 사업시행자가 지급하여야 하는 손실보상액을 정하는 결정을 말한다. 이는 공익사업의 원활한 시행을 통한 공공복리 증진과 사인의 재산권 보호에 그 취지가 인정된다.

2. 법적 성질

① 재결은 일정한 법률효과의 발생을 목적으로 하는 형성처분이고, ② 수용목적의 필요성은 사업인정단계에서 판단하므로 토지수용위원회는 재결신청의 요건을 다 갖춘 경우에는 재결을 하여야 하는 기속성이 인정된다. 다만, 보상액에 관하여는 재량성을 갖는다(증액재결이 가능하다). ③ 또한 양 당사자의 이해관계를 독립된 행정기관인 토지수용위원회가 판단·조정하는 행위인 점에서 준사법적 작용이다.

3. 수용재결의 성립

(1) 주체(토지보상법 제49조)

1) 중앙토지수용위원회

국토교통부에 중앙토지수용위원회를 두며, ① 국가 또는 시·도가 사업시행자인 경우와, ② 수용 또는 사용할 토지가 2 이상의 시·도에 걸쳐 있는 사업의 재결에 관한 사항을 관장한다.

2) 지방토지수용위원회

시·도에 지방토지수용위원회를 두며, 중앙토지수용위원회 이외의 사업의 재결에 관한 사항을 관장한다.

(2) 내용(토지보상법 제50조)

① 수용하거나 사용할 토지의 구역 및 사용방법, ② 손실보상, ③ 수용 또는 사용의 개시일과 기간, ④ 그 밖에 이 법 및 다른 법률에서 규정한 사항을 재결사항으로 한다. 토지수용위원회는 사업시행자나 토지소유자 및 관계인이 신청한 범위 안에서 재결해야 하나 손실보상에 있어서는 증액재결을 할 수 있다. 관할 토지수용위원회가 토지에 관하여 사용재결을 하는 경우, 재결서에 사용할 토지의 위치와 면적, 권리자, 손실보상액, 사용 개시일 외에 사용방법, 사용기간을 구체적으로 특정하여야 한다.

(3) 요건 및 절차

토지수용위원회는 재결신청서를 접수한 때에는 지체 없이 이를 공고하고 공고한 날부터 14일 이상 관계서류의 사본을 일반이 열람할 수 있도록 하여야 한다(제31조 제1항). 토지수용위원회는 열람기간이 지났을 때에는 지체 없이 해당 신청에 대한 조사 및 심리를 하여야 하며(제32조 제1항), 심리를 함에 있어서 필요하다고 인정하는 때에는 사업시행자·토지소유자 및 관계인을 출석시켜 그 의견을 진술하게 할 수 있다(제32조 제2항). 토지수용위원회는 심리를 시작한 날부터 14일 이내에 재결을 하여야 하며 특별한 사유가 있을 때에는 14일의 범위에서 한 차례만 연장할 수 있다.

(4) 형식과 도달주의(토지보상법 제34조)

토지수용위원회의 재결은 서면으로 한다. 재결서에는 주문 및 그 이유와 재결일을 적고, 위원장 및 회의에 참석한 위원이 기명날인한 후 그 정본을 사업시행자, 토지소유자 및 관계인에게 송달하여야 한다.

4. 재결의 효력

(1) 재결의 효력

① "수용재결 시"에는 손실보상청구권, 담보물권자의 물상대위권, 인도이전의무, 위험부담이전의 효과가, ② "수용개시일"에는 사업시행자에게는 목적물의 원시취득 및 대행·대집행권, 토지소유자에게는 환매권 등의 효과가 발생한다.

(2) 재결의 하자

1) 재결 전 사업시행자가 무단으로 토지를 사용한 경우

수용의 효력이 발생하기도 전에 기업자가 수용대상토지를 권원 없이 점용한 사실이 있다 하여도 기업자에게 손해배상이나 손실보상의 책임이 발생함은 별론으로 하고 수용재결의 효력에는 아무런 영향이 없다.

2) 실체적 소유권자의 참여 없는 재결

실체적 소유권자의 참여 없이 수용절차가 이루어진 것은 위법이라 하더라도 그 사유만으로 이미 이루어진 수용재결이 당연무효라고는 할 수 없다.

3) 수용권 남용

사업시행자가 해당 공익사업을 수행할 의사나 능력을 상실하였음에도 여전히 그 사업인정에 기하여 수용권을 행사하는 것은 수용권의 공익목적에 반하는 수용권의 남용에 해당하여 허용되지 않는다.

5. 재결의 실효

(1) 보상금을 지급 또는 공탁하지 않은 경우(제42조)

수용 또는 사용의 개시일까지 보상금을 지급 또는 공탁하지 않는 경우에는 재결의 효력은 상실된다. 다만, 판례는 중앙토지수용위원회의 이의재결에서 정한 보상금을 지급, 공탁하지 아니한다 하여 재결이 실효되는 것은 아니라고 한다.

(2) 사업인정이 취소 또는 변경되는 경우(제24조)

재결 이후 수용사용의 시기 이전에 사업인정이 취소 또는 변경되면 그 고시결과에 따라서 재결의 효력은 상실된다. 그러나 보상금의 지급, 공탁이 있은 후에는 이미 수용의 효과가 발생하므로 재결의 효력에는 영향이 없다.

(3) 재결실효의 효과

사업시행자는 재결의 효력이 상실됨으로 인하여 토지소유자 또는 관계인이 입은 손실을 보상하여야 한다(제42조 제2항).

(4) 관련문제

1) 재결의 실효와 재결신청 및 사업인정의 효력과의 관계

판례는 재결이 실효되면 재결신청도 상실된다고 하였다. 다만, 사업인정에 대해서는 여전히 효력이 존재하므로 재결신청기간 내이면 재차 재결신청이 가능할 것이다.

2) 이의재결과의 관계

판례는 수용재결이 실효되면 이를 기초한 이의재결은 위법하지만 절대적 무효는 아니므로 이의재결의 취소 또는 무효등확인소송을 구할 이익이 있다고 한다.

6. 재결의 불복

(1) 이의신청(토지보상법 제83조)

위법, 부당한 재결에 불복이 있는 토지소유자 및 사업시행자가 중앙토지수용위원회에 이의를 신청하는 것이다.

(2) 항고소송(토지보상법 제85조 제1항)

① 재결에 불복하는 사업시행자, 토지소유자 및 관계인은 재결취소소송, ② 무효 또는 실효를 주장하는 경우에는 무효등확인소송을 제기할 수 있다.

(3) 보상금증감청구소송(토지보상법 제85조 제2항)

보상금의 증감에 대한 소송으로서 사업시행자, 토지소유자는 각각 피고로 제기하며, ① 보상재결의 취소 없이 보상금과 관련된 분쟁을 일회적으로 해결하여, ② 신속한 권리구제를 도모함에 취지가 있다.

7. 관련문제(사업인정과 재결의 관계)

① 양자는 목적이 상이하므로 사업인정의 하자는 재결에 승계되지 아니한다. 다만, 사업인정이 무효인 경우에는 당연 승계된다.

② 사업인정의 판단, 즉 사업의 공공필요성에 대한 판단은 토지수용위원회를 구속한다. 따라서 토지수용위원회는 사업인정에 반하는 재결을 할 수 없다. 또한, 사업의 시행이 불가능하게 되는 것과 같은 재결을 행할 수는 없다.

③ 사업인정 이후에 사업시행자가 사업수행의사나 능력을 상실한 경우에는 그 사업인정에 기하여 수용권을 행사하는 것은 공익목적에 반하는 수용권의 남용에 해당하여 허용되지 않는다.

④ 사업인정이 취소되면 수용재결은 효력을 상실한다. 그러나, 수용재결이 취소되었다고 하여 사업인정이 취소되어야 하는 것은 아니다. 사업인정에 대한 취소소송과 수용재결에 대한 취소소송은 관련청구소송으로 병합할 수 있다.

> * 토지보상법상 재결 유형
>
> 1. 제9조 재결
>   제9조(사업 준비를 위한 출입의 허가 등)
>   제12조(장해물 제거등)
>   제23조(사업인정의 실효)
>   제24조(사업의 폐지 및 변경)
>   제27조(토지 및 물건에 관한 조사권 등)
>   제38조(천재지변 시의 토지의 사용)
>   제42조(재결의 실효)
>   제73조(잔여지의 손실과 공사비 보상)
>   제75조의2(잔여 건축물의 손실에 대한 보상 등) → 가격감소에 대한 보상
>
> 2. 제34조 재결
>   편입되는 토지 및 지장물 등
>
> 3. 각 조문에서 재결을 규정하고 있는 경우
>   제72조(사용하는 토지의 매수청구 등)
>   제74조(잔여지 등의 매수 및 수용 청구)
>   제75조(건축물등 물건에 대한 보상)
>   제75조의2(잔여 건축물의 손실에 대한 보상 등)
>
> 4. 80조 재결
>   제79조(그 밖의 토지에 관한 비용보상 등) → 지구 밖 손실보상 및 기타비용보상
> * 상기 재결은 모두 제83조 및 제85조의 불복절차가 적용된다.

쟁점 29 　재결의 경정과 유탈 (B)

1. 재결의 유탈(제37조)

토지수용위원회가 신청의 일부에 대한 재결을 빠뜨린 때에는 그 빠뜨린 부분의 신청은 계속하여 해당 토지수용위원회에 계속된다. 유탈된 부분에 대해서는 추가재결을 하게 된다.

2. 재결의 경정(제36조)

(1) 의의 및 취지

준사법적 결정행위로서의 재결은 불가변력으로 인해 행정쟁송을 통해서만 해당 재결을 다툴 수 있는데 재결에 명백한 오류(계산, 기재상)가 있는 경우에는 민사소송의 경정결정제도를 인정하여 간단하게 바로 잡는 제도가 경정재결이다.

(2) 내용

재결에 계산상 또는 기재상의 잘못 그 밖의 이와 유사한 잘못이 있는 것이 명백한 때에는 토지수

용위원회는 직권 또는 당사자의 신청에 의하여 경정재결을 할 수 있다(제36조 제1항). 경정재결은 원재결서 원본과 정본에 부기하되 정본에 부기할 수 없는 때에는 경정재결의 정본을 작성하여 당사자에게 송달하여야 한다.

(3) 경정재결의 효력 및 불복

① 원재결의 일부를 취소하는 별개의 재결의 성질을 갖고 소급효를 갖는다.
② 경정재결도 재결이므로 토지보상법 제83조 및 제85조에 의한 불복이 가능하다.

쟁점 30 위험부담 이전문제 (D)

1. 문제점

토지보상법 제46조의 위험부담은 민법상 채무자 위험부담[31]의 특례이며, 재결이 있은 후의 위험부담 이전을 규정하고 있다. 이러한 규정이 재결 전에도 적용될 수 있는지가 문제된다.

2. 위험부담(토지보상법 제46조)

(1) 의의(요건)

토지수용위원회의 재결이 있은 후, 수용할 토지나 물건이 소유자 및 관계인의 고의·과실 없이 멸실, 훼손된 경우 그로 인한 손실은 사업시행자가 부담한다.

(2) 범위 및 효과

목적물이 멸실, 훼손된 경우에 한하고 가격하락에는 적용되지 않는다. 사업시행자는 보상액의 감면이나 면제를 주장할 수 없다.

3. 재결 전 준용가능여부

(1) 학설

① 긍정설은 제46조 규정의 취지는 민법상 채무자 위험부담의 특례이며, 피수용자의 귀책사유가 없는 경우에 피수용자를 보호하기 위한 규정이므로, 동 규정을 재결 전에도 적용할 수 있다고 본다. ② 부정설은 제46조에서 재결 후를 규정하고 있으므로 재결 전에는 적용할 수 없다고 한다.

(2) 판례

판례는 '댐건설로 인한 수몰지역 내의 토지를 매수하고 지상임목에 대하여 적절한 보상을 하기로 특약하였다면 보상금이 지급되기 전에 그 입목이 홍수로 멸실되었다고 하더라도 매수 또는

---

31) 민법 제537조(채무자위험부담주의) 쌍무계약의 당사자 일방의 채무가 당사자 쌍방의 책임없는 사유로 이행할 수 없게 된 때에는 채무자는 상대방의 이행을 청구하지 못한다.

보상하기로 한 자는 이행불능을 이유로 위 보상약정을 해제할 수 없다(대판 1977.12.27, 76다1472)'
고 하여 긍정설의 입장이다.

(3) 검토

수용목적물에 대한 권리의 소멸과 그에 대한 보상금이 약정되어 있는 상황에서, 토지물건의 소
유자 및 관계인에게 수용목적물의 보전책임을 지우는 것은 피수용자의 권익보호 측면에서 바람
직하다고 볼 수 없다. 따라서 긍정설이 타당하다.

쟁점 31 재결 이의신청 (S)

1. 의의 및 성격

관할 토지수용위원회의 위법, 부당한 재결에 불복이 있는 토지소유자 및 사업시행자가 중앙토
지수용위원회에 이의를 신청하는 것으로서 특별법상 행정심판에 해당하며, 제83조에서 '할 수
있다'고 규정하여 임의주의 성격을 갖는다.

2. 요건 및 효과

① 수용, 보상재결에 이의가 있는 경우에, 사업시행자 및 토지소유자는 재결서 정본을 받은 날로
터 30일 이내에 처분청을 경유하여 중앙토지수용위원회에 이의를 신청할 수 있다. 이 경우 판례
는 30일의 기간은 전문성, 특수성을 고려하여 수용의 신속을 기하기 위한 것으로 합당하다고 한
다. 또한 ② 이의신청은 사업의 진행 및 토지의 사용, 수용을 정지시키지 아니한다(제88조). ③
만약, 재결서 정본이 통지되지 않았다면 행정쟁송법상 재결일로부터 180일의 기간이 적용되어야
할 것이다.

3. 이의신청의 대상

이의신청의 대상은 토지수용위원회의 재결이다. 토지수용위원회의 재결은 수용재결부분과 보상
재결부분으로 분리될 수 있는데, 수용재결부분과 보상재결부분 중 한 부분만에 불복이 있는 경
우에도 토지수용위원회의 재결 자체가 이의신청의 대상이 된다.

4. 재결 및 재결의 효력

① 재결이 위법 또는 부당하다고 인정하는 때에는 그 재결의 전부 또는 일부를 취소하거나 보상
액을 변경할 수 있다. ② 보상금 증액 시 재결서 정본을 받은 날부터 30일 이내에 사업시행자는
증액된 보상금을 지급해야 한다. ③ 쟁송기간 경과 등으로 이의재결이 확정된 경우에는 민사소
송법상의 확정판결이 있는 것으로 보고 재결서 정본은 집행력 있는 판결의 정본과 동일한 효력
을 갖는 것으로 본다.

5. 이의재결에서 증액된 보상금에 지연가산금이 발생하는지 여부

(1) 학설

① 이의재결에 의해 결정된 보상액이 이의재결시점에 확정되기 때문에 지연이자가 발생하지 않는다는 견해와 ② 수용시기에 소급해서 발생하므로 발생한다고 보는 견해가 대립한다.

(2) 판례

① 구) 토지수용법상 이의재결전치주의가 적용되던 경우에는 "토지수용으로 인한 사업시행자의 손실보상금지급의무는 그 수용시기로부터 발생하고, 구체적인 손실보상금액이 재결이나 행정소송의 절차에 의하여 현실적으로 확정되어진다 하여 달리 볼 것이 아니며, 재결절차에서 정한 보상액과 행정소송절차에서 정한 보상액과의 차액 역시 수용과 대가관계에 있는 손실보상의 일부이므로 위 차액이 수용의 시기에 지급되지 않은 이상, 이에 대하여는 지연손해금이 발생한다(대법 1992.9.14, 91누11254)"고 판시한 바 있다.

② 최근 판례는 현행 토지보상법상 "사업시행자가 수용재결에 불복하여 이의신청을 한 후 다시 이의재결에 불복하여 행정소송을 제기하였으나 행정소송이 각하·기각 또는 취하된 경우, 지연가산금에 관한 공익사업을 위한 토지 등의 취득 및 보상에 관한 법률 제87조 제1호가 적용되는지 문제된 사안에서, 위 경우 공익사업을 위한 토지 등의 취득 및 보상에 관한 법률 제87조 제2호가 적용되어 사업시행자는 이의재결서 정본을 받은 날부터 판결일 또는 취하일까지의 기간에 대하여 지연가산금을 지급할 의무가 있고, 위 경우에까지 공익사업을 위한 토지 등의 취득 및 보상에 관한 법률 제87조 제1호가 동시에 적용되지 않는다(2021두57667)"고 판시하여 이의재결에서 증액된 보상금에 대해서는 이의재결서 정본 송달일부터 지연가산금이 발생한다고 보아야 할 것이다.

(3) 검토

토지보상법의 취지에 의거 지연가산금이 발생한다고 봄이 타당하다.

6. 기타

이의신청은 개별적으로 신청하는 것이므로 이의신청의 효력이 다른 공유자에게까지 미치지 아니한다(대판 1992.6.9, 92누565). 이의재결 후에 도시계획이 변경되어 수용대상이 축소되었다고 해도 이의재결이 위법하게 되는 것은 아니다(대판 1991.9.10, 90누5153).

쟁점 32 재결 항고소송 [S]

1. 의의 및 유형

① 재결에 불복하는 사업시행자, 토지소유자 및 관계인은 재결취소소송, ② 무효 또는 실효를 주장하는 경우에는 무효등확인소송을 제기할 수 있다.

2. 제기요건 및 효과

(1) 요건

재결서 정본을 받은 날부터 90일, 이의재결서 정본을 받은 날부터 60일 내에 각각 소송을 제기할 수 있다고 규정되므로 ① 1차수용재결의 관할 토지수용위원회를 피고로, ② 원처분(제34조 재결)을 대상으로, ③ 부동산 및 피고 소재지의 행정법원에 소를 제기할 수 있다.

(2) 효과(제88조)

행정소송의 제기는 사업의 진행 및 수용 또는 사용의 효과를 정지시키지 않는다.

3. 항고소송의 대상

행정소송법 제19조의 일반원칙에 따라 수용재결을 소의 대상으로 하되, 이의신청 후 이의재결에 불복하여 항고소송을 제기할 수 있는 경우는 이의재결 자체의 고유한 위법이 인정되는 경우가 될 것이다.

4. 심리 및 판결

법원은 불고불리원칙에 따라 원재결의 위법을 심리하여 기각·인용판결을 하게 되며, 원고의 청구가 이유 있다고 인정되더라도 현저히 공익을 해하는 경우 사정판결을 할 수 있다.

5. 판결의 효력

인용판결이 있게 되면 소송당사자와 관할 토지수용위원회를 판결의 내용에 따라 구속하며(소송법 제30조), 사업시행자가 행정소송을 제기하였으나 그 소송이 각하, 기각 또는 취소된 경우에는 법정이율을 적용하여 산정한 금액을 보상금에 가산하여 지급하여야 한다(제87조).(재결서 정본을 받은 날부터 각하, 기각, 취소된 날까지)[32]

---

32) 공용수용에 의하여 강제적으로 목적물을 취득하는 사업시행자로 하여금 보상금의 지급을 지연시킬 목적 등으로 행정소송을 남용하는 것을 방지하고, 사업시행자의 일방적인 행정소송으로 인해 피수용자인 토지소유자가 보상금을 수령하지 못하는 기간 동안의 손해를 보전함으로써, 토지소유자의 재산권 등 권익을 보호하고 사업시행자와 토지소유자 간의 형평을 도모하려는 데에 있는바, 재결보상금과 지연가산금을 달리 취급하여 지연가산금의 경우에만 행정소송으로 인해 수령하지 못하는 기간 동안의 손해를 보전해주지 않는 것은 위 입법취지에 반하는 해석이라 할 것이다. 따라서 토지보상법 제30조 제3항 소정의 지연가산금도 동법 제87조의 보상금에 포함된다고 봄이 상당하다.

쟁점 33 보상금증감청구소송 (S)

1. 의의 및 취지

보상금의 증감에 대한 소송으로서 사업시행자, 토지소유자는 각각 피고로 제기하며(제85조 제2항), ① 보상재결의 취소 없이 보상금과 관련된 분쟁을 일회적으로 해결하여, ② 신속한 권리구제를 도모함에 취지가 있다.

2. 소송의 형태

보상금증감소송의 성질에 대해서 항고소송으로 보는 견해와 당사자소송으로 보는 견해의 대립이 있었으나 현행 토지보상법 제85조에서는 재결청을 공동피고에서 제외하여 형식적 당사자소송임을 규정하고 있다.

3. 소송의 성질

(1) 학설

① 법원이 재결을 취소하고 보상금을 결정하는 형성소송이라는 견해, ② 법원이 정당보상액을 확인하고 금전지급을 명하거나 과부과된 부분을 되돌려 줄 것을 명하는 확인·급부소송이라는 견해가 있다.

(2) 판례

판례는 해당 소송을 이의재결에서 정한 보상금이 증액, 변경될 것을 전제로 하여 기업자를 상대로 보상금의 지급을 구하는 확인·급부소송으로 보고 있다.

(3) 검토

형성소송설은 권력분립에 반할 수 있으며, 일회적인 권리구제를 도모하기 위하여 확인·급부소송으로 보는 것이 타당하다.

4. 제기요건 및 효과

원처분으로 인해 형성된 법률관계를 대상, 재결서 정본 송달일부터 90일 또는 60일(이의재결 시) 이내, 각각을 피고

(1) 소의 대상

토지보상법 제85조에서는 제34조 재결을 소의 대상으로 규정하므로 원처분으로 인해 형성된 법률관계가 대상이 된다. 이의재결에서 보상금이 변경된 경우라면 이의재결에 의해서 형성된 보상금에 대한 법률관계가 소의 대상이 된다.

(2) 당사자적격

소송을 제기하는 자가 토지소유자 또는 관계인일 때에는 사업시행자를, 사업시행자일 때에는

토지소유자 또는 관계인을 각각 피고로 한다. 이의재결에서 보상금이 늘어난 경우에는 공탁하여야 한다.

(3) 제소기간

사업시행자, 토지소유자 또는 관계인은 재결에 불복할 때에는 재결서를 받은 날부터 90일 이내에, 이의신청을 거쳤을 때에는 이의신청에 대한 재결서를 받은 날부터 60일 이내에 각각 행정소송을 제기할 수 있다.

5. 심리범위

① 손실보상의 지급방법과, ② 적정손실보상액의 범위 및 보상액과 관련한 보상면적 등은 심리범위에 해당한다. 판례는 ③ 지연손해금 역시 손실보상의 일부이고, ④ 잔여지수용 여부, ⑤ 개인별 보상으로서 과대, 과소항목의 보상항목 간 유용도 심리범위에 해당한다고 본다. ⑥ 또한 보상대상 유무에 대한 판단(사업시행자 또는 토지수용위원회가 보상대상을 부정하는 경우) 및 ⑦ 보상금 산정의 세부요소를 추가로 주장할 수도 있다.

> ✔ 알아두기
>
> **보상항목의 의미**
> 재결절차를 거쳤는지 여부는 보상항목별로 판단하여야 한다. 피보상자별로 어떤 토지, 물건, 권리 또는 영업이 손실보상대상에 해당하는지, 나아가 보상금액이 얼마인지를 심리·판단하는 기초단위를 보상항목이라고 한다(대판 2018.7.20, 2015두4044).

6. 심리방법

법원 감정인의 감정결과를 중심으로 적정한 보상금이 산정된다. 감정평가가 위법한 경우 감정인 등에게 적법한 감정평가방법에 따른 재감정을 명하거나 사실조회를 하는 등의 방법으로 석명권을 행사하여 그 정당한 보상액을 심리한 다음, 이를 토지수용위원회 재결 시의 보상액과 비교하여 청구의 인용 여부를 결정하여야 한다.

7. 입증책임

입증책임과 관련하여 민법상 법률요건분배설이 적용된다. 판례는 재결에서 정한 보상액보다 정당한 보상이 많다는 점에 대한 입증책임은 그것을 주장하는 원고에게 있다고 한다.

8. 판결

산정된 보상금액이 재결금액보다 많으면 차액의 지급을 명하고, 법원이 직접 보상금을 결정하므로 소송당사자는 판결결과에 따라 이행하여야 하며 중앙토지수용위원회는 별도의 처분을 할 필요가 없다.

9. 취소소송과의 병합

수용재결에 대한 취소소송에 보상금액에 대한 보상금증감청구소송을 예비적으로 병합하여 제기하는 것도 가능하다.

10. 관련문제(확장수용 거부에 대한 불복수단 형태)

(1) 학설

1) 취소소송설 및 무효등확인소송설

보상금증감청구소송은 문언에 충실하게 '보상금액의 다과'만을 대상으로 하며, 확장수용은 수용의 범위 문제인바, 먼저 재결에 대해 다투어야 하므로 취소 내지 무효등확인소송을 제기해야 한다고 한다.

2) 보상금증감청구소송설

확장수용은 손실보상의 일환으로서 보상금증감청구소송의 취지가 권리구제의 우회방지이고, 손실보상액은 손실보상 대상의 범위에 따라 달라지므로 손실보상의 범위도 보상금증감소송의 범위에 포함된다고 본다.

3) 손실보상청구소송설

확장수용청구권은 형성권인바 이에 의해 손실보상청구권이 발생하고, 확장수용청구권의 행사에 의해서 수용의 효과가 발생하므로 이를 공권으로 본다면 공법상 당사자소송으로 손실보상청구를 하여야 한다고 본다.

(2) 판례

대법원은 '잔여지수용청구권은 토지소유자에게 손실보상책의 일환으로 부여된 권리이어서 이는 수용할 토지의 범위와 그 보상액을 결정할 수 있는 토지수용위원회에 대하여 토지수용의 보상가액을 다투는 방법에 의하여도 행사할 수 있다.'고 판시한 바 있다.

(3) 검토

잔여지보상에 관한 소송은 위법성 여부를 따지는 것이 아니라 보상금과 관련된 사항이므로 분쟁의 일회적 해결을 위해서 보상금증감청구소송이 타당하다.

11. 기타

① 어떤 보상항목이 공익사업을 위한 토지 등의 취득 및 보상에 관한 법령상 손실보상대상에 해당함에도 관할 토지수용위원회가 사실을 오인하거나 법리를 오해함으로써 손실보상대상에 해당하지 않는다고 잘못된 내용의 재결을 한 경우에는, 피보상자는 관할 토지수용위원회를 상대로 그 재결에 대한 취소소송을 제기할 것이 아니라, 사업시행자를 상대로 공익사업을 위한 토지 등의 취득 및 보상에 관한 법률 제85조 제2항에 따른 보상금증감소송을 제기하여야 한다(대판 2019.11.28, 2018두227).

② 표준지공시지가결정이 위법한 경우에는 수용보상금의 증액을 구하는 소송에서도 선행처분으로서 그 수용대상토지 가격 산정의 기초가 된 비교표준지공시지가결정의 위법을 독립한 사유로 주장할 수 있다(대판 2008.8.21, 2007두13845).

③ 사업시행자가 재결에 불복하여 이의신청을 거쳐 행정소송을 제기하는 경우에는 원칙적으로 행정소송 제기 전에 이의재결에서 증액된 보상금을 공탁하여야 할 것이지만, 제소 당시 그와 같은 요건을 구비하지 못하였다 하여도 사실심 변론종결 당시까지 그 요건을 갖추었다면 그 흠결의 하자는 치유되었다고 볼 것이다(대판 2008.2.15, 2006두9832).

④ 재결절차에서 정한 보상액과 행정소송절차에서 정한 보상액과의 차액 역시 수용과 대가관계에 있는 손실보상의 일부이므로 위 차액이 수용의 시기에 지급되지 않은 이상, 이에 대하여는 지연손해금이 발생한다(대판 1992.9.14, 91누11254).

✔ **알아두기**

> **당사자소송의 종류 및 절차**
>
> **1. 당사자소송의 의의**
>
> (1) 실질적 당사자소송
>
> 실질적 당사자소송이란 공법상 법률관계에 관한 소송으로서 그 법률관계의 주체를 당사자로 하는 소송을 말한다. 통상 당사자소송이라 하면 실질적 당사자소송을 말한다.
>
> (2) 형식적 당사자소송
>
> 형식적 당사자소송이란 형식적으로는(소송형태상) 당사자소송의 형식을 취하고 있지만 실질적으로는 처분 등의 효력을 다투는 항고소송의 성질을 가지는 소송을 말한다. 형식적 당사자소송은 기본적으로는 법률관계의 내용을 다투는 점에서 당사자소송이지만 처분의 효력의 부인을 전제로 하는 점에서 실질적 당사자소송과 다르다.
>
> **2. 당사자소송의 절차**
>
> (1) 당사자소송의 대상
>
> 당사자소송의 대상은 "행정청의 처분 등을 원인으로 하는 법률관계와 그 밖의 공법상의 법률관계"이다. 즉, 당사자소송의 대상은 공법상 법률관계이다.
>
> (2) 당사자소송에서의 원고적격 및 소의 이익
>
> 당사자소송에서 원고적격이 있는 자는 당사자소송을 통하여 주장하는 공법상 법률관계의 주체이다. 공법상 당사자소송이 확인소송인 경우에는 항고소송인 무효확인소송에서와 달리 확인의 이익이 요구된다.
>
> (3) 당사자소송의 피고 및 제소기간
>
> 당사자소송은 '국가·공공단체 그 밖의 권리주체'를 피고로 한다(행정소송법 제39조). 당사자소송에 관하여 법령에 제소기간이 정하여져 있는 때에는 그 기간은 불변기간으로 한다(행정소송법 제41조).
>
> (4) 공법상 당사자소송의 판결의 종류
>
> 당사자소송이 소송요건을 결여한 경우에는 본안심리를 거절하는 각하판결을 내리며, 본안심리의 결과 원고의 청구가 이유 없다고 판단되는 경우 기각판결을 내린다. 본안심리의 결과 원고의 청구가 이유 있다고 인정하는 경우 인용판결을 내리는데, 당사자소송의 소의 종류에 따라 확인판결을 내리기도 하고(공무원지위를 확인하는 판결) 이행판결을 내리기도 한다(공법상 금전급부의무의 이행을 명하는 판결).

> * 참고
>
> 1. 행정심판 임의주의 변경 및 원처분주의(시행 2003.1.1.)
>   제85조(행정소송의 제기) ① 사업시행자·토지소유자 또는 관계인은 제34조의 규정에 의한 재결에 대하여 불복이 있는 때에는 … 생략
>
> 2. 보상금증감청구소송 도입 및 재결청 공동피고 삭제
>   ② 제1항의 규정에 의하여 제기하고자 하는 행정소송이 보상금의 증감에 관한 소송인 때에는, 당해 소송을 제기하는 자가 토지소유자 또는 관계인인 경우에는 재결청 외에 기업자를, 기업자인 경우에는 재결청 외에 토지소유자 또는 관계인을 각각 피고로 한다(시행 1990.7.8).
>   ➡
>   ② 제1항의 규정에 따라 제기하고자 하는 행정소송이 보상금의 증감에 관한 소송인 경우 당해 소송을 제기하는 자가 토지소유자 또는 관계인인 때에는 사업시행자를, 사업시행자인 때에는 토지소유자 또는 관계인을 각각 피고로 한다(시행 2003.1.1.).

> *** 보증소 성질 및 제3자 원고적격(2018두67)**
>
> [판시사항]
> 공익사업을 위한 토지 등의 취득 및 보상에 관한 법률에 따른 토지소유자 또는 관계인의 사업시행자에 대한 손실보상금 채권에 관하여 압류 및 추심명령이 있는 경우, 채무자인 토지소유자 등이 보상금의 증액을 구하는 소를 제기하고 그 소송을 수행할 당사자적격을 상실하는지 여부(소극)
>
> [판결요지]
> 공익사업을 위한 토지 등의 취득 및 보상에 관한 법률(이하 '토지보상법'이라 한다) 제85조 제2항에 따른 보상금의 증액을 구하는 소(이하 '보상금 증액 청구의 소'라 한다)의 성질, 토지보상법상 손실보상금 채권의 존부 및 범위를 확정하는 절차 등을 종합하면, 토지보상법에 따른 토지소유자 또는 관계인(이하 '토지소유자 등'이라 한다)의 사업시행자에 대한 손실보상금 채권에 관하여 압류 및 추심명령이 있더라도, 추심채권자가 보상금 증액 청구의 소를 제기할 수 없고, 채무자인 토지소유자 등이 보상금 증액 청구의 소를 제기하고 그 소송을 수행할 당사자적격을 상실하지 않는다고 보아야 한다.
> 그 상세한 이유는 다음과 같다.
> ① 토지보상법 제85조 제2항은 토지소유자 등이 보상금 증액 청구의 소를 제기할 때에는 사업시행자를 피고로 한다고 규정하고 있다. 위 규정에 따른 보상금 증액 청구의 소는 토지소유자 등이 사업시행자를 상대로 제기하는 당사자소송의 형식을 취하고 있지만, 토지수용위원회의 재결 중 보상금 산정에 관한 부분에 불복하여 그 증액을 구하는 소이므로 실질적으로는 재결을 다투는 항고소송의 성질을 가진다. 행정소송법 제12조 전문은 "취소소송은 처분 등의 취소를 구할 법률상 이익이 있는 자가 제기할 수 있다."라고 규정하고 있다. 앞서 본 바와 같이 보상금 증액 청구의 소는 항고소송의 성질을 가지므로, 토지소유자 등에 대하여 금전채권을 가지고 있는 제3자는 재결에 대하여 간접적이거나 사실적·경제적 이해관계를 가질 뿐 재결을 다툴 법률상의 이익이 있다고 할 수 없어 직접 또는 토지소유자 등을 대위하여 보상금 증액 청구의 소를 제기할 수 없고, 토지소유자 등의 손실보상금 채권에 관하여 압류 및 추심명령이 있더라도 추심채권자가 재결을 다툴 지위까지 취득하였다고 볼 수는 없다.
> ② 토지보상법 등 관계 법령에 따라 토지수용위원회의 재결을 거쳐 이루어지는 손실보상금 채권은 관계 법령상 손실보상의 요건에 해당한다는 것만으로 바로 존부 및 범위가 확정된다고 볼 수 없다. 토지소유자 등이 사업시행자로부터 손실보상을 받기 위해서는 사업시행자와 협의가 이루어지지 않으면 토지보상법 제34조, 제50조 등에 규정된 재결절차를 거친 뒤에 그 재결에 대하여 불복이 있는 때에 비로소 토지보상법 제83조 내지 제85조에 따라 이의신청 또는 행정소송을 제기할 수 있을 뿐이고, 이러한 절차를

거치지 않은 채 곧바로 사업시행자를 상대로 손실보상을 청구하는 것은 허용되지 않는다. 이와 같이 손실보상금 채권은 토지보상법에서 정한 절차로서 관할 토지수용위원회의 재결 또는 행정소송 절차를 거쳐야 비로소 구체적인 권리의 존부 및 범위가 확정된다. 아울러 토지보상법령은 토지소유자 등으로 하여금 위와 같은 손실보상금 채권의 확정을 위한 절차를 진행하도록 정하고 있다. 따라서 사업인정고시 이후 위와 같은 절차를 거쳐 장래 확정될 손실보상금 채권에 관하여 채권자가 압류 및 추심명령을 받을 수는 있지만, 그 압류 및 추심명령이 있다고 하여 추심채권자가 위와 같은 손실보상금 채권의 확정을 위한 절차에 참여할 자격까지 취득한다고 볼 수는 없다.

③ 요컨대, 토지소유자 등이 토지보상법 제85조 제2항에 따라 보상금 증액 청구의 소를 제기한 경우, 그 손실보상금 채권에 관하여 압류 및 추심명령이 있다고 하더라도 추심채권자가 그 절차에 참여할 자격을 취득하는 것은 아니므로, 보상금 증액 청구의 소를 제기한 토지소유자 등의 지위에 영향을 미친다고 볼 수 없다. 따라서 보상금 증액 청구의 소의 청구채권에 관하여 압류 및 추심명령이 있더라도 토지소유자 등이 그 소송을 수행할 당사자적격을 상실한다고 볼 것은 아니다.

쟁점 34 사업인정과 수용재결과의 관계 (C)

1. 적법한 경우의 양자관계

(1) 형식적 위치

사업인정과 수용재결은 한편으로 독립된 별개의 행위이면서 다른 한편으로는 공익사업에 필요한 토지를 취득하는 것을 목적으로 하는 일련의 수용절차를 이룬다.

(2) 실질적 위치

사업인정은 공용수용을 할 수 있는 사업인지를 판단하는 요건판단과정이며, 수용재결은 수용의 효과를 발생시키기 위한 효과발생단계이다.

2. 사업인정의 구속력과 수용권 남용

① 사업인정의 판단, 즉 사업의 공공필요성에 대한 판단은 토지수용위원회를 구속한다. 따라서, 토지수용위원회는 사업인정에 반하는 재결을 할 수 없다. 또한, 토지수용위원회는 행정쟁송에 의하여 사업인정이 취소되지 않는 한 그 기능상 사업인정 자체를 무의미하게 하는, 즉 사업의 시행이 불가능하게 되는 것과 같은 재결을 행할 수는 없다(대판 2007.1.11, 2004두8538).

② 그러나 사업인정 이후에 사업시행자가 사업수행의사나 능력을 상실한 경우에는 그 사업인정에 기하여 수용권을 행사하는 것은 공익목적에 반하는 수용권의 남용에 해당하여 허용되지 않는다(대판 2011.1.27, 2009두1051).

3. 수용재결에 대한 취소쟁송의 제기와 사업인정에 대한 취소소송의 소의 이익

사업인정과 수용재결은 행위의 요건과 효과가 다르므로 각 소송에서 주장되는 위법사유가 다를 것이므로 수용재결에 대한 취소소송이 제기되었다고 하더라도 사업인정의 취소를 구할 소의 이익은 소멸하지 않는다.

4. 하자의 승계

사업인정의 하자가 수용재결에 승계되는가. 달리 말하면 수용재결에 대한 취소소송에서 사업인정의 위법을 취소사유로 주장할 수 있는지가 문제된다.

(1) 부정설

이 견해는 사업인정과 수용재결은 별개의 법적 효과를 가져오는 별개의 행위이므로 사업인정의 위법은 수용재결에 승계되지 않는다고 한다. 이 견해가 다수설이며, 판례의 입장이다.

(2) 긍정설

수용재결은 사업인정이 있음을 전제로 하고 이와 결합하여 구체적인 법적 효과를 발생시키므로 사업인정의 위법을 수용재결에 대한 쟁송에서 주장할 수 있다고 본다(류해웅).

(3) 판례

판례는 사업인정의 절차상 하자(세목고시 누락)를 이유로 수용재결의 취소를 구할 수는 없다고 판시한 바 있다(대판 2000.10.13, 2000두5142).

하지만 제주도 유원지 사건에서 실시계획인가가 당연 무효인 경우 이러한 인가처분에 기초한 수용재결도 당연 무효라고 판시하여 무효의 경우에는 하자 승계를 인정했다(대법 2015.3.20, 2011두3746).

5. 기타

사업인정이 취소되면 수용재결은 효력을 상실한다. 그러나, 수용재결이 취소되었다고 하여 사업인정이 취소되어야 하는 것은 아니다. 사업인정에 대한 취소소송과 수용재결에 대한 취소소송은 관련청구소송으로 병합할 수 있다.

> ✔ 알아두기
>
> **신·구 법률비교(행정심판 및 행정소송제도 규정)**
> 피보상자의 신속한 권리구제 및 행정소송을 통한 조속한 분쟁해결을 위하여 토지수용법상의 이의신청 전치주의를 폐지하고 행정심판법상의 행정심판 임의주의의 입법취지를 반영하여 재결 이후 이의신청을 거치지 않고 행정소송이 가능하도록 하였다.

토지수용법	토지보상법
1. 이의재결 전치주의 　① 토지수용의 재결에 대하여 불복이 있을 때에는 1월 이내에 중앙토지수용위원회에 이의신청 　② 이의신청의 재결에 대하여 불복이 있을 때에는 재결서가 송달된 날부터 1월 이내에 행정소송 제기 가능 2. 보상금의 증감에 관한 소송의 경우 　① 소송제기인이 토지소유자인 경우 : 중앙토지수용위원회와 사업시행자(공동피고) 　② 소송제기인이 사업시행자인 경우 : 중앙토지수용위원회와 토지소유자(공동피고)	1. 이의재결 임의주의 　① 토지수용의 재결에 대하여 불복이 있을 때에는 30일 이내에 중앙토지수용위원회에 이의신청 가능 　② 토지수용의 재결에 대하여 행정소송을 제기할 경우 　　㉠ 이의신청을 거치지 않은 경우 : 재결서 수령일부터 90일 이내 　　㉡ 이의신청을 거친 경우 : 이의신청 재결서 수령일부터 60일 이내 소송 가능 2. 보상금의 증감에 관한 소송의 피고 　① 소송제기인이 토지소유자인 경우 : 사업시행자(단독피고) 　② 소송제기인이 사업시행자인 경우 : 토지소유자(단독피고)

* 심화학습 : 보상항목 유용(보상금증액청구소송만 있는 경우에도 사업시행자는 감액주장 가능)

피보상자가 당초 여러 보상항목들에 관해 불복하여 보상금증액청구소송을 제기하였으나, 그중 일부 보상항목에 관해 법원에서 실시한 감정결과 그 평가액이 재결에서 정한 보상금액보다 적게 나온 경우에는, 피보상자는 해당 보상항목에 관해 불복신청이 이유 없음을 자인하는 진술을 하거나 단순히 불복신청을 철회함으로써 해당 보상항목을 법원의 심판범위에서 제외하여 달라는 소송상 의사표시를 할 수 있다.

한편 사업시행자가 특정 보상항목에 관해 보상금 감액을 청구하는 권리는 공익사업을 위한 토지 등의 취득 및 보상에 관한 법률 제85조 제1항 제1문에서 정한 제소기간 내에 보상금감액청구소송을 제기하는 방식으로 행사함이 원칙이다. 그런데 사업시행자에 대한 위 제소기간이 지나기 전에 피보상자가 이미 위 보상항목을 포함한 여러 보상항목에 관해 불복하여 보상금증액청구소송을 제기한 경우에는, 사업시행자로서는 보상항목 유용법리에 따라 위 소송에서 과다부분과 과소부분을 합산하는 방식으로 위 보상항목에 대한 정당한 보상금액이 얼마인지 판단받을 수 있으므로, 굳이 중복하여 동일 보상항목에 관해 불복하는 보상금감액청구소송을 별도로 제기하는 대신 피보상자가 제기한 보상금증액청구소송을 통해 자신의 감액청구권을 실현하는 것이 합리적이라고 생각할 수도 있다.

이와 같이 보상금증감청구소송에서 보상항목 유용을 허용하는 취지와 피보상자의 보상금증액청구소송을 통해 감액청구권을 실현하려는 기대에서 별도의 보상금감액청구소송을 제기하지 않았다가 그 제소기간이 지난 후에 특정 보상항목을 심판범위에서 제외해 달라는 피보상자의 일방적 의사표시에 의해 사업시행자가 입게 되는 불이익 등을 고려하면, 사업시행자가 위와 같은 사유로 그에 대한 제소기간 내에 별도의 보상금감액청구소송을 제기하지 않았는데, 피보상자가 법원에서 실시한 감정평가액이 재결절차의 그것보다 적게 나오자 그 보상항목을 법원의 심판범위에서 제외하여 달라는 소송상 의사표시를 하는 경우에는, 사업시행자는 그에 대응하여 법원이 피보상자에게 불리하게 나온 보상항목들에 관한 법원의 감정결과가 정당하다고 인정하는 경우 이를 적용하여 과다하게 산정된 금액을 보상금액에서 공제하는 등으로 과다부분과 과소부분을 합산하여 당초 불복신청된 보상항목들 전부에 관하여 정당한 보상금액을 산정하여 달라는 소송상 의사표시를 할 수 있다고 봄이 타당하다.

이러한 법리는 정반대의 상황, 다시 말해 사업시행자가 여러 보상항목들에 관해 불복하여 보상금감액청구소송을 제기하였다가 그중 일부 보상항목에 관해 법원 감정결과가 불리하게 나오자 해당 보상항목에 관한 불복신청을 철회하는 경우에도 마찬가지로 적용될 수 있다(대판 2018.5.15, 2017두41221[손실보상금증액등]).

쟁점 35   사업인정과 재결의 권리구제 비교 (C)

I 서

공용수용의 보통절차로는 사업인정, 조서작성, 협의, 재결의 단계를 거치게 된다. 공용수용은 국민의 재산권 보장에 대한 중대한 예외적 조치이므로 시작과 끝단계인 사업인정과 재결에 대하여 권리구제의 길이 열려있어야 할 것이다. 이하에서는 양 단계에서의 권리구제를 검토하고자 한다.

II 사업인정과 재결

1. 사업인정

① 의의, ② 법적 성질

2. 재결

① 의의, ② 법적 성질

III 양자의 권리구제의 공통점

1. 항고쟁송 가능

사업인정과 재결은 행정쟁송을 제기할 수 있는 처분성이 인정된다. 따라서 양자에 대한 항고쟁송이 가능한 공통점이 있다.

2. 항고쟁송의 제기효과(집행부정지원칙)

사업인정과 재결에 대하여 항고쟁송을 제기하여도 사업인정이나 재결의 효력에는 영향을 미치지 아니한다.

3. 실효 시 손실보상규정

사업인정 및 재결이 실효되는 경우, 실효로 인하여 발생하는 손실보상에 대하여 보상하여야 한다.

IV 권리구제의 차이점

1. 적용법률의 차이

① 사업인정의 불복에 대하여는 토지보상법에서 규정하고 있지 않으므로 일반행정쟁송법이 적용될 것이나, ② 재결에 대해서는 토지보상법 제83조 및 제85조에 따라서 이의신청 및 행정소송을 제기할 수 있다.

2. 불복사유의 차이

① 사업인정은 실체적 또는 절차적 하자를 이유로 불복하지만, ② 재결은 실체적 또는 절차적 하자 외에도 보상액에 대한 불복을 할 수 있다.

3. 행정심판의 차이

① 재결은 처분청 경유주의를 규정하고 있다. ② 심판청구기간의 차이로 사업인정은 90일, 180일, 재결은 정본 도달일부터 30일 이내에 제기할 수 있다. ③ 심판기관의 차이로는 사업인정의 경우 중앙행정심판위원회이나, 재결의 경우에는 중앙토지수용위원회가 된다. ④ 이의재결은 민사소송상의 확정판결효력을 갖는 점에서 차이점이 있다.

4. 행정소송의 제소기간

① 사업인정은 사업인정이 있음을 안 날로부터 90일, 있은 날로부터 1년 이내에 행정쟁송을 제기할 수 있으나, ② 재결은 원재결서 정본 도달일부터 90일, 이의재결서 정본인 경우는 60일 이내에 제기할 수 있다.

5. 행정절차법 적용 여부

행정절차법 시행령 제2조 제7호에서는 재결은 절차법 적용대상에서 제외됨을 규정하고 있다.

6. 사전적 구제의 차이

① 사업인정은 협의, 의견청취 등의 절차를 거치는 반면, ② 재결은 공고 및 문서열람, 의견진술의 절차를 거친다.

Ⅴ 결(하자승계)

① 긍정설은 수용재결은 사업인정을 전제로 이와 결합하여 구체적 효과를 발생시키는 것을 논거로 하고, ② 부정설은 사업인정은 수용권설정행위(공익성 판단), 재결은 수용권실행(강제취득)인바 별개의 목적을 향유함을 논거로 한다.

쟁점 36 화해 (C)

1. 의의 및 취지(토지보상법 제33조)

화해는 토지수용위원회의 재결심리과정에서 사업시행자와 토지소유자 등이 서로 재결에 의하지 아니하고 분쟁을 해결하고자 하는 의사의 합치로 분쟁소지를 방지하여 사업의 원활한 수행을 도모하는 임의적 절차이다.

2. 법적 성질

(1) 화해의 성질

화해는 공법영역에서 양 당사자가 서로 양보하여 분쟁을 해결하는 약정으로서 일종의 공법상 계약의 성질을 가지며 토지수용위원회의 재량에 따른 임의적 절차이다.

(2) 화해조서의 성질

협의성립확인과 달리 재결로 본다는 규정이 없으나 재결의 효력을 인정하지 않으면 화해권고에 응할 실익이 없으므로 재결의 효력을 부여함이 타당하다고 본다. 따라서 재결과 같은 행정행위의 성질을 갖는다.

3. 화해의 절차

(1) 화해의 권고

토지수용위원회는 재결 전에 위원 3인으로 구성된 소위원회로 하여금 사업시행자와 토지소유자에게 화해를 권고할 수 있다.

(2) 화해조서의 작성

화해가 성립되는 경우, 토지수용위원회는 화해조서를 작성하고 참여인의 서명·날인을 받아야 한다.

4. 화해조서의 효력

(1) 재결의 효력

합의가 성립된 것으로 보며 조서의 성질을 재결과 동일하게 보면 재결의 효력이 발생한다. 따라서 협의성립확인과 마찬가지로 화해에서 정하여진 시기까지 보상금의 지급을 이행하지 않은 경우라면 해당 화해의 효력은 상실되고, 토지소유자 및 관계인이 의무를 이행하지 않은 경우에는 대집행이 가능한 것으로 보아야 할 것이다.

(2) 차단효 발생

종전 토지보상법에서는 차단효를 구성하였으나 현행 토지보상법은 이러한 규정이 없다. 그러나 협의성립확인제도와의 균형상 차단효를 인정한다고 본다.

5. 권리구제

(1) 조서작성행위 불복

조서작성행위는 확인행위로서 재결로 보기 때문에 토지보상법 제83조 및 제85조에 의한 불복이 가능하다.

(2) 화해 자체 불복

차단효로 인해 화해조서의 효력을 소멸시킨 후에 화해 자체에 대하여 다투는 것이 가능하다고 본다.

(3) 손실보상

화해에서 정한 시기까지 보상금을 지급하지 아니하면 재결실효규정이 적용된다고 보며, 이로 인하여 손실보상청구권이 발생된다고 본다.

쟁점 37 보상금 공탁 [B]

1. 의의 및 취지(토지보상법 제40조)

재결에서 정한 보상금을 일정한 요건에 해당하는 경우 관할 공탁소에 보상금을 공탁함으로써 보상금의 지급에 갈음하는 것을 말한다. 이는 재결실효방지, 사전보상 실현 및 담보물권자의 권익보호 도모에 취지가 인정된다.

2. 보상금 공탁의 성질

공탁은 보상금지급의무에 갈음되어 재결실효를 방지할 목적이 있으므로 변제공탁으로 봄이 합당하다. 사업시행자가 재결에 불복하여 그 재결에서 정한 보상금액과 자기가 예정한 보상금액의 차액을 공탁한 경우는 일종의 담보공탁이라 할 수 있다.

3. 공탁의 요건 및 절차

(1) 내용상 요건(제40조 제2항)

① 보상금을 받을 자가 그 수령을 거부하거나 보상금을 수령할 수 없는 때, ② 사업시행자의 과실 없이 보상금을 받을 자를 알 수 없는 때, ③ 관할 토지수용위원회가 재결한 보상금에 대하여 사업시행자가 불복할 때, ④ 압류나 가압류에 의하여 보상금의 지급이 금지되었을 때에 공탁할 수 있다.

(2) 절차(공탁의 관할 및 수령권자)

① 토지소재지의 관할 공탁소(제40조 제2항)에 공탁하고, ② 토지소유자 및 관계인과 승계인이 수령한다.

(3) 주소지를 모르는 경우의 공탁

보상금을 수령할 자의 등기부상 주소만 나타나 있고 그 등기부상 주소와 실제 주소가 일치하지 않는다고 볼만한 자료가 없거나 또는 실제 주소를 확인하는 것이 용이하지 않다고 인정되는 경우 기감정평가법인등은 피공탁자의 등기부상 주소를 표시하여 유효한 공탁을 할 수 있다. 토지소유자가 그 토지에 대한 수용재결이 있기 전에 등기부상 주소를 실제 거주지로 변경등기하였음에도 불구하고 기업자가 토지소유자의 주소가 불명하다 하여 수용재결에서 정한 수용보상금을 토지소유자 앞으로 공탁한 경우, 그 공탁은 요건이 흠결된 것이어서 무효이다.

(4) 당사자, 관할, 목적물

① 공탁자는 사업시행자이며, 피공탁자는 소유자가 원칙이다. 사업인정고시 후 권리가 변동된 경우 승계인이 공탁금을 수령한다. ② 보상금 공탁은 보상금을 수령할 토지소유자나 관계인이 거주하는 현주소지의 공탁소에 공탁함이 원칙이다. 다만, 예외적으로 주소지를 알 수 없다면 토지 등 소재지의 공탁소에 공탁할 수 있다. ③ 공탁물은 현금이 원칙이며, 예외적으로 채권보상의 경우 채권을 공탁할 수 있다.

(5) 송달

1) 토지수용재결서 정본이 피수용자에게 적법하게 송달되기 이전에 기업자가 한 보상금의 공탁도 그것이 수용시기 이전에 이루어진 것이라면 그 효력이 있다(대판 1995.6.30, 95다13159).

2) 토지수용재결 후 상당한 기간이 경과된 뒤에 송달이 이루어졌다는 것만으로 그 송달이 무효라고 할 수는 없다(대판 1995.6.30, 95다13159).

3) 수용재결서가 수용시기 이전에 피수용자에게 적법하게 송달되지 아니한 경우, 수용절차가 당연무효로 되는지 여부 : 수용재결서가 수용시기 이전에 피수용자에게 적법하게 송달되지 아니하였다고 하여 수용절차가 당연무효가 된다고 할 수는 없고, 다만 그 수용재결서의 정본이 적법하게 송달된 날부터 수용재결에 대한 이의신청기간이 진행된다(대판 1995.6.13, 94누9085).

4. 공탁의 효과

(1) 정당한 공탁

보상금지급의무를 이행한 것으로 보아 수용 또는 사용개시일에 목적물을 원시취득한다.

(2) 미공탁의 효과

보상금지급의무를 이행하지 못한바 재결은 실효된다. 단, 이의재결에 의한 증액된 보상금은 공탁하지 않아도 이의재결은 실효되지 않는다고 한다.

(3) 하자 있는 공탁의 효과

판례는 '① 요건미충족, ② 일부공탁, ③ 조건부공탁의 경우는 공탁의 효과가 발생하지 않는다'고 한다. 따라서 수용·사용의 개시일까지 공탁의 하자가 치유되지 않으면 재결은 실효되고 손실보상의무를 부담하게 된다(법 제42조).

5. 공탁금 수령의 효과

(1) 공탁금 수령의 효과

사업시행자가 토지보상법 제40조 제2항에 따라 공탁한 보상금에 대하여 아무런 이의유보 없이 수령한다면 이는 수용법률관계의 종결효과를 가져온다고 볼 수 있다.

(2) 공탁금 수령과 이의유보

1) 이의유보와 공탁금 수령의 효과

공탁된 보상금을 수령하면서 이에 불응한다는 이의유보를 남긴 경우라면 수용·사용의 개시일이 경과하더라도 수용법률관계는 종결되지 않는다고 보아야 할 것이다. 이의유보는 묵시적 표현(구두)으로도 가능하며, 공탁공무원에 국한할 필요가 없고 사업시행자에 대하여 이의유보의 의사표시를 하는 것도 가능하다(대판 1992.9.22, 92누3229).

2) 이의유보를 안 한 경우

만약, 보상금 수령거부의사로 인해 사업시행자가 공탁한 경우라면 공탁금을 수령하면서 이의유보를 안 한 경우라면 보상금 수령거부의사를 철회한 것으로 본다(대판 1982.11.9, 82누197 全合, 대판 1990.1.25, 89누4109).

3) 쟁송제기를 이의유보로 볼 수 있는지

판례는 공탁금 수령 당시 단순히 소송이나 이의신청을 하고 있다는 사실만으로 묵시적으로 그 공탁의 수령에 관한 이의를 유보한 것과 같이 볼 수 없다고 하나, 최근 대법원은 단순한 사실이 아닌 경우에는 묵시적 이의유보로 본 바 있다.

6. 기타

(1) 공탁수령권 승계

사업인정고시가 된 후 권리의 변동이 있을 때에는 그 권리를 승계한 자가 공탁금을 받는다.

(2) 이의재결에서 증액된 보상금 공탁

이의재결에 따라 보상금이 증액된 경우 보상금을 받을 자가 그 수령을 거부하거나 보상금을 수령할 수 없을 때, 사업시행자의 과실 없이 보상금을 받을 자를 알 수 없을 때, 압류나 가압류에 의하여 보상금의 지급이 금지되었을 때에는 그 금액을 공탁할 수 있다.

✔ 알아두기

쟁송제기를 이의유보로 볼 수 있는지

원고가 이의재결에 따라 증액된 보상금을 수령할 당시 수용보상금의 액수를 다투어 행정소송을 제기하고 상당한 감정비용을 예납하여 시가감정을 신청한 점, 원고가 수령한 이의재결의 증액 보상금은 원고가 이 사건 소장에 시가감정을 전제로 잠정적으로 기재한 최초 청구금액의 1/4에도 미치지 못하는 금액인 점, 수용보상금의 증감만을 다투는 행정소송에서 통상 시가감정 외에는 특별히 추가적인 절차비용의 지출이 요구되지는 않으므로 원고로서는 이의재결의 증액 보상금 수령 당시 이 사건 소송결과를 확인하기 위하여 더 이상의 부담되는 지출을 추가로 감수할 필요는 없는 상황이었던 점, 피고 소송대리인도 위와 같은 증액 보상금의 수령에 따른 법률적 쟁점을 제1심에서 즉시 제기하지 아니하고 그로부터 약 6개월이 경과하여 원심에서 비로소 주장하기 시작한 점 등에 비추어 보면, 이미 상당한 금액의 소송비용을 지출한 원고가 이 사건 소장에 기재한 최초 청구금액에도 훨씬 못 미치는 이의재결의 증액분을 수령한 것이 이로써 이 사건 수용보상금에 관한 다툼을 일체 종결하려는 의사는 아니라는 점은 피고도 충분히 인식하였거나 인식할 수 있었다고 봄이 상당하고, 따라서 원고는 위와 같은 소송 진행 과정과 시가감정의 비용지출 등을 통하여 이의재결의 증액 보상금에 대하여는 이 사건 소송을 통하여 확정될 정당한 수용보상금의 일부로 수령한다는 묵시적인 의사표시의 유보가 있었다고 볼 수 있다(대판 2009.11.12, 2006두15462).

쟁점 38 인도·이전의무 [C]

＊ 인도·이전의무(토지보상법 제43조)

토지소유자 및 관계인 그 밖에 수용하거나 사용할 목적물에 대해 권리를 가진 자는 수용 또는 사용의 개시일까지 그 토지나 물건을 사업시행자에게 인도하거나 이전하여야 한다.[33] 공작물 이전 및 토지인도명령은 제43조 의무를 확인시켜 주는 행위로 볼 수 있다(의무부과행위가 아니다). 인도이전의무는 수용효과의 발생요건은 아니며 인도이전의무의 이행과는 무관하게 사업시행자는 수용의 개시일에 목적물을 원시취득한다.

(1) 갑 지방공사가 공익사업을 위한 토지 등의 취득 및 보상에 관한 법률에 따라 토지를 협의취득한 후에도 을이 그 지상에 설치했거나 보관하던 창고 등 지장물을 이전하지 않자, 갑 공사가 을을 상대로 토지인도시까지의 차임 상당 부당이득반환을 구한 사안에서, 을은 지장물이 철거·이전되어 토지가 인도된 시점까지 토지의 점유·사용에 따른 차임 상당의 부당이득반환의무가 있다(대판 2012.12.13, 2012다71978).

(2) **지장물에 대한 인도·이전 의무**

정비사업의 시행자가 사업시행에 방해가 되는 지장물에 관하여 토지보상법 제75조 제1항 단서 제1호 또는 제2호에 따라 물건의 가격으로 보상한 경우, 사업시행자가 당해 물건을 취득하는 위 단서 제3호와 달리 수용의 절차를 거치지 아니한 이상 사업시행자가 그 보상만으로 당해 물건의 소유권까지 취득한다고 보기는 어렵지만, 지장물의 소유자가 '공익사업을 위한 토지 등의 취득 및 보상에 관한 법률 시행규칙' 제33조 제4항 단서에 따라 스스로의 비용으로 철거하겠다고 하는 등 특별한 사정이 없는 한 사업시행자는 자신의 비용으로 이를 제거할 수 있고, 지장물의 소유자는 사업시행자의 지장물 제거와 그 과정에서 발생하는 물건의 가치 상실을 수인하여야 할 지위에 있다. 따라서 사업시행자가 지장물에 관하여 토지보상법 제75조 제1항 단서 제1호 또는 제2호에 따라 지장물의 가격으로 보상한 경우 특별한 사정이 없는 한 지장물의 소유자는 사업시행자에게 지장물을 인도할 의무가 있다(2021다249810, 2022다242342).

피수용자가 이전비에 갈음하는 가격으로 보상받은 경우에는 해당 지장물을 사업구역 밖으로 이전하거나 철거할 의무가 발생하지 않는다. 다만, 해당 지장물에 대한 철거의무는 사업시행자에게 있으므로 사업시행자의 원활한 철거를 위하여 피수용자의 인도·이전의무는 발생한다.

---

33) 지장물 소유자는 특별한 사정이 없는 한 토지보상법 제43조에 의한 지장물의 이전의무를 부담하지 않는다(대판 2015.4.23, 2014도15607).

쟁점 39 대행 (A)

1. 의의 및 취지

일정한 요건을 갖춘 경우 사업시행자의 신청에 의하여 특별자치도지사, 시장·군수·구청장이 대행하는 것으로, 사업의 원활한 시행을 위해 인정된다.

2. 법적 성질

① 행정대집행의 일종으로 보는 견해가 있으나, ② 이는 대집행의 요건 및 절차가 적용되지 않으므로 토지보상법 제89조 요건에 해당하지 않는 부분의 특례로 보는 것이 타당하다.

3. 요건 및 절차

① 인도 또는 이전의무자가 고의, 과실 없이 의무를 이행할 수 없거나, ② 사업시행자가 과실 없이 의무자를 알 수 없을 때, ③ 사업시행자의 신청에 의하여 대행한다. 특별자치도지사, 시장, 군수, 구청장이 대행하는 경우 그로 인한 비용은 그 의무자가 부담한다. 의무자가 비용을 내지 아니할 때에는 지방세 체납처분의 예에 따라 징수할 수 있다.

4. 대행청구대상의 범위

수용목적물이 아니더라도 사업추진에 방해가 되는 것이면 대행청구의 대상이 된다고 본다.

쟁점 40 대집행 (A)

1. 의의 및 취지

공법상 대체적 작위의무의 불이행 시 행정청이 그 의무를 스스로 행하거나 제3자로 하여금 행하게 하고 의무자로부터 비용을 징수하는 것으로 토지보상법 제89조에서 규정하고 있다. 이는 공익사업의 원활한 수행을 위한 제도적 취지가 인정된다.

2. 요건

(1) 신청요건(토지보상법 제89조)

① 이 법 또는 이 법에 의한 처분으로 인한 의무를 이행하지 아니하거나, ② 기간 내에 의무를 완료하기 어려운 경우[34], ③ 의무자로 하여금 의무를 이행하게 함이 현저히 공익을 해한다고

---

34) '기간 내에 완료할 가망이 없는 경우'라고 함은 그 의무의 내용과 이미 이루어진 이행의 정도 및 이행의 의사 등에 비추어 해당 의무자가 그 기한 내에 의무이행을 완료하지 못할 것이 명백하다고 인정되는 경우를 말한다(대판 2002.11.13, 2002도4582).

인정되는 경우에 사업시행자는 시·도지사 및 시·군·구청장에게 대집행을 신청할 수 있다. 토지보상법 제89조에서는 시·도지사, 시·군·구청장은 정당한 사유가 없는 한 이에 응해야 한다고 규정하고 있다. 단, 사업시행자가 국가나 지방자치단체인 경우에는 「행정대집행법」에서 정하는 바에 따라 직접 대집행을 할 수 있다.

(2) 실행요건(행정대집행법 제2조)

① 공법상 대체적 작위의무의 불이행, ② 다른 수단으로의 이행확보가 곤란하며, ③ 의무불이행 방치가 심히 공익을 해한다고 인정될 것, ④ 요건충족 시에도 대집행권 발동 여부는 재량에 속한다.

(3) 의무이행자의 보호(제89조 제3항)

국가·지방자치단체는 의무를 이행하여야 할 자의 보호를 위하여 노력하여야 한다. 공익사업 현장에서 인권침해 방지를 위한 노력을 강구함에 입법적 취지가 있다.

3. 인도·이전의무가 대집행 대상인지

(1) 문제점

인도·이전의무는 비대체적 작위의무인데 토지보상법 제89조에서는 이법에 의한 의무로 규정하는바, 토지보상법 제89조 규정을 행정대집행법의 특례규정으로 보아 대집행을 실행할 수 있는지가 문제된다. 즉, 토지 등의 인도를 신체의 점유로써 거부하는 경우 실력으로 배제할 수 있는지 문제된다.

(2) 견해의 대립

① 토지보상법 제89조는 수용자 본인이 인도한 것과 같은 법적 효과 발생을 목적으로 하므로(합리적, 합목적 해석) 대집행을 긍정하는 견해, ② 토지보상법 제89조의 의무도 대체적 작위의무에 한정된다고 보아 부정하는 견해가 대립하다.

(3) 판례

① 도시공원시설인 매점점유자의 점유배제는 대체적 작위의무에 해당하지 않으므로 대집행의 대상이 아니라고 한다. ② 토지보상법 제89조의 '인도'에는 명도도 포함되는 것으로 보아야 하고, 이러한 명도의무는 그것을 강제적으로 실현하면서 직접적인 실력행사가 필요한 것이지 대체적 작위의무라고 볼 수 없으므로 특별한 사정이 없는한 행정대집행법에 의한 대집행의 대상이 될 수 있는 것은 아니다. ③ 철거의무 약정을 하였다 하더라도 그 명도의무는 대집행대상이 아니라고 판시한 바 있다.

(4) 검토

대집행은 국민의 권익침해의 개연성이 높으므로 토지보상법 제89조의 의무를 법치행정의 원리상 명확한 근거 없이 비대체적 작위의무로까지 확대해석할 수 없다고 할 것이다.

4. 대집행 실행 시 철거민의 저항에 대한 실력행사의 가부

명문규정이 없으면 부정된다고 판단된다.

(1) 문제점

실력행사가 대집행 일부로서 인정되는지가 문제된다.

(2) 견해의 대립

① 필요한 한도에서 부득이한 실력행사는 대집행에 수반된 기능으로 보아서 실력행사가 가능하다는 견해, ② 입법상 명문규정이 없으면 부정되며, 이는 신체에 대한 물리력 행사이므로 대집행에 포함될 수 없고 직접강제의 대상이 된다는 견해가 있다.

(3) 검토

이는 행정의 이행확보란 공익과 국민의 기본권 보호라는 사익을 형량하여 해결해야 할 것이다. 최근 토지보상법 제89조 제3항에서는 의무이행자의 보호를 규정하는 바 사익보호성이 강조된다고 본다. 따라서 명문규정이 없으면 부정된다고 판단된다.

5. 관련문제

(1) 철거의무 약정이 공법상 의무가 되는지 여부

협의취득시 건물소유자가 협의취득대상 건물에 대하여 약정한 철거의무는 공법상 의무가 아닐 뿐만 아니라, 공익사업을 위한 토지 등의 취득 및 보상에 관한 법률 제89조에서 정한 행정대집행법의 대상이 되는 '이 법 또는 이 법에 의한 처분으로 인한 의무'에도 해당하지 아니하므로 위 철거의무에 대한 강제적 이행은 행정대집행법상 대집행의 방법으로 실현할 수 없다(대판 2006.10.13, 2006두7096).

(2) 행정대집행절차가 인정되는 공법상 의무의 이행을 민사소송의 방법으로 구할 수 있는지 여부

행정대집행의 절차가 인정되는 경우에는 따로 민사소송의 방법으로 공작물의 철거, 수거 등을 구할 수는 없다(대판 2000.5.12, 99다18909).

(3) 1장의 문서로 철거명령과 계고처분이 이루어진 경우

판례는 계고서라는 명칭의 1장의 문서로서 일정기간 내에 철거할 것을 명함과 동시에 소정기간 내에 철거하지 않는 경우 대집행을 할 뜻을 계고한 경우 철거명령과 계고처분은 독립하여 있는 것으로서 각 그 요건이 충족되었다고 본다. 이에 대해 다수견해는 행정대집행법 제3조가 상대방에게 부여한 상당한 기간의 이익을 박탈하는 것이므로 위법하다고 보아야 한다고 한다.

* 대체적작위의무 대상(명도의무가 포함된다고 본 사례)

[1] 관계 법령상 행정대집행의 절차가 인정되어 행정청이 행정대집행의 방법으로 건물의 철거 등 대체적 작위의무의 이행을 실현할 수 있는 경우에는 따로 민사소송의 방법으로 그 의무의 이행을 구할 수 없다. 한편 건물의 점유자가 철거의무자일 때에는 건물철거의무에 퇴거의무도 포함되어 있는 것이어서 별도로 퇴거를 명하는 집행권원이 필요하지 않다. 또한, 행정청이 건물 소유자들을 상대로 건물철거 대집행을 실시하기에 앞서, 건물 소유자들을 건물에서 퇴거시키기 위해 별도로 퇴거를 구하는 민사소송은 부적법하다(대판 2017. 4. 28, 2016다213916).

[2] 행정청이 행정대집행의 방법으로 건물철거의무의 이행을 실현할 수 있는 경우에는 건물철거 대집행 과정에서 부수적으로 건물의 점유자들에 대한 퇴거 조치를 할 수 있고, 점유자들이 적법한 행정대집행을 위력을 행사하여 방해하는 경우 형법상 공무집행방해죄가 성립하므로, 필요한 경우에는 '경찰관 직무집행법'에 근거한 위험발생 방지조치 또는 형법상 공무집행방해죄의 범행방지 내지 현행범체포의 차원에서 경찰의 도움을 받을 수도 있다.

[3] 원고(행정청이 속한 지방자치단체)가, 퇴거의무와 같은 비대체적 작위의무의 경우 행정대집행의 대상이 되지 않으므로 퇴거를 구하는 민사판결을 받아야 한다는 대법원 1998. 10. 23. 선고 97누157 판결에 따라 퇴거청구 소송을 제기하였으나, 대법원 1998. 10. 23. 선고 97누157 판결은 적법한 건물에서 처분상대방의 점유를 배제하고 그 점유이전을 받기 위하여 행정대집행 계고처분을 한 사안에 관한 것으로서 그 처분의 주된 목적이 건물의 인도라는 비대체적 작위의무의 이행을 실현하고자 하는 경우이어서 (퇴거의무는) 행정대집행의 대상이 될 수 없다고 판단한 사례인 반면, 이 사건의 사안은 위법한 건물에 대한 철거 대집행의 과정에서 부수적으로 점유자에 대한 퇴거조치를 실현할 수 있는 경우이어서 사안을 달리함을 지적한 사례.

→ 철거의무자가 점유자인 경우에는 퇴거의무도 포함되어 있는 것으로서 별도로 퇴거를 명하는 집행권원이 필요하지 않다. 따라서 이러한 경우에는 철거 대집행의 과정에서 부수적으로 점유자에 대한 퇴거조치를 실현할 수 있는 경우라고 본다.

◎ 알아두기

협의취득과 대집행

1. 문제점

협의취득에서 계약의무 불이행 시 대집행이 가능한지 문제된다.

2. 판례

협의취득은 사법상 계약의 실질을 가지는 것이므로 소유자가 철거의무를 부담하는 취지의 약정을 하였다고 하더라도 이러한 철거의무는 공법상 의무가 될 수 없고, 이 경우에도 대집행을 허용하는 별도의 규정이 없는 한 이와 같은 철거의무는 행정대집행법에 의한 대집행의 대상이 되지 않는다. 또한 제89조의 의무에도 해당되지 않는다고 한다(대판 2006.10.13, 2006두7096).

3. 결

계약상 의무불이행 시는 법령의 명문규정이 없는 한 법원의 판결에 의해 이행을 강제할 수 있을 뿐이다. 협의를 공법상 계약으로 보면 공법상 당사자소송을 제기한다.

쟁점 41 │ 수용의 효과 [A]

I 수용절차 종결 시와 수용효과 발생 시의 분리

1. 절차 종결 시(재결 시)

절차 종결 시의 효과로는 ① 사업시행자의 손실보상금 지급·공탁의무, ② 피수용자의 목적물 인도·이전의무, ③ 위험부담 이전, 관계인에게는 물상대위권이 발생한다.

2. 효과발생일(개시일)

수용개시일에는 사업시행자는 목적물의 원시취득 및 대행·대집행권, 토지소유자에게는 환매권 등의 효과가 발생한다.

3. 분리하여 정한 취지

수용 또는 사용의 개시일까지 사전보상을 실현하고 목적물의 인도·이전을 완료하여 원활한 사업을 도모하기 위함이다.

II 사업시행자

1. 권리

사업시행자는 수용의 개시일에 목적물을 원시취득하거나 사용의 개시일로부터 목적물을 사용할 수 있다. 사업시행자는 등기하지 않더라도 수용한 날에 소유권을 취득한다. 그러나 수용의 경우에도 취득한 소유권을 타인에게 처분하기 위해서는 등기를 하여야 한다. 토지소유자가 목적물의 인도·이전의무를 다하지 않는 경우에는 토지보상법상 대행·대집행을 신청할 수 있다.

2. 의무

사업시행자는 수용의 개시일까지 손실보상금을 지급해야 하며, 피수용자의 귀책사유 없는 목적물의 멸실 등에 대한 위험을 부담하게 된다.

3. 의무불이행 시 효과

사업시행자가 수용 또는 사용의 개시일까지 손실보상금을 지급하지 않으면 재결은 실효된다.

III 소유자 등

1. 권리

재결이 있게 되면 피수용자는 사업시행자에 대해 손실보상청구권이 발생한다. 하지만 재결을 거치지 않은 채 곧바로 사업시행자를 상대로 손실보상을 청구할 수 없다. 또한 토지소유자 등은 해당 토지가 계속하여 필요 없게 된 경우에는 환매권을 행사할 수 있으며, 관계인에게는 물상대위권이 발생한다.

2. 의무

토지소유자 등은 수용 또는 사용의 개시일까지 목적물을 인도·이전해야 하는 의무가 발생한다. 담보물권의 목적물이 수용되거나 사용되는 경우 그 담보물권은 그 목적물의 수용 또는 사용으로 인하여 채무자가 받을 보상금에 대해 행사할 수 있다. 하지만 보상금이 채무자에게 지급되기 전에 압류해야 한다.

3. 의무불이행 시 효과

인도·이전의무의 불이행 시에 1년 이하의 징역 또는 1천만원 이하의 벌금이 부과될 수 있다 (토지보상법 제95조의2).

Ⅳ 대물적 효과

① 사업시행자의 권리취득(제45조), ② 위험부담 이전(제46조), ③ 담보물권의 물상대위(제47조), ④ 사용기간 만료 시 반환 및 원상회복의무, ⑤ 대행·대집행청구권, ⑥ 손실보상, ⑦ 환매권, ⑧ 쟁송권 등이 발생한다.

---

* 관련문제 : 지장물에 대한 인도·이전 의무

정비사업의 시행자가 사업시행에 방해가 되는 지장물에 관하여 토지보상법 제75조 제1항 단서 제1호 또는 제2호에 따라 물건의 가격으로 보상한 경우, 사업시행자가 당해 물건을 취득하는 위 단서 제3호와 달리 수용의 절차를 거치지 아니한 이상 사업시행자가 그 보상만으로 당해 물건의 소유권까지 취득한다고 보기는 어렵지만, 지장물의 소유자가 '공익사업을 위한 토지 등의 취득 및 보상에 관한 법률 시행규칙' 제33조 제4항 단서에 따라 스스로의 비용으로 철거하겠다고 하는 등 특별한 사정이 없는 한 사업시행자는 자신의 비용으로 이를 제거할 수 있고, 지장물의 소유자는 사업시행자의 지장물 제거와 그 과정에서 발생하는 물건의 가치 상실을 수인하여야 할 지위에 있다. 따라서 사업시행자가 지장물에 관하여 토지보상법 제75조 제1항 단서 제1호 또는 제2호에 따라 지장물의 가격으로 보상한 경우 특별한 사정이 없는 한 지장물의 소유자는 사업시행자에게 지장물을 인도할 의무가 있다(대판 2023.8.18, 2021다249810, 대판 2022.11.17, 2022다242342).

쟁점 42 환매권 (A)

1. 의의 및 취지

환매권이라 함은 수용의 목적물인 토지가 공익사업의 폐지·변경 기타의 사유로 인해 필요 없게 되거나, 수용 후 오랫동안 그 공익사업에 현실적으로 이용되지 아니할 경우에, 수용 당시의 토지소유자 또는 그 포괄승계인이 원칙적으로 보상금에 상당하는 금액을 지급하고 수용의 목적물을 다시 취득할 수 있는 권리를 말한다. 이는 재산권의 존속보장 및 토지소유자의 소유권에 대한 감정존중을 도모한다.

2. 인정 근거

(1) 이론적 근거

오늘날 환매권의 이론적 근거를 재산권 보장, 보다 정확히 말하면 재산권의 존속보장에서 찾는 것이 유력한 견해가 되고 있다. 대법원은 환매권을 공평의 원칙상 인정되는 권리로 보면서도 재산권 보장과의 관련성을 인정하고 있다.

(2) 법적 근거

대법원은 환매권은 재산권 보장과 관련하여 공평의 원칙상 인정하는 권리로서 민법상의 환매권과는 달리 법률의 규정에 의하여서만 인정된다고 본다. 법률유보의 원칙상 헌법적 근거만으로 구체적인 환매권 행사가 인정된다고 보기는 어렵고 개별법에 근거를 두어야 한다는 견해가 일반적이다.

> 토지수용은 피수용자의 의사에 반하여 그 권리를 박탈하는 것이므로 완전보상 이후에도 피수용자의 감정상 손실이 남아 있으므로, 그 감정상 손실을 수인할 공익상 필요가 존재하지 않게 된 경우에는 피수용자에게 원소유권을 회복할 기회를 주는 것이 공평의 원칙상 바람직하다.
>
> 재산권 보장은 일차적으로 재산권 그 자체의 존속보장이며, 공공필요를 위하여 개인의 재산권에 대한 침해가 불가피할 경우에만 예외적으로 재산권자는 보상을 조건으로 침해행위를 수인하여야 하고, 이 경우에만 재산권 보장의 내용은 이차적으로 그 경제적 가치의 보장으로 전환하는 그 재산권의 침해행위를 필요로 한 공공성이 소멸된 경우에는 다시 일차적 재산권 보장으로서 존속보장이 회복되어야 하는바, 이와 같은 존속보장의 사상에서 환매권을 인정하는 당위성을 찾아야 한다고 본다.

3. 법적 성질

(1) 공권성

1) 공권설

환매권은 공법적 원인에 의해 상실된 권리를 회복하는 제도이므로 공권력주체에 대해 사인이 가지는 공법상 권리라고 한다.

① 수용의 해제설

수용이 그 근거로서의 공익성을 상실한 것이고, 환매권 그 자체도 공법상 보호에서 나온 것으로 그 내용은 원상회복을 목적으로 하는 수용절차의 재개시인 바, 수용의 해제라 한다.

② 역수용설

환매권 행사로써 환매권자는 손실보상금 상당액을 지불해야 하는 의무를 지므로 역수용이라 한다.

2) 사권설

환매권은 공용수용의 효과로 발생하기는 하나 사업시행자에 의해 해제처분을 요하지 않고 직접 매매의 효과를 발생하는 것으로 사법상 권리라고 한다.

3) 판례

대법원은 원소유자가 환매권의 행사에 의하여 일방적으로 사법상 매매를 성립시키고 공용수용해제처분을 요하지 않으므로 사법상 권리로 보아 환매권에 기한 소유권이전등기청구소송을 민사소송으로 다루고 있다.

4) 검토

공법상 수단에 의하여 상실한 권리를 회복하는 제도로서, 공법상의 주체인 사업시행자에 대하여 사인이 가지는 권리이므로 공법상 권리로 볼 수 있다.

(2) 형성권

대법원은 환매권은 재판상이든 그 제척기간 내에 이를 일단 행사하면 그 형성적 효력으로 매매의 효력이 생기는 것으로 보고 있다. 그리고 환매권의 행사는 그 자체가 물권적 효과를 방생하는 것이 아니라 소유권이전등기청구권이라는 채권적 청구권(10년의 소멸시효)을 발생할 뿐이라고 한다.

4. 환매권의 행사요건

(1) 환매권의 성립시기

목적물의 취득 시 제3자에 대한 대항요건으로서 수용의 등기를 요한다는 점과 수용된 목적물의 소유권 반환이라는 기대요소를 가진 권리라는 점에서 환매권은 수용의 효과로서 개시일에 당연히 성립하는 '수용시설'이 타당하다.

(2) 당사자

당사자는, ① 환매권자는 토지소유자 또는 그 포괄승계인이고(자연인인 상속인 및 합병 후의 존속법인 또는 신설법인), ② 상대방은 사업시행자 또는 현재의 소유자이다.

(3) 목적물

환매목적물은 토지소유권에 한한다. 토지에 대한 소유권 이외의 권리 및 토지 이외의 물건 등은 환매의 대상이 되지 아니한다.

(4) 행사요건

1) 토지보상법 제91조

① 공익사업의 폐지·변경 또는 그 밖의 사유로 취득한 토지의 전부 또는 일부가 필요 없게 된 경우 토지의 협의취득일 또는 수용의 개시일 당시의 토지소유자 또는 그 포괄승계인은 폐지, 변경 고시일 혹은 사업완료일로부터 10년 이내에 그 토지에 대하여 받은 보상금에 상당하는 금액을 사업시행자에게 지급하고 그 토지를 환매할 수 있다.

② 취득일부터 5년 이내에 취득한 토지의 전부를 해당 사업에 이용하지 아니하였을 때에는 제1항을 준용한다. 이 경우 환매권은 취득일부터 6년 이내에 행사하여야 한다.

2) 사업의 폐지·변경 또는 그 밖의 사유로 취득한 토지의 전부 또는 일부가 필요 없게 된 경우(토지보상법 제91조 제1항)

'폐지·변경'이란 해당 공익사업을 아예 그만두거나 다른 사업으로 바꾸는 것을 말하며, '필요 없게 되었을 때'란 사업시행자의 주관적 의도가 아닌 해당 사업의 목적, 내용 등에 비추어 객관적 사정에 따라 판단한다.

3) 취득한 토지의 전부를 사업에 이용하지 아니한 때(토지보상법 제91조 제2항)

전부란 사업시행자가 취득한 토지 전부를 기준으로 하고, 이용하지 아니하였을 때란 사실상 사업에 제공하지 아니한 상태의 계속이면 족하며, 사업의 필요성이 없을 것까지 요구하는 것은 아니다.

(5) 제91조 제1항과 제2항 행사요건의 관계

제2항의 규정에 의한 제척기간이 도과되었다 하여 제1항의 규정에 의한 환매권 행사를 할 수 없는 것도 아니라고 할 것이다.

5. 환매절차의 효력 및 소멸

(1) 환매절차

1) 사업시행자의 통지 등(토지보상법 제92조)

사업시행자는 환매할 토지가 생겼을 때 지체 없이 환매권자에게 통지하거나 사업시행자의 과실 없이 환매권자를 알 수 없는 경우 이를 공고해야 한다. 이는 법률상 당연히 인정되는 환매권의 행사의 실효성을 보장하기 위한 것으로 단지 '최고'에 불과하다.

2) 환매권의 행사

환매권자는 환매의사 표시와 함께 사업시행자와 협의 결정한 보상금을 선지급함으로써 행사한다. 환매권은 형성권이므로 사업시행자의 승낙·동의 없이도 그 환매의 효과가 발생한다.

3) 환매금액

환매금액은 원칙상 사업시행자가 지급한 보상금에 상당한 금액이며, 정착물에 대한 보상금과 보상금에 대한 법정이자는 불포함 된다. 다만, 가격변동이 현저한 경우에 양 당사자는 법원에 그 금액의 증감을 청구할 수 있다.

(2) 환매권의 효력

1) 대항력

부동산등기법이 정하는 바에 의하여 토지의 협의취득 또는 수용의 등기 시, 제3자에게 대항할 수 있다. 제3자에게 양도된 경우에도 현재의 소유자를 상대로 환매권 주장이 가능하다.

2) 환매권 행사의 효력

환매권은 법상 당연히 인정되며 수용의 등기 시 제3자에 대항할 수 있는 점에서 물권적으로 소유권이 이전된다고 본다. 판례는 이를 채권적 효과로서 소유권이전등기청구권이 발생하고 따라서 10년의 소멸시효를 갖는다고 한다(환매권 행사만으로 소유권 변동이 일어나는 것이 아님). 환매의 의사표시가 상대방에게 도달한 때에 비로소 환매권 행사의 효력이 발생함이 원칙이다.

3) 동시이행항변의 주장 가부

사업시행자는 소로써 법원에 환매대금의 증액을 청구할 수 있을 뿐 환매권 행사로 인한 소유권이전등기청구소송에서 환매대금 증액청구권을 내세워 증액된 환매대금과 보상금 상당액의 차액을 지급할 것을 선이행 또는 동시이행의 항변으로 주장할 수 없다.

(3) 환매권의 소멸

1) 사업시행자의 환매통지·공고가 있는 경우

환매통지나 공고가 있는 경우는 통지를 받은 날, 공고한 날부터 6개월이 경과하면 소멸된다.

2) 사업시행자의 환매통지·공고가 없는 경우

통지나 공고가 없는 경우에는 제91조 제1항의 경우 필요 없게 된 때 또는 사업이 완료된 때부터 10년이 경과하여야 하며, 제91조 제2항의 경우 취득일부터 6년 경과로 소멸한다.

3) 환매권의 통지를 결여한 것이 불법행위를 구성하는지 여부

통지의무를 하지 아니하여, 환매권 행사가 불가능하게 되었다면 이는 불법행위를 구성한다고 할 것이다. '지급한 보상금'에 당시의 인근 유사토지의 지가상승률을 곱한 금액이 손해로 된다. 통지행위는 법률상 당연히 인정되는 환매권의 행사의 실효성을 보장하기 위한 것으로 단지 '최고'에 불과하다(행정처분이 아님).

> **＊ 환매권 통지규정 취지**
>
> (구)토지수용법 제72조의 규정이 환매할 토지가 생겼을 때에는 기업자(특례법상의 사업시행자)가 지체 없이 이를 원소유자 등에게 통지하거나 공고하도록 규정한 취지는, 원래 공적인 부담의 최소한성의 요청과 비자발적으로 소유권을 상실한 원소유자를 보호할 필요성 및 공평의 원칙 등 환매권을 규정한 입법이유(당원 1992.4.28, 91다29927 판결 참조)에 비추어 공익목적에 필요 없게 된 토지가 있을 때에는 일단 먼저 원소유자에게 그 사실을 알려주어 환매할 것인지의 여부를 최고하도록 하고, 그러한 기회를 부여한 후에도 환매의 의사가 없을 때에 비로소 원소유자 아닌 제3자에게 전매할 가능성을 가지도록 한다는 것으로서 이는 법률상 당연히 인정되는 환매권 행사의 실효성을 보장하기 위한 것이라고 할 것이므로, 그러한 통지나 공고의 불이행에 대한 형사적인 처벌규정이 없다 하더라도 위 규정은 단순한 선언적인 것이 아니라 기업자 (사업시행자)의 법적인 의무를 정한 것이라고 보아야 할 것이고, 그와 같은 통지나 공고를 함으로써 같은 법 제72조 제2항에 따라 환매권 행사의 법정기간이 단축되는 것은 그 의무이행의 결과로 발생하는 부수적인 효과라고 해석함이 타당할 것이므로, 기업자(사업시행자)가 원소유자의 환매가능성이 존속하고 있는데도 이러한 의무에 위배한 채 환매의 목적이 될 토지를 제3자에게 처분한 경우에는 그와 같은 처분행위 자체는 유효하다고 하더라도 적어도 원소유자에 대한 관계에서는(그가 비록 지급받은 보상금을 먼저 반환하는 등의 선이행절차를 취하지 아니하였다 할지라도 이제는 그러한 선이행이 아무런 의미가 없게 되므로) 법률에 의하여 인정되는 환매권 자체를 행사함이 불가능하도록 함으로써 그 환매권 자체를 상실시킨 것으로 되어 불법행위를 구성한다고 함이 상당하다 할 것이다(대판 1993.5.27, 92다34667[토지소유권이전등기]).

6. 권리구제

(1) 환매권 행사에 대한 권리구제

공권설에 의할 경우 당사자소송으로, 사권설의 경우 민사소송에 의한다. 판례는 민사소송으로 본다.

(2) 환매금액에 대한 권리구제

환매금액에 대한 다툼은 사업시행자 및 환매권자가 협의하되, 협의가 불성립하는 경우에는 법원에 환매금액의 증감을 청구할 수 있다(토지보상법 제91조 제4항). 판례는 환매권을 사법상 권리로 보므로 민사소송으로 해결하고 있다(대판 2010도22368).

✔ 알아두기

신·구 법률비교(환매제도 규정)

토지수용법과 공특법에 각각 따로 정하고 있었던 환매권을 토지보상법에서는 취득 및 수용의 경우에 동일하게 적용될 수 있도록 규정하여, 환매금액에 대해 사업시행자 및 환매권자가 서로 협의하도록 하였다. 협의가 성립되지 아니한 경우에는 그 금액의 증감을 법원에 청구할 수 있도록 하였다.

	공특법	토지수용법	토지보상법
환매대상	토지·물건 및 권리	토지	토지
환매금액	협의 필요	규정없음	협의 필요
쟁송기관	토지수용위원회	법원	법원

관련조문 민법 - 환매

제590조(환매의 의의)

① 매도인이 매매계약과 동시에 환매할 권리를 보류한 때에는 그 영수한 대금 및 매수인이 부담한 매매비용을 반환하고 그 목적물을 환매할 수 있다.

제591조(환매기간)

① 환매기간은 부동산은 5년, 동산은 3년을 넘지 못한다. 약정기간이 이를 넘는 때에는 부동산은 5년, 동산은 3년으로 단축한다.

② 환매기간을 정한 때에는 다시 이를 연장하지 못한다.

③ 환매기간을 정하지 아니한 때에는 그 기간은 부동산은 5년, 동산은 3년으로 한다.

제592조(환매등기)

매매의 목적물이 부동산인 경우에 매매등기와 동시에 환매권의 보류를 등기한 때에는 제삼자에 대하여 그 효력이 있다.

제593조(환매권의 대위행사와 매수인의 권리)

매도인의 채권자가 매도인을 대위하여 환매하고자 하는 때에는 매수인은 법원이 선정한 감정인의 평가액에서 매도인이 반환할 금액을 공제한 잔액으로 매도인의 채무를 변제하고 잉여액이 있으면 이를 매도인에게 지급하여 환매권을 소멸시킬 수 있다.

제594조(환매의 실행)

① 매도인은 기간내에 대금과 매매비용을 매수인에게 제공하지 아니하면 환매할 권리를 잃는다.

---

* 환매권자 및 목적물 제한의 정당성

1. 문제점

   토지보상법은 환매권자를 토지소유자, 목적물을 토지에 대한 소유권으로 제한하고, 토지상의 건물소유자, 지상권자 등은 환매권자에서 제외되고 있는 바, 이와 관련하여 토지보상법 제91조 제1항 규정의 정당성 여부가 문제된다.

2. 제한의 정당성 여부

   (1) 헌법상권리설의 경우

   환매권은 헌법이 보장하고 있는 재산권의 본질적 내용에 속하며, 헌법 제37조 제2항은 기본권의 본질적인 내용을 침해할 수 없다고 규정하고 있다. 그런데 토지보상법은 지상권자, 건물소유권자 등의 환매권 행사 가능성을 봉쇄하고 있다. 이는 국민의 기본권인 재산권의 본질적 내용을 침해한 것으로써 기본권 제한입법의 한계를 벗어난 것이다. 따라서 토지보상법 제91조 제1항은 위헌임을 면할 수 없을 것이다.

   (2) 법률상권리설의 경우

   환매권의 인정 여부는 입법자의 입법재량에 속하는 문제이며, 모든 피수용자와 모든 재산권에 대해 환매권을 인정해야 한다고 할 수 없다. 재산권의 내용이나 사회적 사정 등을 감안하여 정하여야 하는 것이지만, 이러한 경우에도 입법재량상의 비례성이나 타당성의 원칙, 평등의 원칙은 도외시될 수는 없다.

   (3) 판례

   토지의 경우에는 공익사업이 폐지·변경되더라도 기본적으로 형상의 변경이 없는 반면, 건물은 그 경우 통상 철거되거나 그렇지 않더라도 형상의 변경이 있게 되며, 토지에 대해서는 보상이 이루어지더라도 수용당한 소유자에게 감정상의 손실 등이 남아있게 되나, 건물의 경우 정당한 보상이 주어졌다면 그러한 손실이 남아있는 경우는 드물다. 따라서 토지에 대해서는 그 존속가치를 보장해 주기 위해 공익사업의 폐지·변경 등으로 토지가 불필요하게 된 경우 환매권이 인정되어야 할 것이나, 건물에 대해서는 그 존속가치를 보장하기 위하여 환매권을 인정하여야 할 필요성이 없거나 매우 적은 것이다.

통상 수용된 건물이 철거되거나 장기간의 공익사업 불이행 시 형상이 변하거나 관리가 부실하게 되는 것을 감안할 때, 건물에 대한 환매권을 인정하지 않는 그러한 입법이 자의적인 것이라거나 정당한 입법목적을 벗어난 것이라 할 수 없다. 입법자는 건물에 대한 수용 후 당해 사업이 폐지되거나 변경되는 경우 기타 그 밖의 사유로 인하여 취득한 건물이 필요 없게 되는 경우에도 동 건물에 대한 환매권을 인정할만한 실익이 없다는 입법사실에 기초하여 이 사건 조항을 제정한 것이고, 처음부터 건물소유자의 환매권을 제한하고자 의도한 것은 아니라고 볼 것이다.

또한 이미 정당한 보상을 받은 건물소유자의 입장에서는 수용목적이 된 당해 사업이 변경되거나 폐지된 경우에 해당 건물을 반드시 환매 받아야 할 만한 중요한 사익이 있다고 보기도 어렵다. 또 건물에 대한 환매권이 부인된다고 해서 종전 건물소유자의 자유실현에 여하한 지장을 초래한다고 볼 수도 없다. 결국 이 사건 조항으로 인한 기본권 제한의 정도와 피해는 미비하고, 이 사건 조항이 공익에 비하여 사익을 과도하게 침해하는 것은 아니다.

당해사건의 경우를 보면, 관할 구청은 이 사건 건물이 철거 대상이나 사정상 아직까지 철거되지 않고 있다는 것인바, 만일 그렇다면 당해 사건 역시 건물에 대한 환매권이 인정되어야 할만한 사정을 전혀 지니고 있지 않은 것이다.

결론적으로, 입법자가 건물에 대한 환매권을 부인한 것은 헌법적 한계 내에 있는 입법재량권의 행사라고 할 것이므로, 토지보상법 제91조 제1항 조항이 재산권을 침해하는 것이라 볼 수 없다(헌재 2005.5.26, 2004헌가10).

＊ 환매권의 통지를 결여한 것이 불법행위를 구성하는지 여부

1. 학설

(1) 긍정설

환매권 사업시행자가 환매권 행사 최고의 통지나 공고의무를 이행하지 않았으므로, 환매권자는 환매권이 발생한 사실을 모르고 자기의 권리인 환매권을 행사하지 못하고 있다가 제척기간인 환매기간이 도과되었기 때문에 불법행위를 구성한다고 본다.

(2) 부정설

채권의 불법행위에 대하여 학설이 긍정한다고 하더라도, 그 대상을 엄격히 제한할 필요가 있다고 본다. 즉, 일반적인 불법행위요건(① 가해자의 고의 과실에 의한 행위, ② 가해자의 책임능력, ③ 가해행위의 위법성, ④ 가해행위에 의한 손해 발생) 외에 그 가해자가 직접 채권을 처분하거나 행사하여 채권 자체를 상실하게 한 경우 목적물을 멸실, 파괴하여 채권자의 권리행사를 방해하는 적극적인 침해행위가 있어야 성립한다고 본다. 적극적인 침해행위 없이 단순히 환매 최고의 불이행만으로 불법행위를 구성한다고 보는 것은 채권의 불법행위구성에 관한 일반이론과 균형을 잃은 것이라 본다.

2. 판례

환매할 토지가 생겼을 때에는 기업자(특례법상의 사업시행자)가 지체 없이 이를 원소유자 등에게 통지하거나 공고하도록 규정한 취지는 원래 공적인 부담의 최소한성의 요청과 비자발적으로 소유권을 상실한 원소유자를 보호할 필요성 및 공평의 원칙 등 환매권을 규정한 입법이유에 비추어 공익목적에 필요 없게 된 토지가 있을 때에는 먼저 원소유자에게 그 사실을 알려 주어 환매할 것인지 여부를 최고하도록 함으로써 법률상 당연히 인정되는 환매권 행사의 실효성을 보장하기 위한 것이라고 할 것이므로 위 규정은 단순한 선언적인 것이 아니라 기업자(사업시행자)의 법적인 의무를 정한 것이라고 보아야 할 것이다(대판 1993.5.27, 92다34667 참조). 따라서 사업시행자가 위 각 규정에 의한 통지나 공고를 하여야 할 의무가 있는데도 불구하고 이러한 의무에 위배한 채 원소유자 등에게 통지나 공고를 하지 아니하여, 원소유자 등으로 하여금 환매권 행사기간이 도과되도록 하여 이로 인하여 법률에 의하여 인정되는 환매권 행사가 불가능하게 되어 환매권 그 자체를 상실하게 하는 손해를 가한 때에는 원소유자 등에 대하여 불법행위를 구성한다고 할 것이다(대판 2000.11.14, 99다45864).

쟁점 43 공익사업의 변환 [A]

1. 의의

국가, 지방자치단체 또는 공공기관이 사업인정을 받아 공익사업에 필요한 토지를 협의취득 또는 수용한 후 해당 공익사업이 제4조 제1호 내지 제5호에 규정된 다른 사업으로 변경된 경우 환매기간은 관보에 변경을 고시한 날부터 기산하도록 하는 것을 말한다. 이 경우 국가, 지방자치단체 또는 정부투자기관은 변경사실을 환매권자에게 통지하도록 하고 있다.

2. 취지

당초의 공익사업보다 공익성이 더 큰 공익사업으로 변경 시 번거로운 절차를 되풀이 하지 않기 위해 공익사업변환을 인정함으로써 환매권 행사가 제한된다.

3. 공익사업변환 규정의 적용 요건

(1) 주체상 요건

1) 토지보상법상 주체요건

토지보상법 제91조 제6항에서는 수용주체가 국가, 지방자치단체, 공공기관일 것을 규정하고 있다.

2) 사업시행자가 변경된 경우에도 적용하는지 여부

사업시행자가 변경된 경우 토지보상법 제91조 제6항은 사업시행자가 같은 경우에만 인정되는지에 대한 명확한 규정이 없어서 이에 대한 해석이 있다.

① 판례

'(구)토지수용법 제71조 제7항 등 관계법령의 규정내용이나 그 입법이유 등으로 미루어 볼 때 공익사업변환이 기업자가 동일한 것으로 해석되지 않는다(대판 1994.1.25, 93다11760)'고 판시하여 사업주체변환을 인정하고 있다.

② 견해의 대립

환매권제도의 취지에 반하는 예외적 규정인 공익사업변환규정은 공평원리에 반함으로 가능한 좁게 해석하자는 견해와, 토지소유자는 이미 정당보상을 받았고 고도의 공익성이 요청되는 사업에만 인정되는바 판례의 입장을 지지하는 견해도 있다.

③ 검토

공익사업변환규정은 침익적 규정인바 협의로 해석함이 타당하다. 또한 행정주체간 용도담합에 의해 토지소유자의 환매권 행사가 불가능하게 되는 문제점이 발생한다. 다만, 판례의 태도에 따르면 사업시행자가 동일하지 않다는 사실은 공익사업변환의 장애사유가 되지 않을 것이다.[35]

(2) 대상사업 요건규정

사업인정을 받은 공익사업이 공익성의 정도가 높은 제4조 제1호 내지 제5호에 규정된 다른 공익사업으로 변경된 경우이어야 하며, 대법원은 해당 사업 역시 사업인정을 받아야 한다고 한다.

(3) 대상토지를 계속 소유하고 있을 것

대법원은 공익사업을 위해 협의취득하거나 수용한 토지가 변경된 사업의 사업시행자가 아닌 제3자에게 처분된 경우에는 공익사업의 변환을 인정할 수 없다고 판시한 바 있다.

4. 공익사업변환의 위헌성

(1) 합헌으로 보는 견해

① 공익사업의 원활한 시행을 확보하기 위한 목적으로 그 목적의 정당성이 인정되고 변경이 허용되는 사업시행자의 범위와 대상사업을 한정하고 있어 그 입법목적 달성을 위한 수단으로서 직접성이 인정된다. ② 피해최소성의 원칙, 법익균형의 원칙에도 부합되는바 헌법 제37조 제2항이 규정한 기본권 제한에 관한 과잉금지의 원칙에 위배되지 않는다.

(2) 위헌으로 보는 견해

본래목적 공익사업 이외에 다른 공익사업을 위한 재심사 불복절차 등 적법절차 없이 전용을 허용하고 있으며, 전시나 준전시에 적용되는 징발법 관련조항과도 비교하여 볼 때, 피해최소성을 도모하였다고 인정할 수도 없다. 공익사업변환이 수차에 걸쳐 계속된다면 환매권 취득기회를 영원히 상실하여 헌법 제37조 제2항 기본권 제한의 절대적 한계를 일탈할 수도 있다.

(3) 검토

공익사업변환은 기본권의 본질적 내용에 대한 침해소지가 있으나, 공익사업의 원활한 시행을 확보하기 위하여 도입된 제도이므로 재산권의 존속을 위해 공익사업 변경 시 다시 심사할 수 있는 제도적 보완 등을 통하여 정당성을 보완하여야 할 것이다.

5. 사업인정 전 협의의 경우 적용 가능성

토지보상법 제91조 제6항에서 "사업인정을 받아"라고 규정하고 있는바, 사업인정 전의 협의에 의한 취득의 경우에는 적용되지 않는다고 보는 것이 타당하다.

---

35) 동 규정의 입법취지가 무용한 절차반복을 방지하여 원활한 사업을 도모함에 있으므로, 사업 자체의 공익성을 기준하여 변환 여부를 판단해야 할 것이다.

보증 상보실손

PART

02

손실보상

손실보상의 법적 성질 (S)

1. 손실보상의 의의

손실보상이란 공공필요에 의한 적법한 공권력의 행사로 가하여진 개인의 특별한 재산권 침해에 대하여, 행정주체가 사유재산권 보장과 평등부담의 원칙 및 생존권 보장차원에서 행하는 조절적인 재산적 전보를 말한다(재산권의 내재적 제약인 사회적 제약과 구별된다).

2. 근거

(1) 이론적 근거

① 기득권설, ② 은혜설, ③ 특별한 희생설, ④ 생존권보장설의 견해가 있다. 기득권설과 은혜설은 연혁적으로 의미만 있으므로 공평부담의 견지에서 특별한 희생을 보상하는 것이 일반적 견해이다.

(2) 헌법적 근거

헌법 제23조 제3항에서는 '공공필요에 의한 재산권의 수용·사용 또는 제한 및 그에 대한 보상은 법률로써 하되, 정당한 보상을 지급하여야 한다'고 규정하고 있다.

(3) 개별법

공익사업을 위한 토지 등의 취득 및 보상에 관한 법률(토지보상법)과 그 외 개별법(하천법, 소방기본법 등)에 산재되어 있다.

---

* 불가분조항

1. 의의 및 기능

불가분조항이란 침해와 보상은 동일법률 안에서 규정되어야 함을 의미한다. ① 입법자에 대한 경고기능, ② 예산보장의 기능, ③ 재산권보장기능을 갖는다.

2. 학설

(1) 부정설

헌법 제23조 제3항은 독일의 기본법 제14조 제3항과 규정내용이 다르다. 손실보상의 제도적 취지를 무색케 한다.

> **독일기본법 제14조**
> ① 재산권과 상속권은 보장된다. 그 내용과 한계는 법률로 정한다.
> ② 재산권은 의무를 수반한다. 그 행사는 동시에 공공복리에 봉사하여야 한다.
> ③ 공공수용은 공공복리를 위해서만 허용된다. 공공수용은 보상의 종류와 범위를 정한 법률에 의해서 또는 법률에 근거하여서만 행하여진다. 보상은 공공의 이익과 관계자의 이익을 공정하게 형량하여 정해져야 한다. 보상액 때문에 분쟁이 생길 경우에는 정규 법원에 제소할 길이 열려 있다.

---

(2) 긍정설

① 동조항은 공권력에 의한 재산권 침해행위를 저지함과 동시에, ② 개인의 재산권을 보장하기 위한 헌법적 배려이며, ③ 법률집행자에게 재정부담과 같은 제한의 결과에 대하여 경고하는 의미도 내포하는 것으로 보아 헌법규정의 물리적 해석 및 입법취지에서 불가분조항을 인정한다는 견해이다.

3. 검토

헌법 제23조와 독일기본법은 적용범위 및 표현이 상이하고, 논리적 필연성이 부족하므로 불가분조항의 인정 여부에 대한 신중한 접근이 필요하다.

3. 손실보상청구권의 법적 성질

(1) 학설

① 공권설은 공권력 행사인 공용침해를 원인으로 하므로 공권으로 보아야 한다고 하며, ② 사권설은 손실보상청구권은 기본적으로 금전청구권(채권·채무관계)이므로 사법상의 권리라고 한다.

(2) 판례

1) 종전 판례는 사권으로 보았으나 최근 하천법상 손실보상청구권과 관련하여 행정상 당사자소송의 대상이 된다고 본 바 있다.

2) 또한 세입자의 주거이전비는 ① 사업추진을 원활하게 하려는 정책적 목적과, ② 사회보장적인 차원에서 지급되는 금원의 성격을 가지므로 세입자의 주거이전비보상청구권은 〈공법상 권리〉이고, 공법상 법률관계를 대상으로 하는 행정소송에 의해 다투어야 한다고 판시한 바 있다.

3) '토지보상법상 농업손실보상청구권은 공익사업의 시행 등 적법한 공권력의 행사에 의한 재산상의 특별한 희생에 대하여 전체적인 공평부담의 견지에서 공익사업의 주체가 그 손해를 보상하여 주는 손실보상의 일종으로 공법상의 권리임이 분명하므로 그에 관한 쟁송은 민사소송이 아닌 행정소송절차에 의하여야 할 것'이라고 판시한 바 있다.

4) '공익사업을 위한 토지 등의 취득 및 보상에 관한 법률 시행규칙 제57조에 따른 사업폐지 등에 대한 보상청구권은 공익사업의 시행 등 적법한 공권력의 행사에 의한 재산상 특별한 희생에 대하여 전체적인 공평부담의 견지에서 공익사업의 주체가 손해를 보상하여 주는 손실보상의 일종으로 공법상 권리임이 분명하므로 그에 관한 쟁송은 민사소송이 아닌 행정소송절차에 의하여야 한다'고 판시한 바 있다.

(3) 검토

손실보상은 공법상 원인을 이유로 이루어지고 있는 점에 비추어 공권으로 봄이 타당하다.

쟁점 45 경계이론과 분리이론 [B]

I 개요

경계이론과 분리이론은 재산권 제한이 사회적 제약인지 공용침해인지를 구분하는 이론이다. 이는 헌법 제23조의 규범구조 해석문제이다.

II 경계이론

1. 의의

사회적 제약과 공용수용은 별개의 제도가 아니라 재산권 침해의 정도의 차이에 의해 구분된다는 이론이다.

2. 사회적 제약과 공용침해의 구분

사회적 제약과 공용침해는 침해의 정도에 따라서 구분된다. 즉, 형식설과 실질설로 판단하여 특별한 희생에 해당하면 공용침해로 본다.

3. 권리구제수단

특별한 희생에 해당한다면 헌법 제23조 제3항에 따라 손실보상을 통한 구제가 이루어져야 하며, 보상규정이 없는 경우에는 헌법 제23조의 효력논의에 의해서 다양한 해결방안이 모색될 수 있다.

4. 보상의 성격

경계이론에서의 보상은 재산권의 객관적 가치를 사전에 보상하되 현금으로 보상하는 것을 원칙으로 하고 있다(이에 따르면 토지매수청구제도를 보상제도로 보지 않으나, 이를 보상제도로 보는 견해도 있다).

III 분리이론

1. 의의

재산권의 내용 및 한계규정과 수용은 서로 다른 별개의 독립된 제도로 본다. 즉, 내용규정이 예외적으로 수용의 효과를 가져 온다고 해도 수용이 되는 것은 아니며, 내용규정 안에서 보상의 무가 있는 재산권 내용규정이 된다고 한다. 수용과 내용적 제한과의 구분기준은 입법의 목적 및 형식이다.

2. 재산권의 내용적 제한과 조정조치

재산권의 내용적 제한이 재산권에 내재하는 사회적 제약을 넘어 과도한 제한이 되는 경우에는 비례의 원칙 및 평등원칙에 반하게 된다. 이 경우에 입법자는 비례원칙 위반을 시정하여 재산권 제한을 합헌적으로 하여야 할 의무를 지는데, 이 의무를 조정조치의무라고 한다.

3. 재산권 내용규정 및 수용의 구별(특별한 희생의 의미)

분리이론은 입법의 형식과 목적에 의해 재산권의 내용규정과 공용침해를 서로 구별하는 데, 재산권의 내용규정은 재산권 내용을 확정하는 일반적 추상규정이고, 수용은 개별·구체적인 박탈을 의미한다. 또한 분리이론에서의 특별한 희생은 "내용규정에 대한 보상을 요하는 것"을 판단하는 기준에 불과하다고 하여 특별한 희생이 발생하여도 수용으로 전환되는 것은 아니라고 한다.

4. 권리구제수단

조정조치의무를 이행하지 않는 경우 재산권 제한조치가 위헌이므로 취소소송을 통하여 구제를 받아야 한다는 견해, 조정조치의무 불이행이라는 입법부작위에 대한 헌법소원을 통하여 구제를 받아야 한다는 견해, 재산권 제한조치의 근거가 되는 법률의 위헌확인과 조정조치에 관한 입법을 기다려 구제를 받아야 한다는 견해(판례)가 있다.

5. 보상의 성격

분리이론에서는 보상은 해당 법률의 위헌성을 제거하고 비례성을 회복하여 합헌적인 내용규정이 되도록 하기 위한 정책적, 조절적, 균형적 보상의 성격을 가진다. 따라서 금전보상에만 한정되는 것이 아니고 이에 갈음하는 매수청구권 등 다양한 보상방법을 입법자가 선택할 수 있다.

> 헌법재판소는 보상 등 권리구제는 헌법재판소가 결정할 성질의 것이 아니라 광범위한 입법형성권을 가진 입법자가 입법정책적으로 정할 사항이며 입법자는 보상 등 조정조치를 입법하여 위헌적 상태를 제거할 의무가 있고, 토지소유자는 보상입법을 기다려 그에 따른 권리행사를 할 수 있을 뿐 개발제한구역의 지정이나 그에 따른 토지재산권의 제한 그 자체의 효력을 다투거나 위 조항에 위반하여 행한 자신들의 행위의 정당성을 주장할 수는 없다고 보고 있다.
> 헌법재판소는 (구)도시계획법 제21조에 의하여 개발제한구역이 지정된 경우에 정당한 보상을 하는 법률을 제정하지 아니한 것은 기본권 보장을 위한 법규정이 불완전하여 보충을 요하는 경우에 해당하는 부진정입법부작위라고 하면서 헌법소원의 대상이 되는 입법부작위에 해당하지 않는다고 보았다(헌재 1991.1.28, 97헌마9).
> 따라서 헌법재판소의 입장(분리이론)에 의하면 위의 헌법재판소 결정 이후 '개발제한구역의 지정 및 관리에 관한 특별조치법'이 제정되어 개발제한구역의 지정으로 인하여 특별한 희생을 받은 자에게 매수청구권을 인정함으로써 (구)도시계획법상의 개발제한구역의 지정에 관한 규정의 위헌문제는 해결된 것으로 볼 수 있다.

쟁점 46 손실보상의 요건 (S)

1. 공공필요

공공필요는 공동체 구성원 전체의 이익인 공익의 필요를 말하며, 수용을 정당화하는 공공필요의 판단은 비례의 원칙에 의해 행해진다.

2. 재산권에 대한 공권적 침해

재산적 가치 있는 공·사법적 권리에 대한 침해를 말하며, 공권력의 주체에 의해 지향되거나 최소한 침해의 직접적 원인이 되어야 한다.

3. 침해의 적법성 및 법적 근거

법적 근거를 갖는 적법한 침해이어야 한다. 토지보상법 제4조에서는 토지를 수용 또는 사용할 수 있는 사업을 열거하고 있으며, 기타 개별법률에 수용 또는 사용의 근거가 규정되어 있다.

4. 특별한 희생

(1) 개설

분리이론이란 입법자의 의사에 따라 공용침해와 재산권의 한계규정이 구분된다는 이론이고, 경계이론은 수용과 제한은 별개의 제도가 아니라 내용규정의 경계를 벗어나면 공용침해로 전환된다고 보는 이론이다. 헌법 제23조 제3항은 독일기본법 제14조 제3항과 달리 수용·사용·제한을 모두 규정하고 있으므로 이하에서는 경계이론의 입장에서 검토한다.

(2) 의의 및 사회적 제약과의 구별실익

특별한 희생이란, 타인과 비교하여 불균형하게 과하여진 권익의 박탈, 즉 사회적 제약을 넘어서는 손실을 의미한다. 재산권 행사의 공공복리 적합의무로서 사회적 제약은 보상의 대상이 되지 아니하는데 구별의 실익이 있다.

(3) 학설

① '침해행위의 인적 범위를 특정할 수 있는지' 형식적으로 판단하는 형식설과, ② 침해행위의 성질과 강도를 기준으로 판단하는 실질설이 있다.

> **＊실질설에 대한 판단기준들(보·수·목·사·중·상·사)**
>
> 1. **보호가치설**
>   보호할 가치가 있는 재산권의 침해를 공용침해로 보는 견해이다.
>
> 2. **수인한도설**
>   재산권의 본질인 배타적 지배성을 침해하는 행위는 보상을 요하는 침해행위라고 본다.
>
> 3. **목적위배설**
>   재산권의 침해가 종래부터 인정되어 온 이용목적이나 기능에 위배되는 경우에는 특별한 희생이라고 본다.
>
> 4. **사적효용설**
>   사유재산제도의 본질은 재산권의 사적효용성이므로, 이를 침해하는 행위는 특별한 희생에 해당한다고 본다.
>
> 5. **중대설**
>   독일의 연방행정재판소가 취하는 견해로서, 침해의 중대성과 범위를 기준으로 하여 침해의 중대성과 범위에 비추어 사인이 수인할 수 없는 제한에 대하여서만 보상이 필요하다고 한다.
>
> 6. **상황적구속설**
>   이는 토지이용 제한과 관련하여 독일의 연방통상법원의 판례를 통하여 발전된 견해로서, 토지는 그 위치·성질·경관 등으로 인하여 일정한 이용을 제한받게 되며, 그러한 제한은 사회적 제약에 지나지 아니한다고 본다.
>
> 7. **사회적제약설**
>   사회적 제약을 넘어서는 행위는 손실보상을 요하는 것으로 본다.

(4) 판례

① 대법원은 개발제한구역지정은 공공복리에 적합한 합리적인 제한이라고 판시한 바 있으며, ② 헌법재판소는 종래목적으로 사용할 수 없거나, 실질적으로 토지의 사용·수익이 제한된 경우는 특별한 희생에 해당하는 것으로 본다.

(5) 검토

두 학설 모두 일면 타당하므로 양자를 모두 고려하여 특별한 희생을 판단함이 타당하다.

> **＊ 중요판례 : 사업인정고시 전 지장물의 특별한 희생 부정**
>
> 손실보상만을 목적으로 설치되었음이 명백하다면, 그 지장물은 예외적으로 손실보상의 대상에 해당하지 아니한다고 보아야 한다(대판 2013.2.15, 2012두22096).
>
> 주거용 건물이 아닌 위법건축물의 경우에는 관계법령의 입법취지와 그 법령에 위반된 행위에 대한 비난가능성과 위법성의 정도, 합법화될 가능성, 사회통념상 거래객체가 되는지 여부 등을 종합하여 구체적·개별적으로 판단한 결과 그 위법의 정도가 관계법령의 규정이나 사회통념상 용인할 수 없을 정도로 크고 객관적으로도 합법화될 가능성이 거의 없어 거래의 객체도 되지 아니하는 경우에는 예외적으로 수용보상의 대상이 되지 아니한다(대판 2001.4.13, 2000두6411).

5. 보상규정의 존재

(1) 문제점

보상규정이 존재하면 해당 규정에 따라 보상하면 되지만, 특별한 희생에 해당함에도 보상규정이 없는 경우에는 보상을 할 수 있는지가 헌법 제23조 제3항의 해석과 관련하여 문제된다.

(2) 학설

① **방침규정설**(입법지침설, 입법방침설)

헌법 제23조 제3항은 입법지침에 지나지 아니하므로 재산권을 침해당한 자에 대한 보상 여부는 법률의 명시적 규정에 의하여만 결정될 수 있다고 본다. 따라서 손실보상에 관한 법률의 규정이 없으면 손실보상을 청구할 수 없다고 본다.

② **직접효력설**

헌법 제23조 제3항은 국민에 대한 손실보상청구권의 행사를 보장하는 규정이므로, 재산권 침해만을 규정하고 보상에 관하여는 규정하고 있지 않은 경우나 정당한 보상에 미치지 못하는 내용의 법률에 의하여 재산권을 침해당한 국민은 이를 근거로 하여 정당한 손실보상을 청구할 수 있다고 본다. 이 견해에 의하면 행정청이 손실보상을 거부하는 경우에는 공법상 당사자소송으로 손실보상청구소송을 제기하여야 한다.

③ **위헌무효설**

헌법 제23조 제3항은 손실보상에 관한 직접적 효력을 가지는 것으로 보지 않고, 법률이 재산권 침해를 규정하면서 보상에 관하여 규정하지 않은 경우에는 그 법률은 헌법에 반하는 것으로서 위헌무효라고 본다. 이러한 위헌무효인 법률에 근거하여 개인의 재산권을 침해하는 행위는 위법한 행위가 되기 때문에 국가배상법에 의한 손해배상청구가 가능하고, 헌법규정에 근거하여 직접 손실보상을 청구할 수 없다고 본다.

④ **유추적용설**

재산권 침해에 따르는 보상규정이 없는 경우에는, 헌법 제23조 제1항 및 헌법 제11조를 근거로 하는 동시에 헌법 제23조 제3항 및 관련 규정을 유추적용하여 손실보상을 청구할 수 있다고 본다.

⑤ **보상입법부작위위헌설**

보상입법부작위위헌설은 공공필요를 위하여 공용제한을 규정하면서 손실보상규정을 두지 않은 경우 그 공용제한규정 자체는 헌법에 위반되는 것은 아니라고 보고, 손실보상을 규정하지 않은 입법부작위가 위헌이라고 본다.

✔ **알아두기**

> **답안작성 시 축약**
> ① 명문규정이 없으면 안 된다는 방침규정설, ② 헌법 제23조 제3항은 불가분조항이므로 보상규정이
> 없으면 이에 반하는 위법한 수용인바, 손해배상을 청구해야 한다는 위헌무효설, ③ 헌법 제23조 제3항을
> 직접근거로 손실보상청구가 가능하다는 직접효력설, ④ 헌법 제23조 제1항 및 헌법 제11조에 근거하고
> 헌법 제23조 제3항 및 관계규정을 유추적용할 수 있다는 간접효력설이 있다. ⑤ 손실보상을 규정하지
> 않은 입법부작위가 위헌이라는 견해도 있다.

(3) 판례

대법원은 시대적 상황에 따라 직접효력설, 유추적용설 등 태도를 달리하고, 헌법재판소는 보상
입법의무의 부과를 통해 보상규정이 없는 경우의 문제를 해결한다.

(4) 검토

특별한 희생에 해당한다면 공평부담의 견지에서 보상해주는 것이 손실보상의 취지에 부합하므
로 관련규정 등을 유추적용함이 타당하다.

(5) 첨어(헌법재판소 결정과 비판)

헌법재판소는 헌법불합치결정을 하여 권력분립에 의해 입법권자의 입법형성의무를 강조하여 보
상입법을 통한 해결책을 제시하였고, 헌법규정을 근거로 손실보상을 청구하거나 구역지정 자체
를 다툴 수 없도록 하였다. 이에 대해 헌법재판소의 분리이론 채택과 관련하여 ① 권리구제의
불확실성 증대, ② 규범구조의 상이에 대한 분리이론 비판, ③ 매수청구제도의 현실적 실행미미
점 등을 비판한다.

쟁점 47 정당보상의 의미 (S)

1. 문제점

헌법 제23조 제3항에서는 '정당한 보상'이라고 규정하고 있으나 정당보상의 의미가 추상적인바
이의 해석이 문제된다.

2. 학설

① 완전보상설은 피침해 재산의 객관적 가치와(객관적가치보장설) 부대적 손실까지 보상해야 한
다고 하며(손실전부보장설), ② 상당보상설은 사회통념상 합당한 보상이면 되고(완전보상설), 합리
적 사유가 있으면 하회하거나 상회할 수 있다고 한다(합리적보상설).

3. 판례

① 보상의 시기, 방법 등에 제한 없는 완전한 보상을 의미한다고 판시한 바 있으며, ② 피수용자의 객관적 재산가치를 완전하게 보상해야 한다고 판시한 바 있다.

4. 검토

피수용자의 객관적 가치를 완전하게 보상함은 물론 대물적 보상만으로 채워지지 않는 부분에 대한 생활보상을 지향함이 타당하다.

쟁점 48 시가보상 [S]

1. 시가보상의 의의 및 취지(법 제67조)

시가보상이란 협의성립 당시의 가격 및 재결 당시의 가격을 말한다. 이는 ① 개발이익 배제, ② 보상액의 적정성, 객관성, 공평화 유지, ③ 수용절차의 지연방지, ④ 재산권 상실 당시의 완전보상 구현목적에 취지가 있다.

2. 시가보상의 정당성

(1) 판례

토지 등을 수용함으로 인하여 그 소유자에게 보상하여야 할 손실액은 수용재결 당시의 가격을 기준으로 하여 산정하여야 할 것이고, 이와 달리 이의재결일을 그 평가기준일로 하여 보상액을 산정해야 한다는 상고이유는 받아들일 수 없다고 판시하였다.

(2) 검토

시가보상의 취지가 개발이익 배제, 재산권 상실 당시의 완전보상 구현목적, 보상액의 적정성, 객관성 도모에 있으므로 협의 당시 또는 재결 당시를 기준으로 보상액을 산정함이 합당하다.

쟁점 49 개발이익 배제 (S)

1. 개발이익과 개발이익 배제의 의미

① 개발이익이란 공익사업 시행의 계획이나 시행이 공고, 고시되어 토지소유자의 노력과 관계 없이 지가가 상승하여 뚜렷하게 받은 이익으로 정상지가상승분을 초과하여 증가된 부분을 말한다(표준지조사평가기준 제3조 제2호).

② 개발이익 배제란 보상액의 산정에 있어서 해당 공익사업으로 인하여 토지 등의 가격에 변동 되었을 때에는 고려하지 않는 것을 말한다(토지보상법 제67조 제2항).

2. 개발이익의 범위

해당 사업의 사업인정고시일 전·후를 불문하고 해당 사업과 관계없는 다른 사업의 시행으로 인한 개발이익은 이를 배제하지 않는 가격으로 평가해야 한다.

3. 개발이익 배제의 필요성

① 개발이익은 미실현된 잠재적 이익이고, ② 토지소유자의 노력과 관계없으므로 사회에 귀속 되도록 하는 것이 형평의 원리에 부합한다. ③ 개발이익은 공익사업에 의해 발생하므로 토지소 유자의 손실이 아니다.

4. 개발이익 배제의 정당성

(1) 학설

① 미실현 이익은 보상대상이 아니고 이는 사업시행을 볼모로 한 주관적 가치이므로 배제되어야 한다는 긍정설과, ② 인근 토지소유자와의 형평성 문제와 주변 토지로 대토할 수 없는 측면에서 부정하는 부정설이 있다.

(2) 판례

개발이익은 궁극적으로는 모든 국민에게 귀속되어야 할 성질의 것이므로 이는 피수용자의 토지 의 객관적 가치 내지 피수용자의 손실이라고는 볼 수 없다고 판시한 바 있다.

(3) 검토

개발이익은 재산권에 내재된 객관적 가치가 아니므로, 이를 배제하여도 정당보상에 반하지 않는 다고 사료된다.

5. 개발이익의 배제방법

① 적용공시지가 적용(토지보상법 제70조 제3항 내지 제5항), ② 해당 사업으로 변하지 않은 지가변 동률의 적용(토지보상법 제70조 제1항 및 동법 시행령 제37조 제2항), ③ 그 밖의 요인보정을 통한 배제 방법이 있다.

6. 개발이익 배제의 문제점과 개선안

(1) 인근 토지소유자와의 형평성 문제

토지초과이득세법도 폐지되고 인근 토지소유자들은 개발이익을 향유하는 것은 형평성에 반한다는 비판이 제기된다.

〈생각건대〉 토지초과이득세가 외환, 금융위기에 따른 경제사정 악화로 폐지된바 재도입 검토가 필요하다. 최근 대토보상의 도입은 인근 소유자와의 형평성을 완화할 수 있는 발판을 마련한 점에서 긍정적으로 평가할 수 있을 것이다.

(2) 개발이익 배제의 불완전성 문제

보상액 산정과정상 개발이익의 완전배제가 어렵고 사업의 장기화에 따른 개발이익 구분의 어려움이 있다.

따라서 사업인정 이후는 생산자물가지수를 이용하거나 보상시점을 사업인정 시로 변경하는 방법을 고려할만하다.

---

* 과거 개발이익환수제도

1. 택지소유상한제(1990년 도입, 1998년 9월 19일 폐지)

  서울 등 6대 도시에서 가구당 200평 초과 토지 매입 시 시・군・구청장의 허가 필요

2. 개발이익환수제(1990년 도입, 2004년 폐지)

  개발사업, 토지이용계획 변경 등으로 인해 땅값 상승 시 이익의 50%를 세금으로 부과

3. 토지초과이득세(1990년 도입, 1998년 12월 29일 폐지)

  유휴지와 비업무용 토지가격 상승 시, 전국 평균 이상 상승분의 30~50%를 세금으로 부과

쟁점 50 공시지가기준 보상 [S]

1. 공시지가기준 보상의 의의 및 취지

토지보상법 제70조 제1항에서는 해당 토지의 이용계획, 지가변동률, 생산자물가상승률, 위치, 형상, 환경, 이용상황 등을 참작한 공시지가로 보상해야 한다고 규정하고 있다. 개발이익 배제에 취지가 인정된다.

2. 공시지가기준 보상의 정당성

(1) 문제점

공시지가를 기준하여 보상금을 산정하는 것이 보상방법의 제한인지와, 공시지가가 시가에 못 미치는 경우 그러한 공시지가를 기준으로 산정한 보상금액이 정당보상인지가 문제된다.

(2) 학설

① 보상금액의 산정에 있어서 공시지가를 기준으로 하게 한 것은 보상액 산정방법의 제한이므로 정당보상이 아니라는 부정설과, ② 공시지가를 기준으로 보상액을 산정하게 한 것은 개발이익 배제를 목적으로 하는 것이며 또한 공시지가는 인근의 거래사례 등을 종합·고려한 합리적인 것이므로 정당보상에 반하는 것이 아니라는 긍정설이 있다.

(3) 판례

대법원은 공시지가기준은 개발이익을 배제함을 목적으로 하고, 공시지가는 인근 토지의 거래가격 등 제 요소를 종합·고려하여 산정되며, 대상지역의 공고일 당시 객관적 가치를 평가하기 위한 적정성이 인정되므로 정당보상에 위배되지 않는다고 한다.

또한 헌법재판소는 공시지가가 적정가격을 반영하지 못하는 것은 제도운영상 잘못이므로 정당보상과 괴리되는 것은 아니라고 판시한 바 있다.

(4) 검토

공시지가는 인근 토지의 가격 등 제 요소를 종합·고려한 객관적 가치이고, 개발이익은 주관적 가치이므로 이를 배제하기 위한 공시지가 보상기준은 정당보상에 합치한다.

3. 그 밖의 요인보정

(1) 그 밖의 요인의 의미와 그 밖의 요인보정의 필요성

그 밖의 요인이란 토지보상법 제70조의 해석상 토지의 위치, 형상, 환경, 이용상황 등 개별적 요인을 제외한 요인으로서 해당 토지의 가치에 영향을 미치는 사항을 의미한다. 그 밖의 요인보정이란 적정가격 수준으로 보정하는 작업이다. 이는 ① 정당보상을 실현하고, ② 보상의 형평성을 도모함에 취지가 인정된다.

(2) '그 밖의 요인'보정의 정당성

1) 관련규정

감정평가실무기준에서는 시점수정, 지역요인 및 개별요인의 비교 외에 대상토지의 가치에 영향을 미치는 사항이 있는 경우에는 그 밖의 요인보정을 할 수 있다고 규정하고 있으며, 감정평가실무기준은 상위법령과 결합하여 법규적 사항을 규정하는 법령보충적 행정규칙에 해당한다고 볼 수 있다.

2) 판례

① 인근 유사토지의 정상거래사례가 있고 그 거래를 참작하는 것으로서 적정한 보상평가에 영향을 미칠 수 있는 것이 입증된 경우에는 이를 참작할 수 있다.

② 인근 유사토지의 정상거래가격, 호가, 보상선례, 자연적인 지가상승분을 참작할 수 있으나 개발이익이 포함되지 않고 투기적인 거래에서 형성된 것이 아니어야 한다. 이는 주장하는 자가 입증해야 한다.

③ 검토

현재는 감정평가실무기준에서 "그 밖의 요인"보정을 명문으로 규정하고 있으므로 이를 근거로 정당보상을 실현할 수 있을 것이다.[36]

(3) 그 밖의 요인참작 여부의 입증책임

인근 유사토지의 정상거래사례 또는 보상선례가 있고 그 가격이 정상적인 것으로서 적정한 보상액 평가에 영향을 미친다고 하는 점은 이를 주장하는 자에게 입증책임이 있다(대판 2004.5.14, 2003다38207).

(4) 그 밖의 요인산출 근거 기재의 정당성

1) 근거규정

감정평가실무기준에서는 "그 밖의 요인보정을 한 경우에는 그 근거를 감정평가서(감정평가액의 산출 근거)에 구체적이고 명확하게 기재하여야 한다"고 규정하고 있다.

2) 기재내용과 정도

감정평가서에는 보상선례토지와 평가대상인 토지의 개별요인을 비교하여 평가한 내용 등 산정요인을 구체적으로 기재하여야 한다.

3) 판례 및 감독청의 태도

① 판례는 토지를 평가할 때 품등비교 및 기타요인의 가격산정요인을 구체적으로 특정하여 명시하지 않은 것은 위법하다고 하였으며, ② 국토교통부는 기타요인 보정치에 대한 합리적이고 구체적인 산출 근거를 기재하지 아니하였다는 사유로(신의성실의무 위반) 업무정지를 징계한 바 있다.

4) 검토

감정평가의 사회적인 영향을 고려할 때 기재의 타당성은 당연하다. 따라서 이를 토지보상법에 명문으로 규정할 필요가 있다.

---

* 그 밖의 요인보정치 근거규정

1. (구)토지수용법 제46조(산정의 시기) ① 손실액의 산정은 수용 또는 사용의 재결 당시의 가격을 기준으로 하되 수용할 토지에 대하여는 인근토지의 거래가격을, 사용할 토지에 대하여는 그 토지 및 인근 토지의 지료, 차임 등을 고려한 적정가격으로 하여야 한다. 다만, 제26조 및 제27조의 규정에 의한 사용의 경우에는 사용 당시를 기준으로 한다.
    (구)토지수용법에서는 인근 토지의 거래가격을 참고하여 평가하도록 규정하고 있었으나, '인근 토지의 거래가격'이 삭제되어 판례에 의하여 정상거래사례 등을 고려하는 것으로 근거를 표시하고 있다.
2. 감정평가에 관한 규칙 제14조 제2항 제5호에서는 정상적인 거래사례를 규정하고 있음
    "그 밖의 요인보정 : 대상토지의 인근지역 또는 동일수급권 내 유사지역의 가치형성요인이 유사한 정상적인 거래사례 또는 평가사례 등을 고려할 것"

---

36) 공시지가 초기시대(1989.7.1.~1991.12.31.)에는 토지에 대한 보상은 공시지가를 기준으로 하되 기타사항을 참작하여 평가하도록 되어 있었으나, 공시지가기준 시대(1992.1.1.~현재)에는 기타사항을 참작할 수 있는 내용이 삭제되고 '기타 해당 토지의 위치, 형상, 환경, 이용상황 등을 참작하여 평가하도록 개정되었다. 따라서 기타사항을 참작할 수 있는지에 대해서 견해의 대립이 있었으나 판례는 이를 긍정하고 있다.

4. 시점수정(토지보상법 제70조 제1항 및 시행령 제37조)

(1) 원칙(시행령 제37조 제1항)

평가대상 토지와 가치형성요인이 같거나 비슷하여 해당 평가대상 토지와 유사한 이용가치를 지닌다고 인정되는 표준지가 소재하는 시·군 또는 구의 용도지역별 지가변동률을 적용한다.

(2) 예외(시행령 제37조 제2항)

비교표준지가 소재하는 시·군 또는 구의 지가가 해당 공익사업으로 인하여 변동된 경우에는 해당 공익사업과 관계없는 인근 시·군 또는 구의 지가변동률을 적용한다. 다만, 비교표준지가 소재하는 시·군 또는 구의 지가변동률이 인근 시·군 또는 구의 지가변동률보다 작은 경우에는 그러하지 아니하다.

(3) 지가변동 여부의 판단기준(시행령 제37조 제3항)

비교표준지가 소재하는 시·군 또는 구의 지가가 해당 공익사업으로 인하여 변동된 경우는 도로, 철도 또는 하천 관련 사업을 제외한 사업으로서 다음 각 요건을 모두 충족하는 경우로 한다.

① 해당 공익사업의 면적이 20만제곱미터 이상이어야 한다.

② 비교표준지가 소재하는 시·군 또는 구의 사업인정고시일부터 가격시점까지의 지가변동률이 3퍼센트 이상이어야 한다.

   다만, 해당 공익사업의 계획 또는 시행이 공고되거나 고시됨으로 인하여 비교표준지의 가격이 변동되었다고 인정되는 경우에는 그 계획 또는 시행이 공고되거나 고시된 날부터 가격시점까지의 지가변동률이 5퍼센트 이상인 경우로 한다.

③ 사업인정고시일부터 가격시점까지 비교표준지가 소재하는 시·군 또는 구의 지가변동률이 비교표준지가 소재하는 시·도의 지가변동률보다 30퍼센트 이상 높거나 낮아야 한다.

＊ 개발제한구역 지가변동률 적용 관련 판례

지가변동률을 참작함에 있어서는 수용대상토지가 도시지역 내에 있는 경우에는 원칙적으로 용도지역별 지가변동률에 의하여 보상금을 산정하는 것이 더 타당하나, 개발제한구역으로 지정되어 있는 경우에는 일반적으로 이용상황에 따라 지가변동률이 영향을 받으므로 특별한 사정이 없는 한 이용상황별 지가변동률을 적용하는 것이 상당하고, 개발제한구역의 지정 및 관리에 관한 특별조치법이 제정되어 시행되었다고 하여 달리 볼 것은 아니다.

그리고 감정평가에 관한 규칙에 따른 '감정평가 실무기준'(2013. 10. 22. 국토교통부 고시 제2013-620호)은 감정평가의 구체적 기준을 정함으로써 감정평가업자가 감정평가를 수행할 때 이 기준을 준수하도록 권장하여 감정평가의 공정성과 신뢰성을 제고하는 것을 목적으로 하는 것이고, 한국감정평가업협회가 제정한 '토지보상평가지침'은 단지 한국감정평가업협회가 내부적으로 기준을 정한 것에 불과하여 어느 것도 일반 국민이나 법원을 기속하는 것이 아니다(대법 2014.6.12, 2013두4620)

---

5. 개별요인 비교

보상대상 토지와 비교표준지의 토지의 위치・형상・환경・이용상황 등의 개별요인을 품등비교하여 평가하되 구체적으로 어떤 요인들을 품등비교하였는지에 관하여 아무런 이유 설시를 하지 아니하였다면 위법하다. 수용대상 토지 자체가 표준지인 토지에 관하여는 표준지와의 개별성 및 지역성의 비교란 있을 수 없다.

쟁점 51 손실보상의 방법 (S)

1. 사업시행자 보상(토지보상법 제61조)

공익사업에 필요한 토지 등의 취득 또는 사용으로 인하여 토지소유자나 관계인이 입은 손실은 사업시행자가 보상하여야 한다.

2. 사전보상(토지보상법 제62조)

사업시행자는 해당 공익사업을 위한 공사에 착수하기 이전에 토지소유자와 관계인에게 보상액 전액을 지급하여야 한다. 다만, 천재지변 시의 토지 사용과 시급한 토지 사용의 경우 또는 토지소유자 및 관계인의 승낙이 있는 경우에는 그러하지 아니하다. 사전보상원칙을 실현하기 위하여 토지보상법 제42조에서는 수용 또는 사용의 개시일까지 보상금을 지급 또는 공탁하도록 규정하고 있다.

3. 현금보상(토지보상법 제63조)

다른 법률에 특별한 규정이 없는 한 현금보상이 원칙이다. 이는 ① 자유로운 유통보장과 ② 객관적인 가치변동이 적기 때문이다. 따라서 가장 합리적이고 객관성을 확보할 수 있다. 단, ① 인근 토지수요 증가로 인한 지가상승, ② 동일면적의 대토구입 어려움, ③ 사업시행자의 지급부담문제가 있다.

4. 개인별 보상(토지보상법 제64조)

토지소유자 및 관계인에게 개인별로 보상한다. 다만, 개인별로 보상액을 산정할 수 없는 때에는 그러하지 아니한다.

5. 일괄보상(토지보상법 제65조)

사업시행자는 동일한 사업지역에 보상시기를 달리하는 동일인 소유의 토지 등이 여러 개 있는 경우 토지소유자나 관계인이 요구할 때에는 한꺼번에 보상금을 지급하도록 하여야 한다.

6. 사업시행이익 상계금지(토지보상법 제66조)

사업시행자는 동일한 소유자에게 속하는 일단의 토지의 일부를 취득하거나 사용하는 경우 해당 공익사업의 시행으로 인하여 잔여지의 가격이 증가하거나 그 밖의 이익이 발생한 경우에도 그 이익을 그 취득 또는 사용으로 인한 손실과 상계할 수 없다.

7. 시가보상(토지보상법 제67조 제1항)

보상액의 산정은 협의에 의한 경우에는 협의 성립 당시의 가격을, 재결에 의한 경우에는 수용 또는 사용의 재결 당시의 가격을 기준으로 한다.

8. 개발이익 배제(토지보상법 제67조 제2항)

보상액을 산정할 경우에 해당 공익사업으로 인하여 토지 등의 가격이 변동되었을 때에는 이를 고려하지 아니한다.

9. 보상액의 산정(토지보상법 제68조)

(1) 보상액의 산정

사업시행자는 토지 등에 대한 보상액을 산정하려는 경우에는 감정평가법인등 3인(제2항에 따라 시·도지사와 토지소유자가 모두 감정평가법인등을 추천하지 아니하거나 시·도지사 또는 토지소유자 어느 한쪽이 감정평가법인등을 추천하지 아니하는 경우에는 2인)을 선정하여 토지 등의 평가를 의뢰하여야 한다. 다만, 사업시행자가 국토교통부령으로 정하는 기준에 따라 직접 보상액을 산정할 수 있을 때에는 그러하지 아니하다.

(2) 정당보상의 산정방법

판례는 감정평가법인등에 의해 평가된 보상액은 특별한 사정이 없는 한 적정한 것으로 보아야 할 것이며, 가사 그 보상액이 정당한 보상가액에 미치지 않는다 하더라도 그러한 사정만으로는 수용재결이 당연무효라고 할 수는 없다.

10. 생활보상

재산보상으로 메꾸어지지 않는 주거의 이익은 생활보상을 통해 종전 주거수준을 회복해준다.

쟁점 52 채권보상 (S)

1. 채권보상의 의의 및 취지

현금보상의 예외로서 채권으로 보상하는 것을 말한다. 이는 ① 과도한 투기자금의 공급을 방지하고, ② 사업시행자의 일시적 유동경색 방지에 목적이 있다.

2. 채권보상의 요건

(1) 임의적 채권보상(토지보상법 제63조 제7항)

① 사업주체는 국가, 지방자치단체, 대통령령으로 정하는 공공기관 및 공공단체가 되어야 하며, ② 부재부동산 소유자의 토지 중 1억원 초과금액 및 소유자 또는 관계인이 원하는 경우를 요건으로 한다.

(2) 의무적 채권보상(동법 동조 제8항)

① 토지 투기우려지역에서, ② 택지·도시·산업단지 등의 개발사업을 시행하는 대통령령으로 정하는 공공기관 및 공공단체는, ③ 부재부동산 소유자의 토지 중 1억원을 초과하는 금액에 대하여 채권으로 지급해야 한다.

(3) 부재부동산 소유자의 토지의 의미

① 사업인정고시일 1년 전부터 해당 토지 소재지의 시·구 또는 읍면(연접 포함)에 계속하여 주민등록을 하지 않은 자가 소유하는 토지, ② 주민등록은 하였으나 사실상 거주하고 있지 아니한 자가 소유하는 토지(질병요양, 입영, 공무, 취학 예외), ③ 부재부동산 예외(상속일로부터 1년 미경과 토지 및 사업인정고시일 1년 전부터 사실상 거주하고 있음을 입증한 자가 소유하는 토지 및 영업을 하고 있음을 입증한 자가 영업을 하기 위해 소유하는 토지는 부재부동산 소유자의 토지로 보지 않는다)

3. 채권보상의 내용

(1) 발행절차(토지보상법 시행령 제30조)

기획재정부장관이 각 부 장관의 요청이 있는 경우에 발행하고 관계 중앙행정기관의 장 및 한국은행 총재에게 통지해야 한다.

(2) 발행방법(시행령 제31조)

보상채권은 (최소액면 10만원) 액면금액으로 무기명증권으로 발행하되 멸실, 도난의 경우에도 재발행하지 아니한다.

(3) 이율 및 상환(시행령 제32조)

채권상환기간은 5년 이내로 하되 원리금은 상환일에 일시 상환한다. 이율은 국공채 및 예금금리율을 적용한다.

4. 채권보상의 정당성

(1) 문제점

① 채권보상이 보상방법을 제한하는 것인지, ② 부재부동산의 경우 평등의 원칙 위배 여부, ③ 사전보상의 원칙의 예외인지가 문제된다.

(2) 학설

① 위헌설은 보상방법의 제한, 사전보상의 원칙문제로 위헌이라고 한다.
② 합헌설은 채권보상 목적의 정당성, 통상의 수익률 보장, 부재지주의 자산증식 목적에 비추어 차별의 합리성을 인정할 수 있다고 한다.

(3) 검토

채권보상의 취지에는 인근 토지에 대한 투기방지 목적이 인정되며, 통상의 수익률을 보장하므로 사전보상의 원칙에 반하지는 않는다고 본다.

5. 채권보상의 문제점과 개선안

금전보상은 피수용자가 대체토지를 취득하여 같은 생활을 할 수 있게 하는 제도이나 채권보상은 양도, 담보가 허용되어 사실상 대체토지 수요로 전환되어 지가상승을 유발하는 문제가 있다. 따라서 양도, 담보를 일정기간 동안 방지하는 등의 입법적 보완이 필요하다.

쟁점 53 대토보상 (S)

1. 의의 및 취지

현금보상의 예외로서 공익사업의 시행으로 조성한 토지로 보상하는 것을 말한다. 이는 ① 사업시행자의 손실보상금 지급부담을 경감하고, ② 인근의 대토수요 억제를 통한 지가상승 완화 및 방지, ③ 토지소유자의 개발이익 일정부분 공유에 그 취지가 인정된다.

2. 대토보상의 요건

① 대지분할제한 면적 이상의 토지를 사업시행자에게 양도한 토지소유자가 원하는 경우로서 ② 토지이용계획 및 사업계획을 고려하여 토지로 보상하는 경우가 가능한 경우이다. ③ 대상자 경합 시에는 부재부동산 소유자가 아닌 자 중에서 해당 사업지구 내 거주하는 자로서 토지 보유기간이 오래된 자 순으로 하되, 그 외는 사업시행자가 정하여 공고한다.

3. 대토보상의 내용

(1) 대토보상의 범위

토지소유자가 받을 보상금 중 현금, 채권으로 받는 나머지 부분에 대해 대토보상한다.

(2) 가격 및 면적

특별한 규정이 없는 한 일반분양가를 기준으로 하고 주택용지는 990제곱미터, 상업용지는 1100제곱미터를 초과할 수 없다.

(3) 전매제한

계약체결일로부터 소유권이전등기 시까지 전매가 제한되며, 위반 시 현금으로 보상해야 한다. 단, 상속 및 개발전문 부동산투자회사에 현물로 출자하는 것은 가능하다.

(4) 현금보상으로의 변경

① 사업계획이 변경되는 경우, ② 토지소유자가 체납, 해외이주 등 법령사유로 현금보상을 요청하는 경우, ③ 토지로 보상받기로 한 경우 그 보상계약 체결일부터 1년이 경과하면 이를 현금으로 전환하여 보상하여 줄 것을 청구할 수 있다.

4. 벌칙(토지보상법 제93조의2)

토지로 보상받기로 결정된 권리를 전매한 자는 3년 이하의 징역 또는 1억원 이하의 벌금에 처한다.

5. 대토보상의 문제점 및 개선방안

(1) 대체지 보상의 범위

① 보상금이 대체지 가격을 초과하여야 하는데 현실적으로는 영세한 소규모 토지소유자는 대체지로 보상받을 수 없다는 문제점이 있다. ② 또한 대체지는 대부분 일정규모 이상으로 공급되고 가격도 고가이다. 따라서 토지소유자들이 조합을 구성하거나, 공유형태로도 대체지로 보상받을 수 있는 제도보완이 필요하다.

(2) 대체지의 범위

대체지를 조성할 수 없는 선적인 사업은 대체지 보상에서 제외되는 문제가 있다. 따라서 다른 사업으로 조성된 토지를 활용하거나 사업시행자 기보유 토지를 활용하는 방법 등을 모색해야 할 것이다.

(3) 대체지의 공급가격

조성공사가 완료되지 않은 상태이므로 조성원가를 기준한 분양가격 산정이 어렵고, 일반분양가의 기준이 애매하다. 따라서 다른 법률에 특별한 규정이 있는 경우를 제외하고는 감정평가에 의한 가격으로 결정하여 객관성을 확보해야 할 것이다.

(4) 대체지의 공급방법

협의단계에서 대체지로 공급할 토지 등이 특정되기 어려우므로 대체지 보상계약의 성사 여부가 불분명하다. 따라서 보상계약 체결 시에 현금으로 보상하고 추후 대체지에 대한 우선매수권을 부여하되 대토수요 방지를 위해 보상금 예치제도를 병행해야 할 것이다.

쟁점 54 손실보상의 내용 (S)

> * 손실보상 변천과정
> ① 대인보상(주관적 보상) → ② 대물보상(객관적 보상이나 피수용자들이 만족할 만한 수준이 아니다. 부대적 손실 등은 제외하기 때문이다) → ③ 생활보상 변천 확대(유기체적 생활회복보장)

1. 재산권 보장

(1) 피침해 재산의 객관적 가치보상

① 토지보상법 제70조 및 제71조에서 취득하는 토지와 사용하는 토지에 대한 보상을 규정하고 있으며, ② 토지보상법 제75조에서는 토지 이외의 건축물·입목·공작물·농작물에 관한 보상을, ③ 토지보상법 제76조에서는 광업권·어업권·양식업권 및 물 등의 사용에 관한 권리에 관한 보상을, ④ 토지보상법 제73조 및 제75조의2에서는 잔여지·잔여건축물 가치하락에 대한 보상을 규정하고 있다.

(2) 부대적 손실보상

1) 의의

부대적 손실이란 수용, 사용의 직접적인 목적물은 아니나 목적물을 취득함으로써 필연적으로 발생하는 손실을 말한다.

2) 실비변상적 보상

재산권의 상실, 이전 등에 따라 비용의 지출을 요하는 경우에 그 비용을 보상하는 것을 말한다. ① 건축물 등의 이전비(토지보상법 제75조 제1항), ② 분묘이전비(토지보상법 제75조 제4항), ③ 잔여지 및 잔여건축물 공사비(토지보상법 제73조 및 제75조의2) 등이 있다.

3) 일실손실보상

재산권에 대한 수용에 부수하여 사업을 폐업하거나 휴업하게 되는 경우에 발생하는 기대이익의 상실에 대한 보상을 말한다. ① 영업폐업·휴업보상(토지보상법 제77조 제1항), ② 농업손실보상(토지보상법 제77조 제2항), ③ 휴직 또는 실직보상(토지보상법 제77조 제3항), ④ 권리의 보상(광업권, 어업권, 물 등의 사용에 관한 권리, 양식업권) 등이 있다.

2. 생활보상

(1) 의의 및 취지

생활보상이란 사업의 시행으로 생활의 근거를 상실하게 되는 피수용자의 생활재건을 위한 보상을 말한다. 이는 생활의 근거를 상실한 자에게 인간다운 생활을 할 수 있도록 마련된 제도이다. 종전에는 도로, 운동장 등 점·선적 사업에 대해 보상하고 인근의 대토를 구입하여 생활유지가 가능하였으나 면적사업으로(댐, 택지 등) 확대됨에 따라서 생활터전을 잃게 된다. 이 경우 객관적 가치만으로는 정당보상이라고 할 수 없다.

(2) 생활보상의 범위

1) 학설

① 최광의설은 재산권 보장 및 일체의 손실을 생활보상의 범주로 본다. ② 광의설은 재산권의 객관적 가치 이외의 유기체적인 생활보상을 그 범위로 본다. ③ 협의설은 종전 생활에 대해 재산권 보상으로는 메워지지 않는 부분으로 보면서 재산권 보상과 부대적 손실을 제외한 나머지로 본다.

2) 판례

판례는 이주대책을 생활보상의 한 유형으로 판시한 바 있다.

3) 검토

재산권 보상의 범위를 넓히고 생활보상의 범위를 좁게 보는 것이 국민의 권리구제에 유리하므로 협의설이 타당하다고 본다.

(3) 생활보상의 근거

1) 이론적 근거

재산권 보장과 법의 목적인 정의, 공평의 원칙 및 생존권 보장 등을 종합적으로 그 이론적 근거로 봄이 타당하다.

2) 헌법적 근거

가. 학설

① 헌법 제23조설은 생활보상은 정당보상 범주에 해당된다고 한다. ② 헌법 제34조설은 인간다운 생활을 할 권리로 본다. ③ 결합설은 생존권적 기본권과 관련하여 정당보상의 내용으로 본다.

> ① 헌법 제23조설 : 정당보상의 범위는 재산권의 객관적 가치보상, 부대적 손실보상, 생활보상이라고 할 것이다.
> ② 헌법 제34조설 : 헌법재판소는 최소한의 인간다운 생활을 위한 물적 기초를 보장하는 사회적 기본권으로 보고 있다.

③ 헌법 제23조 및 제34조 통합설 : 인간의 존엄성을 유지할 정도의 최소한도의 수준 이상만 되면 헌법 제23조 제3항의 정당보상에 위반되는 것은 아니라고 보아야 할 것이다. 이 경우 최소한의 수준은 사회, 경제 가치관에 따라 시대적으로 달리 평가된다.

나. 판례
종전의 생활상태를 원상으로 회복시키면서 동시에 인간다운 생활을 보장하여 주기 위한 이른바 생활보상의 일환으로 국가의 적극적이고 정책적인 배려에 의하여 마련된 제도라 할 것이다.

다. 검토
어느 견해에 따르더라도 헌법적 근거를 가지나 생활보상도 결국 정당보상의 실현 여부에 관심이 있는 것인바 결합설이 타당하다.

3) 개별법적 근거
토지보상법에서는 이주대책 및 간접보상규정 등을 규정하고 있으며, 이 외에도 각 개별법률에서 생활보상적 내용을 규정하고 있다.

(4) 생활보상의 (헌법적)기준
생활보상은 완전한 보상이 되어야 하며, 이때의 기준은 인간다운 생활을 영위할 수 있는 최소한의 수준이 될 것이다. 헌법재판소는 최소한의 물리적 수준을 의미한다고 판시한 바 있다.

(5) 생활보상의 성격 및 특색
① 생활보상은 이전 주거수준의 회복이라는 점에서 존속보장적인 측면이 있고, 원상회복적 성격을 갖는다.
② 생활보상은 대인보상에 비해 그 대상이 객관적이고, 대물보상에 비해 대상의 확장성을 갖는다. 또한 보상의 역사에 있어 최종단계의 보상성을 갖는다(수용이 없었던 것과 같은 상태 회복).

✅ 알아두기

생활보상의 내용
① **주거의 총체적 가치보상**
주거용 건축물 상실로 인한 총체적 가치의 보상으로 ㉠ 비준가격특례, ㉡ 최저보상액(600만원), ㉢ 재편입가산금, ㉣ 주거이전비를 들 수 있다.
② **생활재건조치**
보상금이 피수용자 등의 생활재건을 위하여 가장 유효하게 사용될 수 있도록 하기 위한 각종 조치를 말한다. ㉠ 이주대책, ㉡ 대체지 알선, ㉢ 직업 훈련, ㉣ 고용 또는 알선, ㉤ 각종의 상담 등, ㉥ 보상금에 대한 조세감면 등이 있다.
③ **소수잔존자보상(이어·이농비보상 등)**
소수잔존자보상이란 공공사업의 시행의 결과로 인하여 종전의 생활공동체로부터 분리되어 잔존자의 생활환경이 현저하게 불편하게 됨으로써 더 이상 그 지역에서 계속 생활하지 못하고 이주가 불가피하게

되는 경우에, 종전에 준하는 생활을 보장하여 주기 위하여 이전비·이사비·이농비·실농보상·실어보상 등을 지급하는 것을 말한다.

④ 이어·이농비보상

공익사업으로 이주해야 하는 농·어민에게 그 보상금이 일정금액 이하인 경우 가구원수에 따라 1년분의 평균생계비를 보상액과의 차액만큼 지급한다.

⑤ 기타생활보상

국가와 지방자치단체 이외의 자가 공공사업주체인 경우에 사실상 행하여지는 것으로 특산물보상, 사례금 등을 들 수 있다. 그리고 정신적 고통에 대한 보상으로서의 위자료를 인정하는 방향에서 보상이론을 구성하는 것도 하나의 과제이다.

쟁점 55 보상협의회 (C)

1. 보상협의회의 의의 및 성격

보상협의회는 보상에 관한 사항을 협의하기 위한 기구를 말한다. 이는 협의기관, 자문기관의 성격을 갖는다.

2. 설치의무

공익사업지구 면적이 10만 제곱미터 이상이고, 토지등의 소유자가 50인 이상인 공익사업의 경우에는 보상협의회를 두어야 한다.

3. 설치, 구성 및 운영

① 지방자치단체의 장이 필요하다고 인정하는 경우, 해당 사업지역을 관할하는 특별자치도, 시·군 또는 구에 설치한다.

② 위원장 1명을 포함하여 8명에서 16명 이내 위원으로 구성하되 1/3 이상은 토지소유자 및 관계인으로 구성해야 한다.

③ 보상협의회의 회의는 재적위원 과반수의 출석으로 개의한다.

4. 협의사항

① 보상액평가를 위한 사전 의견수렴, ② 잔여지 범위, ③ 이주대책수립에 관한 사항, ④ 지방자치단체의 장이 필요하다고 인정하는 사항을 협의한다.

쟁점 56 재평가 (A)

I 개설

토지보상법 제68조에서는 사업시행자가 토지등에 대한 보상액을 산정하려는 경우에는 감정평가법인등 3인(시·도지사와 토지소유자가 감정평가법인등을 추천하지 않는 경우에는 2인)을 선정하여 보상평가를 의뢰하도록 규정하고 있다. 보상평가가 법령에 위반되거나 평가금액이 10% 이상 차이나는 경우에는 재평가를 하여야 하므로 이에 대하여 설명한다.

II 재평가규정의 검토(보상법 시행규칙 제17조)

1. 당해 감정평가법인등에게 요구하는 경우

(1) 재평가 사유(제1항)

사업시행자는 제출된 보상평가서를 검토한 결과 그 평가가 관계법령에 위반하여 평가되었거나 합리적 근거 없이 비교 대상이 되는 표준지의 공시지가와 현저하게 차이가 나는 등 부당하게 평가되었다고 인정하는 경우에는 당해 감정평가법인등에게 그 사유를 명시하여 다시 평가할 것을 요구하여야 한다.

(2) 위법 또는 부당감정 판단 요청

사업시행자는 필요하면 국토교통부장관이 보상평가에 관한 전문성이 있는 것으로 인정하여 고시하는 기관에 해당 평가가 위법 또는 부당하게 이루어졌는지에 대한 검토를 의뢰할 수 있다.

2. 다른 2인 이상의 감정평가법인등에게 재평가를 의뢰하는 경우

(1) 재평가 사유(제2항)

① 당해 감정평가법인등에게 평가를 요구할 수 없는 특별한 사유가 있는 경우, ② 대상물건의 평가액 중 최고평가액이 최저평가액의 110퍼센트를 초과하는 경우, 대상물건이 지장물인 경우 최고평가액과 최저평가액의 비교는 소유자별로 지장물 전체 평가액의 합계액을 기준으로 한다. ③ 평가를 한 후 1년이 경과할 때까지 보상계약이 체결되지 아니한 경우에는 다른 법인등에 의뢰한다.

(2) 시·도지사 및 소유자 추천(제3항)

재평가를 하는 경우로서 종전평가에 시·도지사 및 토지소유자가 추천한 감정평가법인등이 있는 경우에는 다른 감정평가법인등을 추천하여 줄 것을 통지하여야 한다.

3. 감정평가액 결정(제4항)

재평가를 행한 경우 보상액의 산정은 각 감정평가법인등이 다시 평가한 평가액의 산술평균치를 기준으로 한다.

4. 기타(제5항)

최고·최저 평가금액이 10% 이상 차이나는 경우에는 사업시행자는 평가내역 및 당해 감정평가 법인등을 국토교통부장관에게 통지하여야 하며, 국토교통부장관은 당해 감정평가가 관계법령이 정하는 바에 따라 적법하게 행하여졌는지 여부를 조사하여야 한다.

> ● 알아두기
>
> **신·구법률 비교(재평가)**
>
> 공특법 시행규칙 제4조 제2항의 내용을 수정하여 재평가 시의 보상액 산정방법에 있어서 종전은 재평가액이 당초의 평가액보다 낮을 경우에는 당초의 평가액으로 보상하도록 하였으나 재평가액을 기준으로 보상하도록 변경되었다.

공특법령	토지보상법령
1. 재평가 대상 − 관계법령에 위반 또는 부당하게 평가된 경우 − 평가 후 1년 경과 시 − 평가액 중 최고평가액이 최저평가액의 1.3배 초과시	1. 재평가 대상 − 관계법령에 위반 또는 부당하게 평가된 경우 − 평가 후 1년 경과 시 − 평가액 중 최고평가액이 최저평가액의 1.1배 초과시
2. 보상액의 산정 : 재평가액이 당초 평가액보다 낮은 때에는 당초 평가액으로 보상	2. 보상액의 산정 : 재평가액의 산술평균치를 기준으로 보상(재평가액이 낮을 수도 있음)
3. 평가액 중 최고평가액이 최저평가액의 1.3배를 초과하는 경우 − 다른 평가법인 등이 재평가 − 국토교통부장관에게 통지하는 규정은 없음.	3. 평가액 중 최고평가액이 최저평가액의 1.1배를 초과하는 경우 − 다른 평가법인 등 재평가 − 해당 내역 및 당해 감정평가법인등을 국토교통부장관에게 통보(국토교통부장관은 적법여부조사)

쟁점 57 현행 행정상 손실보상제도의 흠결과 보충 (D)

I 독일법상 수용유사침해이론

1. 의의

수용유사침해이론은 위법한 행위에 의해 재산권이 직접 침해된 경우에 수용에 준하여 손실보상을 하여야 한다는 법이론이다.

2. 적용요건

① 위법한 공권력 행사에 의해 재산권에 대한 직접적인 침해가 있을 것, ② 특별한 희생이 발생할 것, ③ 위법(보상규정 흠결)을 들 수 있다.

3. 인정 여부

① 부정하는 견해는 독일 수용유사침해이론은 전통적인 관습법인 희생보상청구권에 의거하여 인정되는 것인데, 우리나라에는 독일과 같은 희생보상제도가 없기 때문에 우리나라에 이를 도입하려는 것은 타당하지 않다고 주장하나, ② 긍정하는 견해는 헌법상 재산권 보장규정과 평등원칙에 근거하여 수용유사침해에 대해 손실보상을 해 줄 수 있다는 견해가 있다.

4. 관련판례

수용유사침해이론이 거론된 판례가 있지만 판례는 수용유사침해이론의 도입에 관하여는 판단하지 않았다(대판 1993.10.26, 93다6409 : 문화방송주식강제증여사건).

5. 검토

보상에 관한 규정이 없는 공용침해의 경우에 수용유사침해이론에 의한 보상이 가능한가에 대해서 직접효력설과 위헌무효설에 의하면 수용유사침해이론의 도입은 필요하지 않게 되며, 수용유사침해이론의 도입을 인정한다면 재산권 보장규정 및 평등의 원칙에 의해 손실보상을 인정할 수 있을 것이다.

II 독일법상 수용적 침해이론

1. 의의

수용적 침해란 공공필요를 위한 적법한 공권력 행사에 의해 야기된 의도되지 않은 재산권에 대한 침해를 말한다(지하철공사로 일반인의 통행이 제한됨으로써 인근 상점에 매출감소로 인한 영업상 손실이 발생한 경우를 예로 들 수 있다).

2. 요건

① 공행정작용으로 인한 의도되지 않은 재산권 침해가 있어야 한다. ② 적법한 공권력 행사에 의해 직접 가해진 재산권 침해이어야 한다. ③ 수용적 침해로 발생한 손실이 수인한도를 넘는 특별한 희생이어야 한다.

3. 보상근거

수용적 침해이론은 초기에는 독일기본법 제14조 제3항에 근거하였지만, 오늘날에는 희생보상청구제도에 근거하여 인정되고 있다.

4. 인정 여부

① 긍정하는 견해는 독일법상의 수용적 침해의 법리에 따라 보상이 가능하다고 보며, 독일과 같은 희생보상의 법리가 존재하지 않는 우리나라에서는 재산권 보장규정과 평등원칙에 근거하

여 보상이 가능하다고 보는 견해도 있다. ② 부정하는 견해는 수용적 침해도 적법한 공권력 행사에 의해 직접 가해진 손실이고 또한 예견 가능한 손실이므로 손실보상에 포함되는 것이므로 헌법 제23조 제3항에 직접 효력을 인정하는 것을 전제로 헌법 제23조 제3항을 유추적용하여 보상할 수 있다고 본다.

5. 검토

수용적 침해이론은 우리나라에는 없는 독일의 전통적인 관습법인 희생보상청구제도에 근거하여 인정된 이론이며, 수용적 침해이론에 의하지 않고는 수용적 침해가 보상되지 않는 것도 아니므로 수용적 침해이론의 우리나라에의 직접 도입은 타당하지 않다. 따라서, 공익사업으로 인한 수용적 침해는 간접손실이므로 간접손실보상의 문제가 되고, 기타의 수용적 침해는 헌법 제23조 제3항을 유추적용하여 보상하는 것이 타당하다.

III 희생보상청구제도

1. 의의 및 근거

희생보상청구제도라 함은 행정기관의 적법한 공권력 행사에 의해 비재산적 법익37)(생명, 신체, 명예 등)이 침해되어 발생한 손해에 대한 보상제도이다. 독일의 관습법인 희생보상청구권에 근거를 두고 있다.

2. 적용요건

① 침해가 있을 것(원칙적으로 적법한 침해임을 요하며 위법한 침해인 경우에는 희생유사침해의 법리가 적용됨), ② 비재산적 법익의 침해일 것(생명, 신체, 자유 등 보호가치 있는 침해이어야 함)을 요건으로 한다.

3. 검토

독일의 전통적인 관습법인 희생보상청구제도는 우리나라에는 없으며 희생보상청구권이론에 의하지 않더라도 비재산적 법익에 대한 손실보상이 전술한 바와 같이 불가능한 것이 아니므로 희생보상청구권의 우리나라에의 직접 도입은 타당하지 않다. 따라서 헌법 제23조 제3항의 직접효력설에 입각하여 예방접종사고와 같은 생명·신체의 침해에 헌법 제23조 제3항을 유추적용할 수 있을 것이다.

IV 사회보장책임에 근거한 국가보상

1. 의의

① 권위주의적 통치 등 불합리한 법집행과정에서 이루어진 직접적 침해로 인하여 생명, 신체, 자유, 재산 등 사인의 비재산적·재산적 법익에 특별한 희생에 해당하는 손해를 입은 경우

---

37) 예방접종의 부작용으로 인한 손실 등

이에 대하여 행정기관에 요구하는 보상청구권을 말한다.

② 공공이 지는 특별한 책임 때문에 베풀어지는 모든 사회적 급부로서 급부원인에 대하여 국가에게 간접적 책임이 있는 경우의 보상 또는 집단적으로 발생한 희생자에게 부여되는 보상을 말한다.

2. 요건

민주화운동 등의 관련자일 것, 불법행위로 인한 침해가 있을 것, 불법행위와 손해 간에 상당인과관계가 있을 것 등을 요한다.

3. 검토

보상의무자는 행정주체가 될 것이며, 보상의 범위는 보상금, 의료지원금, 생활지원금 등이 될 것이다.

> 수용유사적 침해의 이론은 국가 기타 공권력의 주체가 위법하게 공권력을 행사하여 국민의 재산권을 침해하였고 그 효과가 실제에 있어서 수용과 다름없을 때에는 적법한 수용이 있는 것과 마찬가지로 국민이 그로 인한 손실의 보상을 청구할 수 있다는 것인데, 1980.6.말경의 비상계엄 당시 국군보안사령부 정보처장이 언론통폐합조치의 일환으로 사인 소유의 방송사 주식을 강압적으로 국가에 증여하게 한 것이(증여계약의 체결과정에서 국가공무원의 강박행위가 있었다 하더라도 그것만으로 증여계약의 체결이나 그에 따른 주식의 취득이 국가의 공권력의 행사에 의한 행정처분에 해당한다고 볼 수는 없으므로) 위 수용유사행위에 해당되지 않는다(대판 1993.10.26, 93다6409[주주확인 등]<문화방송주식강제증여사건>).

쟁점 58 간접손실보상 [S]

1. 의의(토지보상법 제79조)

간접손실이란 공익사업의 시행으로 인하여 사업시행지 밖의 재산권자에게 필연적으로 발생하는 손실을 말하며, 사업시행지 내의 토지소유자가 입은 부대적 손실과 구별된다. 간접손실보상은 이러한 간접손실을 보상하는 것을 말한다.

2. 종류

① 공사 중의 소음, 진동이나 교통불편으로 인한 손실, 완성된 시설물로 인한 일조감소 등 물리적·기술적 손실과 ② 지역경제, 사회적 구조가 변경되어 발생하는 경제적·사회적 손실이 있다.

3. 손실보상의 성격

① 간접손실보상은 손실이 있은 후에 행하는 사후적 보상의 성격을 갖고, ② 특별한 희생을 발생시킨 원인행위가 직접적이지 않고 간접적이라는 점만 손실보상과 다르므로 보상의 내용은 재

산권 보상으로 볼 수 있다. ③ 또한 침해가 있기 전의 생활상태의 회복을 위하여 인정되는 것이고 대물보상의 한계와 현대복지국가의 요청에 따라 인정되는 것이므로 생활보상의 성격도 갖는다.

4. 근거

(1) 이론적 근거

간접손실도 공익사업이 원인이 되어 발생한 것이므로 특별한 희생에 해당하는 경우에는 사유재산의 보장과 공적부담 앞의 평등의 원칙상 보상하여야 한다.

(2) 헌법적 근거

1) 문제점

헌법 제23조 제3항에서는 공용침해에 대한 손실보상을 규정하고 있는데, 이러한 손실보상에 간접손실보상이 포함되는지가 문제된다.

2) 학설

① 손해배상설은 간접손실에 대한 보상의 성질을 손해배상으로 이해하고, ② 손실보상설은 특별한 희생이라는 점에서 간접손실도 헌법 제23조에서 규정하는 손실보상으로 보며, ③ 결과책임설은 간접손실보상을 손해배상도 손실보상도 아닌 제3의 유형으로서 손실보상제도를 보완하는 일종의 결과책임으로서의 보상이라고 보고, ④ 구별불요설은 손해배상인가 손실보상인가의 구별은 아무 의미가 없고 피해자를 어떻게 보호하는 것이 타당한 것인가가 중요하다고 본다.

> ✔ 알아두기
>
> **답안축약시**
> ① 간접손실은 사업의 시행으로 인하여 필연적으로 발생하는 바, 이를 보상해야 한다는 견해(긍정설)와 ② 헌법 제23조 제3항에서의 손실보상은 사업구역 내의 재산권자에게 발생하는 직접적 손실만을 의미하므로 구역 밖의 경우는 손해배상의 성격을 갖는다는 견해가 있다(부정설).

3) 판례

판례는 간접손실도 헌법 제23조 제3항의 손실보상의 대상이 된다고 판시한 바 있다.

4) 검토

간접손실도 적법한 공용침해로 인하여 예견되는 손실이고, 헌법 제23조 제3항을 손실보상의 일반적인 규정으로 보아 헌법 제23조 제3항의 손실보상에 포함된다고 보는 것이 타당하다.

(3) 법률적 근거

토지보상법 제79조 제2항 및 동법 시행규칙 제59조 내지 제65조에서 이와 관련된 보상을 규정하고 있다.

5. 요건

(1) 간접손실이 발생할 것(판례상 요건)

① 공공사업의 시행으로 사업시행지 이외의 토지소유자(제3자)가 입은 손실이어야 하고, ② 그 손실의 발생이 예견가능하며, ③ 손실의 범위가 구체적으로 특정될 수 있어야 한다.

(2) 특별한 희생

사회적 제약을 넘는 특별한 희생이 발생하여야 한다. 특별한 희생의 발생 여부는 형식설과 실질설을 모두 고려하여 판단하여야 한다.

(3) 보상규정의 존재

간접손실도 헌법 제23조 제3항에서 규정하는 정당보상의 범주에 속하므로, 이에 대한 보상은 법률의 규정에 따라 행하여져야 한다.

(4) 기간

간접손실보상은 공사완료일로부터 1년 이내에만 가능하다.

6. 내용

(1) 지구 밖의 대지 등(시행규칙 제59조)

① 대지(조성된 대지를 말한다), 건축물, 분묘 및 농지가 사업의 시행으로 인하여, ② 교통이 두절되거나 경작이 불가능하게 된 경우, 소유자의 청구에 의해 보상한다. ③ 도로, 도선설치로 보상에 갈음할 수 있다. 이에 대해서 동 규정의 해석이 구체적이지 못하므로 상당한 정도로 장애받아 특별한 희생에 해당되면 보상해주는 것이 타당하다는 비판이 제기된다.

(2) 지구 밖의 건축물(시행규칙 제60조)

① 소유농지의 대부분이 편입됨으로써, ② 건축물만이 사업지구 밖에 남아, ③ 매매가 불가능하고 이주가 부득이한 경우에 소유자의 청구에 의하여 보상한다. 동 규정에서는 이주가 부득이한 경우만을 규정하고 있는데, 이주가 부득이하지 않아도 생활에 상당한 불편이 있는 경우에는 보상함이 타당할 것이다.

(3) 소수잔존자(시행규칙 제61조)

공익사업의 시행으로 인하여 1개 마을의 주거용 건축물이 대부분 공익사업시행지구에 편입됨으로써 잔여주거용 건축물 거주자의 생활환경이 현저히(사회통념상 판단) 불편하게 되어 이주가 부득이한 경우에는 해당 건축물 소유자의 청구에 의하여 그 소유자의 토지 등을 공익사업시행지구에 편입되는 것으로 보아 보상하여야 한다.

(4) 지구 밖의 공작물(시행규칙 제62조)

공익사업시행지구 밖에 있는 공작물 등이 공익사업의 시행으로 인하여 그 본래의 기능을 다할 수 없게 되는 경우에는 그 소유자의 청구에 의하여 이를 공익사업시행지구에 편입되는 것으로 보아 보상하여야 한다.

(5) 지구 밖의 어업의 피해(시행규칙 제63조)

① 공익사업의 시행으로 인하여 해당 공익사업시행지구 인근에 있는 어업에 피해가 발생한 경우 사업시행자는 실제 피해액을 확인할 수 있는 때에 그 피해에 대하여 보상하여야 한다. 이 경우 실제 피해액은 감소된 어획량 및 「수산업법 시행령」 별표 10의 평년수익액 등을 참작하여 평가한다.

② 보상액은 「수산업법 시행령」 별표 10에 따른 어업권·허가어업 또는 신고어업이 취소되거나 어업면허의 유효기간이 연장되지 아니하는 경우의 보상액을 초과하지 못한다.

③ 사업인정고시일 등 이후에 어업권의 면허를 받은 자 또는 어업의 허가를 받거나 신고를 한 자에 대하여는 적용하지 아니한다.

(6) 지구 밖의 영업손실(시행규칙 제64조)

① 배후지의 3분의 2 이상이 상실되어 그 장소에서 영업을 계속할 수 없는 경우, ② 진출입로의 단절, 그 밖의 부득이한 사유로 인하여 일정한 기간 동안 휴업하는 것이 불가피한 경우에는 그 영업자의 청구에 의하여 당해 영업을 공익사업시행지구에 편입되는 것으로 보아 보상하여야 한다. 다만, 사업시행자는 영업자가 보상을 받은 이후에 그 영업장소에서 영업이익을 보상받은 기간 이내에 동일한 영업을 하는 경우에는 실제 휴업기간에 대한 보상금을 제외한 영업손실에 대한 보상금을 환수하여야 한다.

(7) 지구 밖의 농업(시행규칙 제65조)

경작하고 있는 농지의 3분의 2 이상에 해당하는 면적이 공익사업시행지구에 편입됨으로 인하여 해당 지역에서 영농을 계속할 수 없게 된 농민에 대하여는 공익사업시행지구 밖에서 그가 경작하고 있는 농지에 대하여도 영농손실액을 보상하여야 한다.

7. 간접손실보상 청구절차(보상법 제80조)

간접손실이 발생한 경우 사업시행자와 손실을 입은 자가 협의하여 결정하되, 협의가 성립되지 아니하였을 때에는 사업시행자나 손실을 입은 자는 관할 토지수용위원회에 재결을 신청할 수 있다. 이 재결에 불복하는 경우에는 보상법 제83조 및 제85조에 따라 행정쟁송을 제기할 수 있다.

8. 권리구제

(1) 보상규정이 있는 경우

1) 토지보상법상 절차

토지보상법 제80조에서는 손실보상에 대해서 사업시행자와 손실을 입은 자가 협의하되, 협의가 성립되지 아니하였을 때에는 사업시행자나 손실을 입은 자는 관할 토지수용위원회에 재결을 신청하여 보상문제를 해결하도록 하고 있다.

2) 재결불복 – 토지보상법 제83조 및 제85조

관할 토지수용위원회의 보상재결에 대하여 불복하고자 할 때에는, 토지보상법 제83조의 이의신청 및 제85조 제2항에서 규정하고 있는 보상금증감청구소송을 제기할 수 있다.

(2) 보상규정이 없는 경우(보상규정이 결여된 경우의 간접손실보상의 근거)

1) 학설

① 시행규칙 제59조 내지 제65조에서 간접보상이 모두 해결된다고 본다.

② 유추적용설은 헌법 제23조 제3항 및 토지보상법상 손실보상규정을 유추적용해야 한다고 본다.

③ 직접적용설은 간접손실도 헌법 제23조 제3항의 손실보상의 범주이므로 헌법 제23조 제3항을 직접 근거로 손실보상을 할 수 있다고 본다.

④ 평등원칙 및 재산권보장규정근거설은 동 규정 등을 직접 근거로 본다.

⑤ 수용적 침해이론은 간접손실도 비의도적 침해에 의해 발생한바, 수용적 침해이론을 적용하여 보상해야 한다고 한다.

⑥ 손해배상설은 명문규정이 없는 한 손해배상을 청구해야 한다고 한다.

⑦ 보상규정을 두지 않은 것은 행정입법부작위로서 위헌이라고 한다.

⑧ 보상법 제79조 제4항을 일반적 근거규정으로 보아 이를 근거로 보상해주어야 한다는 견해가 있다.

2) 판례

① 간접손실이 공익사업의 시행으로 인하여 기업지 이외의 토지소유자가 입은 손실이고, ② 그 손실의 범위도 구체적으로 이를 특정할 수 있으며, ③ 손실이 발생하리라는 것을 쉽게 예견할 수 있는 경우라면, ④ '그 손실보상에 관하여 토지보상법 시행규칙의 관련규정들을 유추적용할 수 있다'고 한다.

3) 검토

간접손실도 헌법 제23조 제3항의 손실보상 범주에 포함되므로 예견, 특정가능성이 인정된다면 헌법 제23조 제3항을 근거로 하여 손실보상을 청구할 수 있다고 판단된다. 이 경우 구체적인 보상액은 토지보상법상 관련규정을 적용할 수 있을 것이다.

* 심화학습 : 보상규정이 결여된 경우의 간접손실보상의 근거

1. 학설

① 보상부정설

토지보상법 제59조 이하의 간접보상규정을 제한적 열거규정으로 보고, 동 규정에 의해 간접보상의 문제가 전부 해결된 것으로 보며, 동 규정에서 규정하지 않은 간접손실은 보상의 대상이 되지 않는다고 보는 견해이다. 이 견해에 대하여 동법 시행규칙의 간접손실에 대한 보상규정이 간접보상을 망라하고 있다고 볼 수 없고, 간접손실을 보상하지 않는 것은 재산권 보장규정과 평등의 원칙에 반하여 위헌이라는 비판이 가능하다.

② 유추적용설

보상규정이 결여된 간접손실에 대하여 헌법 제23조 제3항 및 토지보상법령상의 간접손실보상에 관한 규정을 유추적용하여 그 손실보상을 청구할 수 있다고 본다.

③ 헌법 제23조 제3항의 직접적용설

손실보상에 관하여 헌법 제23조 제3항의 직접효력을 인정하고, 간접손실도 제23조 제3항의 손실보상의 범위에 포함된다고 본다면 보상규정이 없는 간접손실에 대하여는 헌법 제23조 제3항에 근거하여 보상청구권이 인정된다고 보는 견해이다.

④ 평등원칙 및 재산권보장규정근거설

간접손실도 공익사업이 직접 원인이 되어 발생한 손실이라고 볼 수 있으므로 직접손실과 달리 볼 이유는 없다고 보며, 보상규정이 흠결된 경우 간접손실도 헌법상 평등원칙 및 재산권보장규정에 근거하여 보상해주어야 한다고 한다.

⑤ 수용적 침해이론

간접손실을 수용적 침해로 보고 독일법상 수용적 침해이론을 적용하여 구제해 주어야 한다는 견해이다. 그러나 독일법상의 수용적 침해이론은 독일 관습법상의 희생보상청구권에 근거하는 것인데, 우리나라에는 그러한 관습상 권리가 존재하지 아니하므로 독일법상의 수용적 침해이론을 간접손실에 대한 손실보상의 법적 근거로 볼 수 없다. 또한, 우리나라의 실정법은 독일과 달리 간접손실보상을 인정하고 있으므로 간접손실을 인정하지 않고 수용적 침해로 보는 것은 타당하지 않다.

⑥ 손해배상설

간접손실에 대하여 명문의 규정이 없는 경우에는 손해배상을 청구하여야 한다는 견해이다. 그러나 간접손실은 위법한 손해가 아니고, 만일 보상규정을 두지 않고 간접손실을 야기한 것이 위법이라고 하더라도 과실을 인정하기 어려워 손해배상을 인정하기 어렵다는 문제가 있다.

⑦ 행정입법부작위위헌설

토지보상법 제79조 제2항은 간접손실 보상의 원칙을 규정하면서 간접손실보상의 기준 및 내용을 국토교통부령에 위임하고 있으므로 토지보상법 시행규칙에서 간접손실보상을 규정하여야 할 행정입법의무가 있고, 간접손실보상을 규정하고 있지 않은 것은 위법한 행정입법부작위에 해당하므로 이에 대해 행정입법부작위 위법의 확인을 구하는 헌법소원을 제기할 수 있다는 견해이다.

* 답안축약시

① 보상부정설은 시행규칙 제59조 내지 제65조에서 간접보상이 모두 해결된다고 본다. ② 유추적용설은 헌법 제23조 제3항 및 토지보상법상 간접손실보상규정을 유추적용해야 한다고 본다. ③ 직접적용설은 간접손실도 헌법 제23조 제3항의 손실보상의 범주이므로 헌법 제23조 제3항을 직접 근거로 손실보상을 할 수 있다고 본다. ④ 평등원칙 및 재산권보장규정근거설은 동 규정등을 직접 근거로 본다. ⑤ 수용적 침해이론은 간접손실도 비의도적 침해에 의해 발생한 바, 수용적 침해이론을 적용하여 보상해야 한다고 한다. ⑥ 손해배상설은 명문규정이 없는 한 손해배상을 청구해야 한다고 한다. ⑦ 보상규정을 두지 않은 것은 행정입법부작위로서 위헌이라고 한다.

2. 판례

① 간접손실이 공익사업의 시행으로 인하여 기업지 이외의 토지소유자가 입은 손실이고, ② 그 손실의 범위도 구체적으로 이를 특정할 수 있으며, ③ 손실이 발생하리라는 것을 쉽게 예견할 수 있는 경우라면, ④ '그 손실보상에 관하여 토지보상법 시행규칙의 관련규정들을 유추적용 할 수 있다'고 한다.

> • 김위탁판매수수료사건 : 예측, 특정 가능하여 보상 긍정
> • 참게축양업사건 : 예측, 특정 불가능하여 보상 부정
> • 무허가(무신고) 김종묘생산어업 : 예측, 특정 불가능하여 보상 부정
> • 허가나 인가 및 신고의 유무에 따라서 예측가능성을 판단할 수 있다.
> • 철도시설잠업사사건 : 그 밖의 부득이한 사유 확대 적용

3. 검토

간접손실도 헌법 제23조 제3항의 손실보상 범주에 포함되므로 예견, 특정가능성이 인정된다면 헌법 제23조 제3항을 근거로 하여 손실보상을 청구할 수 있다고 판단된다. 이 경우 구체적인 보상액은 토지보상법상 관련규정을 적용할 수 있을 것이다.

◆ **알아두기**

간접보상의 한계

1. 손실보상 대상의 문제

토지보상법 제79조 제2항에서는 본래의 기능을 다할 수 없는 경우를 규정하고 있으나, 본래의 기능을 다할 수 없는 경우의 구체적 기준이 없으므로 대상의 예측이 어려운 문제가 발생한다.

2. 손실보상 측정의 문제

해당 사업으로 인한 부정적인 영향이 손실보상의 원인이 될 것이지만 이에 대한 측정기준이 모호한 문제가 발생할 수 있다.

3. 손실보상의 시기문제

공익사업지구 내의 경우에는 사업시행 이전에 보상을 완료하도록 하고 있지만, 공익사업지구 밖의 경우에는 명문의 규정이 없으므로 보상시기와 관련해서 자의성이 개입될 우려가 있다.

4. 공공사업의 위축우려

공익사업지구 밖의 손실은 사업시행의 계획단계에서 예상하지 못한 것이므로 당초에 예상하지 못한 비용이 증가될 수 있다. 이러한 예기치 못한 비용증가는 사업의 타당성에 영향을 줄 수 있다.

5. 손실보상 및 손해배상의 기준설정의 어려움

시설설치가 완료된 경우, 이의 운영으로 인하여 발생하는 피해에 대해서 이를 손실보상의 문제로 볼 것인지 손해배상의 문제로 볼 것인지의 기준문제가 발생할 수 있다. 판례는 시설운영으로 인한 소음과 관련하여 손해배상의 문제로 본바 있다.

쟁점 59 간접침해보상 [C]

I 의의

간접침해보상이란 대규모 공익사업의 시행 또는 완성 후의 시설로 인하여 사업지구 밖에 미치는 사업손실 중 사회적, 경제적 손실을 의미하는 간접보상을 제외한 물리적, 기술적 손실에 대한 보상을 말한다(간접침해와 간접손실을 구분하지 않고 모두 간접손실로 보는 견해도 있다). 간접침해는 재산권이 공익사업의 시행으로 인하여 야기된 소음, 진동, 일조권 침해, 용수고갈 등으로 기능의 저하나 가치의 감소를 가져오는 사업손실을 의미한다. 보통은 사업지구 밖의 환경권 등의 침해에 대한 보상을 말한다.

II 간접침해의 유형

① 공공사업으로 인한 소음, 진동, 먼지 등에 의한 침해, ② 환경오염 및 용수고갈 등으로 인한 손실, ③ 일조권 침해 등이 있다.

III 간접침해보상의 법적 근거

간접침해가 손실보상의 요건을 갖추는 경우에는 보상이 가능하도록 보상규정을 두는 입법적 개선이 필요하지만 현행 토지보상법에는 명문의 규정이 없다.

IV 간접침해에 대한 권리구제

1. 손실보상

간접손실의 범위와 기준을 정하기 어렵고 유형화하기도 어려워 구체적으로 보상의 대상이 되기 어려운 한계가 있다. 현행 토지보상법 제79조 제4항에서는 보상이 필요한 경우의 수권조항을 규정하고 있으므로 이를 기초로 한 입법정책을 통하여 점진적인 해결방안을 모색해야 할 것이다.

2. 손해배상

간접침해가 손해배상의 요건을 충족하는 경우에는 손해배상을 청구할 수 있을 것이나 위법성이나 고의·과실 여부가 명확하지 않아서 손해배상책임을 인정하기 어려운 면이 많다. 환경정책기본법에서는 무과실책임에 대한 손해배상을 규정하고 있다(대판 2001.2.9, 99다55434).

3. 환경분쟁조정

간접침해의 유형 중 소음, 진동 등은 물리적·기술적 침해로서 환경분쟁조정법상 환경피해에 해당한다. 환경분쟁조정제도는 행정기관이 지니고 있는 전문성과 절차의 신속성을 충분히 활용하여 환경분쟁을 간편하고 신속, 공정하게 해결하기 위하여 마련된 제도이다. 반면에 이는 침해행위에 대한 명확한 기준이 없어서 형평성의 논란이 있을 수 있다.

4. 방해배제청구

간접침해가 생활방해나 주거환경의 침해를 의미하는 때에는 민법상 방행배제청구를 할 수 있다. 그러나 일반적으로 간접침해를 받은 사익이 공익사업의 공익성보다 크기는 어려울 것이므로 방해배제청구권이 인정되기는 어려울 것이다.

5. 시민고충처리위원회 민원제기

국민의 권리를 침해하거나 국민에게 불편을 주는 고충을 간편하고 신속하게 처리하기 위한 제도이나 집행력이 없는 한계가 있다.

쟁점 60 정신적 손실 (D)

I 개설

공익사업이 면적사업으로 확대되면서 대물보상만으로는 보상되지 않는 생활보상, 정신보상, 간접보상 등의 개념이 생겨났다. 토지보상법은 이러한 변화에 맞추어 생활보상, 간접보상에 대해서는 규정을 마련하고 있으나 정신보상에 관하여는 규정이 없다. 사업시행으로 인한 정신적 고통이 수인한도를 넘어서는 경우에는 이 역시 보상함이 타당하다고 본다.

II 정신적 손해의 의미

민법에서는 불법행위에 의한 손해를 재산상, 정신상 손해로 나누고 있다. 정신적 손해란 피해자가 느끼는 고통, 불쾌감 등 정신상태에 발생한 불이익이라고 한다.

III 공익사업으로 인한 정신적 고통의 예시

① 공익사업의 시행으로 인한 소음, 진동 등에 의한 불쾌감, ② 공공사업으로 인하여 조상 전래의 전·답으로부터 떠나는 것에 대한 정신적 고통, ③ 소수잔존자로 잔류결정한 경우에 발생할 수 있는 소외감 등이 있다.

IV 견해의 대립

1. 학설

(1) 부정설

① 정신적 손실은 사회적 수인의무 범위에 속한다. ② 재산적 보상에 의해 정신적 고통은 회복되고, ③ 정신적 고통이 원인이 되어 병이 되어버리면 그로 인한 재산적·실질적 피해를 배상 또는 보상하면 된다고 한다.

(2) 긍정설

① 수인한계의 객관적 기준이 없으며, 정신적 손실도 수인한계를 넘을 수 있고, ② 정신적 고통과 재산상 손실은 무관하므로 재산보상으로 치유된다고 볼 수 없다. ③ 또한 민사소송법상 위자료가 공익사업과 관련하여 부정될 이유가 없다고 한다.

2. 판례

정신적 손해에 대한 손실보상을 인정한 판례는 없다. 그러나 손해배상에서는 정신적 손해도 손해배상의 대상이 된다. 재산적 손해배상으로 회복할 수 없는 정신적 손해가 있다는 사정이 입증되는 경우에는 정신적 손해에 대한 배상이 가능한 것으로 보고 있다. 이에 관하여는 이를 주장하는 사람에게 그 증명책임이 있다. 손실보상금의 지급이 지연되었다는 사정만으로는 정신적 손해의 발생사실이 증명되었다고 볼 수는 없다.

3. 검토

정신적 손실이 수인한도를 넘는 경우에는 보상함이 타당하다. 실무상으로는 일부에서 사례금, 답례금, 위로금, 감사금, 협력금 등의 명목으로 지불되는 경우가 있다. 사업의 원활한 진행과 복리국가적 요구에서 입법적인 보완이 요구된다.

쟁점 61 이주대책 [S]

1. 의의 및 취지[토지보상법 제78조]

이주대책이란 주거용 건축물을 제공하여, 생활의 근거를 상실하는 자에게 종전생활을 유지시켜주는 일환으로 택지 및 주택을 공급하거나 이주정착금을 지급하는 것을 말한다. 개정된 토지보상법에서는 이주대책의 대상자를 주거용 건축물 제공자에서 공장부지 제공자까지 확대하여 국민의 권리구제를 두텁게 하고 있다.

2. 근거

(1) 이론적 근거

이주대책은 공공사업의 시행에 의하여 생활의 근거를 상실하는 자에게 종전의 생활상태를 원상으로 회복시키면서 동시에 인간다운 생활을 보장하여 주기 위한 이른바 생활보상의 일환으로 국가의 적극적이고 정책적인 배려에 의하여 마련된 제도이다.

(2) 법적 근거

1) 헌법적 근거

① 다수견해는(헌법 제23조 및 제34조 결합설) 정책배려로 마련된 생활보상의 일환이라고 한다.

② 소수견해는(제23조설) 정당보상범주 내의 손실보상의 일환이라고 한다. ③ 헌법재판소는 생활보호 차원의 시혜적 조치라고 한다. ④ 생각건대 생활보상의 근거는 생존권 보장인 점과, 손실보상의 근거는 헌법 제23조 제3항이므로 통합설이 타당하다.

2) 개별법적 근거

토지보상법 제78조에서는 주거용 건축물을 제공한 자에 대한 이주대책을 규정하고 있으며, 동법 제78조의2에서는 공장용 부지를 제공한 자에 대한 이주대책을 규정하고 있다. 이 외에도 각 개별법에서 사업의 특수성을 고려한 내용의 이주대책을 규정하고 있다.

3. 법적 성격

(1) 생활보상

이주대책은 생활보호 차원의 시혜적인 조치로서 정책배려로 마련된 제도이다. 따라서 생활보상의 성격을 갖는다.

(2) 공법상 관계인지

생활보상의 성격을 손실보상의 일환으로 보게 되면 공법상 관계로 볼 수 있다.

(3) 강행규정

토지보상법 제78조 제1항과 제4항 본문은 당사자의 합의 또는 사업시행자의 재량에 의해 적용을 배제할 수 없는 강행규정이다.

4. 요건 및 절차

(1) 주거용 건축물

1) 수립요건

토지보상법 시행령 제40조 제2항에서는 ① 조성토지가 없는 경우, ② 비용이 과다한 경우를 제외하고는, ③ 이주대책 대상이 10호 이상이 된다면 수립하도록 하고 있다.

2) 절차

사업시행자는 지역자치단체와 협의하여 이주대책 계획을 수립하고 이주대책대상자에게 통지한 후 이주대책의 신청 및 대상자확인결정을 통하여 분양절차를 마무리하게 된다.

3) 대상자 요건(토지보상법 시행령 제40조 제5항)

① 무허가건축물 등 소유자, ② 계속 거주하지 아니한 자, ③ 타인이 소유하고 있는 건축물에 거주하는 세입자는 이주대책 대상자에서 제외된다. ④ 또한 사업시행자는 법상 이주대책대상자가 아닌 자도 이주대책대상자에 포함시킬 수 있다. ⑤ 소유자는 대외적인 소유권을 가진 자를 의미하는 것이 아니라 실질적인 처분권을 가진 자를 의미하는 것이다.

(2) 공장

공장부지가 협의 수용됨으로 인하여 공장가동을 못하는 경우에는, 소유자가 희망하는 경우에 한하여 인근 산업단지에의 이주대책에 관한 계획을 수립해야 한다.

5. 내용

(1) 주거용

① 이주대책의 내용에 대해 사업시행자는 재량을 가진다.

> **＊ 위법성 판단**
>
> 이주대책 내용에 대해 사업시행자는 재량을 가지며, 통상 내부 규칙인 행정규칙으로 그 내용을 수립한다. 행정규칙은 대외적 구속력이 없지만 이에 따른 이주대책 내용이 특별히 합리적이 아니라는 사유 등이 없는 한 그 내용은 존중되어야 한다는 것이 판례의 태도이다.
> 대외적 구속력이 인정되지 않는 경우 위법성 판단은 어떻게 되는가?
>
> 위법성 판단은 이주대책을 수립·실시한 것으로 볼 수 있는지 여부로 판단하게 된다. 즉, 사업시행자의 재량에 의해 수립한 내용이 법령상 이주대책을 수립한 것으로 볼 수 없다면 이러한 기준에 따른 이주대책은 법령상 이주대책을 수립하지 않은 게 될 것이다.
> 이러한 극단의 예로는 4인 가족의 이주대책 내용으로 전용 20제곱미터 원룸을 수립한 경우라면 이는 종전 주거생활을 영위할 수 있는 적절한 대책이라고 할 수 없을 것이다. 이처럼 최종적으로 수립된 내용이 법령상 이주대책 의무를 이행한 것으로 볼 수 있는지를 기준으로 하여 위법성을 판단하여야 할 것이다.

② 생활기본시설이 포함된 이주정착지의 조성 및 공급을 내용으로 하며 사업자가 비용을 부담하는 것이 원칙이다.

③ 택지개발촉진법 또는 주택법에 의하여 택지나 주택공급을 하면 이주대책을 수립한 것으로 의제된다.

④ 이주정착금은 보상대상인 주거용 건축물에 대한 평가액의 30퍼센트에 해당하는 금액으로 하되, 그 금액이 1천2백만원 미만인 경우에는 1천2백만원으로 하고, 2천4백만원을 초과하는 경우에는 2천4백만원으로 한다(시행규칙 제53조 제2항).

(2) 공장

① 해당 공익사업지역 인근 지역에 개발된 산업단지가 있는 경우 해당 산업단지에의 우선분양을 알선한다.

② 해당 공익사업지역 인근 지역에 해당 사업시행자가 공장이주대책을 위한 별도의 산업단지를 조성하는 경우 그 산업단지의 조성 및 입주에 관한 계획을 수립한다.

③ 해당 공익사업지역 안에 조성되는 공장용지의 우선분양 등의 이주대책 내용이 포함되어야 한다.

(3) 사업시행자의 이주대책 내용에 대한 재량성 인정 여부

사업시행자가 설정한 기준은 그것이 객관적으로 합리적이 아니라거나 타당하지 않다고 볼 만한 다른 특별한 사정이 없는 한 존중되어야 한다.

(4) 이주대책수립자 및 이주대책대상자

이주대책을 수립하는 자는 사업시행자이고, 이주대책대상자는 ① 주거용 건축물을 제공함에 따라 생활의 근거를 상실하게 되는 자처럼 법령상 이주대책의 대상으로 하여야 하는 법령상 이주대책대상자, ② 법령상 대상자는 아니지만 세입자 등 임의로 이주대책대상자로 포함시키는 시혜적인 이주대책대상자가 있다.

(5) 이주대책의 내용

이주대책의 내용은 법에 정해진 것을 제외하고는 사업시행자가 정한다. 실시될 수 있는 이주대책으로는 집단이주, 특별분양, 아파트 수분양권의 부여, 개발제한구역 내 주택건축허가, 대체상가·점포·건축용지의 분양, 이주정착금 지급, 생활안정지원금 지급, 직업훈련 및 취업알선, 대토 알선, 공장이전 알선 등이 있을 수 있다.

6. 권리구제

(1) 이주대책계획수립에 대한 권리구제

1) 이주대책계획수립청구권

이주대책 내용은 사업시행자 재량이므로 법상의 이주대책대상자는 특정한 이주대책을 청구할 권리는 갖지 않으나 이주대책을 수립할 것을 청구할 권리는 갖는다고 보아야 한다.

2) 이주대책계획 미수립에 대한 권리구제

부작위의 경우에는 의무이행심판 또는 부작위위법확인소송을 제기할 수 있고, 이주대책수립을 거부한 경우에는 의무이행심판(또는 거부처분취소심판) 또는 거부처분취소소송을 제기할 수 있다고 보아야 한다.

(2) 이주대책대상자 선정·결정에 대한 권리구제

1) 수분양권의 의의

수분양권이란 이주자가 이주대책을 수립, 실시하는 사업시행자로부터 이주대책대상자로 확인, 결정을 받음으로서 취득하게 되는 택지나 아파트를 분양받을 수 있는 권리를 말한다.

2) 수분양권의 법적 성질 및 발생시기

가. 공법관계인지

이주대책의 수립 및 집행은 공행정사무이므로, 판례도 수분양권은 대상자 확인, 결정에 의해 취득하는 공법상 권리라고 한다.

나. 발생시기

(가) 학설

① **이주대책계획수립이전설**(법상취득설)

토지보상법 제78조 및 동법 시행령 제40조의 요건을 충족하는 경우에 실체적 권리인 수분양권이 취득된다고 보는 견해이다.

② 이주대책계획수립시설

사업시행자가 이주대책에 관한 구체적인 계획을 수립하여 이를 해당자에게 통지 내지 공고한 경우에 이것으로 이주자에게 수분양권이 취득된다고 보는 견해이다.

③ 확인 · 결정시설

이주대책계획 수립 후 이주자가 이주대책대상자 선정을 신청하고 사업시행자가 이를 받아들여 이주대책대상자로 확인 · 결정하여야 비로소 수분양권이 발생한다고 보는 견해이다.

(나) 판례

이주대책에 정한 절차에 따라 사업시행자에게 이주대책대상자 선정신청을 하고 사업시행자가 이를 받아들여 이주대책대상자로 확인 · 결정하여야만 비로소 구체적인 수분양권이 발생한다.

(다) 검토

이주대책대상자의 경우 법상의 추상적인 이주대책권이 이주대책계획이 수립됨으로써 구체적 권리로 되는 것이므로 이주대책계획수립시설이 타당하다. 다만, 시혜적 대상자는 이주대책대상자 선정신청을 하고 사업시행자가 이를 받아들여 이주대책대상자로 확인 · 결정하여야 비로소 실체적인 권리를 취득한다고 보아야 한다.

3) 권리구제 및 소송형식

가. 이주대책대상자 선정행위의 법적 성질

대법원 다수의견은 이주대책대상자로서 확인 · 결정을 받아야 수분양권이 발생한다고 하며, 대법원 반대의견은 이주대책수립에 의해 구체적으로 형성된 수분양권을 이주대책대상자 확인 · 결정을 통해 이행하는 것으로 본다. 따라서 어느 견해에 따르더라도 이주대책대상자 선정에 대한 거부는 이주대책대상자의 권익에 영향을 미치는 처분으로 볼 수 있다.

---

* 이주대책대상자의 확인 · 결정의 처분성 유무

1. 형성처분설(특허 : 확인결정시설)

사업시행자가 하는 확인 · 결정은 곧 구체적인 이주대책상의 수분양권을 취득하기 위한 요건이 되는 행정작용으로서 처분이라고 한다. 따라서 이를 단순히 절차상의 필요에 따른 사실행위에 불과한 것으로 평가할 수 없다고 한다. 이는 사업시행자의 확인, 결정이라는 처분에 의해서 비로소 이주자에게 수분양권이라는 권리가 발생하는 것이므로 이를 형성처분으로 본다.

2. 이행처분설(확인 : 계획수립이전시설 및 계획수립시설)

이주자가 이미 취득하고 있는 수분양권에 대해 그 의무를 이행한 일련의 이행처분에 불과하고 이는 이주자가 이미 취득하고 있는 수분양권을 구체화시켜 주는 과정에 불과하다고 한다. 협의가 성립되거나 재결이 있고 이주대책을 수립할 요건에 해당되면 토지보상법 제78조의 규정에 의해서 이주자는 수분양권을 가지게 되므로, 사업시행자의 확인 · 결정은 이주대책을 수립 · 실시절차를 이행하기 위해서 발하게 되는 이행처분으로 본다.

---

3. 판례

대법원 다수견해는 사업시행자가 이주대책대상자로 확인·결정하여야 구체적인 수분양권이 발생한다고 판시한 바 있다.

4. 검토

어느 견해에 의하든 확인·결정의 처분성은 인정하게 된다. 그러나 수분양권은 법률규정에 의해서 직접 발생하는 것으로 보는 것이 국민의 권리구제에 유리하므로 이행처분설이 타당하다.

나. 권리구제 및 소송형식

(가) 확인·결정시설을 취하는 경우

이주대책대상자 선정신청에 대한 거부는 거부처분이 되므로 이에 대하여 취소소송을 제기하고 부작위인 경우에는 부작위위법확인소송을 제기하여야 한다. 이주대책대상자 선정신청 및 이에 따른 확인·결정 등 절차를 밟지 아니하여 구체적인 수분양권을 아직 취득하지도 못한 상태에서 곧바로 분양의무의 주체를 상대방으로 하여 민사소송이나 공법상 당사자소송으로 이주대책상의 수분양권의 확인 등을 구하는 것은 허용될 수 없다.

(나) 이주대책계획수립이전설을 취하는 경우

이주대책대상자 선정신청의 거부나 부작위에 대하여 행정쟁송을 제기할 수 있을 뿐만 아니라 구체적 이주대책계획에서 제외된 이주대책대상자는 자기 몫이 참칭 이주대책대상자에게 이미 분양되어 분양신청을 하더라도 거부할 것이 명백한 특수한 경우에는 이주대책대상자로서 분양을 받을 권리 또는 그 법률상 지위의 확인을 공법상 당사자소송으로 구할 수 있다고 보아야 한다.

(다) 이주대책계획수립시설을 취하는 경우

이주대책계획을 수립한 이후에는 이주대책대상자에서 제외된 이주대책대상자는 수분양권에 터잡은 분양신청을 하여 거부당한 경우에는 그 거부의 취소를 구하는 행정쟁송을 제기할 수 있을 것이다. 사업시행자가 실제로 이주대책계획을 수립하기 이전에는 이주자의 수분양권은 아직 추상적인 권리나 법률상의 지위 내지 이익에 불과한 것이어서 그 권리나 지위의 확인을 구할 수 없을 것이나, 이주대책계획을 수립한 이후에는 이주대책대상자의 추상적인 수분양권이 구체적 권리로 바뀌게 되므로 확인판결을 얻음으로써 분쟁이 해결되고 권리구제가 가능하여 그 확인소송이 권리구제에 유효적절한 수단이 될 수 있는 경우에는 당사자소송으로 수분양권 또는 그 법률상의 지위의 확인을 구할 수 있다고 보아야 한다.

7. 문제점 및 개선방안

① 토지보상법, 철도법, 항공법 등 상이한 규정이 존재하므로 통일이 필요하다.

② 이주대책을 따른 자와 이주정착금을 지급받는 자 간의 형평성이 결여될 수 있다.

③ 세입자는 주거이전비만을 지급받을 수 있으므로 세입자의 주거안정대책도 추가로 논의되어
야 할 것이다.

✅ 알아두기

관련판례

1. 이주대책업무가 종결되고 그 공공사업을 완료하여 사업지구 내에 더 이상 분양할 이주대책용 단독택지
   가 없는 경우에도 이주대책대상자 선정신청을 거부한 행정처분의 취소를 구할 법률상 이익이 있는지
   여부

   사업시행자는 이주대책의 수립, 실시의무가 있고, 그 의무이행에 따른 이주대책계획을 수립하여 공고하
   였다면, 이주대책대상자라고 하면서 선정신청을 한 자에 대해 대상자가 아니라는 이유로 거부한 행정처
   분에 대하여 그 취소를 구하는 것은 이주대책대상자라는 확인을 받는 의미도 함께 있는 것이며, 사업시
   행자가 하는 확인, 결정은 이주대책상의 택지분양권이나 아파트 입주권 등을 받을 수 있는 구체적인
   권리를 취득하기 위한 요건에 해당하므로 현실적으로 이미 수립, 실시한 이주대책업무가 종결되었고,
   그 사업을 완료하여 이 사건 사업지구 내에 더 이상 분양할 이주대책용 단독택지가 없다 하더라도 보상금
   청구권 등의 권리를 확정하는 법률상의 이익은 여전히 남아 있는 것이므로 그러한 사정만으로 이 거부처
   분의 취소를 구할 법률상 이익이 없다고 할 것은 아니다.

2. 특별분양신청을 거부한 행위가 항고소송의 대상이 되는 행정처분인지 여부

   사업시행자로 하여금 공공사업의 시행에 필요한 토지 등을 제공함으로 인하여 생활근거를 상실하게
   되는 자에게 이주대책을 수립 실시하도록 하고 있는바, 택지개발촉진법에 따른 사업시행을 위하여 토지
   등을 제공한 자에 대한 이주대책을 세우는 경우 위 이주대책은 공공사업에 협력한 자에게 특별공급의
   기회를 요구할 수 있는 법적인 이익을 부여하고 있는 것이라고 할 것이므로 그들에게는 특별공급신청권
   이 인정되며, 따라서 사업시행자가 위 조항에 해당함을 이유로 특별분양을 요구하는 자에게 이를 거부하
   는 행위는 비록 이를 민원회신이라는 형식을 통하여 하였더라도, 항고소송의 대상이 되는 거부처분이라
   고 할 것이다.

3. 시혜적 대상자의 불복 가능성

   사업시행자가 스스로 생활대책을 수립, 실시할 수 있도록 하는 내부규정을 두고 있고 내부규정에 따라
   생활대책대상자 선정기준을 마련하여 생활대책을 수립, 실시하는 경우에는 생활대책 역시 정당보상에
   포함되는 것으로 보아야 한다. 따라서 사업시행자가 생활대책대상자에서 제외하거나 선정을 거부하면
   이러한 생활대책대상자 선정기준에 해당하는 자는 사업시행자를 상대로 항고소송을 제기할 수 있다.

4. 이주자택지공급신청거부처분 후 재신청하여 행정청이 재거부한 경우 거부의 성질

   거부처분이 있은 후 당사자가 다시 신청을 한 경우에는 신청의 제목 여하에도 불구하고 그 내용이 새로
   운 신청을 하는 취지라면 관할 행정청이 이를 다시 거절하는 것은 새로운 거부처분이라고 보아야 한다.

공용제한에 대한 손실보상규정 (D)

1. 공용제한의 의의 및 근거

공용제한이라 함은 공공필요를 위하여 재산권에 대하여 가해지는 공법상의 제한을 말한다. 공용제한은 재산권에 대한 제한을 내용으로 하므로 법률의 근거가 있어야 한다. 해당 제한이 보상을 요하지 않는 재산권에 내재하는 사회적 제약에 그치는 경우에도 그러하다.

2. 공용제한의 종류

(1) 계획제한

도시관리계획, 수도권정비계획 등 행정계획이 수립된 경우에 해당 행정계획에 배치되는 재산권 행사가 제한된다. 지역·지구 내에서 해당 지역·지구의 지정목적을 달성하기 위하여 재산권 행사에 가해지는 제한(개발제한구역 내에서의 건축 등 토지이용의 제한 등)이 대표적이다.

(2) 사업제한

공익사업을 원활히 수행하기 위하여 사업지(산업단지 등), 사업인접지(접도구역 등) 또는 사업예정지(도로예정지 등) 내의 재산권에 가해지는 제한을 말한다. 통상 토지의 형질변경의 금지 등 행위제한이 가해진다.

(3) 보전제한

환경, 문화재, 자원, 농지 등의 보전을 위하여 재산권에 가해지는 제한을 말한다. 공원 내에서의 토지 등의 사용제한(자연공원법), 문화재 등 공적 보존물에 대한 제한(문화재보호법) 등이 이에 해당한다.

(4) 공물제한

사적 소유의 물건에 공물이 설정된 경우에 공물의 목적달성에 필요한 한도 내에서 해당 물건에 가해지는 제한을 말한다.

3. 공용제한과 손실보상

(1) 공용제한이 재산권에 내재하는 사회적 제약에 불과한 경우에는 재산권자가 이를 감수하여야 하지만 특별한 희생에 해당하는 경우에는 그에 대한 보상을 해주어야 한다.

(2) 공용제한이 특별한 희생에 해당함에도 불구하고 보상규정이 없는 경우에는 헌법 제23조의 효력논의를 통해 보상규정 흠결에 대한 문제를 해결하여야 할 것이다.

4. 손실보상기준

(1) 문제점

처음부터 보상규정이 없거나, 보상을 하여야 한다는 규정을 두는데 지나지 않으므로 구체적인 보상의 기준이 문제된다.

(2) 학설

1) 상당인과관계설

이용제한과 상당인과관계가 있는 모든 손실을 보상해야 한다고 보나 상당인과관계 판정의 모호성이 문제된다.

2) 지가하락설

공용제한에 의한 지가하락분을 보상해야 한다고 보나 이용제한이 반드시 지가하락을 가져오는 것은 아니다.

3) 지대설

공용제한을 지역권설정으로 보아서 지역권설정 대가로 보상해야 한다고 보나 지대산정의 기준이 모호한 문제가 있다.

4) 적극적실손보전설

공용제한으로 인해 예상치 못한 비용이 발생한 경우에 적극적이고 현실적인 비용을 보상해야 한다고 한다.

5) 검토

공용제한으로 인한 지가하락 및 비용지출 등의 인과관계가 인정된다면, 이에 대해서 보상해야 함이 타당하다고 생각된다.

(3) 판례의 태도

판례는 "제외지와 같은 하천구역에 편입된 토지의 소유자가 그로 인하여 받게 되는 그 사용수익권에 관한 제한내용과 헌법상 정당보상의 원칙 등에 비추어 볼 때, 준용하천의 제외지로 편입됨에 따른 손실보상은 원칙적으로 공용제한에 의하여 토지소유자로서 사용수익이 제한되는 데 따른 손실보상으로서 제외지 편입 당시의 현황에 따른 지료상당액을 기준으로 함이 상당하다(대판 2003.4.25, 2001두1369)"고 판시하여 적극적실손보전설의 입장을 취하는 듯하다.

5. 공용제한 보상법제의 개선방안

(1) 일반법의 제정

토지보상법처럼 일반법적 성격의 법률로 제한에 대한 보상제정이 바람직하다.

(2) 개별법의 정비

공용제한에 대한 규정제정 시 이에 대한 구제수단도 같이 입법함이 바람직하다.

(3) 보상기준 제시

제한의 종류가 다양하므로 이를 유형화하여 각 경우에 합당한 보상기준을 제시함이 합당하다.

쟁점 63 89헌마214 (B)

I 헌재판결요지

① 특별한 희생의 기준제시, ② 보상규정 미비 시 해결방안, ③ 분리이론 채택 여부

II 사회적 제약과 특별한 희생의 구별기준 제시

1. 결정요지

원칙적으로 토지가 갖는 사회성, 공공성에 비추어 토지재산권에 내재하는 사회적 제약이나 더 이상 사용수익의 방법이 없는 경우에는 수인한도를 넘어선다.

2. 검토

헌재결정은 구별기준에 대한 논의가 부족하고 구역지정 후 종래의 목적으로 사용할 수 있는 원칙적인 경우에도 사안에 따라 수인기대가능성이 없는 특별한 희생을 야기할 수 있음에도 이를 일률적으로 부정하고 있어 '구체적 타당성'을 결여한다는 비판이 있다. 그러나 특별한 희생의 기준에 대해 절충설을 취했다고 보기도 한다.

III 보상규정 미비 시 해결방안

1. 결정요지

구역지정 자체는 합헌이나 보상규정 미비가 위헌성이 있는 것이므로 입법권자의 입법형성의무를 강조하여 보상입법을 통한 해결책을 제시하였다.

2. 검토

특별한 희생임에도 보상규정을 결한 경우에 보상입법을 통한 해결책을 제시함으로 그간 학설의 논의를 무용하게 만들어 실질적으로 국민의 권리구제의 불확실성이 증대될 수 있는 문제가 있다.

IV 분리이론 채택 여부

1. 분리, 경계이론 개념

분리이론이란 사회적 제약과 특별한 희생이 입법자의 의사에 따라 분리되어 있다는 이론이고, 경계이론이란 사회적 제약의 경계를 넘어서면 특별한 희생이 된다는 이론이다. 우리나라의 경우

헌법 제23조 제3항에서 수용, 사용, 제한을 한꺼번에 규정하여 경계이론에 입장에 있는 것으로 보인다(반면 독일은 분리이론의 입장이다).

2. 분리이론 채택 여부

(1) 헌법재판소 결정의 논리구조 및 위헌성 심사기준

헌법재판소는 (구)도시계획법 제21조(개발제한구역지정)의 성격이 내용규정 중에서 보상의무 있는 내용규정인지의 여부를 모든 기본권 제한의 법률과 마찬가지로 비례의 원칙을 기준으로 심사하고 있다. 이는 공용침해로 되는 것이 아니라, 보상규정을 두지 않은 위헌적인 내용규정이 되는 것이다.

(2) 보상의 성격

보상의 성격은 재산권 내용규정의 위헌성을 제거하고 비례성을 회복하여 합헌적으로 규율하기 위한 정책적, 조절적 보상을 의미한다. 따라서 위헌성을 제거할 수 있다면 매수청구권 등 다양한 보상방법을 입법자가 선택할 수 있다.

3. 검토

(1) 헌법규범 구조 차이

헌법 제23조 제3항은 독일법과 달리 '제한'규정이 존재한다.

> **＊독일기본법 제14조**
> ① 재산권과 상속권은 보장된다. 그 내용과 한계는 법률로 정한다.
> ② 재산권은 의무를 수반한다. 그 행사는 동시에 공공복리에 봉사하여야 한다.
> ③ 공공수용은 공공복리를 위해서만 허용된다. 공공수용은 보상의 종류와 범위를 정한 법률에 의해서 또는 법률에 근거하여서만 행하여진다. 보상은 공공의 이익과 관계자의 이익을 공정하게 형량하여 정해져야 한다. 보상액 때문에 분쟁이 생길 경우에는 정규 법원에 제소할 길이 열려 있다.

(2) 위헌성 심사기준

헌법재판소 결정은 헌법 제23조의 규범적 구조와 특성 및 비례원칙의 내용 등에 부합하지 않는 논리라고 보여진다.

(3) 권리구제불확실성 증대

헌법 제23조 해석론을 통한 문제해결의 시도를 포기하여, 보상입법 시까지 무기한 기다려야 하므로 권리구제의 불확실성이 증대된다.

(4) 소결

분리이론은 우리 헌법규범구조에 조응하지 못하고 권리구제의 현실적인 해결책이 되지 못한다는 점에 비추어 분리이론 채택 여부에 대해 보다 신중한 접근이 요구된다고 사료된다(보상규정

흠결 시 보상입법의무를 부과한 헌법재판소의 태도는 분리이론을 차용하고 있으므로 비판의 여지가 있다고 보여진다).

V 관련문제(매수청구제도의 문제점)

89헌마214로 인해 제정된 매수청구권제도는 요건이 엄격하다는 점, 개인 토지의 규제가 완화되고 있는 점 및 시가에 미치지 못하는 가격으로는 보상을 청구하지 않는다는 점에서 그 실효성이 문제되고 있다.

쟁점 64 현황평가의 예외 (A)

1. 현황평가의 의의

보상이 되는 토지에 대해 가격시점의 현실적인 이용상황을 기준으로 하여 산정하는 것이 원칙으로 ① 공부상 지목보다 실제 이용상황을 기준으로 하며, ② 1필 토지가 여러 용도에 이용되고 있는 경우 각각의 용도에 의해 보상한다. ③ 다만, 위법에 기인한 경우는 그렇지 않다.

2. 현황평가주의의 예외

(1) 법률적 규제를 포함하는 광의의 개념

해당 사업을 직접 목적으로 하는 개별적 제한은 제한 없는 상태로 평가하며, 해당 사업을 이유로 용도변경된 토지 역시 종전 용도지역을 기준한다.

(2) 물리적 이용현황 중심의 협의의 개념

1) 일시적인 이용상황

해당 토지의 이용이 일시적인 이용상황인 경우에는 이를 고려하지 않는다. 일시적인 이용상황은 관계법령에 따른 국가 또는 지방자치단체의 계획이나 명령 등에 따라 해당 토지를 본래의 용도로 이용하는 것이 일시적으로 금지되거나 제한되어 그 본래의 용도와 다른 용도로 이용되고 있거나 해당 토지의 주위 환경의 사정으로 보아 현재의 이용방법이 임시적인 것으로 한다.

2) 무허가건축물 등의 부지(시행규칙 제24조)

무허가건축물 등의 부지라 함은 관계법령에 의해 허가를 받거나 신고를 하고 건축 또는 용도변경을 하여야 하는 건물을 허가를 받지 아니하거나 신고를 하지 아니하고 건축 또는 용도변경한 건물의 부지를 말하는데, 1989.1.24. 이후에 건축 또는 용도변경된 무허가건물 등의 부지에 대하여서는 무허가건물 등이 건축 또는 용도변경될 당시의 이용상황을 상정하여 평가한다.

3) **불법형질변경 토지**(시행규칙 제24조)

불법으로 형질변경된 토지라 함은 관계법령에 의해 허가나 승인을 받고 형질변경하여야 할 토지를 허가나 승인을 받지 아니하고 형질변경한 경우를 말하며, 1995.1.7. 이후에 편입된 불법형질변경된 토지는 토지의 형질이 변경될 당시의 이용상황을 상정하여 평가한다.

4) **미지급용지**(시행규칙 제25조)

종전에 시행된 공익사업의 부지로서 보상금이 지급되지 아니한 토지에 대하여는 종전의 공익사업에 편입될 당시의 이용상황을 상정하여 평가한다. 다만, 종전의 공익사업에 편입될 당시의 이용상황을 알 수 없는 경우에는 편입될 당시의 지목과 인근 토지의 이용상황 등을 참작하여 평가한다.

5) **건물 등의 부지**(시행규칙 제22조)

토지에 건물 등 지장물이 있는 때에는 그 상태대로 평가하는 것이 아니라 지장물이 없는 토지의 나지상태를 상정하여 평가한다.

6) **공법상 제한을 받은 토지**(시행규칙 제23조 제1항)

공법상 제한을 받는 토지는 그 공법상의 제한이 당해 공공사업의 시행을 직접 목적으로 가하여진 경우에는 그러한 제한이 없는 것으로 보고 평가한다.

7) **당해 공공사업의 시행을 직접 목적으로 하여 용도지역이 변경된 토지**(시행규칙 제23조 제2항)

당해 공공사업의 시행을 직접 목적으로 용도지역 또는 용도지구 등이 변경된 경우에는 변경 전의 용도지역 또는 용도지구 등을 기준으로 토지를 평가한다.

3. 현황평가 예외의 정당성

토지소유자 보호 내지 위법행위의 합리화 조장방지 취지인바 정당성이 인정된다.

4. 현황평가 시 개별요인 적용기준

현황이 맹지인 토지에 대하여 계획도로가 지적·고시된 경우, 지적고시된 계획도로가 가까운 시일 내에 개설공사가 착공되리라는 점이 인정되지 않는 이상 그 토지가 도로에 접면한 토지라고는 볼 수 없으므로, 계획도로가 지적·고시되었다는 사유만으로 도로에 접면한 토지임을 전제로 개별토지가격을 산정한 것은 위법하다.

쟁점 65 공법상 제한을 받는 토지 (A)

1. 의의 및 기능

공법상 제한을 받는 토지라 함은 관계법령에 의해 가해지는 토지이용규제나 제한을 받는 토지로서, 이는 국토공간의 효율적 이용을 통해 공공복리를 증진시키는 수단으로 기능한다.

2. 공법상 제한을 받는 토지의 평가기준(토지보상법 시행규칙 제23조)

(1) 일반적 제한

제한 그 자체로 목적이 완성되고 구체적 사업의 시행이 필요하지 않은 경우로 그 제한받는 상태대로 평가한다.

(2) 개별적 제한

그 제한이 구체적 사업의 시행을 필요로 하는 경우를 말하며, 개별적 제한이 해당 공익사업의 시행을 직접 목적으로 가해진 경우에는 제한이 없는 상태로 평가한다.

(3) 해당 사업으로 인한 용도지역 등의 변경

용도지역 등 일반적 제한일지라도 해당 사업시행을 직접 목적으로 하여 변경된 경우에는 변경되기 전의 용도지역을 기준으로 하여 평가한다.

(4) 당초의 목적사업과 다른 공익사업에 편입된 경우

공법상 제한을 받는 수용대상 토지의 보상액을 산정함에 있어서는 그 공법상 제한이 해당 공공사업의 시행을 직접 목적으로 가하여진 경우는 물론 당초의 목적사업과는 다른 목적의 공공사업에 편입수용되는 경우에도 그 제한을 받지 아니하는 상태대로 평가하여야 할 것이다.

(5) 수용대상 토지에 관하여 특정 시점에서 용도지역 등을 지정 또는 변경을 하지 않은 것이 특정 공익사업의 시행을 위한 것인 경우, 공익사업의 시행을 직접 목적으로 하는 제한으로 보아 용도지역 등의 지정 또는 변경이 이루어진 상태를 상정하여 토지가격을 평가해야 하는지 여부 및 특정 공익사업의 시행을 위하여 용도지역 등을 지정 또는 변경을 하지 않았다고 보기 위한 요건

어느 수용대상 토지에 관하여 특정 시점에서 용도지역·지구·구역(이하 '용도지역 등'이라고 한다)을 지정 또는 변경하지 않은 것이 특정 공익사업의 시행을 위한 것일 경우 이는 해당 공익사업의 시행을 직접 목적으로 하는 제한이라고 보아 용도지역 등의 지정 또는 변경이 이루어진 상태를 상정하여 토지가격을 평가하여야 한다. 여기에서 특정 공익사업의 시행을 위하여 용도지역 등을 지정 또는 변경하지 않았다고 볼 수 있으려면, 토지가 특정 공익사업에 제공된다는 사정을 배제할 경우 용도지역 등을 지정 또는 변경하지 않은 행위가 계획재량권의 일탈·남용에 해당함이 객관적으로 명백하여야만 한다.

쟁점 66 무허가건축물 부지 (A)

1. 의의 및 근거규정

관계법령에 의하여 허가를 받거나 신고를 하고 건축 또는 용도변경을 하여야 하는 건축물을 허가를 받지 아니하거나 신고를 하지 아니하고 건축 또는 용도변경한 건축물의 부지를 말한다. 토지보상법 시행규칙 제24조에 근거규정을 두고 있다.

2. 평가방법

(1) 원칙 및 취지

무허가건축물 부지에 대해 무허가건축물이 건축 또는 용도변경될 당시의 이용상황을 상정하여 평가하도록 한다. 이 취지는 현실 이용상황 기준평가의 예외로 위법의 합법화로 현저히 공정성을 잃은 불합리한 보상이 될 가능성이 있기 때문이다.

불법으로 형질변경된 토지에 대하여는 관계법령에서 원상회복을 명할 수 있고, 허가 등을 받음이 없이 형질변경행위를 한 자에 대하여는 형사처벌을 할 수 있음에도, 그러한 토지에 대하여 형질변경된 상태에 따라 상승된 가치로 평가한다면, 위법행위로 조성된 부가가치 등을 인정하는 결과를 초래하여 '적정보상'의 원칙이 훼손될 우려가 있으므로, 이와 같은 부당한 결과를 방지하기 위하여 불법으로 형질변경된 토지에 대하여는 특별히 형질변경될 당시의 이용상황을 상정하여 평가함으로써 그 '적정가격'을 초과하는 부분을 배제하려는 것(대판 2002.2.8, 2001두7121)이 동 규정의 취지이다.

(2) 예외

무허가건축물이라 하더라도 1989년 1월 24일 이전에 건축된 무허가건축물 부지는 적법한 건축물로 보아 현황평가하도록 하고 있다.

부칙 제6조는 공익사업시행지구에 편입된 토지의 소유자들은 당해 토지가 공익사업을 위한 용지취득의 대상이 된 것으로 인식하고 관련법령에 정한 보상기준이 적용될 것이라는 신뢰를 지니게 되므로 이를 보호하기 위하여 제정된 조항으로서, 위 부칙 제6조에 정한 공익사업은 당해 공익사업뿐만 아니라 공익사업을 위한 토지 등의 취득 및 보상에 관한 법률 제4조에 정한 공익사업을 총칭한다고 봄이 상당하다(대판 2008.5.15, 2006두16007 · 16014).

(3) 무허가건축물 부지의 범위

판례는 무허가건축물 부지의 범위는 해당 건축물의 용도 및 규모 등을 감안하여 사용수익에 필요한 범위 내 토지와 불가분적으로 사용되는 범위를 의미한다고 판시한 바 있으나, 중앙토지수용위원회 및 토지보상법 시행규칙 부칙 제5조에 따르면 '1989.1.24. 이전 무허가건축물의 부지면적 산정 시에는 「국토의 계획 및 이용에 관한 법률」 등의 건폐율을 적용하여 산정한 면적을 초과할 수 없다'고 규정하고 있다. 따라서 무허가건축물의 부지 범위와 관련하여 관계법령상 인정되는 건폐율을 초과할 수 없는 것으로 판단된다.

> ◉ 알아두기
>
> **무허가건축물 부지면적 판단기준(중앙토지수용위원회 업무편람)**
> 1. 시행규칙 부칙과 판례에 근거하여 무허가건축물의 부지 인정범위는 현황측량한 「건축(바닥)면적＋불가분적 사용면적」을 원칙으로 한다.
> 2. 개별 사건별로 현황측량 면적과 무허가건물 건축(바닥)면적에 건폐율을 적용하여 산정한 면적을 비교하여 심의한다.
> 3. 무허가건축물 등의 부지면적 ＝ 아래 ①, ②, ③, ④ 중에서 가장 작은 값으로 한다.
>   ① 무허가건축물 등 바닥면적 ＋ 무허가건축물 등의 용도에 따른 불가분적 사용범위 면적(현황측량 필요)
>   ② 무허가건축물 등의 바닥면적을 건폐율로 나눈 면적
>   ③ 토지면적에 건폐율을 곱하여 산출한 면적
>   ④ 개별법에 따라 허용되는 개발면적

3. 입증책임

(1) 문제점

무허가건축물인지 여부와, 89.1.24. 이후에 신축했는지의 입증을 누가 해야 하는지가 문제된다.

(2) 토지소유자가 입증해야 한다는 견해

사업시행자가 작성한 물건조서에는 진실의 추정력이 있는바, 그것을 주장하는 사람이 입증해야 한다는 견해이다.

(3) 사업시행자가 입증해야 한다는 견해

토지평가의 대원칙은 현황이용평가로서, 그 예외사유를 주장하는 사업시행자가 입증해야 한다고 한다.

(4) 검토

생각건대 대원칙에 따라 사업시행자가 입증해야 하며, 조서작성 시에도 이 원칙을 외면할 수 없으므로 사업시행자가 책임을 부담하는 것이 타당하다고 사료된다.

4. 판단기준 등

(1) 무허가건축물관리대장에 건축물로 등재되어 있는 토지의 적법성

무허가건축물관리대장에 건축물로 등재되어 있다고 하여 그 건축물이 적법한 절차를 밟아서 건축된 것이라거나 그 건축물의 부지가 적법하게 형질변경된 것으로 추정된다고 할 수 없다.

(2) 사용승인이 요구되는지 여부

판례는 관할 행정청으로부터 건축허가는 받았으나 사용승인을 받지 않은 주택도 이주대책대상자에 포함된다고 판시하여 사용승인을 득하지 않았다고 하여 무허가건축물이 되는 것은 아니라고 본다.

쟁점 67 불법형질변경토지 (A)

1. 의의 및 근거

불법형질변경토지란 관계법령에 의해 허가, 신고가 필요함에도 이를 하지 않은 채 형질변경한 토지를 말한다. 보상법 시행규칙 제24조에 규정되어 있다. 불법형질변경이란 ① 절토, 성토, 정지 등 형질변경과 공유수면매립, ② 단순히 용도만 변경하는 경우도 해당되며, ③ 농지 상호 간의 변경은 형질변경으로 보지 않는다.

2. 평가방법

(1) 원칙 및 취지

불법형질변경된 토지는 형질변경될 당시의 이용상황을 상정하여 평가하도록 되어 있다. 이는 현황평가주의의 예외로, 동 규정의 취지는 위법행위의 합법화를 통한 불합리한 보상의 배제에 있다.

(2) 예외

1995.1.7. 당시 공익사업시행지구에 편입된 불법형질변경토지에 대해서는 이를 현실적 이용상황에 따라 보상한다.

3. 보상평가방법의 정당성 검토

(1) 평등의 원칙 위배 여부

1995.1.7. 이전의 불법형질변경된 토지가 공공사업시행지구에 포함된 경우에 현황평가를 하며, 그 외의 토지는 언제 변경이 되었느냐를 묻지 않고 무조건 변경 당시를 기준으로 평가하는 것이 불합리한 차별로 평등원칙 위반이 아닌지 문제가 제기되지만, 불법 앞의 평등은 평등원칙에 포함되지 않으므로 평등원칙 위반이 아니다.

(2) 소급입법에 의한 재산권 침해 여부

1) 문제점

헌법 제13조 제2항에 의할 때 진정소급입법에 의해 재산권을 박탈당하지 않으며, 진정소급입법이란 과거에 완성된 사실, 법률관계를 대상으로 입법하는 것을 말한다.

2) 견해대립

진정소급입법으로 위헌이라는 견해가 있으나 소급입법 예상이 가능하고 신뢰이익이 적은 경우, 당사자 손실이 경미한 경우, 중대한 공익상 필요가 있을 때 예외적으로 가능하며, 합헌이라는 견해가 대립한다.

3) 검토

생각건대 불법형질변경토지는 일반적으로 국민이 소급입법을 예상할 수 있어서 보호할 신뢰이익이 적고, 신뢰보호요청에 우선하는 심히 중대한 공익성의 사유로 보아 소급입법이 예외적으로 허용되는 경우라 볼 수 있다.

4. 입증책임

(1) 견해대립

사업시행자 작성조서에 진실의 추정력이 있는바 그것을 주장하는 사람이 입증해야 한다는 견해와 토지평가의 대원칙은 현황이용평가로 그 예외사유를 주장하는 사업시행자가 입증해야 한다는 견해가 대립한다.

(2) 판례의 태도

'수용대상 토지의 이용상황이 일시적이라거나 불법형질변경토지에 해당하는지 여부는 이를 주장하는 쪽에서 증명해야 하며, 수용대상 토지의 형질변경 당시 관계법령에 의한 허가 또는 신고의 무가 존재하였고 그럼에도 허가를 받거나 신고를 하지 않은 채 형질변경이 이루어졌다는 점이 증명되어야 한다'고 판시한 바 있다.

(3) 검토

생각건대 대원칙에 따라 사업시행자가 입증해야 하며, 조서작성 시에도 이 원칙을 외면할 수 없으므로 사업시행자가 책임을 부담한다.

5. 관련판례

(1) 무허가건축물 부지와의 관계

무허가건축물 부지이면 불법형질변경에 해당되지 않는다.

(2) 제3자가 불법형질변경한 경우

불법형질변경을 제3자가 한 경우에도 적법한 허가나 승인 없이 한 경우이므로 동 규정이 그대로 적용된다고 할 것이다. 사업시행자가 편입 후, 토지소유자의 동의나 적법한 형질변경의 허가 없이 공사를 시행하는 경우, 사업시행자에게는 공물의 관리권 또는 공익사업의 시행권한이(토지형질변경권한 등 포함) 있으므로 그 토지형질변경행위가 불법으로 되지는 않는다고 볼 수 있다.

(3) 형질변경요건 중 준공검사나 지목변경이 수반되는지 여부

토지의 형질변경이란 절토, 성토, 정지 또는 포장 등으로 토지의 형상을 변경하는 행위와 공유수면의 매립을 뜻하는 것으로서, 토지의 형질을 외형상으로 사실상 변경시킬 것과 그 변경으로 인하여 원상회복이 어려운 상태에 있을 것을 요하지만, 형질변경허가에 관한 준공검사를 받거나 토지의 지목까지 변경시킬 필요는 없다.

(4) 지목이 임야이나 현황 농경지인 경우

지목이 임야이나 농지로 이용 중인 토지는 '산지관리법' 부칙(제10331호,2010.5.31.) 제2호 "불법전용산지에 관한 임시특례" 규정 절차에 따라 농지(전, 답, 과수원)로 지목이 변경된 경우에 한해서 농지로 보상평가한다. 협의계약체결일 또는 수용재결일까지 지목변경이 이루어지지 않은 경우에는 임야로 평가한다.

그러나 농지법에서는 지목이 임야인 경우에도 형질변경을 거쳐 3년 이상 다년생식물의 재배지로 이용한 경우에는 농지에 해당한다고 규정하고 있었기에 「농지법 시행령」 제2조 제2항 제2호가 개정(2016.1.21. 시행)되어 '산지전용허가'를 거치지 아니하고 농작물을 경작하는 경우에는 이를 농지로 보지 아니하도록 개정되었다. 다만, 개정된 시행령 부칙 제2조 제2호에 '이 영 시행 당시 지목이 임야인 토지로서 토지형질을 변경하고 농작물을 경작 또는 다년생식물의 재배에 이용하고 있는 토지에 대하여는 종전 규정에 따른다'고 정하고 있으므로 종전에 지목이 임야인 토지에 대하여는 「산지관리법」에 따른 산지전용허가를 받지 아니하더라도 3년 이상 농작물을 경작하는 경우에는 농지로 인정된다.

◉ 알아두기

> 임야의 형질변경 허가는 (구)「임산물단속에 관한 법률」(1961.6.27. 법률 제635호로 제정, 1980.1.4. 법률 제3232호로 전부 개정된 산림법 부칙 제2조에 의하여 폐지되기 전의 것) 제2조에 의하여 최초로 규정되었으므로 공부상 지목이 '임야'나 '농지'로 이용 중인 토지로서 1961.6.27. 이전에 형질변경한 경우는 농지로 보상평가함.

쟁점 68 미지급용지 (A)

1. 의의 및 근거

미지급용지란 종전에 시행된 공익사업의 부지로서 보상금이 지급되지 않은 토지를 말하며, 현황평가의 예외에 해당한다. 이는 시행규칙 제25조에 규정되어 있으며, 피수용자의 불이익 방지에 취지가 인정된다.

미보상 토지는 대부분 도로개설사업에 기인한 것으로서, ① 일제하의 강제시공, ② 6·25전쟁 중 시공한 작전도로, ③ 소유자 불명도로, ④ 보상액이 서류구비에 소요된 비용보다 적어 사실상 수령을 포기한 토지, ⑤ 시공승낙을 받아 시공을 하였으나 예산상의 이유로 지연되고 있는 토지 등을 들 수 있다. 또한 미불된 기간도 수개월로부터 수십 년에 이른 것 등 여러 가지가 있다(박평준).

미보상용지의 발생원인은 둘로 나뉜다. 하나는 사업시행자가 법률상의 토지수용절차를 정상적으로 거쳤으나 토지소유자의 보상금 불만에 따른 수령 거부, 소유자 확인 불능, 소유자 거주지 확인 불능 등으로 인해 보상금이 정상적으로 지불되지 못한 경우이다. 다른 하나는 국가 등이 수용절차를 거치지 않고 보상 없이 민간 토지를 도로, 하천 등 공익용도로 점유·사용한 경우이다.

2. 평가방법

(1) 원칙

종전 공익사업에 편입될 당시의 이용상황을 상정하여 평가한다. 또한 용도지역 등 공법상 제한
은 가격시점을 기준한다. 다만, 용도지역 등이 종전 또는 새로운 사업과 무관하게 변경된 경우
에는 가격시점의 용도지역 등을 적용한다.

(2) 예외

종전의 공익사업에 편입될 당시의 이용상황을 알 수 없는 경우에는 편입될 당시의 지목과 인근
토지의 이용상황 등을 참작하여 평가한다. 종전 사업 편입될 당시 이용상황을 상정하는 때에는
편입당시의 지목, 실제용도, 지형, 지세, 면적 등 개별요인을 고려해야 한다. 인근 지역의 표준
적 이용상황이 변경된 경우는 가격시점에서의 인근 토지의 표준적 이용상황을 기준으로 판단하
되 형질변경에 드는 비용을 고려해야 한다.

3. 적용대상

(1) 학설

1) 무제한적용설

공익사업의 시행결과가 토지소유자에게 유·불리한 경우에 모두 미지급용지 규정을 적용해야
한다고 한다.

2) 제한적용설

상기 규정을 제한적으로 적용해야 한다고 보면서 종전보다 현황이 불리해진 경우에만 미지급
용지 규정을 적용해야 한다고 한다.

(2) 판례

판례는 공공사업의 시행자가 적법한 절차에 의하여 취득하지도 못한 상태에서 공공사업을 시
행하여 토지의 현실적인 이용상황을 변경시킴으로써 오히려 토지가격을 상승시킨 경우에는
미지급용지라고 볼 수 없다고 판시하였으나, 공공사업에 편입된 국유토지를 일반 매매의 방
식으로 취득하여 적법하게 공공사업을 시행한 후 그 토지에 대한 소유권이 취득시효 완성을
원인으로 사인에게 이전된 경우에는 공공사업에 편입될 당시의 이용상황을 상정하여 평가하
여야 한다고 판시한 바 있다.

(3) 검토

미지급용지는 그 취지가 토지소유자의 손해방지 차원에서 이루어진 것이므로 하락한 경우에만
적용하는 것이 타당하다.

4. 관련문제

(1) 보상의무자

논리적으로 종전 사업시행자가 의무자가 되는 것이 타당하나 종전 사업시행자가 없는 등의 경우에 토지소유자를 보호하기 위하여 새로운 사업시행자가 보상의무자가 된다.

(2) 국가 등의 점유시효취득

민법 제245조 제1항에서는 부동산을 20년간 소유의 의사로서 평온, 공연하게 점유한 자는 등기함으로써 그 소유권을 취득한다고 규정하고 있다. 이에 대해 종전에는 판례가 국가 등 점유를 자주점유로 보아 시효취득을 인정하였으나 전원합의체 판결로 악의의 무단점유자에게는 시효취득이 인정되지 않는다고 판시하였다. 시효취득이 인정되면 소유자에게 너무 가혹하므로 판례가 타당하다.

(3) 부당이득반환청구

판례는 국가 등이 도로부지를 점유하는 경우 사권행사가 제한되는 것이며, 소유권은 존재한다고 보아 점유상실에 대한 사용료의 부당이득반환청구권을 인정하였다. 다만, 국가에 대한 채권소멸시효는 5년으로 가격시점으로부터 과거 5년 동안만 청구가 가능하다.

쟁점 69 도로부지 평가 [A]

1. 도로의 의의

도로라 함은 사람 또는 차량만이 통행할 수 있도록 만들어진 길을 의미한다. 토지보상법은 사도법상의 사도, 사실상의 사도, 그 외의 도로부지로 분류하여 그 평가기준을 달리 정하고 있다(시행규칙 제26조).

2. 도로의 분류

(1) 사도법상 사도

사도법상 사도란 도로법 제2조 제1항의 규정에 의한 도로나 도로법의 준용을 받는 도로가 아닌 것으로서 그 도로에 연결되는 길로 사도개설허가를 받은 것을 의미한다.

(2) 사실상의 사도

사실상의 사도라 함은 사도법에 의한 사도 외의 도로로서 ① 자기 토지의 편익을 위하여 스스로 설치한 도로, ② 토지소유자가 그 의사에 의하여 타인의 통행을 제한할 수 없는 도로, ③ 건축법에 따라 건축허가권자가 그 위치를 지정·공고한 도로, ④ 도로개설 당시의 토지소유자가 대지 또는 공장용지 등을 조성하기 위하여 설치한 도로를 말한다.

(3) 판단기준

1) 도로개설 당시의 토지소유자가 자기 토지의 편익을 위하여 스스로 설치한 도로

인접 토지의 획지면적, 소유관계, 이용상태 등이나 개설경위, 목적, 주위환경 등에 의하여 객관적으로 판단한다.

2) 토지소유자가 그 의사에 의하여 타인의 통행을 제한할 수 없는 도로

법률상 소유권을 행사하여 통행을 제한할 수 없는 경우뿐만 아니라 사실상 통행을 제한하는 것이 곤란하다고 보이는 경우도 해당한다고 할 것이나, 적어도 도로로의 이용상황이 고착화되어 해당 토지의 표준적 이용상황으로 원상회복하는 것이 용이하지 않은 상태에 이르러야 할 것이어서 단순히 해당 토지가 불특정 다수인의 통행에 장기간 제공되어 왔고 이를 소유자가 용인하여 왔다는 사정만으로는 사실상의 도로에 해당한다고 할 수 없다. 또한 일반교통방해죄에 해당하는 것인지도 하나의 기준이 될 수 있을 것이다.

3) 자연발생적으로 도로화된 경우

도시계획(도로)의 결정이 없는 상태에서 불특정 다수인의 통행에 장기간 제공되어 자연발생적으로 사실상 도로화된 경우에도 사실상의 사도에 해당하고, 도시계획으로 결정된 도로라 하더라도 그 이전에 사도법에 의한 사도 또는 사실상의 사도가 설치된 후에 도시계획결정이 이루어진 경우 등에도 사실상 사도에 해당하며, 다만 토지의 일부가 일정기간 불특정 다수인의 통행에 제공되거나 사실상 사도로 사용되고 있더라도 토지소유자가 소유권을 행사하여 그 통행을 금지시킬 수 있는 상태에 있는 토지는 사실상 사도에 해당하지 아니한다.

(4) 사도법상 사도에 준하는 경우

해당 토지가 도로법에 의한 도로에 연결되었다면 특별한 사정이 없는 한 사도법에 의한 사도에 준하는 실질을 갖추었다고 볼 것이고, 반드시 그 도로가 불특정 다수인의 통행에 제공될 필요까지는 없다.

(5) 예정공도

'공익계획사업이나 도시계획의 결정·고시 때문에 이에 저촉된 토지가 현황도로로 이용되고 있지만 공익사업이 실제로 시행되지 않은 상태에서 일반공중의 통행로로 제공되고 있는 상태로서 계획제한과 도시계획시설의 장기 미집행상태로 방치되고 있는 도로'를 의미한다. 이는 사실상의 사도에서 제외된다.

3. 도로의 평가기준

(1) 사도법상 사도

사도법에 의한 사도부지는 인근 토지평가액의 1/5 이내로 평가하도록 토지보상법 시행규칙 제26조 제1항 제1호에서 규정하고 있다. 여기서 '인근 토지'라 함은 당해 도로부지가 도로로 이용되지 아니하였을 경우에 예상되는 표준적인 이용상황과 유사한 토지로서 당해 토지와 위치상으로 가까운 토지를 말한다(제26조 제4항).

(2) 사실상 사도

사도 외 사실상의 사도부지는 인근 토지평가액의 1/3 이내로 평가하도록 토지보상법 시행규칙 제26조 제1항 제2호에서 규정하고 있다.

(3) 그 외의 도로부지

공도[38]부지는 평가대상 토지와 유사한 이용가치를 지닌다고 인정되는 표준지공시지가를 기준으로 평가하고, 공도 외의 그 외의 도로부지는 일반토지의 평가방법에 준하여 정상평가한다(토지보상법 시행규칙 제26조 제1항 제3호).

(4) 미지급용지인 도로보상

종전 시행된 공공사업부지로서 보상금이 지급되지 아니한 토지로, 정당보상관점에서 편입 당시 이용상황기준으로 보상한다. 이는 보상금지급 여부, 자익성 여부, 인근 토지가격에 화체 여부 등을 기준으로 일반도로와 구별한다.

4. 도로보상기준의 정당보상 여부

(1) 도로부지를 감가보상하는 이유

도로의 평가를 함에 있어서 인근 토지보다 낮게 평가한다고 규정한 취지는 현실 이용상황이 도로로 되었기 때문에 이를 감가한다는 뜻이 아니고 도로의 가치가 그 도로로 인하여 보호되고 있는 토지의 효용이 증가됨으로써 보호되고 있는 토지에 가치가 화체되었기 때문에 그 평가액은 당연히 낮아야 한다는 이유를 배경으로 일반토지에 비해 감가보상되는 것이다.

(2) 판례의 태도

대법원 판례는 도로에 관한 규정의 취지는 사실상 불특정 다수인에게 제공되어 있는 토지이기만 하면 그 모두를 인근 토지의 3분의 1 이내로 평가하여야 한다는 것이 아니라, 그 도로의 개설경위·목적·주위환경 등의 제반사정에 비추어 해당 토지소유자가 자기 토지의 편익을 위하여 스스로 공중의 통행에 제공하는 등 인근 토지에 비하여 낮은 가격으로 보상하여 주어도 될만한 객관적인 사유가 인정되는 경우에만 인근 토지의 3분의 1 이내에서 평가하고, 그러한 사유가 인정되지 아니하는 경우에는 위 규정의 적용에서 제외되어야 한다고 판시하여 종래 공특법상의 규정의 불합리성을 지적하였다.

5. 관련문제

① 타인통행을 제한할 수 없는 토지 중 분할양도로 인한 통행권의 경우는 감가하는 것이 타당하나, ② 정상임대료 또는 그 이상의 지료를 받는 경우는 화체되었다고 보기 어려우므로 정상평가함이 타당하다.

---

38) 사도법상 사도는 공도에 진입하는 도로를 의미하고 공도는 도로법에 따른 도로, 도로법의 준용을 받는 도로, 농어촌도로 정비법에 따른 농어촌도로, 농어촌정비법에 따라 설치된 도로를 말한다(사도법 제2조).

6. 시행규칙 제26조 법적 성질

현행 토지보상법 시행규칙은 '토지보상법 및 동법 시행령에서 위임된 사항과 그 시행에 필요한 사항'을 규정함을 목적으로 한다고 하여 위임의 근거를 명확히 하고 있으므로 법규명령이라고 보아야 할 것이다.

공특법 시행규칙 제6조의2의 규정은 사도법에 의한 사도 외의 도로의 부지는 전부 인근 토지가격의 1/3 이내로 평가하도록 되어 있었으나, 대법원 판례의 취지에 부합되도록 평가기준을 개선하였다.

공특법령	토지보상법령
도로부지의 평가 - 사도부지 : 인근 토지 1/5 이내 - 기타도로 : 인근 토지 1/3 이내	도로부지의 평가 - 사도부지 : 인근 토지 1/5 이내 - 사실상 사도의 부지 : 1/3 이내 - 그 외의 도로 : 공시지가 기준평가

* 일반적으로 도로라 함은 사람과 차량, 사람 또는 차량만이 통행할 수 있도록 만들어진 길을 의미한다. 보통 일반공중의 통행에 공여되고 있는 물적 시설, 즉 "길"을 도로라고 하고 있으나, 이와 같은 의미의 사회관념상의 도로가 모두 법률상의 도로로서 규제되고 있는 것은 아니다. 또한 법률상의 도로로서 규제대상이 되고 있는 경우에도 도로법을 위시하여 고속국도법·유료도로법·국토의 계획 및 이용에 관한 법률·건축법·도시개발법·도로교통법 기타의 각종 법령이 있고 일반공중의 자유스러운 통행의 이용에 공여되고 있는 물적 시설이고 따라서 사회관념상으로 그것이 도로라고 하더라도 법률상으로는 사물인 사도 등이 적지 않다.

시행규칙 제26조의 법적 성질

시행규칙 제26조의 성질을 행정규칙으로 본 판례가 있는데, 이는 과거 규정과 현행 규정의 내용이 다르기 때문이다.

과거 공공용지의 취득 및 손실보상에 관한 특례법에서는 "대통령령이 정하는 범위 안에서 건설부장관이 정한다."고 규정하였고, 이에 따라 건설교통부장관이 행정규칙으로 '공공용지의 보상평가기준에 관한 규칙'을 제정하였다. 동 규칙에 도로에 대한 보상규정이 있었다. 이후, 동 규칙이 공공용지의 취득 및 손실보상에 관한 특례법 시행규칙으로 형식변화가 있었으나 동 시행규칙은 명확한 위임근거규정이 명시되지 않고 있었다. 따라서 판례는 도로보상에 관한 규칙의 법적 성질을 행정규칙으로 보게 되었다. 그러나 현행 토지보상법 시행규칙은 '토지보상법 및 동법 시행령에서 위임된 사항과 그 시행에 필요한 사항'을 규정함을 목적으로 한다고 하여 위임의 근거를 명확히 하고 있으므로 법규명령이라고 보아야 할 것이다.

* 참고판례 : 부당이득금(대판 2024.2.15, 2023다295442)

[판시사항]

[1] 토지 소유자가 소유 토지를 일반 공중 등의 통행로로 무상 제공하거나 그에 대한 통행을 용인하는 등으로 자신의 의사에 부합하는 토지이용상태가 형성되어 그에 대한 독점적·배타적 사용·수익권의 행사가 제한되는 경우, 사용·수익권 자체를 대세적·확정적으로 상실하는지 여부(소극) 및 그 후 일정한 요건을 갖춘 때에는 사정변경의 원칙에 따라 소유자가 다시 독점적·배타적 사용·수익권을 행사할 수 있는지 여부(적극) / 독점적·배타적 사용·수익권 행사가 제한되는지를 판단할 때 고려하여야 할 사항 및 그에 대한 증명책임의 소재(= 독점적·배타적 사용·수익권 행사의 제한을 주장하는 사람)

[2] 甲이 사정받은 토지가 분할됨과 동시에 분할된 일부 토지의 지목이 '도로'로 변경되어 도로로 사용되다가 乙이 위 토지를 매수하였는데, 乙이 丙 지방자치단체를 상대로 丙 지방자치단체가 토지를 도로부지로 사용하였다는 이유로 부당이득반환을 구한 사안에서, 甲 및 그 상속인들이 토지에 대한 독점적·배타적인 사용·수익권을 행사하는 것을 제한할 수 있다고 보기 어려운데도, 甲 및 그 상속인들이 토지에 대한 독점적·배타적 사용·수익권을 포기하였으므로 乙이 부당이득반환청구를 할 수 없다고 본 원심판단에 법리오해의 잘못이 있다고 한 사례

[판결요지]

[1] 어느 사유지가 종전부터 자연발생적으로 또는 도로예정지로 편입되어 사실상 일반 공중의 교통에 공용되는 도로로 사용되고 있는 경우, 토지 소유자가 스스로 그 토지를 도로로 제공하거나 그러한 사용상태를 용인함으로써 인근 주민이나 일반 공중이 이를 무상으로 통행하고 있는 상황에서, 도로의 점유자를 상대로 한 부당이득반환청구나 손해배상청구, 토지인도청구 등 그 토지에 대한 독점적·배타적인 사용·수익권의 행사를 제한할 수 있는 경우가 있다. 이와 같이 토지 소유자가 그 소유 토지를 일반 공중 등의 통행로로 무상 제공하거나 그에 대한 통행을 용인하는 등으로 자신의 의사에 부합하는 토지이용상태가 형성되어 그에 대한 독점적·배타적 사용·수익권의 행사가 제한되는 것은 금반언이나 신뢰보호 등 신의성실의 원칙상 기존 이용상태가 유지되는 한 토지 소유자가 이를 수인해야 함에 따른 결과일 뿐이고 그로써 소유권의 본질적 내용인 사용·수익권 자체를 대세적·확정적으로 상실하는 것은 아니다. 또한 토지 소유자의 독점적·배타적 사용·수익권 행사가 제한되는 경우에도 일정한 요건을 갖춘 때에는 신의성실의 원칙으로부터 파생되는 사정변경의 원칙에 따라 소유자가 다시 독점적·배타적 사용·수익권을 행사할 수 있다. 이러한 신의성실의 원칙과 독점적·배타적 사용·수익권 제한 법리의 관련성에 비추어 보면, 독점적·배타적 사용·수익권 행사가 제한되는지를 판단할 때는 토지 소유자의 의사를 비롯하여 다음에 보는 여러 사정을 종합적으로 고찰할 때 토지 소유자나 그 승계인이 권리를 행사하는 것이 금반언이나 신뢰보호 등 신의성실의 원칙상 허용될 수 있는지가 고려되어야 한다.
즉, 독점적·배타적 사용·수익권을 행사하는 것을 제한할 수 있는지 여부는 소유자가 토지를 소유하게 된 경위와 보유기간, 소유자가 토지를 공공의 사용에 제공하거나 그 사용을 용인하게 된 경위와 그 규모, 토지 제공 당시 소유자의 의사, 토지 제공에 따른 소유자의 이익 또는 편익의 유무와 정도, 해당 토지의 위치나 형태, 인근의 다른 토지들과의 관계, 주위 환경, 소유자가 보인 행태의 모순 정도 및 이로 인한 일반 공중의 신뢰 내지 편익 침해 정도, 소유자가 행사하는 권리의 내용이나 행사 방식 및 권리 보호의 필요성 등 여러 사정을 종합적으로 고찰하고, 토지 소유자의 소유권 보장과 공공의 이익 사이의 비교형량을 하여 판단하여야 한다. 또한 독점적·배타적 사용·수익권 행사를 제한하는 법리는 토지 소유자의 권리행사를 제한하는 예외적인 법리이므로, 공공필요에 의한 재산권의 수용·사용 또는 제한에 관한 정당한 보상을 지급하여야 한다는 헌법 제23조 제3항 및 법치행정의 취지에 비추어 신중하고 엄격하게 적용되어야 하고, 독점적·배타적 사용·수익권 행사의 제한을 주장하는 사람이 그 제한요건을 충족하였다는 점에 대한 증명책임을 진다.

[2] 甲이 사정받은 토지가 분할됨과 동시에 분할된 일부 토지의 지목이 '도로'로 변경되어 도로로 사용되다가 乙이 위 토지를 매수하였는데, 乙이 丙 지방자치단체를 상대로 丙 지방자치단체가 위 토지를 도로부지로 사용하였다는 이유로 부당이득반환을 구한 사안에서, 위 도로부지에 포함된 토지가 관할관청에 의하여 직권으로 모토지에서 분할되면서 도로로 개설되어 공중의 통행에 이용되었을 가능성을 배제할 수 없는 점, 甲 및 그 상속인들이 관할관청으로부터 보상을 받았다는 등 이들이 토지 분할로 인하여 얻은 이익이나 편익이 있었다고 볼만한 자료는 제출되지 않은 점, 토지가 도로로 사용되는 것에 대하여 소유자가 적극적으로 이의하지 않았고 그 기간이 길다는 것만으로 소유자가 사전에 무상 점유·사용에 대한 동의를 하였다거나 사후에 이를 용인하였다고 볼 수는 없는 점, 乙이 소멸시효가 완성하지 않은 과거 5년 및 장래의 토지 임료 상당 부당이득반환청구를 하고 있을 뿐, 토지 인도청구 등 일반 공중의

도로 통행에 관한 신뢰나 편익에 직접적으로 영향을 줄 만한 청구는 하고 있지 않은 점 등을 종합하면, 甲 및 그 상속인들이 위 토지에 대한 독점적·배타적인 사용·수익권을 행사하는 것을 제한할 수 있다고 보기 어려운데도, 甲 및 그 상속인들이 위 토지에 대한 독점적·배타적 사용·수익권을 포기하였으므로 乙이 부당이득반환청구를 할 수 없다고 본 원심판단에 법리오해의 잘못이 있다고 한 사례

쟁점 70 구거부지 및 도수로부지의 평가 (D)

1. 구거부지에 대한 평가

구거란 용수나 배수를 위해 일정한 형태를 갖춘 인공적인 수로, 둑 및 그 부속시설물의 부지와 자연의 유수가 있거나 있을 것으로 예상되는 소규모 수로부지이다. 구거부지에 대하여는 인근토지 평가액의 3분의 1 이내로 평가한다(시행규칙 제26조 제3항).

2. 관행용수권(물 사용에 관한 권리)에 의한 도수로부지의 평가

관행용수권이란 공유하천으로부터 생활용수나 농업용수의 관개를 위하여 취수, 인수하는 권리이다. 도수로부지란 구거 중에서 관행용수권에 의하여 농업용수나 생활용수를 취수 또는 인수를 위하여 인공적으로 조성된 부지이다. 용수를 위한 도수로부지에 대하여는 시행규칙 제22조에 따라 평가한다. 도수로부지에 대해 감가평가하기 위해서는 도수로의 개설 경위, 목적, 주위환경 등 객관적 사유가 있어야 하며 도수로부지에 소유자의 의사에 의하지 아니한 채 생활오폐수가 흐르는 사정만으로는 감가평가 할 수 없다(99두5085).

쟁점 71 개간비 (B)

1. 의의 및 근거

개간비란 토지의 매립, 간척 등 개간에 소요된 비용을 말한다. 이는 실비변상적 성격을 가지며, 시행규칙 제27조에서 규정하고 있다.

2. 보상요건

① 국가, 지방자치단체 소유의 토지를, ② 적법하게 개간하고, ③ 개간 시부터 보상 당시까지 계속 점유하고 있을 것을 요건으로 한다(상속인정).

3. 개간비 평가방법

(1) 원칙

가격시점 현재 개간에 소요되는 비용으로 평가하되, 개간 전후의 가격 차이를 한도로 한다.

(2) 예외

가격시점 현재 개간비용을 알 수 없는 경우는 개간 후의 토지가격에 일정비율을 적용하여 산정한다. ① 주거, 상업, 공업지역은 1/10, ② 녹지지역은 1/5, ③ 도시지역 외는 1/3을 적용한다.

4. 관련문제

(1) 점용기간이 만료된 경우

점용기간이 만료된 후에는 적법하게 점유하고 있다고 볼 수 없으므로 개간비의 보상대상이 아니다.

(2) 허가용도와 다른 용도로 개간한 경우

관계법령에 의하여 허가를 받고 개간하였으나 그 용도가 허가된 용도와 다른 경우에는 이를 적법하게 개간한 경우로 볼 수 없으므로 개간비의 보상대상이 아니다.

(3) 점용허가면적과 상이한 경우

점용허가면적을 초과하여 개간한 경우 초과부분은 적법한 개간으로 볼 수 없으므로 개간비의 보상대상이 아니다.

(4) 원상회복 또는 보상제한의 부관이 있는 경우

점용허가의 부관으로 점용기간 만료 시에는 원상회복하여야 한다든가, 또는 보상을 청구하지 않는다는 등의 부관이 있는 경우는 개간비의 보상은 인정되지 않는다.

(5) 기타

일반적인 권리금 관행을 무시하고, 개간이 쉬울수록 개간가치가 높음에도 단순히 비용만 보상하는 것은 문제가 있다는 비판이 있다.

(6) 개간지 보상

개간비를 보상하는 경우 취득하는 토지의 보상액은 개간 후의 토지가격에서 개간비를 뺀 금액으로 한다.

> **✔ 알아두기**
>
> **개간의 개념**
> 국가 또는 지방자치단체 소유의 토지에 대하여 개간을 행한 경우에는 지상물 및 개간된 토지와는 별도로 개간에 소요된 비용만을 따로 평가하여 보상의 대상으로 하고 있다. 여기서 국가 또는 지방자치단체 소유의 토지라 함은 국유 또는 지방자치단체 소유의 하천부지·도로부지·공유수면·임야·전·답 등의 토지를 말하고, 이에 대하여 인위적 개량행위를 통해 전·답 또는 과수원 등으로 전환·이용하게 된 토지를 개간지라 한다.
> 이때 개간은 협의의 개간 뿐 아니라 매립·간척 그밖에 이에 준하는 행위를 포함하는 광의의 개간을 의미한다. 즉, 광의의 개간이라 함은 협의의 개간·매립·간척 기타 토지의 이용가치를 높이는 모든 토지형질변경 행위를 가리키는 것이다.
> 사업시행자로부터 지상물과는 별도로 개간에 소요된 비용의 평가의뢰가 있는 경우에 그 개간비의 평가는 가격시점 당시를 기준으로 한 개간에 통상 소요된 비용(개량비를 포함)으로 한다.

쟁점 72 토지에 대한 소유권 외의 권리 및 이의 목적이 되는 토지 (D)

1. 소유권 외의 권리

(1) 의미

소유권 외의 권리란 용익물권과 담보물권 그 밖에 소유권 외의 권리를 의미한다.

(2) 평가방법

① 취득하는 토지에 설정된 소유권 외의 권리에 대하여는 당해 권리의 종류, 존속기간 및 기대이익 등을 종합적으로 고려하여 평가한다. 이 경우 점유는 권리로 보지 아니한다.

② 토지에 관한 소유권 외의 권리에 대하여는 거래사례비교법에 의하여 평가함을 원칙으로 하되, 일반적으로 양도성이 없는 경우에는 당해 권리의 유무에 따른 토지의 가격차액 또는 권리설정계약을 기준으로 평가한다.

2. 소유권 외의 권리의 목적이 되는 토지의 평가

(1) 의미

용익물권, 담보물권, 그 밖에 소유권 외의 권리가 설정되어 있는 토지를 의미한다.

(2) 평가방법

취득하는 토지에 설정된 소유권 외의 권리의 목적이 되고 있는 토지에 대하여는 당해 권리가 없는 것으로 하여 시행규칙 제22조 내지 제27조의 규정에 의하여 평가한 금액에서 시행규칙 제28조의 규정에 의하여 평가한 소유권 외의 권리의 가액을 뺀 금액으로 평가한다.

쟁점 73 지하공간 사용 (D)

1. 의의 및 근거규정

토지보상법 시행규칙 제31조에서는 지하사용에 대한 보상을 규정한다. 이는 도심의 집약적 이용으로 인해 토지를 입체적으로 이용해야 하는 필요성에 근거한다.

2. 지하공간의 의의 및 소유권의 범위

(1) 지하공간

지하공간이란, 지표 아래의 지중공간을 뜻하는 것으로 천심도, 중심도, 대심도로 구분된다. 대심도란 토지소유자의 통상적인 이용행위가 예상되지 않는 지하의 일정 깊이 이하에 존재하는 공간을 말한다.

(2) 민법상 소유권의 범위

민법은 토지소유권은 정당한 이익이 있는 토지의 상하에 미친다고 하여 이에 대해 무제한
설과 이익한도설, 필요범위설 등이 대립한다. 정당한 이익이 있는 범위는 해당 토지의 위치, 지
하이용 정도, 거래관념 등을 고려하여 개별·구체적으로 판단하여야 할 것이다.

3. 지하사용권 설정

(1) 사법상 사용권 설정

사법적으로 지상권, 지역권, 임차권 등을 설정하여 사용할 수 있으며, 이로써 충분히 구체적인
규율을 할 수 없어 탄생한 것이 구분지상권이다. 이는 지하공간을 이용하기 위한 전형적인 방법
이다.

(2) 공법상 사용권 설정

사업인정 후 협의 결렬 등의 경우에 토지수용위원회에 사용재결을 신청할 수 있다.

(3) 사용의 효과

지하사용에 대한 사용권을 취득하는 데, 이때 구분지상권으로 보는 견해와 지상권적 설정으로
보는 견해가 있다. 생각건대 토지의 일부 이용이며, 민법상 구분지상권 규정이 있으므로 구분지
상권적 사용으로 보는 것이 타당하다.

4. 보상의 방법

(1) 영구적으로 사용하는 경우

해당 토지가 제한받지 않는 상태로 평가한 정상가격에 토지의 제한 정도를 반영하는 입체이용저
해율을 곱하여 보상한다.

(2) 일시적으로 사용하는 경우

정상적 상태의 사용료에 그 제한 정도를 반영하는 입체이용저해율을 곱하고 기간을 반영하여
보상한다.

5. 관련문제 : 대심도에 대한 보상의 논란

대심도에 대해서 ① 소유권이 미치지 않으므로 보상에서 제외하거나, ② 공적 이용과 사회적
제약을 강조하여 보상을 제외하자는 견해가 있다. 대심도라 하더라도 기대 불가능한 장래이익으
로 단정하기는 곤란하므로 보상 여부의 판단은 토지이용에 따른 입체이용저해율에 의해 산정하
되 그 깊이와 토질의 종류, 지상 토지이용의 용도, 지하시설물의 구조 등을 감안한 보다 구체적
인 기준이 신설되어야 할 것이다.

* 신·구 법률 비교[토지의 지하·지상공간의 사용에 대한 평가(시행규칙 제31조)]

지하 및 공중공간의 이용과 개발이 증대되고 있으나 이에 대한 합리적인 보상기준이 없는 관계로 이를 개선하기 위하여 토지보상법에서 이에 대한 보상 근거를 법률로써 새로이 마련하였다. 평가방법은 영구사용의 경우에는 해당 토지의 적정가격에 입체이용저해율을 곱하여 평가하고, 일시적 사용의 경우에는 해당 토지의 적정사용료에 입체이용저해율을 곱하여 평가한다.

과거에는 지하철을 건설할 경우 지상권을 설정하거나, 토지소유자가 이를 거부할 경우 토지수용법을 적용하여 지하사용을 강제하는 방식을 취하였고, 종래 공공목적의 지하이용은 도로의 지하공간의 이용을 주 대상으로 삼았기 때문에 사권과의 충돌이 거의 일어나지 않았었다. 그러나 강제취득방식에 대한 토지소유자의 강력한 반발로 인하여 결과적으로 많은 시간과 비용이 낭비되는 폐단이 발생하였고, 도로와 같은 공익사업용지의 지하만으로 지하공간의 이용수요를 충족할 수 없게 되면서 이에 대한 법제화가 요구되었다. 이러한 문제를 해결하기 위하여 1984년 민법을 일부개정하여 지하 및 공중에 대해 구분소유권을 설정할 수 있는 제도, 즉 지하공간의 이용을 위해 토지소유권과 함께 물권으로서 구분지상권을 설정할 수 있는 제도를 도입하였다. 이에 따라 지하공간의 이용을 위해서는 토지소유권과 함께 물권으로서 구분지상권이 인정되게 되었다. 그리고 도시철도법은 적극적인 지하사용에 대한 규정을 두기에 이르렀으며, 동법 시행령은 지하공간의 이용으로 인하여 발생한 손실을 입체이용저해율에 따라 보상하는 규정을 두었다(박평준, 박창석).

쟁점 74 송전선로부지의 보상 (D)

1. 송전선로의 개념

송전선로란 발전소 상호 간, 변전소 상호 간, 또는 발전소와 변전소 간을 연결하는 전선로(통신용으로 전용하는 것은 제외한다)와 이에 속하는 전기설비를 말한다.
송전선로부지란 토지의 지상 또는 지하공간으로 송전선로가 통과하는 토지를 말한다.

2. 송전선로부지의 보상

(1) 전주 및 철탑 등의 설치를 위한 토지의 평가

전주 및 철탑 등의 설치를 위하여 소규모로 분할하여 취득하거나 수용하는 토지에 대한 평가는 그 설치부분의 위치, 지형, 지세, 면적, 이용상황 등을 고려하여 평가한다.

(2) 송전선로부지의 지상 또는 지하공간의 사용에 따른 손실보상

1) 손실보상평가의 기준

송전선로의 건설을 위하여 토지의 지상 또는 지하부분을 사용하는 경우에 있어서 그 손실보상을 위한 평가는 토지의 지상 또는 지하공간의 사용료를 평가하는 것으로 한다.

2) 한시적 사용에 따른 사용료 평가

송전선로의 건설을 위하여 송전선로부지의 공중부분을 일정한 기간 동안 한시적으로 사용하는 경우에 있어서 사용료의 평가가액은 해당 토지의 단위면적당 사용료 평가액에 감가율[39] 및 사용면적을 곱하여 산정한다.

3) 사실상 영구적 사용에 따른 평가

송전선로의 건설을 위하여 해당 토지의 지상 또는 지하공간에 구분지상권을 설정하여 사실상 영구적으로 사용하는 경우에 있어서 사용료의 평가액은 해당 토지의 단위면적당 적정가격에 감가율 및 지상공간 또는 지하공간의 사용면적을 곱하여 산정한다.

해당 토지의 단위면적당 토지가액은 해당 송전선로의 건설로 인한 지가의 영향을 받지 아니하는 토지로서 인근 지역에 있는 유사한 이용상황의 표준지를 기준으로 감정평가한다.

(3) 송전선로부지 수용에 따른 손실보상(지침 제46조의2)

토지의 지상(지하)공간에 고압선이 통과하고 있는 토지에 대한 평가는 그 제한을 받지 아니한 상태를 기준으로 한다. 단, 송전선로부지에 해당 고압선의 설치를 목적으로 「민법」 제289조의2에 따른 구분지상권이 설정되어 있는 경우에는 해당 토지의 나지상태 토지가격에서 해당 토지에 관한 소유권 외의 권리에 대한 평가가격을 차감하여 평가한다.

3. 송전선로 주변지역 토지의 재산적 보상 등을 위한 감정평가

(1) 재산적 보상을 위한 감정평가

재산적 보상토지의 경제적 가치감소분에 대한 감정평가액은 지상송전선로 건설로 인한 해당 토지의 경제적 가치감소 정도, 토지활용제한 정도, 재산권 행사의 제약 정도 등을 고려하여 감정평가하여야 하므로 해당 토지의 단위면적당 토지가액에 감가율 및 재산적 보상토지의 면적을 곱하여 산정한다.

(2) 주택매수의 청구대상 토지의 감정평가기준

주택매수의 가액은 표준지공시지가를 기준으로 한다. 주택의 일시적 이용상황, 주택소유자가 갖는 주관적 가치 및 주택소유자의 개별적 용도는 고려하지 아니한다.

> ① 재산적 보상지역이란 지상 송전선로의 건설로 인하여 재산상의 영향을 받는 지역으로서, 76만 5천 볼트 송전선로의 경우에는 송전선로 양측 가장 바깥선으로부터 각각 33미터 이내의 지역, 34만 5천 볼트 송전선로의 경우에는 손전선로 양측 가장 바깥선으로부터 13미터 이내의 지역을 말한다.
> ② 재산적 보상토지란 송전설비주변법에 따른 재산적 보상지역에 속한 토지로서 재산적 보상이 청구된 토지를 말한다(다만, 잔여지 보상을 받은 토지는 제외한다).
> ③ 주택매수 청구지역이란 지상 송전선로 건설로 인하여 주거상·경관상의 영향을 받는 지역으로서, 76만 5천 볼트 송전선로의 경우에는 송전선로 양측 가장 바깥선으로부터 180미터 이내의 지역, 34만 5천 볼트 송전선로의 경우에는 송전선로 양측 가장 바깥선으로부터 각각 60미터 이내의 지역을 말한다.

---

[39] 감가율은 입체이용저해율에 추가보정률을 더하여 산정한다.

쟁점 75 건축물의 소유권과 소유권 외의 권리 (D)

1. 건축물의 평가

① 건축물에 대하여는 그 구조·이용상태·면적·내구연한·유용성 및 이전가능성, 그 밖에 가격형성에 관련되는 제요인을 종합적으로 고려하여 평가한다.

② 건축물의 가격은 원가법으로 평가한다. 다만, 주거용 건축물에 있어서는 거래사례비교법에 의하여 평가한 금액(공익사업의 시행에 따라 이주대책을 수립·실시하거나 주택입주권 등을 당해 건축물의 소유자에게 주는 경우 또는 개발제한구역 안에서 이전이 허용되는 경우에 있어서의 당해 사유로 인한 가격상승분은 제외하고 평가한 금액을 말한다)이 원가법에 의하여 평가한 금액보다 큰 경우와 「집합건물의 소유 및 관리에 관한 법률」에 의한 구분소유권의 대상이 되는 건물의 가격은 거래사례비교법으로 평가한다.

③ 건축물의 사용료는 임대사례비교법으로 평가한다. 다만, 임대사례비교법으로 평가하는 것이 적정하지 아니한 경우에는 적산법으로 평가할 수 있다.

④ 물건의 가격으로 보상한 건축물의 철거비용은 사업시행자가 부담한다. 다만, 건축물의 소유자가 당해 건축물의 구성부분을 사용 또는 처분할 목적으로 철거하는 경우에는 건축물의 소유자가 부담한다.

2. 건축물에 관한 소유권 외의 권리 등의 평가

건축물은 이전비 보상이 원칙이고 이러한 경우 소유권 외의 권리도 이전되기 때문에 문제되지 아니한다. 다만 건축물을 가격으로 보상하는 경우에 그에 대한 소유권 외의 권리가 문제된다. 이 경우 토지에 관한 소유권 외의 권리평가 규정(시행규칙 제28조)을 준용한다.

3. 소유권 외의 권리의 목적이 되고 있는 건축물의 평가

소유권 외의 권리가 없는 건축물의 가격에서 소유권 외의 권리의 가액을 뺀 금액으로 한다.

쟁점 76 잔여지 감가보상 (A)

1. 의의 및 취지(토지보상법 제73조)

일단의 토지 중 일부가 취득됨으로 인하여 잔여지의 가치가 하락된 경우 그 손실을 보상하는 것을 의미한다. 이는 잔여지 소유자의 재산권을 보호하기 위한 취지가 인정된다.

2. 요건

① 일단의 토지 중 일부가 편입될 것, ② 잔여지의 가치가 하락될 것을 요건으로 한다. ③ 잔여지 가치하락 보상은 사업완료일로부터 1년 이내에 행사할 수 있다.

3. 보상액 산정

(1) 가치하락 손실보상

가치하락 보상의 경우에는 편입 전 잔여지의 가격에서 편입 후 잔여지의 가격을 뺀 금액으로 평가한다.

(2) 공사비보상

통로, 구거 등의 신설이나 그 밖의 공사가 필요하게 된 경우 손실을 그 시설의 설치나 공사에 필요한 비용으로 한다.

(3) 장래이용가능성 등 가치하락분

현실적 이용상황의 변경뿐만 아니라 장래의 이용 가능성이나 거래의 용이성 등에 의한 사용가치 및 교환가치의 하락도 포함해야 한다.

4. 잔여지 가치손실에 대한 보상청구권의 발생시기 및 지급시기

(1) 잔여지 손실 발생시점

잔여지에 대한 손실의 발생시점도 일정하지 않다. 획지조건이나 접근조건에 대한 불리한 영향과 같이 사업시행자가 일단의 토지 중 일부만 편입하여 취득함으로써 일부 편입토지와 잔여지의 소유권이 분리되어 귀속됨(이하 '편입토지의 권리변동'이라 한다)과 동시에 잔여지에 손실이 발생하는 경우도 있지만, 공익사업에 따른 공공시설의 설치공사 또는 설치된 공공시설의 가동·운영으로 잔여지에 손실이 발생하는 경우도 있다. 따라서 다양한 원인으로 구체적인 손실이 현실적으로 발생하였을 때에 비로소 그에 대응하는 손실보상금 지급의무가 발생한다고 보아야 한다.

(2) 지급의무 발생시점

이처럼 잔여지 손실보상의무가 특정 시점에 항상 발생하는 것이 아니라, 개별·구체적 상황에 따라 그 발생 여부, 시점과 내용이 달라질 수 있고, 그 발생 여부, 시점과 내용을 판단하려면 개별·구체적 상황에 대한 사실확인과 평가가 필요하다.

5. 잔여지 가치손실보상금 미지급에 따른 지연손해금 지급의무 발생시점

토지보상법이 잔여지 손실보상금 지급의무의 이행기를 정하지 않았고, 그 이행기를 편입토지의 권리변동일이라고 해석하여야 할 체계적, 목적론적 근거를 찾기도 어려우므로, 잔여지 손실보상금 지급의무는 이행기의 정함이 없는 채무로 봄이 타당하다. 따라서 잔여지 손실보상금 지급의무의 경우 잔여지의 손실이 현실적으로 발생한 이후로서 잔여지 소유자가 사업시행자에게 이행청구를 한 다음 날부터 그 지연손해금 지급의무가 발생한다고 보아야 할 것이다.

6. 권리구제

(1) 재결전치주의

잔여지 및 잔여건축물의 가격감소 등으로 인한 손실보상을 받기 위해서는 토지보상법 제34조, 제50조 등에 규정된 재결절차를 거친 다음 재결에 대하여 불복이 있는 때에 비로소 토지보상법 제83조 내지 제85조에 따라 권리구제를 받을 수 있을 뿐, 재결절차를 거치지 않은 채 곧바로 사업시행자를 상대로 손실보상을 청구하는 것은 허용되지 않고, 이는 수용대상 건축물에 대하여 재결절차를 거친 경우에도 마찬가지이다.

(2) 잔여지매수청구와의 선택적 병합

청구의 선택적 병합은 원고가 양립할 수 있는 수 개의 경합적 청구권에 기하여 동일 취지의 급부를 구하거나 양립할 수 있는 수 개의 형성권에 기하여 동일한 형성적 효과를 구하는 경우에 그 어느 한 청구가 인용될 것을 해제조건으로 하여 수 개의 청구에 관한 심판을 구하는 병합 형태이므로, 논리적으로 양립할 수 없는 수 개의 청구는 선택적 병합이 허용되지 아니한다. 잔여지의 수용청구와 잔여지의 가격감소로 인한 손실보상청구는 서로 양립할 수 없는 관계에 있어 선택적 병합이 불가능하다(2012두6773).

쟁점 77 사업인정 전 무허가건축물 – 보상대상 여부 (A)

1. 문제점

무허가건축물 중 특히 사업인정 이전 무허가건축물의 보상대상 여부가 법률의 규정이 없어 해석의 문제가 발생한다. 손실보상의 요건과 관련하여 공공필요, 적법한 침해, 특별한 희생은 문제되지 않으나, 재산권의 충족 여부가 문제된다.

2. 허가의 성질과 재산권

허가란 법령에 의하여 일반적, 상대적 금지를 특정한 경우에 해제하여 적법하게 일정행위를 할 수 있게 하는 행위이다. 허가를 요하는 행위를 허가 없이 행한 경우 행정상 강제집행이나 처벌의 대상이 될 수 있는 것은 별론으로 하고 행위 자체의 효력이 부인되는 것은 아니다. 따라서 허가 유무에 따라 재산권의 범위가 달라질 수 없다.

3. 학설

(1) 긍정설

허가란 법령에 의하여 제한된 상대적 금지를 특정한 경우에 해제하여 적법하게 일정행위를 할 수 있게 하는 행위로서 허가를 요하는 행위를 허가 없이 행한 경우 행정상 강제집행이나 처벌의 대상이 될 수 있는 것은 별론으로 하고 행위 자체의 효력이 부인되는 것은 아니므로 허가유무에 따라 재산권이 달라질 수 없다고 주장한다.

(2) 부정설

무허가건축물은 대집행의 대상이 되므로 대집행을 실행하는 경우, 재산적 가치가 소멸하게 되므로 보상대상에서 제외된다고 한다.

(3) 토지보상법 제25조(토지등의 보전)

사업인정고시가 된 후에 허가없이 건축물의 건축·대수선, 공작물의 설치 또는 물건의 부가·증치를 하는 경우 이를 원상회복해야 하며, 이에 관한 손실의 보상을 청구할 수 없다.

4. 판례의 태도

① 대법원은 지장물인 건물을 보상대상으로 함에 있어서 건축허가 유무에 따른 구분을 두고 있지 않을 뿐만 아니라, 주거용 건물에 관한 보상특례 및 주거이전비는 무허가건물의 경우에는 적용되지 아니한다고 규정하여 무허가건물도 보상의 대상에 포함됨을 전제로 하고 있는바, 사업인정고시 이전에 건축된 건물이기만 하면 손실보상의 대상이 됨이 명백하다고 판시한 바 있다.

② 그러나, 사업시행자의 보상계획공고 등으로 공익사업의 시행과 보상 대상 토지의 범위 등이 객관적으로 확정된 후 해당 토지에 지장물을 설치하는 경우에 그 공익사업의 내용, 해당 토지의 성질, 규모 및 보상계획공고 등 이전의 이용실태, 설치되는 지장물의 종류, 용도, 규모 및 그 설치시기 등에 비추어 그 지장물이 해당 토지의 통상의 이용과 관계없거나 이용 범위를 벗어나는 것으로 손실보상만을 목적으로 설치되었음이 명백하다면, 그 지장물은 예외적으로 손실보상의 대상에 해당하지 아니한다고 본다(2012두22096).

5. 검토

허가는 그 성질에 비추어 행위의 적법성 여부에만 관여하고 유효성 여부와는 무관하므로 재산권 요건을 충족하여 사업인정 이전 건축물에 해당하여 허가 여부와 무관하게 보상의 대상이라고 판단된다.

6. 관련문제(가설건축물의 경우)

가설건축물의 철거에 따른 손실보상을 청구할 수 없고 보상을 청구할 수 없는 손실에는 가설건축물 철거에 따른 손실뿐만 아니라 가설건축물 철거에 따른 영업손실도 포함된다고 하였다(구 도시계획법상 사업시행 3개월 전까지 원상회복의무가 있는 경우의 판례이므로 모든 가설건축물이 적용되는 것은 아님에 유의).

쟁점 78 건축물등 물건에 대한 보상 (D)

I 이전비 보상원칙(보상법 제75조)

건축물·입목·공작물과 그 밖에 토지에 정착한 물건(이하 "건축물등")은 이전에 필요한 비용으로 보상함이 원칙이다. 이전비란 대상물건의 유용성을 동일하게 유지하면서 이를 당해 공익사업시행 지구 밖의 지역으로 이전·이설 또는 이식하는데 소요되는 비용(시설 개선비 제외)을 말한다.

II 물건의 가격보상

1. 물건의 가격보상

① 건축물등을 이전하기 어렵거나 그 이전으로 인하여 건축물등을 종래의 목적대로 사용할 수 없게 된 경우, ② 건축물등의 이전비가 그 물건의 가격을 넘는 경우, ③ 사업시행자가 공익사업 에 직접 사용할 목적으로 취득하는 경우에는 물건의 가격으로 보상한다.

2. 소유권 취득

상기 ①과 ②의 경우에는 물건의 가격으로 보상해도 소유권을 취득하지 못하므로(이전비에 갈음한 가격보상이기에) 이에 대한 소유권을 취득하기 위해서는 관할 토지수용위원회에 그 물건의 수용재 결을 신청해야 한다.

3. 지장물 철거에 대한 수인의무

지장물의 소유자가 스스로의 비용으로 철거하겠다고 하는 등 특별한 사정이 없는 한 사업시행자 는 자신의 비용으로 이를 제거할 수 있고, 지장물의 소유자는 사업시행자의 지장물 제거와 그 과정에서 발생하는 물건의 가치 상실을 수인하여야 할 지위에 있다(2022다242342).

4. 지장물에 대한 인도·이전 의무

사업자가 물건의 가격으로 보상한 경우(이전비 갈음보상), 소유권까지 취득한다고 보기는 어렵지 만 특별한 사정이 없는 한 지장물의 소유자는 사업시행자에게(사업시행자의 원활한 철거를 위하여) 지장물을 인도할 의무가 있다(2021다249810).

쟁점 79 | 잔여건축물의 손실에 대한 보상 등 (C)

■ I 잔여건축물의 손실보상(보상법 제75조의2 제1항)

1. 잔여건축물의 감가보상

사업시행자는 동일한 소유자에게 속하는 일단의 건축물의 일부가 취득되거나 사용됨으로 인하여 잔여 건축물의 가격이 감소하거나 그 밖의 손실이 있을 때에는 그 손실을 보상하여야 한다. 잔여 건축물의 가격 감소분과 보수비(시설 개선비 제외)를 합한 금액이 잔여 건축물의 가격보다 큰 경우에는 사업시행자는 그 잔여 건축물을 매수할 수 있다.

2. 절차

손실 또는 비용의 보상은 관계 법률에 따라 사업이 완료된 날 또는 사업완료의 고시가 있는 날부터 1년이 지난 후에는 청구할 수 없다.

■ II 잔여건축물의 매수청구(보상법 제75조의2 제2항)

1. 잔여건축물의 매수청구

동일한 소유자에게 속하는 일단의 건축물의 일부가 협의에 의하여 매수되거나 수용됨으로 인하여 잔여 건축물을 종래의 목적에 사용하는 것이 현저히 곤란할 때에는 그 건축물소유자는 사업시행자에게 잔여건축물을 매수하여 줄 것을 청구할 수 있다.

2. 절차

사업인정 이후에는 관할 토지수용위원회에 수용을 청구할 수 있다. 이 경우 수용 청구는 매수에 관한 협의가 성립되지 아니한 경우에만 하되, 사업완료일까지 하여야 한다.

■ III 손실보상

1. 협의 및 재결신청

손실의 보상은 사업시행자와 손실을 입은 자가 협의하여 결정한다. 협의가 성립되지 아니하면 사업시행자나 손실을 입은 자는 관할 토지수용위원회에 재결을 신청할 수 있다.

2. 재결불복

재결에 불복하는 경우에는 보상법 제83조 및 제85조에 따라 이의신청 및 행정소송을 제기할 수 있다.

쟁점 80 지장물에 대한 보상평가방법 (C)

1. 지장물의 의의(토지보상법 시행규칙 제2조 제3호)

지장물이란 공익사업시행지구 내의 토지에 정착한 건축물·공작물·시설·입목·죽목 및 농작물 그 밖의 물건 중에서 당해 공익사업의 수행을 위하여 직접 필요하지 아니한 물건을 말한다.

2. 지장물에 대한 평가기준 및 원칙(토지보상법 제75조 : 건축물 등 물건에 대한 보상)

(1) 건축물·입목·공작물과 그 밖에 토지에 정착한 물건

1) 이전비 지급원칙

건축물·입목·공작물과 그 밖에 토지에 정착한 물건에 대하여는 이전에 필요한 비용으로 보상하여야 한다.

2) 물건의 가격으로 보상하는 경우

① 건축물 등을 이전하기 어렵거나 그 이전으로 인하여 건축물 등을 종래의 목적대로 사용할 수 없게 된 경우, ② 건축물 등의 이전비가 그 물건의 가격을 넘는 경우에는 물건의 가격으로 보상하여야 한다.

(2) 농작물 등

① 농작물에 대한 손실은 그 종류와 성장의 정도 등을 종합적으로 고려하여 보상하여야 한다. ② 토지에 속한 흙·돌·모래 또는 자갈(흙·돌·모래 또는 자갈이 해당 토지와 별도로 취득 또는 사용의 대상이 되는 경우)에 대하여는 거래가격 등을 고려하여 평가한 적정가격으로 보상하여야 한다. ③ 또한 분묘에 대하여는 이장에 드는 비용 등을 산정하여 보상하여야 한다.

3. 구체적인 평가방법

(1) 개설

토지보상법 제75조 제6항에서는 지장물에 대한 보상액의 구체적인 산정 및 평가방법과 보상기준은 국토교통부령으로 정한다고 규정하고 있으며, 이에 따라 동법 시행규칙 제33조 내지 제42조에서는 건축물 등 물건에 대한 평가방법을 규정하고 있다.

(2) 건축물의 평가(시행규칙 제33조)

① 건축물(담장 및 우물 등의 부대시설을 포함한다)에 대하여는 그 구조·이용상태·면적·내구연한·유용성 및 이전가능성 그 밖에 가격형성에 관련되는 제요인을 종합적으로 고려하여 평가한다. '주거용건출물로서 원가법보다 거래사례비교법에 의한 가격이 큰 경우'와 '구분건물'은 거래사례비교법으로 평가한다.

② 물건의 가격으로 보상한 건축물의 철거비용은 사업시행자가 부담한다. 건축물의 소유자가 당해 건축물의 구성부분을 사용 또는 처분할 목적으로 철거하는 경우에는 건축물의 소유자가 부담한다.

(3) 공작물 등의 평가(시행규칙 제36조)

공작물 등의 평가는 건축물에 대한 평가방법을 준용하나, ① 공작물 등의 용도가 폐지되었거나 기능이 상실되어 경제적 가치가 없는 경우, ② 공작물 등의 가치가 보상이 되는 다른 토지 등의 가치에 충분히 반영되어 토지 등의 가격이 증가한 경우, ③ 사업시행자가 공익사업에 편입되는 공작물 등에 대한 대체시설을 하는 경우에는 공작물 등은 이를 별도의 가치가 있는 것으로 평가하여서는 아니 된다.

(4) 과수 등의 평가(시행규칙 제37조)

과수 그 밖에 수익이 나는 나무 또는 관상수(묘목을 제외한다)에 대하여는 수종·규격·수령·수량·식수면적·관리상태·수익성·이식가능성 및 이식의 난이도 그 밖에 가격형성에 관련되는 제 요인을 종합적으로 고려하여 평가한다.

(5) 묘목의 평가(시행규칙 제38조)

묘목에 대하여는 상품화 가능여부, 이식에 따른 고손율, 성장정도 및 관리상태 등을 종합적으로 고려하여 평가한다. 상품화할 수 있는 묘목은 손실이 없는 것으로 본다. 다만, 매각손실액이 있는 경우에는 그 손실을 평가하여 보상하여야 한다. 물건의 가격으로 보상하는 묘목에 대하여는 거래사례가 있는 경우에는 거래사례비교법에 의하여 평가하고, 거래사례가 없는 경우에는 가격시점까지 소요된 비용의 현가액으로 평가한다.

(6) 입목 등의 평가(시행규칙 제39조)

① 입목에 대하여는 벌기령·수종·주수·면적 및 수익성 그 밖에 가격형성에 관련되는 제 요인을 종합적으로 고려하여 평가한다. ② 지장물인 조림된 용재림 중 벌기령에 달한 용재림은 손실이 없는 것으로 본다. 다만, 용재림을 일시에 벌채하게 되어 벌채 및 반출에 통상 소요되는 비용이 증가하거나 목재의 가격이 하락하는 경우에는 그 손실을 평가하여 보상하여야 한다.

(7) 농작물의 평가(시행규칙 제41조)

농작물을 수확하기 전에 토지를 사용하는 경우의 농작물의 손실은 농작물의 종류 및 성숙도 등을 종합적으로 고려하여 ① 파종 중 또는 발아기에 있거나 묘포에 있는 농작물은 가격시점까지 소요된 비용의 현가액, ② 그 외의 농작물은 예상총수입의 현가액에서 장래 투하비용의 현가액을 뺀 금액으로 보상하되, 보상 당시에 상품화가 가능한 풋고추·들깻잎 또는 호박 등의 농작물이 있는 경우에는 그 금액을 제외한다.

(8) 분묘에 대한 보상액의 산정(시행규칙 제42조)

① 「장사 등에 관한 법률」에 따른 연고자가 있는 분묘에 대한 보상액은 분묘이전비, 석물이전비, 잡비, 이전보조비를 합한 금액으로 산정하며, ② 연고자가 없는 분묘에 대한 보상액은 연고자가 있는 분묘에 대한 보상액 산정방법 중 분묘이전비, 석물이전비, 잡비의 합계액의 50퍼센트 이하의 범위 안에서 산정한다.

쟁점 81   영업보상평가 (A)

1. 의의 및 보상의 성격

영업보상이란 공공사업의 시행에 따라 영업을 폐업 또는 휴업하게 되는 경우에 사업시행자가 장래 예상되는 전업 또는 이전에 소요되는 일정한 기간 동안의 영업소득 또는 영업시설 및 재고 자산에 대한 손실을 보상하는 것으로서, 합리적 기대이익의 상실이라는 점에서 일실손실의 보상의 성격이 있다.

2. 대상영업(시행규칙 제45조)

(1) 적법한 장소에서의 영업

관계법령에 의하여 허가를 받거나 신고를 하고 건축 또는 용도변경을 하여야 하는 건축물을 허가를 받지 아니하거나 신고를 하지 아니하고 건축 또는 용도변경한 건축물(무허가건축물등)은 적법한 장소로 보지 않는다.

영업에는 '매년 일정한 계절이나 일정한 기간 동안에만 인적·물적 시설을 갖추어 영리를 목적으로 영업을 하는 경우'가 포함된다(2010두12842). 적법한 장소에 해당하는지 여부는 협의 성립, 수용재결 또는 사용재결 당시를 기준으로 판단하여야 한다(2010두11641).

(2) 인적·물적 설비를 갖출 것

인적·물적 설비를 갖추어야 한다. 인적 용역이 주된 영업인 경우(감정평가사 사무소 등)와 도매업(자재유통, 총판 등) 등 해당 시설에서의 상행위가 이루어지지 않는 경우에는 영업이익에 대한 보상은 제외되고 동산 이전비만 지급된다.

(3) 영업의 계속성

계속적으로 행하고 있는 일체의 경제활동을 의미한다. 영업의 특수성으로 5일 중 하루만 영업을 하거나 특정 계절(여름 및 겨울 등)에만 행하는 영업도 영업의 계속성을 인정한다.

(4) 허가·신고·면허 등을 득할 것

관련 법령에서 허가·신고·면허 등이 요구되는 경우에는 허가·신고·면허 등을 갖추어야 한다. 사업자등록은 조세산정 목적을 위한 것으로 해당영업을 행하기 위한 요건이 아니기에 사업자등록을 하지 않았다 하여 영업대상에서 제외되는 것은 아니다. 다만, 무허가건축물 등에서 임차인이 행하는 영업인 경우에는 사업자등록이 요구된다.

신고업의 경우에는 신고를 하도록 한 목적이나 관련 규정의 체제 및 내용 등에 비추어 볼 때 신고를 하지 않았다고 하여 영업 자체가 위법성을 가진다고 평가할 것은 아닌 경우라고 볼 수 있다면 영업보상 대상에 해당된다고 본다(2010두12842).

(5) 사업인정고시일 등 이전영업

보상계획의 공고, 사업인정고시 후 행하는 영업은 영업으로 보지 아니한다. 다만, 무허가건축물

등에서 임차인이 영업하는 경우에는 그 임차인이 사업인정고시일 등 1년 이전부터 영업을 행한 경우에는 대상으로 한다.

3. 영업의 폐업에 대한 보상

(1) 폐업요건(시행규칙 제46조 제2항)

① 영업장소 또는 배후지(당해 영업의 고객이 소재하는 지역을 말한다)의 특수성으로 인하여 당해 영업소가 소재하고 있는 시·군·구(자치구를 말한다) 또는 인접하고 있는 시·군·구의 지역 안의 다른 장소에 이전하여서는 당해 영업을 할 수 없는 경우

② 당해 영업소가 소재하고 있는 시·군·구 또는 인접하고 있는 시·군·구의 지역 안의 다른 장소에서는 당해 영업의 허가 등을 받을 수 없는 경우

③ 도축장 등 악취 등이 심하여 인근주민에게 혐오감을 주는 영업시설로서 해당 영업소가 소재하고 있는 시·군·구 또는 인접하고 있는 시·군·구의 지역 안의 다른 장소로 이전하는 것이 현저히 곤란하다고 특별자치도지사·시장·군수 또는 구청장(자치구의 구청장을 말한다)이 객관적인 사실에 근거하여 인정하는 경우에 폐지에 따른 손실보상을 지급한다.

> 영업의 폐지로 볼 것인지 아니면 영업의 휴업으로 볼 것인지를 구별하는 기준은 당해 영업을 그 영업소 소재지나 인접 시·군 또는 구 지역 안의 다른 장소로 이전하는 것이 가능한지 여부에 달려 있고, 이러한 이전가능성 여부는 법령상의 이전장애사유 유무와 당해 영업의 종류와 특성, 영업시설의 규모, 인접 지역의 현황과 특성, 그 이전을 위하여 당사자가 들인 노력 등과 인근 주민들의 이전 반대 등과 같은 사실상의 이전장애사유 유무 등을 종합하여 판단하여야 한다(대판 2002.10.8, 2002두5498).
> ① 배후지의 특수성이라 함은 도정공장, 양수장, 창고업 등과 같이 제품원료 및 취급품목의 지역적 특수성으로 인하여 배후지가 상실되면 영업행위를 할 수 없는 경우와 같이 배후지가 당해 영업에 갖는 특수한 성격을 말한다고 한다.
> ② 인접하고 있는 시·군·구라 함은 당해 영업소가 소재하고 있는 시·군·구와 행정구역상으로 인접하고 있는 모든 시·군·구를 말한다.
> ③ 다른 장소에 이전하여서는 영업을 할 수 없는 경우란 법적으로나 물리적인 제약으로 불가능한 경우는 물론이고 다른 장소에 이전하여서는 수익의 감소로 사실상 영업을 할 수 없는 경우도 포함된다(대판 2001.11.13, 2000두1003).

(2) 보상방법

① 폐업하는 경우의 영업손실은 2년간의 영업이익과 고정자산 등의 매각손실액[40]을 더한 금액으로 한다. 영업이익은 최근 3년간 평균 영업이익을 기준으로 하되 공익사업의 시행이 고시됨으로 인하여 영업이익이 감소된 경우에는 고시 전 3년간의 영업이익을 기준으로 한다.

② 한편, 개인영업인 경우에는 최저 영업이익을 보장하고 있으며 근로자에 대한 실직보상을 지급한다.

---

[40] 영업이익에는 이윤이 이미 포함되어 있는 점 등에 비추어 보면 매각손실액 산정의 기초가 되는 재고자산의 가격에 당해 재고자산을 판매할 경우 거둘 수 있는 이윤은 포함되지 않는다(대판 2014.6.26, 2013두13457).

③ 무허가건축물 등에서 사업인정고시일 등 1년 이전부터 사업자등록을 행하고 있는 임차인의 영업에 대한 보상액 중 영업용 고정자산·원재료·제품 및 상품 등의 매각손실액을 제외한 금액은 1천만원을 초과하지 못한다.

(3) 보상금의 환수

사업시행자는 영업자가 폐업 후 2년 이내에 해당 영업소가 소재하고 있는 시·군·구 또는 인접하고 있는 시·군·구의 지역 안에서 동일한 영업을 하는 경우에는 폐업에 대한 보상금을 환수하고 영업의 휴업 등에 대한 손실을 보상해야 한다.

4. 영업휴업에 대한 보상

영업이 일정기간 휴업하는 경우의 보상으로서 영업장소를 이전하거나 시설물이 일부 편입되거나 임시영업소를 설치하는 경우에 각각 일정액을 보상한다. 또한 근로자에 대해서는 휴직보상을 지급한다.

5. 무허가영업 등에 대한 보상(시행규칙 제52조)

사업인정고시일 등 전부터 허가 등을 받아야 행할 수 있는 영업을 허가 등이 없이 행하여 온 자가 공익사업의 시행으로 인하여 적법한 장소에서 영업을 계속할 수 없게 된 경우에는 「통계법」에 따른 통계작성기관이 조사·발표하는 가계조사통계의 도시근로자가구 월평균 가계지출비를 기준으로 산정한 3인 가구 3개월분 가계지출비에 해당하는 금액을 영업손실에 대한 보상금으로 지급하되, 영업시설·원재료·제품 및 상품의 이전에 소요되는 비용 및 그 이전에 따른 감손상당액(이하 이 조에서 "영업시설 등의 이전비용"이라 한다)은 별도로 보상한다. 다만, 본인 또는 생계를 같이 하는 동일 세대 안의 직계존속·비속 및 배우자가 해당 공익사업으로 다른 영업에 대한 보상을 받은 경우에는 영업시설 등의 이전비용만을 보상하여야 한다.

6. 영업의 간접보상(시행규칙 제64조)

① 배후지의 3분의 2 이상이 상실되어 그 장소에서 영업을 계속할 수 없는 경우, ② 진출입로의 단절, 그 밖의 부득이한 사유로 인하여 일정한 기간 동안 휴업하는 것이 불가피한 경우에는 그 영업자의 청구에 의하여 당해 영업을 공익사업시행지구에 편입되는 것으로 보아 보상하여야 한다. 다만, 사업시행자는 영업자가 보상을 받은 이후에 그 영업장소에서 영업이익을 보상받은 기간 이내에 동일한 영업을 하는 경우에는 실제 휴업기간에 대한 보상금을 제외한 영업손실에 대한 보상금을 환수하여야 한다.

7. 영업의 폐업·휴업으로 인한 실직·휴직보상(시행규칙 제51조)

사업인정고시일 등 당시 공익사업시행지구 안의 사업장에서 3월 이상 근무한 근로자(「소득세법」에 의한 소득세가 원천징수된 자에 한한다)에 대하여는 다음 각호의 구분에 따라 보상하여야 한다.

1. 근로장소의 이전으로 인하여 일정기간 휴직을 하게 된 경우 : 휴직일수(휴직일수가 120일을 넘는 경우에는 120일로 본다)에 「근로기준법」에 의한 평균임금의 70퍼센트에 해당하는 금액을 곱한 금액. 다만, 평균임금의 70퍼센트에 해당하는 금액이 「근로기준법」에 의한 통상임금을 초과하는 경우에는 통상임금을 기준으로 한다.
2. 근로장소의 폐지 등으로 인하여 직업을 상실하게 된 경우 : 「근로기준법」에 의한 평균임금의 120일분에 해당하는 금액

8. 토지보상법 제77조 제4항 및 제1항 위헌소원

제77조 제4항 중 제1항에 관한 부분이 포괄위임입법금지의 원칙에 위반되는지와 관련하여 헌법재판소는 "영업손실 보상액의 구체적인 산정 및 평가방법과 보상기준에 관한 사항을 국토해양부령에 위임하고 있는바, 영업손실보상의 대상이 되는 영업의 종류, 형태, 규모 등을 사회적·경제적 상황에 따라 탄력적으로 규율할 필요성이 있고, 동법의 입법취지 및 전반적인 체계와 관련 조항에 비추어 볼 때, 일정한 시점을 기준으로 영업의 이전이 불가능하거나 이전비가 영업시설 전반의 가격을 상회하는 경우 등에는 폐업보상을 하되 그 외의 경우 이전을 위한 휴업보상을 하는 점 및 보상액 산정을 수용재결일 등 일정한 시점 및 기간을 기준으로 하여 영업이익과 시설 이전 비용을 참작하여 이루어질 것이라는 점을 충분히 예측할 수 있으므로 포괄위임입법금지의 원칙에 위반된다고 볼 수 없다"고 한다(헌재 2012.2.23, 2010헌바206).

9. 관련문제

(1) 사업인정고시일 이후 다른 장소로 이전한 경우

사업인정고시일 당시 보상대상에 해당한다면 그 후 사업지구 내 다른 토지로 영업장소가 이전되었더라도 손실보상의 대상이 된다. 사업인정고시일 이후 영업장소 등이 이전되어 수용재결 당시에는 해당 토지 위에 영업시설 등이 존재하지 않게 된 경우 사업인정고시일 이전부터 그 토지상에서 영업을 해 왔고 그 당시 영업을 위한 시설이나 지장물이 존재하고 있었다는 점은 이를 주장하는 자가 증명하여야 한다(대판 2012.12.27, 2011두27827).

(2) 가설건축물의 경우

가설건축물의 철거에 따른 손실보상을 청구할 수 없고 보상을 청구할 수 없는 손실에는 가설건축물 철거에 따른 손실뿐만 아니라 가설건축물 철거에 따른 영업손실도 포함된다고 하였다(구 도시계획법상 사업시행 3개월 전까지 원상회복의무가 있는 경우의 판례이므로 모든 가설건축물이 적용되는 것은 아님에 유의)(대판 2001.8.24, 2001다7209).

(3) 무허가건축물에서의 영업

1) 89.1.24 이전인 경우

부칙규정에 따라 적법한 건축물로 보므로 영업보상 요건이 충족되는 경우에는 보상대상에 해당된다.

2) 89.1.24 이후인 경우

가. 소유자인 경우

무허가건축물등에서의 소유자 영업은 영업보상대상에 해당되지 않는다.

나. 세입자인 경우

무허가건축물등에서 임차인이 영업하는 경우에는 그 임차인이 사업인정고시일등 1년 이전부터 「부가가치세법」 제8조에 따른 사업자등록을 하고 행하고 있는 영업의 경우는 보상대상에 해당된다.

다. 무허가건축물인 경우 소유자와 임차인의 합리적 차별

① 무허가건축물을 임차하여 영업하는 사업자의 경우 일반적으로 자신 소유의 무허가건축물에서 영업하는 사업자보다는 경제적·사회적으로 열악한 지위에 있는 점, ② 무허가건축물의 임차인은 자신이 임차한 건축물이 무허가건축물이라는 사실을 알지 못한 채 임대차계약을 체결할 가능성이 있는 점 등에 비추어 보면, 무허가건축물의 소유자와 임차인을 차별하는 것은 합리적인 이유가 있고, 따라서 형평의 원칙에 어긋난다고 볼 수 없다.

(4) 무단(불법)용도변경[41]

무단(불법)용도변경된 건축물에서의 영업은 2012.1.2. 이후에 보상계획이 공고 및 통지된 경우에는 무허가건축물등으로 본다. 2012.1.2. 이전에 보상계획이 공고 및 통지된 경우에는 적법한 장소에서의 영업행위로 본다.

(5) 영업손실보상과 생활대책 청구의 병합소송

영업손실보상금청구의 소가 재결절차를 거치지 않아 부적법하여 각하되는 이상, 이에 병합된 생활대책대상자 선정 관련청구소송 역시 소송요건을 흠결하여 부적법하므로 각하되어야 한다고 한 사례(대판 2011.9.29, 2009두10963)

(6) 보상금 수입의 귀속시기는 수입금액이 확정되어 지급받은 날이 속하는 연도이다(대판 2013.5.24, 2012두29172).

---

41) 건축법상 무허가건축물의 개념에는 무허가 및 무신고가 해당되고 용도변경은 무허가·무신고건물에 해당되지 않는다. 용도변경은 건축허가·신고와 별개의 허가대상이기에 토지보상법을 개정하여 무단용도변경을 무허가건축물등의 개념에 포함시키게 되었다.

> *** 영업보상 관련 기준일을 사업인정고시일 등으로 한 이유**
>
> 토지보상법 제14조 제1항, 제15조 제1항, 제2항은 사업시행자가 사업인정 전에 협의에 의한 토지 등의 취득 또는 사용이 필요할 때에는 토지조서와 물건조서를 작성할 수 있고, 이를 작성하였을 때에는 공익사업의 개요, 토지조서 및 물건조서의 내용과 보상의 시기·방법 및 절차 등이 포함된 보상계획을 전국을 보급지역으로 하는 일간신문에 공고하고(다만 토지소유자와 관계인이 20인 이하인 경우에는 공고를 생략할 수 있다), 토지소유자 및 관계인에게 각각 통지하여야 하며, 직접 또는 시장 등에게 의뢰하여 그 내용을 14일 이상 일반인이 열람할 수 있도록 하여야 한다고 규정하고 있다. 토지보상법 시행규칙 제45조가 영업보상 여부의 판단기준시점을 '사업인정고시일 등'이라고 규정하여, 토지보상법 제15조 제1항에 따른 보상계획의 공고가 있었던 경우에는 사업인정고시일이 아니라 그보다 먼저 이루어진 보상계획공고일로 앞당긴 것은 보상계획 공고를 통해 장차 공익사업이 시행되리라는 점을 알게 된 사람이 보상금을 받기 위하여 해당 공익사업의 예정지로 이주하거나 영업 등을 개시·확장하는 경우를 토지보상법령에 따른 손실보상의 대상에서 배제하기 위함이다(대판 2019.12.12, 2019두47629[영업휴업보상등]).

(7) 공익사업에 영업시설의 일부가 편입됨으로 인하여 잔여시설에 그 시설을 새로이 설치하거나 잔여시설을 보수하지 아니하고는 그 영업을 계속할 수 없는 경우란 잔여영업시설에 시설을 새로이 설치하거나 잔여 영업시설을 보수하지 아니하고는 그 영업이 전부 불가능하거나 곤란하게 되는 경우만을 의미하는 것이 아니라, 공익사업에 영업시설 일부가 편입됨으로써 잔여영업시설의 운영에 일정한 지장이 초래되고, 이에 따라 종전처럼 정상적인 영업을 계속하기 위해서는 잔여영업시설에 시설을 새로 설치하거나 잔여영업시설을 보수할 필요가 있는 경우도 포함된다고 해석함이 타당하다(대판 2018.7.20, 2015두4044).

(8) 영업손실보상에서 재결을 거쳤는지 판단하는 방법

재결절차를 거쳤는지 여부는 보상항목별로 판단하여야 한다. 피보상자별로 어떤 토지, 물건, 권리 또는 영업이 손실보상대상에 해당하는지, 나아가 보상금액이 얼마인지를 심리·판단하는 기초 단위를 보상항목이라고 한다. 편입토지·물건 보상, 지장물 보상, 잔여토지·건축물 손실보상 또는 수용청구의 경우에는 원칙적으로 개별물건별로 하나의 보상항목이 되지만, 잔여영업시설 손실보상을 포함하는 영업손실보상의 경우에는 '전체적으로 단일한 시설 일체로서의 영업' 자체가 보상항목이 되고, 세부 영업시설이나 영업이익, 휴업기간 등은 영업손실보상금 산정에서 고려하는 요소에 불과하다. 그렇다면 영업의 단일성·동일성이 인정되는 범위에서 보상금 산정의 세부요소를 추가로 주장하는 것은 하나의 보상항목 내에서 허용되는 공격방법일 뿐이므로, 별도로 재결절차를 거쳐야 하는 것은 아니다(대판 2018.7.20, 2015두4044).

(9) 잔여영업시설에 대한 보상

잔여영업시설 손실보상은 토지보상법 제73조 제1항에 따른 잔여지 손실보상, 토지보상법 제75조의2 제1항에 따른 잔여건축물 손실보상 등과 비교하여 볼 때 사업시행자가 분할하여 취득하는 목적물의 종류만을 달리하는 것일 뿐, 모두 사업시행자가 공익사업의 시행을 위해 일단의 토지·건축물·영업시설 중 일부를 분할하여 취득하는 경우 그로 인하여 잔여토지·건축물·영업시설에 발생한 손실까지 함께 보상하도록 함으로써 헌법상 정당보상원칙을 구현하고자 하는 것으로 그 입법목적이 동일하다. 따라서 각 손실보상의 요건을 해석할 때에는, 그 보상목적물의 종류가 다르다는 특성을 고려하되 입법목적 및 헌법상 정당보상의 관점에서 서로 궤를 같이하여야 한다(대판 2018.7.20, 2015두4044).

쟁점 82 농업손실보상평가 (B)

1. 개설(농업손실보상의 의의 및 성격)

농업손실보상이란 공익사업시행지구에 편입되는 농지에 대하여 해당 지역의 단위경작면적당 농작물 수입의 2년분을 보상함을 의미한다. 이는 전업에 소요되는 기간을 고려한 합리적 기대이익의 상실에 대한 보상으로 일실손실의 보상이며, 다만 유기체적인 생활을 종전상태로 회복하는 의미에서 생활보상의 성격도 존재한다.

> 농민이 대체 농지를 구입하여 영농을 재개하거나 다른 업종으로 전환하는 것을 보장하기 위한 것으로, 영농보상은 농민이 기존 농업을 폐지한 후 새로운 직업 활동을 개시하기까지의 준비기간 동안에 농민의 생계를 지원하는 간접보상이자 생활보상으로서의 성격을 가진다(대판 2020.4.29, 2019두32696).

2. 보상의 기준 및 법적성격

(1) 보상의 기준

헌법 제23조 제3항은 국민의 재산권에 대한 강제적 박탈이나 침해에 대하여 정당한 보상을 규정하고, 판례는 이를 보상의 시기·방법에도 제한이 없는 완전한 보상으로 해석하고 있다. 이러한 정당보상의 실현을 토지보상법상 보상의 기준으로 두고 있다.

(2) 법적 성격

영농손실보상(이하 '영농보상'이라고 한다)은 편입토지 및 지장물에 관한 손실보상과는 별개로 이루어지는 것으로서, 농작물과 농지의 특수성으로 인하여 같은 시행규칙 제46조에서 정한 폐업보상과 구별해서 농지가 공익사업시행지구에 편입되어 공익사업의 시행으로 더 이상 영농을 계속할 수 없게 됨에 따라 발생하는 손실에 대하여 원칙적으로 같은 시행규칙 제46조에서 정한 폐업보상과 마찬가지로 장래의 2년간 일실소득을 보상함으로써, 농민이 대체 농지를 구입하여 영농을 재개하거나 다른 업종으로 전환하는 것을 보장하기 위한 것이다. 즉, 영농보상은 원칙적으로 농민이 기존 농업을 폐지한 후 새로운 직업 활동을 개시하기까지의 준비기간 동안에 농민의 생계를 지원하는 간접보상이자 생활보상으로서의 성격을 가진다.

영농보상은 그 보상금을 통계소득을 적용하여 산정하든, 아니면 해당 농민의 최근 실제소득을 적용하여 산정하든 간에, 모두 장래의 불확정적인 일실소득을 예측하여 보상하는 것으로, 기존에 형성된 재산의 객관적 가치에 대한 '완전한 보상'과는 그 법적 성질을 달리한다.

3. 구체적 보상방법 및 내용

(1) 보상의 방법

공익사업시행지구에 편입되는 농지(농지법 제2조 제1호 가목에 해당되는 토지)에 대하여는 해당 도별 연간 농가평균 단위경작면적당 농작물총수입의 직전 3년간 평균의 2년분을 곱하여 산정한 금액을 영농손실액으로 보상한다. 다만, 국토교통부장관이 고시한 농작물로서 그 실제소득을 증명한 경우에는 농작물총수입 대신에 실제소득으로 보상한다.

> **관련조문** **토지보상법 시행규칙**
>
> **제48조(농업의 손실에 대한 보상)**
> ② 국토교통부장관이 농림축산식품부장관과의 협의를 거쳐 관보에 고시하는 농작물실제소득인정기준에서 정하는 바에 따라 실제소득을 입증하는 자가 경작하는 편입농지에 대해서는 그 면적에 단위경작면적당 3년간 실제소득 평균의 2년분을 곱하여 산정한 금액을 영농손실액으로 보상한다. 다만, 다음 각 호의 어느 하나에 해당하는 경우에는 각 호의 구분에 따라 산정한 금액을 영농손실액으로 보상한다.
> 1. 단위경작면적당 실제소득이 농축산물소득자료집의 작목별 평균소득의 2배를 초과하는 경우 : 해당 작목별 단위경작면적당 평균생산량의 2배(단위경작면적당 실제소득이 현저히 높다고 농작물실제소득인정기준에서 따로 배수를 정하고 있는 경우에는 그에 따른다)를 판매한 금액을 단위경작면적당 실제소득으로 보아 이에 2년분을 곱하여 산정한 금액
> 2. 농작물실제소득인정기준에서 직접 해당 농지의 지력(地力)을 이용하지 아니하고 재배 중인 작물을 이전하여 해당 영농을 계속하는 것이 가능하다고 인정하는 경우 : 단위경작면적당 실제소득(제1호의 요건에 해당하는 경우에는 제1호에 따라 결정된 단위경작면적당 실제소득을 말한다)의 4개월분을 곱하여 산정한 금액

(2) 농업손실보상의 대상인 농지의 범위(농업손실보상의 물적 범위)

보상을 함에 있어서는 해당 토지의 지목에 불구하고 실제로 농작물을 경작하는 경우에는 이를 농지로 본다. 다만, ① 사업인정고시일 등 이후부터 농지로 이용되고 있는 토지, ② 토지이용계획·주위환경 등으로 보아 일시적으로 농지로 이용되고 있는 토지, ③ 타인소유의 토지를 불법으로 점유하여 경작하고 있는 토지, ④ 농민이 아닌 자가 경작하고 있는 토지, ⑤ 토지의 취득에 대한 보상 이후에 사업시행자가 2년 이상 계속하여 경작하도록 허용하는 토지의 경우에는 농지로 보지 아니한다.

(3) 농업손실보상의 지급대상자(실농보상의 인적 범위)

자경농지가 아닌 농지에 대한 영농손실액은 실제의 경작자에게 지급한다. 다만, 해당 농지의 소유자가 해당 지역의 거주하는 농민의 경우에는 소유자와 실제의 경작자가 협의하는 바에 따라 보상하고, 협의가 성립되지 아니할 경우 2분의 1씩 보상한다. 실제 경작자가 자의로 이농하는 등의 사유로 보상협의일 또는 수용재결일 당시에 경작을 하고 있지 않는 경우의 영농손실액은 농지의 소유자가 해당 지역에 거주하는 농민인 경우에 한정하여 농지의 소유자에게 보상한다.

다만, 실제 소득인정기준에 따라 보상하는 경우 농지의 소유자에 대한 보상금액은 평균소득기준에 따라 산정한 영농손실액의 50퍼센트를 초과할 수 없다(시행규칙 제48조).

실제 경작자가 자의로 이농하는 등의 사유로 보상협의일 또는 수용재결일 당시에 경작을 하고 있지 않는 경우의 영농손실액은 제4항에도 불구하고 농지의 소유자가 해당 지역에 거주하는 농민인 경우에 한정하여 농지의 소유자에게 보상한다(시행규칙 제48조 제5항).

반드시 해당 지역에 거주하는 농민이어야 지급대상자(실제의 경작자)가 되는 것은 아니다(대판 2002.6.14, 2000두3450).

(4) 농업손실보상의 간접보상

농지의 3분의 2 이상에 해당하는 면적이 공익사업시행지구에 편입됨으로 인하여 영농을 계속할 수 없게 된 농민에 대해서는 공익사업시행지구 밖에서 그가 경작하고 있는 농지에 대하여도 영농손실액을 지급한다.

(5) 농기구 등에 대한 보상

당해 지역에서 경작하고 있는 농지의 3분의 2 이상에 해당하는 면적이 공익사업시행지구에 편입됨으로 인하여 농기구를 이용하여 해당 지역에서 영농을 계속할 수 없게 된 경우(과수 등 특정한 작목의 영농에만 사용되는 특정한 농기구의 경우에는 공익사업시행지구에 편입되는 면적에 관계없이 해당 지역에서 해당 영농을 계속할 수 없게 된 경우를 말한다) 해당 농기구에 대해서는 매각손실액을 평가하여 보상하여야 한다. 다만, 매각손실액의 평가가 현실적으로 곤란한 경우에는 원가법에 의하여 산정한 가격의 60퍼센트 이내에서 매각손실액을 정할 수 있다(시행규칙 제48조 제6항).

1. 농기구란 경운기, 탈곡기, 분무기, 제초기 그 밖에 유사한 농업용 기계, 기구를 말한다. 이와 유사한 것이란 리어카, 제승기, 가마니제작기, 양수기, 우마, 잠구 등이 포함될 것이나 단순한 호미, 낫 등은 이에 포함되는지에 대하여서는 의문이다.
2. 영농을 계속할 수 없게 된 경우란 농업의 폐지의 경우 뿐 아니라 종전의 농업경영행태를 계속하기 어려운 경우도 포함된다. 따라서 소유농지의 3분의 2 이상이 공익사업시행지구에 편입되더라도 농업을 계속할 수 있는 경우에는 농기구의 매각손실액을 별도로 보상하지 아니한다.
3. 농기구의 매각손실 보상요건을 완화하여 과수선별기 등 특정영농에만 소요되는 농기구는 농지편입요건(소유농지의 2/3 이상)의 예외를 인정하여 해당 농기구가 소용이 없어진 경우에는 보상을 할 수 있도록 하였다.

✔ 알아두기

신 · 구 법률 비교(영농손실액 보상규정)

영농보상의 경우 재배작물 간 소득편차가 심하고, 공청회 등의 절차를 거치는 과정에서 사업계획이 노출되어 계획확정 전에 부당하게 재배작물을 고소득작물로 변경하는 보상투기가 과다하게 발생하여 예산이 낭비되는 사례가 많았다. 이러한 문제점을 해소하고, 일반 영업보상과의 형평을 유지하기 위하여 재배작물을 구분하지 않고 도별 농가평균 단위경작면적당 농작물수입을 기준으로 영농손실보상액을 산정하도록 하였다.

공특법령	토지보상법령
1. 보상기준 – 실제 재배작물의 종류에 따라 농촌진 흥청의 농축산물 표준소득기준 산정 – 실제소득 인정제도는 없음. 2. 보상기간 – 연간 1기작 : 3년 – 연간 다기작 : 3기작 – 다년 1기작 : 2년 3. 보상대상에서 제외되는 토지 주위환경 등으로 보아 일시적으로 농지 로 이용되는 토지	1. 보상기준 – 통계청의 농가경제조사통계에 의하여 산정한 도별 연간 농가 평균 농작물총수입을 기준 – 국토교통부장관이 고시하는 방법에 따라 실제소득을 입증하는 경우 실제소득기준 2. 보상기간 재배작물을 구분하지 않고 2년으로 통일 3. 보상대상에서 제외되는 토지 – 일시적으로 농지로 이용되는 토지 – 불법형질변경토지 – 농민이 아닌 자가 경작하는 토지 – 토지의 취득에 대한 보상 이후에 2년 이상 경작을 허용하는 토지

4. 지목이 '임야'인 토지에 대한 농업손실보상

공부상 지목이 임야이나 농지로 이용 중인 토지는 산지관리법 부칙 제2조에 따라 2010.12.1.~ 2011.11.30.까지 불법전용산지 신고 및 심사를 거쳐 농지로 지목변경된 경우에 한하여 농지로 평가한다.

그러나 농업손실보상은 농지법 제2조 제1호 가목에서는 '농지'란 지목에도 불구하고 실제 경작 여부를 중심으로 농지 해당 여부를 판단하도록 되어 있으므로, 비록 법상 지목이 임야로 되어 있다 하더라도 사업인정고시일 이전부터 농작물 또는 다년생식물을 경작하여 왔다면 특별히 토지보상법상 농업손실보상 대상이 아니라는 사정이 없는 한 보상대상에 해당한다고 볼 것이다. 그러나, 산지로서의 관리 필요성 등 전반적인 사정을 고려할 때 손실보상을 하는 것이 사회적으로 용인될 수 없다고 인정되는 경우에는 손실보상의 대상이 되지 않는다.

그러나, 「농지법 시행령」 제2조 제2항 제2호가 개정(2016. 1. 21.시행)되어 '산지전용허가'를 거치지 아니하고 농작물을 경작하는 경우에는 이를 농지로 보지 아니하도록 규정하고 있으나, 개정된 시행령 부칙 제2조 제2호에 '이 영 시행 당시 지목이 임야인 토지로서 토지형질을 변경하고 농작물을 경작 또는 다년생식물의재배에 이용하고 있는 토지에 대하여는 종전 규정에 따른다'고 정하고 있으므로 종전에 지목이 임야인 토지에 대하여는 「산지관리법」에 따른 산지전용허가를 받지 아니하더라도 3년 이상 농작물을 경작하는 경우에는 농지로 인정한다.

> **✅ 알아두기**
>
> **농지 해당 여부 검토**
>
> * 농지법 제2조(정의)_2016.1.19. 개정
>
> "농지"란 전·답, 과수원, 그 밖에 법적 지목(地目)을 불문하고 실제로 농작물 경작지 또는 대통령령으로 정하는 다년생식물 재배지로 이용되는 토지. 다만, 대통령령으로 정하는 토지는 제외한다.
>
> > * 개정 후 대통령령으로 정하는 토지(2016.1.19. 개정) 내용
> > 1. 지목이 전·답, 과수원이 아닌 토지(지목이 임야인 토지는 제외한다)로서 농작물 경작지 또는 다년생식물 재배지로 계속하여 이용되는 기간이 3년 미만인 토지
> > 2. 지목이 임야인 토지로서 「산지관리법」에 따른 산지전용허가(다른 법률에 따라 산지전용허가가 의제되는 인가·허가·승인 등을 포함한다)를 거치지 아니하고 농작물의 경작 또는 다년생식물의 재배에 이용되는 토지
> > 3. 「초지법」에 따라 조성된 초지
> >
> > * 개정 전 대통령령으로 정하는 토지 내용
> > 1. 지목이 전·답, 과수원이 아닌 토지로서 농작물 경작지 또는 제1항 각 호에 따른 다년생식물 재배지로 계속하여 이용되는 기간이 3년 미만인 토지
> > 2. 지목이 임야인 토지(제1호에 해당하는 토지를 제외한다)로서 그 형질을 변경하지 아니하고 다년생식물의 재배에 이용되는 토지
> > 3. 「초지법」에 따라 조성된 초지

5. 손해배상

사업시행자가 보상금 지급이나 토지소유자 및 관계인의 승낙 없이 공익사업을 위한 공사에 착수하여 영농을 계속할 수 없게 한 경우, 2년분의 영농손실보상금 지급과 별도로 공사의 사전 착공으로 토지소유자나 관계인이 영농을 할 수 없게 된 때부터 수용개시일까지 입은 손해를 배상해야 한다(대판 2013.11.14, 2011다27103).

6. 실제소득기준 상한 개정(실제소득에 기준하여 영업손실보상금액을 산정하는 경우에 보상금액의 상한을 설정한 것이 헌법상 정당보상원칙 및 비례원칙에 반하는지 논하시오. 개정 규정을 적용하는 것이 소급입법금지원칙 및 신뢰보호원칙에 반하는지 여부)

(1) 정당보상과 농업손실보상

우리나라의 농업과 농산물유통 현실상 실제소득 산정에 필요한 농작물 총수입의 입증을 둘러싼 문제가 적지 않다. 토지보상법 제77조 제4항은 농업손실보상액의 구체적인 산정 및 평가 방법과 보상기준에 관한 사항을 국토교통부령으로 정하도록 위임하고 있다. 그 위임에 따라 개정 시행규칙 제48조 제2항 단서 제1호가 실제소득 적용 영농보상금의 예외로서, 농민이 제출한 입증자료에 따라 산정한 실제소득이 동일 작목별 평균소득의 2배를 초과하는 경우에 해당 작목별 평균생산량의 2배를 판매한 금액을 실제소득으로 간주하도록 규정함으로써 실제소득 적용 영농보상금의 '상한'을 설정하였다.

이와 같은 개정 시행규칙 제48조 제2항 단서 제1호는 영농보상이 장래의 불확정적인 일실소득을 보상하는 것이자 농민의 생존배려·생계지원을 위한 보상인 점, 실제소득 산정의 어려움 등을 고려하여, 농민이 실농으로 인한 대체생활을 준비하는 기간의 생계를 보장할 수 있는 범위 내에서 실제소득 적용 영농보상금의 '상한'을 설정함으로써 나름대로 합리적인 적정한 보상액의 산정방법을 마련한 것이므로, 헌법상 정당보상원칙 및 비례원칙에 위반되거나 위임입법의 한계를 일탈한 것으로는 볼 수 없다.

(2) 소급입법금지원칙 및 신뢰보호원칙에 반하는지 여부

1) 소급입법금지원칙과 신뢰보호원칙

소급입법은 새로운 입법을 이미 종료된 사실관계 또는 법률관계에 적용하도록 하는 진정소급입법과, 현재 진행 중인 사실관계 또는 법률관계에 적용하게 하는 부진정소급입법으로 나눌 수 있다. 이 중에서 기존의 법에 의하여 이미 형성된 개인의 법적 지위를 사후입법을 통하여 박탈함을 내용으로 하는 진정소급입법은 개인의 신뢰보호와 법적 안정성을 내용으로 하는 법치국가원리에 의하여 허용되지 않는 것이 원칙이다. 반면, 부진정소급입법은 원칙적으로 허용되지만, 소급효를 요구하는 공익상의 사유와 신뢰보호를 요구하는 개인보호의 사유 사이의 교량과정에서 그 범위에 제한이 가하여질 수 있다. 또한 소급입법금지원칙은 그 법령의 효력 발생 전에 완성된 요건사실에 대하여 그 법령을 적용할 수 없다는 의미일 뿐, 계속 중인 사실이나 그 이후에 발생한 요건사실에 대한 법령 적용까지를 제한하는 것은 아니다(대판 2019. 1.31, 2015두60020 등 참조).

2) 검토

사업인정고시일 전부터 해당 토지를 소유하거나 사용권원을 확보하여 적법하게 농업에 종사해 온 농민은 사업인정고시일 이후에도 수용개시일 전날까지는 해당 토지에서 그간 해온 농업을 계속할 수 있다. 그러나 사업인정고시일 이후에 수용개시일 전날까지 농민이 해당 공익사업의 시행과 무관한 어떤 다른 사유로 경작을 중단한 경우에는 손실보상의 대상에서 제외될 수 있다. 사업인정고시가 이루어졌다는 점만으로 농민이 구체적인 영농보상금 청구권을 확정적으로 취득하였다고는 볼 수 없으며, 보상협의 또는 재결절차를 거쳐 협의성립 당시 또는 수용재결 당시의 사정을 기준으로 구체적으로 산정되는 것이다.

또한, 토지보상법 시행규칙 제48조에 따른 영농보상은 수용개시일 이후 편입농지에서 더 이상 영농을 계속할 수 없게 됨에 따라 발생하는 손실에 대하여 장래의 2년간 일실소득을 예측하여 보상하는 것이므로, 수용재결 당시를 기준으로도 영농보상은 아직 발생하지 않은 장래의 손실에 대하여 보상하는 것이다.

따라서 영농보상금액의 구체적인 산정방법·기준에 관한 개정 시행규칙 제48조 제2항 단서 제1호를, 개정 시행규칙 시행일 전에 사업인정고시가 이루어졌으나 개정 시행규칙 시행 후 보상계획의 공고·통지가 이루어진 공익사업에 대해서도 적용하도록 규정한 것은 진정소급입법에 해당하지 않는다.

쟁점 83 광업권 및 어업권 (D)

I 광업권 보상

① 광업권에 대한 손실의 평가는 「광업법 시행령」 제30조에 따른다.

---

1. 소멸하는 경우
   ① 정상영업 : 광산평가액 – 이전가능시설의 잔존가치 + 이전비
   ② 탐사중인 경우 : 개발에 투자된 비용 + 현재시설 평가액 – 이전가능시설의 잔존가치 + 이전비
   ③ 탐사이전의 경우 : 등록에 든 비용
2. 휴업하는 경우
   ① 영업중 : 최근 3년간의 연평균 영업이익 기준 평가
   ② 매장량 부재의 경우 : 손실이 없으므로 보상 ×

---

② 조업중인 광산이 토지등의 사용으로 인하여 휴업하는 경우의 손실은 휴업기간에 해당하는 영업이익을 기준으로 평가한다. 이 경우 영업이익은 최근 3년간의 연평균 영업이익을 기준으로 한다.

③ 광물매장량의 부재(채광으로 채산이 맞지 아니하는 정도로 매장량이 소량이거나 이에 준하는 상태를 포함한다)로 인하여 휴업중인 광산은 손실이 없는 것으로 본다.

II 어업권 보상

1. 어업권의 개념

어업권이란 수산업법의 규정에 의하여 면허를 받아 어업을 경영할 수 있는 권리를 말한다. 보상대상으로서의 어업권은 면허어업, 신고어업, 관행에 의한 입어권을 포함한다.

---

① 면허어업 : 정치망어업, 양식어업 등 수면을 독점하여 배타적 지배권을 갖는 어업
② 허가어업 : 근해어업, 원양어업 등
③ 신고어업 : 맨손어업, 나잠어업, 투망어업 등

---

2. 보상평가기준

(1) 면허어업에 대한 평가기준

1) 어업권이 취소, 정지, 제한 또는 유효기간 연장이 불허된 경우

수산업법 시행령 [별표 10]의 규정에 의하되 취소의 경우를 한도로 한다.

2) 다른 어장으로 이전이 가능한 경우

수산업법 시행령 [별표 10]의 어업권이 정지된 경우의 손실액 산출방법 및 기준에 의하여 산출한다.

3) 보상대상에서 제외되는 어업권

보상계획의 공고 또는 사업인정의 고시가 있은 날 이후에 어업권의 면허를 받은 자에 대하여는 보상하지 아니한다. 종전의 (구)공특법령에서는 이러한 규정이 없어 논란이 되었으나 토지보상법 시행규칙에서 보상대상의 범위를 명백히 규정하였다.

(2) 허가어업 및 신고어업에 대한 보상평가

면허어업에 대한 보상평가규정을 준용하여 수산업법 시행령 [별표 10]의 규정에 의하여 평가한다. 보상계획의 공고 또는 사업인정의 고시가 있은 날 이후에 허가 또는 신고된 어업의 경우에는 보상대상에서 제외한다.

(3) 관행어업권

1) 의의

어업의 신고를 한 자로서 마을어업권이 설정되기 전부터 해당 수면에서 계속적으로 수산동식물을 포획, 채취하여 온 사실이 대다수 사람들에게 인정되는 자 등 어업권원부에 등록된 자를 말한다.

2) 평가방법

신고어업의 산출에 관한 규정을 준용하되 취소 시의 경우를 한도로 한다. 또한 면허어업과 중복되는 경우는 인정되지 않는다.

3) 문제점

동일한 마을어장을 이용함에 있어 어업권자인 해당 수협내지 어촌계 구성원의 경우에는 마을어업권의 행사로 구성원의 자격만으로도 충분하나 거주지를 달리하여 해당 어업인단체의 구성원이 되지 못한 자는 어업권과는 전혀 별개의 신고 및 등록이라는 행정절차를 밟도록 한 것은 논리상의 일관성 내지 합리성이 결여되었다고 보아야 할 것이다.

3. 공익사업시행지구 밖의 어업의 피해에 대한 보상

시행규칙 제63조에서는 실제피해액을 입증하는 경우에 한하여 공익사업시행지구 밖의 어업손실을 보상하도록 규정하고 있다.

4. 면허, 허가, 신고가 없는 어업의 경우

무면허, 무허가, 무신고 어업의 경우에는 원칙적으로 보상하지 아니한다. 그러나 사업인정고시일등의 전부터 허가 등이 없이 어업을 영위하고 있던 자가 폐업하는 경우에는 무허가 영업 등에 대한 보상특례규정을 준용한다.

쟁점 84 근로자에 대한 실직, 휴직보상평가 (D)

1. 개설

① 사업시행자는 사업인정고시일 등 당시 해당 지역의 염전 또는 공장 등에서 3월 이상 근무한 근로자에 대하여 소득세가 원천징수된 자에 한하여 영업의 폐지, 휴업하게 되는 경우 실직·휴직보상을 행한다.

② 이는 전업·휴업기간 중에 얻을 수 있는 합리적 기대이익의 상실에 대한 보상으로 예견이 가능하고, 개별적으로 구체화할 수 있는 재산상의 손실로서 일실손실의 보상으로서 정당한 보상에 포함되며, 다만 이를 생활보상으로 보는 견해도 있다.

2. 보상의 기준

시행규칙 제51조에서는 '사업인정고시일 등 당시 공익사업시행지구 안의 사업장에서 3월 이상 근무한 근로자(「소득세법」에 의한 소득세가 원천징수된 자에 한한다)에 대하여 보상한다'고 규정하고 있다.

(1) 근로장소의 이전으로 인하여 일정기간 휴직을 하게 된 경우

「근로기준법」에 의한 평균임금의 70퍼센트에 해당하는 금액을 휴직일수에 곱한 금액을 보상하도록 규정하고(평균임금의 70퍼센트에 해당하는 금액이 「근로기준법」에 의한 통상임금을 초과하는 경우에는 통상임금을 기준으로 한다), 휴직일수가 120일을 넘는 경우에는 120일로 본다.

(2) 근로장소의 폐지 등으로 인하여 직업을 상실하게 된 경우

「근로기준법」에 의한 평균임금의 120일분에 해당하는 금액을 보상한다.

3. 문제점 및 개선방안

실직보상에 있어서 실직된 근로자의 재취직이 자유롭다고 보고 있으나, 현실적으로 현행법이 한정적으로 정하고 있는 전업기간 중에 전업을 하여 종전과 같은 생활을 계속하는 것은 사실상 불가능하다. 따라서 완전보상이 되지 못할 수 있는 경우일 때, 좀 더 적극적인 방안으로서 고용알선, 직업알선 등의 생활재건조치도 필요하다고 보여진다.

쟁점 85 주거용 건축물의 보상특례 (A)

1. 개설

주거용 건축물에 대한 보상특례는 주거의 총체적 가치를 보장하기 위한 것으로, 이는 주거용 건축물의 객관적 가치보상으로는 메워지지 않는 생활이익의 상실에 대한 보상이므로 생활보상의 성격을 갖는다.

2. 비준가격보상[시행규칙 제33조 제2항]

주거용 건축물에 있어서는 거래사례비교법에 의하여 평가한 금액이 원가법에 의하여 평가한 금액보다 큰 경우와「집합건물의 소유 및 관리에 관한 법률」에 의한 구분소유권의 대상이 되는 건물의 가격은 거래사례비교법으로 평가한다.

3. 이주정착금[시행규칙 제53조]

사업시행자는 ① 이주대책을 수립 · 실시하지 아니하는 경우, ② 이주대책대상자가 이주정착지가 아닌 다른 지역으로 이주하려는 경우에는 이주정착금을 지급해야 한다(영 제41조). 이주정착금은 주거용 건축물에 대한 평가액의 30퍼센트에 해당하는 금액으로 하되 1천2백만원 미만인 경우는 1천2백만원, 2천4백만원을 초과하는 경우에는 2천4백만원으로 한다.

4. 최저보상액 600만원 보상[시행규칙 제58조]

주거용 건축물로서 원가법과 거래사례비교법에 의하여 평가한 금액이 600만원 미만인 경우 그 보상액은 600만원으로 한다. 다만, 무허가건축물 등에 대하여는 그러하지 아니한다.

5. 재편입 시의 가산금 지급[시행규칙 제58조]

공익사업의 시행으로 인하여 주거용 건축물에 대한 보상을 받은 자가 그 후 당해 공익사업시행지구 밖의 지역에서 매입하거나 건축하여 소유하고 있는 주거용 건축물이 그 보상일부터 20년 이내에 다른 공익사업시행지구에 편입되는 경우 그 주거용 건축물 및 그 대지(보상을 받기 이전부터 소유하고 있던 대지 또는 다른 사람 소유의 대지위에 건축한 경우에는 주거용 건축물에 한한다)에 대하여는 당해 평가액의 30퍼센트를 가산하여 보상한다(가산금이 1천만원을 초과하는 경우에는 1천만원으로 한다). 다만, 무허가건축물 등을 매입 또는 건축한 경우와 다른 공익사업의 사업인정고시일 등 또는 다른 공익사업을 위한 관계법령에 의한 고시 등이 있은 날 이후에 매입 또는 건축한 경우에는 그러하지 아니하다.

6. 주거이전비의 보상[시행규칙 제54조]

주거이전비는 공익사업지구에 편입되는 주거용 건축물에 실제 거주하는 소유자 및 세입자에 대하여 주거이전에 필요한 비용과 가재도구 등 동산의 운반에 필요한 비용을 보상하는 것으로 사업시행을 원활하게 하려는 정책적 목적과 사회 보장적 차원에서 지급되는 금원을 의미한다.

7. 이사비[시행규칙 제55조]

사업시행지구에 편입되는 주거용 건축물의 거주자가 해당 공익사업시행지구 밖으로 이사를 하는 경우는 이사비(가재도구 등 동산의 운반에 필요한 비용을 말한다)를 보상하여야 한다. 이사비의 보상을 받은 자가 해당 공익사업시행지구 안의 지역으로 이사하는 경우에는 이사비를 보상하지 아니한다. 이사비의 보상대상자는 '공익사업시행지구에 편입되는 주거용 건축물의 거주자로서 공익사업의 시행으로 이주하게 되는 자'로 보는 것이 타당하다.

8. 동산이전비(시행규칙 제55조 제1항)

토지 등의 취득 또는 사용에 따라 이전하여야 하는 동산(제2항에 따른 이사비의 보상대상인 동산을 제외한다)에 대하여는 이전에 소요되는 비용 및 그 이전에 따른 감손상당액을 보상하여야 한다.

쟁점 86 주거이전비 (A)

1. 의의 및 취지

주거이전비는 공익사업지구에 편입되는 주거용 건축물에 실제 거주하는 소유자 및 세입자에 대하여 주거이전에 필요한 비용과 가재도구 등 동산의 운반에 필요한 비용을 보상하는 것으로 사업시행을 원활하게 하려는 정책적 목적을 도모한다.

2. 법적 성질

(1) 실비변상 및 생활보상

주거이전비는 실비변상적 성격이며 생활보상의 성격을 가진다. 또한, 주거이전비와 이사비는 당해 공익사업 시행지구 안에 거주하는 세입자들의 조기이주를 장려하여 사업추진을 원활하게 하려는 정책적인 목적과 주거이전으로 인하여 특별한 어려움을 겪게 될 세입자들을 대상으로 하는 사회보장적인 차원에서 지급하는 금원의 성격을 갖는다.

(2) 강행규정

사업시행자의 세입자에 대한 주거이전비 지급의무 규정은 당사자의 합의 또는 사업시행자 재량에 의하여 적용을 배제할 수 없는 강행규정이라고 보아야 한다(2011두3685).

3. 요건

(1) 소유자

1) 소유자 주거이전비 요건

공익사업시행지구에 편입되는 주거용 건축물의 소유자에 대하여는 해당 건축물에 대한 보상을 하는 때에 가구원수에 따라 2개월분의 주거이전비를 보상하여야 한다. 다만, 건축물의 소유자가 해당 건축물에 실제 거주하고 있지 아니하거나 해당 건축물이 무허가건축물 등인 경우에는 그러하지 아니한다.

2) 주거용의 판단

주거용이라는 것은 건축물의 공부상 용도와 관계 없이 실제 주거용으로 사용되는지에 따라 결정한다. 판례는 무허가, 무신고 건축물 소유자 뿐만 아니라 건축 당시에 적법하게 허가를 받거나 신고를 하여 건축된 건축물이라도 그 후에 허가나 신고 없이 위법하게 용도를 변경하여 주거용으로 사용하는 건축물 소유자도 주거이전비 대상이 아니라고 하였다.

3) 실제 거주 요건

사업인정고시 당시 또는 공익사업을 위한 관계 법령에 의한 고시 당시 실제 거주하고 있었다고 하더라도 주거용 건축물에 대한 보상을 하는 때 실제 거주하지 않았다면 주거이전비 보상 대상이 아니다.

(2) 세입자

1) 세입자 주거이전비 요건

공익사업의 시행으로 인하여 이주하게 되는 주거용 건축물의 세입자(이주대책대상자는 제외)로서 사업인정고시일 등 당시 또는 공익사업을 위한 관계법령에 의한 고시 등이 있는 당시 해당 공익사업시행지구 안에서 3개월 이상 거주한 자에 대하여는 가구원수에 따라 4개월분의 주거이전비를 보상하여야 한다. 다만, 무허가건축물 등에 입주한 세입자로서 사업인정고시일 등 당시 또는 공익사업을 위한 관계법령에 따른 고시 등이 있은 당시 그 공익사업지구 안에서 1년 이상 거주한 세입자에 대해서 주거이전비를 보상한다.

2) 계속거주 요건 필요여부

세입자는 소유자와 달리 3개월 이상 거주할 것만을 요구하기에 계속거주의 요건은 필요하지 않다.

(3) 주거이전비 지급 대상

소유자 또는 세입자가 아닌 가구원은 사업시행자를 상대로 직접 주거이전비 지급을 구할 수 없다.

(4) 세입자 주거이전비 청구권의 취득시기 및 이사비의 지급금액(2006두2435)

사업시행자의 주거이전비 산정통보일 또는 수용개시일까지 계속 거주할 것을 요함이 없이 위 사업인정고시일 등에 주거이전비와 이사비 청구권을 취득한다고 볼 것이고, 한편 이사비의 경우 실제 이전할 동산의 유무나 다과를 묻지 않고 같은 법 시행규칙에 규정된 금액을 지급받을 수 있다.

(5) 세입자에 대한 주거이전비 및 이사비 지급의무의 이행지체 책임 기산시점

세입자에게 지급해야 하는 주거이전비 및 이사비의 지급의무는 사업인정고시일 등 당시 또는 공익사업을 위한 관계 법령에 의한 고시 등이 있은 당시에 바로 발생한다. 주거이전비 및 이사비의 지급의무는 이행기의 정함이 없는 채무로서 채무자는 이행청구를 받은 다음날부터 이행지체 책임이 있다(2010두7475).

(6) 무상거주 세입자 및 이주대책대상자인 세입자

공익사업의 시행으로 인하여 이주하게 되는 주거용 건축물의 세입자에는 무상거주자도 포함된다. 다만, 세입자 중 이주대책 대상자인 세입자는 제외된다. 이주대책 대상자인 세입자는 사업구역 내 주거용 건축물의 소유자로서 소유자에 대한 주거이전비를 지급받는다.

(7) 포기각서

주거이전비를 받을 수 있는 권리를 포기한다는 취지의 포기각서의 내용은 강행규정인 공익사업법 시행규칙 제54조 제2항에 위배되어 무효이다(2011두3685).

3. 주거이전비 산정방법

주거이전비는 도시근로자가구의 가구원수별 월평균 명목 가계지출비를 기준으로 산정한다. 가구원수가 5인인 경우에는 5인 이상 기준의 월평균 가계지출비를 적용하며, 가구원수가 6인 이상인 경우에는 5인 이상 기준의 월평균 가계지출비에 5인을 초과하는 가구원수에 1인당 평균비용을 곱한 금액을 더한 금액으로 산정한다.

4. 주거이전비 보상청구권의 법적 성격(공법상 권리 및 강행규정)

주거이전비와 이사비는, 해당 공익사업시행지구 안에 거주하는 세입자들의 조기이주를 장려하여 사업추진을 원활하게 하려는 정책적인 목적과 주거이전으로 인하여 특별한 어려움을 겪게 될 세입자들을 대상으로 하는 사회보장적인 차원에서 지급하는 금원으로서 공법상 권리이고, 이는 강행규정이다.

5. 보상에 관한 분쟁의 쟁송절차와 소송의 형태 등

(1) 재결 전(공법상 당사자소송)

주거이전비는 공법상의 권리이므로 재결 이전이라면 공법상 당사자소송으로 다투어야 한다. 재결 이후에는 토지보상법 상 이의신청 및 보상금증감청구소송에 의한다.

(2) 재결 후(보상금증감청구소송)

세입자의 주거이전비 보상에 관하여 재결이 이루어진 다음 세입자가 보상금의 증감부분을 다투는 경우에는 같은 법 제85조 제2항에 규정된 행정소송에 따라, 보상금의 증감 이외의 부분을 다투는 경우에는 같은 조 제1항에 규정된 행정소송에 따라 권리구제를 받을 수 있다.

6. 기타

(1) 소유자나 세입자가 아닌 가구원이 청구할 수 있는지

주거이전비는 가구원 수에 따라 소유자 또는 세입자에게 지급되는 것으로서 소유자와 세입자가 지급청구권을 가지는 것으로 보아야 하므로, 소유자 또는 세입자가 아닌 가구원은 사업시행자를 상대로 직접 주거이전비 지급을 구할 수 없다(2010두4131).

(2) 이사비의 보상대상자

이사비 보상대상자는 공익사업시행지구에 편입되는 주거용 건축물의 거주자로서 공익사업의 시행으로 인하여 이주하게 되는 자로 보는 것이 타당하다(2010두5332).

(3) 정비사업의 시행으로 인하여 이주하게 되는 경우에 해당하는지는 세입자의 점유권원의 성격, 세입자와 건축물 소유자와의 관계, 계약기간의 종기 및 갱신 여부, 실제 거주기간, 세입자의 이주시점 등을 종합적으로 고려하여 판단하여야 한다. 이러한 주거이전비 지급요건을 충족하는지는 주거이전비의 지급을 구하는 세입자 측에 주장·증명책임이 있다고 할 것이나, 세입자에 대한 주거이전비의 보상 방법 및 금액 등의 보상내용은 원칙적으로 사업시행계획 인가고시일에 확정되므로, 세입자가 사업시행계획 인가고시일까지 해당 주거용 건축물에 계속 거주하고 있었다면 특별한 사정이 없는 한 정비사업의 시행으로 인하여 이주하게 되는 경우에 해당한다고 보는 것이 타당하다.

7. 도시정비법(현금청산자가 이주정착금, 주거이전비, 이사비 지급 대상인지(2018두55326))

주택재개발사업에서 주택재개발정비사업조합과 현금청산대상자 사이에 청산금액에 관한 협의가 성립하지 않을 경우, 조합이 공익사업을 위한 토지 등의 취득 및 보상에 관한 법률에 따라 현금청산대상자들의 토지 등을 수용할 수 있고, 현금청산자는 이주정착금, 주거이전비, 이사비 지급 대상자에 해당된다.

쟁점 87 **공작물, 농작물, 사업폐지 등에 대한 보상 (D)**

1. 공작물

공작물이란 지상 또는 지하에 인공작업으로 제작된 물건을 말하며, 건축물은 공작물에 포함되지 아니한다. 토지보상법 시행규칙 제36조에 의거 공작물 등의 평가는 토지보상법 시행규칙 제33조 내지 제35조를 준용한다. 단, ① 공작물 등의 용도가 폐지된 경우나 경제적 가치가 없는 경우, ② 토지 등에 가치가 화체된 경우, ③ 사업시행자가 대체시설을 설치하는 경우, ④ 손실보상만을 목적으로 설치된 경우는 보상하지 아니한다.

2. 농작물

농작물의 종류 및 성숙도 등을 종합적으로 고려하여 평가한다(시행규칙 제41조).

3. 사업폐지

공익사업의 시행으로 인하여 건축물의 건축을 위한 건축허가 등 관계법령에 의한 절차를 진행중이던 사업 등이 폐지·변경 또는 중지되는 경우 그 사업 등에 소요된 법정수수료 그 밖의 비용 등의 손실에 대하여는 이를 보상하여야 한다.

쟁점 88 기타 손실보상 관련 판례 (A)

1. **물건가격으로 보상한 경우 지장물 소유권을 취득하는지 여부(소극) 및 이 경우 지장물 소유자는 사업시행자의 지장물 제거와 그 과정에서 발생하는 물건의 가치상실을 수인하여야 할 지위에 있는지 여부(원칙적 적극)**

   제75조 제1항 단서 제2호에 따라 물건의 가격으로 보상한 경우라도, 사업시행자가 해당 물건을 취득하는 수용의 절차를 거치지 아니한 이상 그 보상만으로 해당 물건의 소유권까지 취득한다고 보기는 어렵다.

2. **구분소유적 공유관계에 있는 토지에 대한 평가와 필지별 평가원칙**

   구분소유적 공유토지라고 할지라도 일반 공유토지와 마찬가지로 한 필지의 토지 전체를 기준으로 평가한 다음 이를 공유지분 비율에 따라 안분하여 각 공유지분권자에 대한 보상액을 정하여야 한다.

3. **물건의 수용에 대한 보상액을 정함에 있어서 이전가능성 유무를 먼저 판단하여야 하는지 여부**

   물건의 수용에 있어서는 그 물건의 이전이 현저하게 곤란하거나 이전으로 인하여 종래의 목적에 사용할 수 없게 되는지의 여부를 먼저 가려보고 그에 따라 이전비용 또는 취득가액 중 어느 것으로 보상할 것인지를 정하여야 한다(대판 1994.4.26, 93누13360).

4. **건물의 잔여부분을 보수하여 사용할 수 있는 경우**

   건물의 잔여 부분을 종래의 목적대로 사용 기능을 유지함으로써 그 유용성의 동일성을 유지하는 데 통상 필요하다고 볼 수 있는 공사를 하는데 소요되는 비용을 말한다고 할 것이다(대판 2000.10.27, 2000두5104).

5. **규모의 경제(손실보상금 2015두2444)**

   [1] (구)공익사업을 위한 토지 등의 취득 및 보상에 관한 법률 제75조 제1항에 따른 이전비 보상과 관련하여 수목의 이식비용을 산정할 때, 수목 1주당 가액을 산정기준으로 대량의 수목을 이식하는 경우, 규모의 경제원리에 따라 이식비용을 감액할 수 있는지 여부(원칙적 적극)

   [2] 수목을 대량으로 이식하는 경우, 규모의 경제 원리에 따라 고손액을 감액하여야 하는지 여부(원칙적 소극)

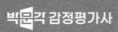
박문각 감정평가사

부동산 가격공시

PART

03

부동산 가격공시

쟁점 89 부동산 가격공시제도의 연혁 (D)

Ⅰ 종래 지가체계

1. **기준지가** : 보상액 산정기준

2. **기준시가** : 양도소득세, 상속세, 증여세 등 국세징수 목적

3. **과세시가표준액** : 취득세, 등록세, 재산세 등 지방세의 과표기준

4. **감정가격(구 한국감정원)** : 담보나 자산재평가

한 필지의 공적지가는 하나만이 존재하는 것이 당연하고 합리적일 것이다. 다원화된 지가체계는 ① 상호간의 연계성이 결여되어 객관적인 가격수준을 제시하지 못하였고, ② 공적지가와 현실지가의 괴리가 상존하였으며, ③ 국민의 불신과 민원 증가, ④ 각기 다른 기관에서 지가를 평가함으로써 인력 및 재정이 낭비되는 문제가 발생하였다.

따라서 다원적 지가체계는 지가에 대한 통일된 기준이 없으므로 정부의 토지정책에 혼란을 야기시킬 뿐 아니라 국민의 신뢰를 저하시키기 때문에 지가체계의 일원화가 요구되기에 이르렀다.

Ⅱ 현행 체계

지가체계의 일원화는 전문적인 감정평가기관에 의해 동일한 가격시점에서 통일된 기준에 의한 토지가치를 파악하여 ① 토지정책의 입안 및 행정자료로 활용함으로써 행정의 예측가능성을 확보하고, ② 지가의 공개로 인하여 국민의 신뢰를 높이는 데 의의가 크다고 하겠다.

공시지가제도는 기준지가고시제를 개선한 것으로 ① 공시지가는 전국의 지가를 동일시점에서 평가하여 공시함으로써 지가의 활용성을 높였고, ② 매년 정기적으로 공시하여 지가의 시가 현실화율을 제고하였으며, ③ 이를 기초로 개별공시지가를 쉽게 산정할 수 있게 하고, ④ 감정평가사가 토지를 개별적으로 평가하는 경우에 공시지가를 기준으로하여 평가하도록 함으로써 공시지가는 모든 토지평가의 기준으로 제도화되었으며, ⑤ 감정평가제도를 효율화한다.

또한 주택가격공시제도는 세부담의 형평성을 제고하기 위하여 단독주택 및 공동주택의 적정가격을 공시하고 있다. 이는 각 행정기관별로 분산되어 있는 부동산가격의 평가체계를 일원화하기 위해 개정한 것이다.

Ⅲ 공시제도 개요

1. 의의

토지는 부증성·부동성·영속성·개별성 등 자연적 특성을 가지고 있고 가격의 형성요인이 복잡하여 일반국민이 정상가격을 판단하기가 어렵다. 더욱이 토지는 일반재화와는 달리 시장경제원리에 따라 수요와 공급이 일치하는 선에서 가격이 결정되지 않는다. 지가공시제도는 이와 같이 적정하게 형성되지 않는 토지가격으로 인한 문제점을 해소 또는 보완하기 위하여 정부가 객관적 기준을 정하고, 이에 의하여 조사·평가된 적정가격을 공시하며, 공시된 지가를 일반국민의 토지거래 및 행정기관의 지가산정 등에 활용할 수 있도록 하는 제도이다.

2. 연혁(도입배경)

(1) 다원화된 지가체계의 문제점 해소

지가공시제도가 도입되기 이전에 정부기관에서 사용하던 지가는 공공용지의 취득 또는 수용 시보상금의 산정 등을 위한 기준지가, 지방세의 부과를 위한 과세시가표준액, 과세특정지역에서양도소득세 등의 과표산정을 위한 기준시가 등으로 다원화되어 있었다. 이렇게 다원화된 공적지가는 다음과 같은 문제점을 야기시켰다.

① 각 기관에서 제시하는 지가는 사용목적에 따라 각각 다른 기준에 의하여 조사·평가되었고, 상호간 연계성이 결여되어 객관적인 가격수준을 제시하지 못하였다.

② 동일 토지에 대하여 건설부(현 국토교통부)의 기준지가, 내무부의 과세시가표준액 및 국세청의 기준시가 등 행정기관이 사용하는 지가가 각각 상이하여 공적지가에 대한 국민의 불신이 초래되었다.

③ 정부 각 기관별로 지가를 조사·평가함으로써 지가의 조사·평가에 소요되는 인력 및 재정의 낭비가 초래되었다.

구분	과세시가표준액	기준지가	기준시가	토지시가
평가기관	내무부(시·군)	건설부	국세청	한국부동산원
근거법률	지방세법	국토이용관리법	소득세법· 상속세법 등	감정평가에 관한 법률
평가목적	취득세, 등록세, 재산세 등의 과표	토지수용보상가 산정의 기준	특정지역 내 양도소득세 등의 과표	담보, 자산재평가 등의 산정기준
평가횟수	연 1회	연 2회	연 2회	연 1회
평가자	• 표준지 : 토지평가사 또는 공인감정사 • 비준지 : 공무원	토지평가사	공무원	공인감정사
최종승인권자	시·도지사	건설부장관	국세청장	한국부동산원장
적용지역	전국과세대상필지 (2,500만필지)	기준지가 고시지역 (전국토의 83%)	특정지역 고시지역 (전국토의 2%)	전국 수탁지

(2) 토지공개념 관련 제도의 실효성 제고

정부에서는 토지 투기 등 토지문제를 해결하기 위하여 여러 가지 대책을 수립·시행하여 왔고, 그 일환으로 1989년에는 택지소유 상한에 관한 법률, 개발이익 환수에 관한 법률, 토지초과이 득세법 등 소위 토지공개념 관련 법률들을 제정하였다.

지가제도와 밀접한 관계를 갖고 있는 토지공개념제도가 성공적으로 추진되기 위해서는 합리적 인 지가제도가 선행되어야 하나, 종래의 지가제도는 기준지가, 과세시가표준액으로 다원화되어 있어 이를 일원화하여 토지공개념 관련 제도 시행의 견실한 기반을 조속히 구축해야 할 필요성 이 대두되었다.

(3) 추진경위

정부기관에서 사용하던 지가가 다원화되어 공적지가에 대한 공신력이 저하되는 등 여러 가지 문제점이 발생하자 국무총리실에서 지가제도 및 감정평가자격제도의 일원화 문제를 1981년 성 장발전저해제도개선과제로 선정하고 개선방안을 마련하였으나, 관계기관 및 이해당사자의 이견 으로 합의에 도달하지 못하였다.

이에 총무처는 경제기획원에 지가체계의 조정을 의뢰하였고 경제기획원은 관계기관의 의견을 조정하기 위하여 학계 및 전문가들로 구성된 토지관련제도개선연구작업단을 구성하여 토지체계 일원화 방안을 연구하도록 하였으며, 1986.12.26. 동 연구작업단의 연구결과를 부동산대책실 무위원회에 상정하여 지가체계의 일원화 방안을 확정하였다. 그 후 1989년 지가공시 및 토지 등의 평가에 관한 법률(현 부동산 가격공시에 관한 법률)을 제정하여 공적지가체계를 공시지가로 일 원화하였으며, 매년 1월 1일을 가격기준일로 하여 표준지가격을 공시하고 있다.

쟁점 90 표준지공시지가 (S)

1. 의의 및 취지

표준지공시지가라 함은 국토교통부장관이 조사, 평가하여 공시한 표준지의 단위면적당 가격을 말한다. 이는 적정가격을 공시하여 ① 부동산의 적정한 가격형성을 도모하고, ② 국토의 효율적 이용 및 국민경제발전, ③ 조세형평성을 향상시키기 위함이다.

2. 법적 성질

(1) 학설

① 공시지가는 보상액 산정 및 개발부담금 산정에 있어서 구속력을 갖는다는 행정행위설, ② 이는 지가정책집행의 활동기준 및 대내적인 구속적 계획이라는 행정계획설, ③ 공시지가는 개별 성, 구체성을 결여한 지가정책의 사무처리기준이라는 행정규칙설, ④ 각종 부담금 및 개별공시

지가 산정의 기준이 되고, 위법한 표준지공시지가를 기준으로 행해진 처분도 위법하다고 보아야 하므로 법규명령의 성질을 갖는 고시로 보아야 한다는 법규명령의 성질을 갖는 고시설이 있다.

(2) 판례

공시지가에 불복하기 위하여서는 처분청을 상대로 이의신청절차를 거쳐 그 공시지가 결정의 취소를 구하는 행정소송을 제기하여야 하다고 판시한 바 있다.

(3) 검토

① 국민의 권리구제 측면에서는 법규명령설이 유리하나 공시지가는 다양한 정책수립기준으로 활용되므로 적정공시가격의 안정성이 조기에 인정될 필요가 있다.

② 따라서 미리 다툴 수 있게 하여 법률관계의 조기 확정을 통한 법적안정성 확보를 도모하기 위하여 처분성을 긍정함이 타당하다.

3. 표준지공시지가의 공시절차

(1) 개설

국토교통부장관은 표준지 선정 및 관리지침에 따라 선정된 표준지에 대하여 공시일 현재의(시행령 제4조) 적정가격을 조사 평가하고 중앙부동산가격공시위원회의 심의를 거쳐 공시해야 한다.

(2) 표준지의 선정(부동산공시법 제3조 제1항)

토지이용상황, 주변 환경, 사회적, 자연적 조건이 유사한 일단의 지역 내에서 표준지선정관리지침상 ① 대표성, ② 중요성, ③ 안정성, ④ 확실성을 충족하는 표준지를 선정한다.

(3) 조사평가

1) 조사 및 평가의 의뢰(부동산공시법 제3조 제5항)

국토교통부장관이 표준지공시지가를 조사·평가할 때에는 업무실적, 신인도 등을 고려하여 둘 이상의 감정평가법인등에게 이를 의뢰하여야 한다. 다만, 지가 변동이 작은 경우 등 대통령령으로 정하는 기준에 해당하는 표준지에 대해서는 하나의 감정평가법인등에 의뢰할 수 있다.

2) 조사 및 평가(부동산공시법 제3조 제4항)

국토교통부장관이 표준지공시지가를 조사·평가하는 경우에는 인근 유사토지의 거래가격·임대료 및 해당 토지와 유사한 이용가치를 지닌다고 인정되는 토지의 조성에 필요한 비용추정액, 인근 지역 및 다른 지역과의 형평성·특수성, 표준지공시지가 변동의 예측 가능성 등 제반사항을 종합적으로 참작하여야 한다.

평가원인을 구체적으로 특정하여 명시함과 아울러 각 요인별 참작 내용과 정도가 객관적으로 납득이 갈 수 있을 정도로 설명됨으로써, 그 평가액이 해당 토지의 적정가격을 평가한 것임을 인정할 수 있어야 한다.

3) 제출 및 결정(부동산공시법 제3조 제2항 및 시행령 제8조)

시·군·구청장의 의견을 청취한 후 보고서를 제출한다. 표준지의 적정가격은 감정평가법인 등이 제출한 조사·평가액의 산술평균치를 기준으로 한다.

국토교통부장관은 표준지공시지가를 공시하기 위하여 표준지의 가격을 조사·평가할 때에는 대통령령으로 정하는 바에 따라 해당 토지소유자의 의견을 들어야 한다.

(4) 중앙부동산가격공시위원회의 심의(부동산공시법 제3조 제1항, 제24조)

국토교통부장관은 공시하고자 하는 공시지가의 적정성 확보 및 지역 간 균형확보를 위해서 중앙 부동산가격공시위원회의 심의를 거쳐야 한다.

(5) 지가의 공시(부동산공시법 제5조) 및 열람(부동산공시법 제6조)

1) 공시(제5조)

① 표준지의 지번, 표준지의 단위면적당 가격, 표준지의 면적 및 형상, 표준지 및 주변 토지의 이용상황, ② 지목, 용도지역, 도로상황 그 밖에 표준지공시지가 공시에 필요한 사항 등을 공시하여야 한다.

2) 열람(제6조)

국토교통부장관은 표준지공시지가를 공시한 때에는 그 내용을 특별시장·광역시장 또는 도지 사를 거쳐 시장·군수 또는 구청장에게 송부하여 일반인이 열람할 수 있게 하고, 대통령령으로 정하는 바에 따라 이를 도서·도표 등으로 작성하여 관계 행정기관 등에 공급하여야 한다.

(6) 표준지공시지가의 적정성

표준지공시지가는 해당 토지뿐만 아니라 인근 유사토지의 가격을 결정하는 데에 전제적, 표준적 기능을 수행하는 것이어서, 특히 그 가격의 적정성이 엄격하게 요구된다.

4. 표준지공시지가의 효력 및 적용

(1) 효력(부동산공시법 제9조)

표준지공시지가는 ① 토지시장에 지가정보를 제공하고, ② 일반적인 토지거래의 지표가 되며, ③ 국가·지방자치단체 등이 그 업무와 관련하여 지가를 산정하거나, ④ 감정평가법인등이 개 별적으로 토지를 감정평가하는 경우에 기준이 된다.

(2) 적용범위

① 법인 등의 토지평가기준(제9조), ② 비준표를 적용하여 개별공시지가의 산정기준(제10조)이 된 다. ③ 행정목적을 위한 산정기준(제8조)이 된다.

5. 권리구제

(1) 이의신청

1) 의의 및 취지

공시지가에 이의 있는 자가 국토교통부장관에게 이의를 신청하고, 국토교통부장관이 이에 대해 심사하는 제도로서(부동산공시법 제7조), 공시지가의 객관성을 확보하여 공신력을 높여주는 제도적 취지가 인정된다.

2) 이의신청의 성격

가. 학설

① 중앙부동산가격공시위원회의 심의를 거치므로 특별행정심판이라는 견해와, ② 처분청인 국토교통부장관에게 이의신청을 한다는 점과, 부동산공시법상 별도로 행정심판을 제기할 수 없다는 규정이 없으므로 행정심판 임의주의 원칙상 특별법상 행정심판으로 볼 실익이 없다는 견해가 있다.

나. 판례

종전 판례는 이의신청을 거쳐서 행정소송을 제기해야 한다고 하였으나, 최근 개별공시지가와 관련된 판례는 행정심판을 제기할 수 없다는 명시적인 규정이 없고, 표준지공시지가 결정에 대한 이의신청과 행정심판의 절차가 다르며 담당하는 기관도 다른 점 등을 종합적으로 고려하여 이의신청을 제기한 이후에도 별도로 행정심판을 제기할 수 있다고 판시한 바 있다.

다. 검토

공시지가 산정작업의 특수성과 전문성이 인정되고, 이는 보상액 및 개발부담금 등의 기초가 되므로 국민의 권리·의무에 영향을 미칠 수 있다. 따라서 최근 판례의 태도에 비추어 강학상 이의신청의 성질로 봄이 국민의 권리구제에 유리할 것이다.

3) 절차 및 효과

공시일로부터 30일 이내에 서면으로 국토교통부장관에게 이의신청을 하고 국토교통부장관은 기간이 만료된 날부터 30일 이내에 심사하고 그 결과를 신청인에게 통지해야 한다. 이의가 타당한 경우에는 표준지공시지가를 조정하여 재공시해야 한다. 헌법재판소는 이의신청기간을 짧게 정한 것이 헌법에 위배되는 것이 아니라고 판시한 바 있다.

(2) 행정심판

최근 판례의 태도에 따르면 이의신청을 거친 경우나 거치지 않은 경우 모두 행정심판을 제기할 수 있을 것이다.

(3) 행정소송

1) 의의 및 종류

표준지공시지가의 하자가 중대·명백한 경우에는 무효등확인소송을, 취소사유인 경우에는 취소소송을 제기할 수 있다.

2) 행정심판 임의주의

행정소송법 제18조에서 행정심판 임의주의를 원칙으로 규정하는 점에 비추어 볼 때, 행정심판을 거치지 않은 경우라도 행정소송을 제기할 수 있을 것이다.

3) 제기요건

가. 대상적격 및 관할

표준지공시지가를 대상으로 토지소재지의 행정법원에 소를 제기할 수 있다.

나. 원고적격

토지소유자는 원고적격을 가지나, 인근 주민에게 원고적격이 인정되는지가 문제된다.

① 부동산공시법 제7조는 "이의가 있는 자"는 이의신청을 제기할 수 있다고 규정하여, 이의신청의 상대방으로 토지소유자만을 규정하고 있지 않으므로 법률상 이해관계 있는 인근 주민은 원고적격이 인정된다는 견해와, ② 인근 주민은 이해관계인에는 해당하나 직접 근거법령에 의해 보호되는 이해관계인은 아니라는 견해가 대립된다. 〈생각건대〉 입법의 취지, 목적 및 공시지가의 영향범위를 고려할 때 인근 주민도 원고적격이 인정되어야 할 것이다.

다. 제소기간

① 있은 날

부동산공시법상 이의신청 제기기간을 공시일부터 30일로 규정하므로, 이와의 균형을 도모하기 위하여 공시일을 있은 날로 봄이 타당하다.

② 안 날

공고, 고시의 상대방은 불특정 다수이고, 효력이 일률적으로 적용되는 것이므로 공시가 효력을 발생하는 날에 행정처분이 있음을 알았다고 보아야 한다.

4) 심리 및 판결

법원은 당사자의 주장을 심리하고 당사자의 주장이 이유 있는 경우에는 인용판결을 할 수 있고, 이유 없는 경우에는 기각판결을 할 수 있다. 소송요건을 갖추지 못한 경우에는 각하판결을 할 것이다.

(4) 하자승계

1) 표준지공시지가와 과세처분

판례는 '표준지공시지가에 불복하기 위해서는 부동산공시법상 이의신청절차를 거쳐 표준지공시지가결정의 취소소송을 제기하여야 한다'고 하여 하자승계를 부정한 바 있다.

2) 표준지공시지가와 개별공시지가

표준지로 선정된 토지의 공시지가에 불복하기 위하여는 그 공시지가결정의 취소를 구하는 행정소송을 제기하여야 하는 것이고, 그러한 절차를 밟지 아니한 채 개별토지가격 결정의 효력을 다투는 소송에서 그 개별토지가격 산정의 기초가 된 표준지공시지가의 위법성을 다툴 수 없다.

3) 표준지공시지가와 보상금증감청구소송(재결)

① 별개의 독립된 법률효과 목적인지

표준지공시지가는 지가정책 및 가격안정을 도모함에 목적이 있고, 재결은 수용권 실행이므로 표준지공시지가와 재결은 목적이 상이하다고 본다.

② 예측가능성

표준지공시지가에는 개별통지규정이 없어서 그 내용을 알고 있다고 전제하기 어렵고, 어느 토지가(표준지) 보상기준이 될지 예측하는 것이 어렵다.

③ 수인한도성

장차 보상 등이 이루어질 경우를 대비하여 항상 토지가격을 주시하고 잘못된 경우 정해진 절차를 통해 시정하도록 요구하는 것은 부당하게 높은 주의의무를 지우는 것으로 볼 수 있다.

④ 검토

장차 보상 등이 이루어질 경우를 대비하여 항상 토지가격을 주시하고 잘못된 경우 정해진 절차를 통해 시정하도록 요구하는 것은 부당하게 높은 주의의무를 지우는 것이기에 수용보상금의 증액을 구하는 소송에서도 선행처분으로서 그 수용대상 토지가격 산정의 기초가 된 비교표준지공시지가결정의 위법을 독립한 사유로 주장할 수 있다.

◆ 알아두기

재평가
① 국토교통부장관은 실제 매매가격 및 감정평가 정보체계 등을 활용하여 그 적정성 여부를 검토할 수 있다(부동산공시법 시행령 제8조 제5항).
② 국토교통부장관은 검토 결과 부적정하다고 판단되거나 조사·평가액 중 최고평가액이 최저평가액의 1.3배를 초과하는 경우에는 해당 감정평가법인등에게 보고서를 시정하여 다시 제출하게 할 수 있다(동조 제6항).
③ 국토교통장관은 제출된 보고서의 조사·평가가 관계법령을 위반하여 수행되었다고 인정되는 경우에는 해당 감정평가법인등에게 그 사유를 통보하고, 다른 감정평가법인등 2인에게 대상 표준지공시지가의 조사·평가를 다시 의뢰하여야 한다. 이 경우 표준지 적정가격은 다시 조사·평가한 가액의 산술평균치를 기준으로 한다(동조 제7항).

쟁점 91 개별공시지가 (S)

1. 의의 및 취지(부동산공시법 제10조)

개별공시지가란 시장·군수·구청장이 공시지가를 기준으로 산정한 개별토지의 단위당 가격을 말한다. 이는 조세 및 개발부담금 산정의 기준이 되어 행정의 효율성 제고를 도모함에 제도적 취지가 인정된다.

2. 법적 성질

(1) 견해의 대립

① 개별공시지가는 가감 없이 그대로 과세기준이 되어 국민의 권익에 영향을 주는 물건의 성질·상태에 관한 규율이라는 물적행정행위설, ② 행정행위의 개념징표인 개별성, 구체성이 결여된다는 행정규칙설, ③ 개별토지가격을 알리는 사실행위라는 사실행위설, ④ 부담금 및 과세의 기준이 되므로 조기의 권리구제를 위하여 처분성은 인정하나 구체성 결여로 행정행위로 보는 것은 타당하지 않다는 법규명령의 성질을 갖는 고시설이 있다. ⑤ 과세처분 등 행정행위의 구속력 있는 기준이 되는 등 국민의 권익에 직접 영향을 미치므로 행정소송법상 처분으로 보는 견해가 있다.

(2) 판례의 태도

개별토지가격결정은 관계법령에 의한 토지초과이득세 또는 개발부담금 산정의 기준이 되어 국민의 권리나 의무 또는 법률상 이익에 직접적으로 관계되는 것으로서 항고소송의 대상이 되는 행정처분에 해당한다.

(3) 검토

개별공시지가는 세금이나 부담금의 산정기준이 되어 그 납부액에 직접 반영되는 것이므로 개인의 재산권에 영향을 준다고 볼 수 있다. 따라서 그 처분성을 인정할 수 있다.

3. 절차

(1) 개설

① 시장·군수·구청장이 지가를 산정하여, ② 그 타당성에 대하여 감정평가법인등의 검증을 받고, ③ 토지소유자 및 기타 이해관계인의 의견을 듣는다. ④ 그 후, 시·군·구 부동산가격공시위원회의 심의 후 결정·공시한다.

(2) 개별공시지가의 산정(부동산공시법 제10조)

시장·군수·구청장은 해당 토지와 유사한 이용가치를 지닌다고 인정되는 하나 또는 둘 이상의 표준지의 공시지가를 기준으로 토지가격비준표를 사용하여 지가를 산정한다. 단, 표준지 및 조세부담금 부과대상이 아닌 경우는 산정하지 아니할 수 있다. 또한 해당 토지가격과 표준지공시지가가 균형을 유지하도록 하여야 한다.

(3) 개별공시지가의 검증 및 의견청취

감정평가실적이 우수한 법인 등에게 검증받되, 개발사업시행 및 용도지역·지구변경의 경우를 제외하고 생략할 수 있다(시행령 제18조). 이 경우 개별토지의 지가변동률과 시·군·구 연평균 지가변동률의 차이가 작은 순서대로 검증을 생략하고, 생략에 관하여는 미리 관계기관의 장과 협의하여야 한다. 검증 자체는 사실행위로서 항고쟁송의 대상이 될 수는 없다.

(4) 시·군·구 부동산가격공시위원회의 심의 및 공시

시·군·구 부동산가격공시위원회의 심의 후, 개별공시지가결정 및 이의신청에 관한 사항을 결정·공시한다. 필요 시 개별통지할 수 있다(시행령 제21조 제3항).

(5) 비준표를 사용한 지가와 달리 결정할 수 있는지 여부

시장 등은 표준지공시지가에 토지가격비준표를 사용하여 산정된 지가(비준표를 적용하여 산정하는 지가를 산정지가라고 하며, 산정지가는 반드시 비준표를 적용하여야 한다)와 감정평가법인등의 검증의견 및 토지소유자 등의 의견을 종합하여 해당 토지에 대하여 표준지공시지가와 균형을 유지한 개별공시지가를 결정할 수 있다. 이에 비준표와 달리 결정되었다고 하여 위법한 것은 아니다.

(6) 개별공시지가 정정

1) 정정사유

시장, 군수 또는 구청장은 위산, 오기, 표준지 선정의 착오 그 밖에 대통령령이 정하는 명백한 오류가 있음을 발견한 때에는 지체 없이 정정해야 한다. 그 밖에 대통령령이 정하는 명백한 오류라 함은 공시절차를 완전하게 이행하지 아니한 경우, 용도지역 등 토지에 영향을 미치는 주요요인의 조사를 잘못한 경우, 비준표 적용에 오류가 있는 경우를 의미한다.

명백한 잘못이란 그 하자가 명백하여 외관상 명백한 것을 의미하는 것이 아니라 정정하여야 할 사유의 명백한 예시를 규정한 것으로 볼 것이다.

2) 정정절차

시장, 군수, 구청장은 시, 군, 구 부동산가격공시위원회의 심의를 거쳐 정정사항을 결정, 공시해야 한다. 다만, 위산이나 오기는 심의를 하지 않을 수 있다.

3) 경정결정·공고된 경우

개별토지가격이 지가산정에 명백한 잘못이 있어 경정결정·공고되었다면 당초에 결정·공고된 개별토지가격은 그 효력을 상실하고 경정결정된 새로운 개별토지가격이 공시기준일에 소급하여 그 효력을 발생한다.

4) 정정신청 거부 불복 가능성

판례는 정정 신청권을 부정하였고 국민의 정정신청은 관념의 통지에 불가할 뿐이어서 거부는 처분이 아니라고 보았다. 다만, 행정절차법 제25조에 의해 신청권을 인정할 수 있기에 판례의 태도는 비판의 여지가 있다.

4. 개별공시지가의 효력

(1) 개별공시지가의 효력

① 국세, 지방세, 부담금 산정기준의 과세표준이 되며, ② 행정목적의 지가산정기준이 된다. 다만, 개별공시지가를 기준으로 하여 행정목적에 활용하기 위하여는 법률의 명시적인 규정이 있어야 하므로 규정이 없는 경우에는 표준지공시지가를 기준으로 개별적으로 토지가격을 산정하여야 할 것이다.

(2) 개별공시지가의 위법성 판단

개별토지가격의 적법성 여부는 규정된 절차와 방법에 의거하여 이루어진 것인지 여부에 따라 판단하여야 한다.

5. 권리구제

---

* **개별공시지가의 일반적인 위법사유**

① 부동산공시법상 주요절차를 위반하거나, ② 비교표준지의 선정 또는 토지가격비준표에 의한 표준지와 해당 토지의 토지특성의 조사·비교 및 가격조정률의 적용이 잘못된 경우, ③ 기타 틀린 계산·오기로 인하여 지가산정에 명백한 잘못이 있는 경우 등

---

(1) 이의신청

1) 의의 및 취지

개별공시지가에 이의 있는 자가 시·군·구청장에게 이의를 신청하고 심사하는 제도로 개별공시지가의 객관성을 확보하여 공신력을 높이는 취지가 인정된다.

2) 성격

① 부동산공시법에 행정심판의 제기를 배제하는 명시적 규정이 없고, ② 부동산공시법상 이의신청과 행정심판은 그 절차 및 담당기관에 차이가 있는 점을 종합하면 행정심판법 제3조 제1항에서 행정심판의 제기를 배제하는 '다른 법률에 특별한 규정이 있는 경우'에 해당한다고 볼 수 없으므로 이의신청을 거친 경우에도 행정심판을 거쳐 소송을 제기할 수 있을 것이다(판례동지).

3) 절차 및 효력

공시일부터 30일 이내에 서면으로 시·군·구청장에게 이의신청을 하고, 시·군·구청장은 기간만료일부터 30일 이내에 심사하여 그 결과를 신청인에게 통지해야 한다. 이의가 타당한 경우는 개별공시지가를 조정하여 재공시해야 한다.

(2) 행정심판

최근 판례의 태도에 따를 때 이의신청을 거치지 않고 행정심판을 제기할 수 있고, 이의신청을 거친 경우에도 행정심판을 제기할 수 있을 것이다.

(3) 행정소송

1) 의의 및 종류

하자가 중대·명백한 경우에는 무효등확인소송, 취소사유인 경우에는 취소소송을 제기할 수 있다.

2) 행정심판 임의주의

행정소송법 제18조에서 행정심판 임의주의를 원칙으로 규정하는 점에 비추어 볼 때, 행정심판을 거치지 않은 경우라도 행정소송을 제기할 수 있을 것이다.

3) 제기요건

가. 대상적격 및 관할

개별공시지가를 대상으로 토지소재지의 행정법원에 소를 제기할 수 있다.

나. 원고적격

토지소유자는 원고적격을 가지나, 인근 주민의 원고적격이 인정되는지가 문제되나 법률상 이익의 침해를 입증한다면 인근 주민도 원고적격이 인정될 수 있다고 본다.

다. 제소기간

① 있은 날

이의신청 제기기간을 공시일부터 30일로 규정하므로, 이와의 균형을 도모하기 위하여 공시일을 있은 날로 봄이 타당하다. 또한 판례도 공고일부터 효력을 발생한다고 판시한 바 있다.

② 안 날

개별공시지가는 해당 토지의 과세의 기준이 되는 것이므로 불특정 다수인의 불가쟁력 발생시점의 통일을 기할 필요가 없다고 사료된다. 따라서 현실적으로 알았다는 사정이 없는 한 고시일로부터 180일 및 1년 이내에 행정심판 및 행정소송을 제기할 수 있다고 본다.

4) 심리 및 판결

법원은 당사자의 주장을 심리하고 당사자의 주장이 이유 있는 경우에는 인용판결을 할 수 있고, 이유 없는 경우에는 기각판결을 할 수 있다. 소송요건을 갖추지 못한 경우에는 각하판결을 할 것이다.

6. 하자승계(개별공시지가와 과세처분)

(1) 별개의 효과

개별공시지가는 개별지가의 산정목적을 갖고, 과세처분은 금전납부 부과의무의 목적을 가지므로 각 처분의 목적은 상이하다.

(2) 예측가능성

개별공시지가는 토지소유자 및 이해관계인에게 개별적으로 고지하도록 되어 있는 것이 아니어서 이를 통지받지 않은 토지소유자 및 이해관계인은 개별공시지가의 결정내용을 알고 있다고 전제하기가 곤란하다. 또한 결정된 개별공시지가가 자신에게 유리할지, 불리할지는 쉽사리 예견할 수 없으므로 예측가능성이 결여된다.

(3) 수인한도성

소유자 등으로 하여금 장차 과세처분이 이루어질 것에 대비하여 항상 토지가격을 주시하고 개별공시지가 결정이 잘못된 경우에는 정해진 시정절차를 통해서 시정하도록 요구하는 것은 부당하게 높은 주의의무를 지우는 것으로 볼 수 있다.

따라서 개별공시지가결정의 위법을 주장할 수 없도록 하는 것은 수인한도를 넘는 불이익을 강요하는 것으로서 국민의 재산권과 재판받을 권리를 보장한 헌법의 이념에도 부합하는 것이 아니라고 할 것이므로 개별공시지가 결정의 위법성을 주장할 수 있다고 해석함이 타당하다.

(4) 판례

① 개별토지가격의 결정에 위법이 있는 경우에는 그 자체를 행정소송의 대상이 되는 행정처분으로 보아 그 위법 여부를 다툴 수 있음은 물론 이를 기초로 한 과세처분 등 행정처분의 취소를 구하는 행정소송에서도 선행처분인 개별토지가격결정의 위법을 독립된 위법사유로 주장할 수 있다.

② 개별토지가격 결정에 대한 재조사 청구에 따른 감액조정에 대하여 더 이상 불복하지 아니한 경우, 이를 기초로 한 양도소득세 부과처분취소소송에서 다시 개별토지가격 결정의 위법을 해당 과세처분의 위법사유로 주장할 수 없다.

7. 개별공시지가와 손해배상

개별공시지가 산정업무 담당공무원 등이 부담하는 직무상 의무의 내용 및 그 담당공무원 등이 직무상 의무에 위반하여 현저하게 불합리한 개별공시지가가 결정되도록 함으로써 국민개개인의 재산권을 침해한 경우, 그 담당공무원 등이 속한 지방자치단체는 손해배상책임을 갖는다. 이 경우 그 담당공무원 등의 개별공시지가 산정에 관한 직무상 위반행위와 위 손해 사이에 상당인과관계가 인정되어야 한다.

쟁점 92   토지가격비준표 (A)

1. 의의, 취지, 근거

토지가격비준표는 표준지와 개별토지의 지가형성요인에 관한 표준적인 비교표로서, 행정목적을 위한 지가산정 시, 비용절감 및 전문성을 보완함에 제도적 취지가 인정된다. 부동산공시법 제3조 제8항에 근거규정을 두고 있다.

2. 법적 성질

(1) 학설

① 형식을 중시하여 대외적 구속력을 부정하는 행정규칙설, ② 전문성과 기술성이 인정되는 영역에서 행정의 시원적인 입법권을 인정해야 한다는 규범구체화행정규칙설, ③ 법규와 같은 효력을 가지나 형식은 행정규칙이라는 법규명령의 효력을 갖는 행정규칙설, ④ 실질을 중시하여 대외적 구속력을 인정하는 법규명령설, ⑤ 수권 유무를 기준으로 구별하는 수권여부기준설이 있다.

(2) 판례

① 국세청장훈령인 재산제세사무처리규정은 상위법인 소득세법 시행령과 결합하여 법규성을 가진다고 판시한 바 있다.

② 대법원은 토지가격비준표는 집행명령인 개별토지가격합동조사지침과 더불어 법령보충적 구실을 하는 법규적 성질을 가지고 있는 것으로 보아야 한다고 판시한 바 있다.

(3) 검토

상위법령의 위임이 있는 경우에는 그와 결합하여 법령을 보충하므로 법규성을 인정하는 것이 행정현실상 타당하다고 판단된다. 다만, 일반적인 법규명령절차를 거치지 않기 때문에 '국민의 예측가능성'을 고려하여 고도의 전문적 영역에 한정되어 최소한도로 인정해야 할 것이다. 토지가격비준표의 경우 부동산공시법 제3조 제8항의 위임에 의한 것이므로 법규성을 갖는다고 보아야 한다.

3. 토지가격비준표의 내용

① 업무상 대량의 토지를 일시에 평가하는 경우 합리적인 산정기준을 제시하여 자의성을 배제하는 기능을 가지며, ② 개별공시지가 산정 및 각 행정목적을 위한 지가산정에 활용된다.

4. 권리구제

(1) 작성상의 하자

① 비준표 작성 자체만으로는 국민의 권리·의무에 영향을 주지 않으므로 대상적격이 인정되지 않는다.

② 비준표는 법규명령의 성질을 가지므로, 토지특성항목이나 가격배율의 하자를 구체적 규범통 제로 다툴 수 있다.

③ 비준표상의 토지의 특성 및 평가요소 등의 추가 또는 제외됨으로 인하여 가격상승 또는 가격 하락이 있게 되었다는 것만으로는 개별토지가격결정이 부당하다고 하여 이를 다툴 수 없다.

(2) 활용상의 하자

판례는 비교표준지와 개별토지의 특성을 비교하여 비준표상의 가격배율을 모두 적용하여야 하며, 이를 일부만 적용한 것은 위법하다고 판시하였다.

5. 기타

(1) 보상평가와의 관계

'지가형성요인에 관한 표준적인 비교표(토지가격비준표)'는 개별토지가격을 산정하기 위한 자료로 제공되는 것으로, 토지수용에 따른 보상액 산정의 기준이 되는 것은 아니고 단지 참작자료에 불과할 뿐이다(2006두11507).

(2) 문제점 및 개선방향

토지가격비준표는 개별성을 지니는 토지의 일률적인 비교로서 개별필지 간 지가불균형, 해당 토지가격의 적정가격과의 괴리, 통계오차의 간과우려 및 사회·경제의 변화에 따른 탄력적 대응 곤란 등의 문제점을 지닐 수 있다. 정확한 토지특성의 조사, 지역의 세분화 및 동일 수급권별 작성 및 적용의 탄력성 부여 등을 통한 개별토지가격의 적정성 확보를 위한 노력이 필요하다.

쟁점 93 표준지의 선정 및 관리지침 등의 법적 성질 [B]

1. 토지가격비준표(부동산공시법 제3조 제8항)

비준표의 형식이 훈령인지는 명확하지 않으나, 부동산공시법 제3조 제8항에서는 국토교통부장 관에게 위임하고 있다. 따라서 법령보충적 행정규칙이다.

2. 표준지의 선정 및 관리지침

표준지의 선정 및 관리지침은 형식이 국토교통부의 훈령이다. 부동산공시법 제16조 제1항 및 시행령 제26조 제2항에 위임의 근거가 있다. 따라서 법령보충적 행정규칙이다.

3. 표준지공시지가 조사·평가를 위한 감정평가법인등 선정에 관한 기준

선정기준은 그 형식이 국토교통부의 훈령이다. 부동산공시법 제3조 제5항, 시행령 제7조 제5항 의 규정에 의하여 국토교통부장관이 정하도록 하고 있으므로 위임의 근거가 있다.

4. 표준지조사평가기준

표준지조사평가기준은 형식이 국토교통부의 훈령이다. 부동산공시법 제3조 제4항 및 시행령 제 6조 제3항에 위임의 근거가 있다. 따라서 법령보충적 행정규칙이다.

5. 부동산공시법상(감정평가법상) 법령보충적 행정규칙

- 개별공시지가의 검증업무처리지침
- 개별주택가격의 검증업무처리지침
- 공동주택가격 조사·산정기준
- 주택가격현황도면의 작성 및 활용지침
- 지가현황도면의 작성 및 활용지침
- 표준주택가격 조사·산정기준
- 표준주택의 선정 및 관리지침
- 표준지공시지가 조사·평가기준
- 표준지의 선정 및 관리지침
- 표준지공시지가 조사·평가를 위한 감정평가법인등 선정에 관한 기준
- 공동주택가격 조산·산정기준
- 부동산 가격공시 등의 수수료에 관한 기준
- 감정평가실무기준
- 감정평가법인등의 보수에 관한 기준

쟁점 94 개별공시지가 적정성 확보 (B)

1. 개설

개별공시지가는 전문가에 의한 평가가 아닌 산정으로서 결정·공시하게 되는바, 그 적정성을 검토하기 위한 여러 가지 제도가 있다.

2. 의견청취

시장 등은 결정·공시 전에 20일 이상 개별토지가격열람부를 일반에게 열람하게 하고 의견제출을 할 수 있도록 규정하고 있으며, 의견제출 시 감정평가법인등에게 정밀검증을 하도록 하고 있다.

3. 개별공시지가의 검증

(1) 의의 및 취지

개별공시지가의 검증이란 감정평가법인등이 시·군·구청장이 산정한 개별공시지가의 타당성에 대하여 전문가적 입장에서 검토하는 것으로서, 부동산공시법 제10조 제5항에 근거한다. 이

는 개별공시지가 산정의 전문성을 보완하고 개별공시지가의 신뢰성과 객관성을 확보함에 취지가 인정된다.

(2) 법적 성질

개별공시지가의 검증은 검증 자체로는 법률효과의 발생이 없으며, 개별공시지가 산정에 대한 적정성을 단순히 확인하고 의견을 제시하는 것이므로 사실행위로 볼 수 있다.

(3) 내용

1) 주체 및 책임(부동산공시법 제10조 제6항)

검증의 주체는 감정평가법인등이며, 시·군·구청장은 해당 지역의 표준지공시지가를 조사하고 평가한 감정평가법인등이나, 실적이 우수한 감정평가법인등을 지정할 수 있다.

2) 약식검증(산정지가검증)

① **의의**(부동산공시법 제10조 제5항 및 시행령 제18조)

약식검증이란 시·군·구청장이 개별공시지가를 산정한 후, 개별공시지가에 대한 타당성을 감정평가법인등에게 검증받는 것을 말한다. 이는 산정지가검증이라고도 하며 지가현황도면 및 지가조사자료를 기준으로 하여 개별공시지가 산정대상의 전체 필지에 대하여 행하여진다.

② **검증 실시 및 생략사유**(시행령 제18조 제3항)

개발사업이 있거나 용도지역·지구가 변경된 경우에는 반드시 검증해야 하며, 개별토지의 지가변동률과 읍·면·동의 연평균 지가변동률 간의 차이가 작은 순으로 검증을 생략할 수 있다.

③ **검증내용**(시행령 제18조 제2항)

비교표준지 선정의 적정성, 개별토지가격 산정의 적정성, 개별공시지가와 표준지공시지가, 인근 토지 사이의 균형 등을 검증해야 한다.

④ **검증을 결한 개별공시지가의 효력**

검증을 임의적으로 생략했거나, 하자 있는 검증은 개별공시지가의 효력에 영향을 미치게 되며 하자의 정도에 따라 무효 또는 취소할 수 있는 행위가 된다.

3) 정밀검증

의견제출 검증과 이의신청 검증이 있다.

① 의견제출 검증은 토지소유자 등이 의견을 제출한 토지만을 대상으로 하여 현장조사를 하며, 개별공시지가의 결정·공시 전에 행하게 된다.

② 이의신청 검증은 이의신청된 토지를 대상으로 현장조사를 하며, 개별공시지가가 결정·공시된 이후에 이루어진다.

4) 문제점 및 개선방향

① 검증기간이 부족하므로 검증을 통한 적정성 확보가 어려운바, 적정한 검증기간이 필요하다.

② 방대한 양의 공적자료의 충분한 제시가 요구되므로 관련 공무원의 협조요청이 필요하다.
③ 검증수수료의 현실화 및 예산집행의 실효성 확보가 필요하다.

4. 직권정정

개별공시지가에 틀린 계산, 오기, 표준지 선정의 착오 등 명백한 오류가 있는 경우에 이를 직권
으로 정정해야 하는 제도를 말하며, 이는 명시적 규정을 두어 책임문제로 인한 정정회피문제를
해소하고 불필요한 쟁송을 방지하여 행정의 능률화를 도모함에 취지가 있다.

5. 분할·합병 등이 발생한 토지의 재공시 결정

(1) 의의 및 취지(부동산공시법 제10조 제3항)

시·군·구청장은 개별공시지가의 공시기준일 이후에 토지의 분할·합병 등이 발생한 토지에
대해서, 대통령령으로 정하는 기준일에 개별공시지가를 결정·공시하도록 규정하고 있다. 이는
개별공시지가의 변동사항을 신속하게 반영하여 각종 조세산정기준이 되는 기능에 충실하도록
하기 위함이다.

(2) 공시일(부동산공시법 시행령 제16조 제2항)

① 1월 1일부터 6월 30일까지의 사이에 사유가 발생한 토지는 7월 1일을 공시기준일로 하여
10월 31일까지 결정·공시한다.

② 7월 1일부터 12월 31일까지의 사이에 사유가 발생한 토지는 다음 해 1월 1일을 공시기준일
로 하여 다음 해 5월 31일까지 결정·공시한다.

6. 불복수단

부동산 가격공시에 관한 법률에서는 이의신청을 규정하고 있으며, 개별공시지가의 처분성을 긍
정하면 행정쟁송에 의한 권리구제가 가능하다.

쟁점 95 부동산공시법과 토지보상법상 타인토지출입의 비교 (C)

I 공통점

1. 법적 성질

① 공용부담적 측면에서 공용제한 중 사용제한에 해당한다. ② 또한 행정의 실효성 확보차원에
서 행정조사로 볼 수 있다. ③ 출입허가의 법적 성질에 대해 통설은 특허로 본다.

2. 출입의 제한 및 증표 등의 휴대

양 법 모두 일출 전, 일몰 후에 점유자의 승낙 없이 타인의 토지에 출입할 수 없으며, 출입하고 자 하는 때에는 허가증 및 증표를 휴대하도록 규정하고 있다.

Ⅱ 차이점

1. 입법취지

① 토지보상법상 사업인정 전 타인토지출입은 공공복리 목적의 공익사업의 원활한 준비를 위하여 사업인정 전에 사업의 준비를 행하기 위함이며, ② 부동산공시법상 타인토지출입은 공시지가의 조사, 평가 및 개별토지가격의 산정을 위함이다.

2. 보상규정

① 토지보상법은 타인토지출입으로 인한 손실에 대해 보상규정을 두고 있으나, ② 부동산공시법은 보상규정을 마련하고 있지 않아서 문제된다. 특별한 희생에 해당되는 경우에는 헌법 제23조 제3항의 효력논의를 통해 해결한다.

3. 토지점유자의 인용의무

① 토지보상법은 제11조에서 인용의무를 규정하고 있으며 이를 위반하면 형벌을 가할 수 있도록 규정하고 있으나, ② 부동산공시법상에는 인용의무에 대한 규정이 없다. 이는 토지보상법의 경우처럼 공공사업의 시행을 위해 장해물의 제거 등을 행할 필요가 없기 때문에 토지점유자로서는 출입자의 행위를 방해할 필요가 없기 때문이다.

4. 출입의 절차 및 기간

① 토지보상법은 출입하고자 하는 날의 5일 전까지 그 일시 및 장소를 특별자치도지사, 시장·군수 또는 구청장에게 통지하여야 하고 특별자치도지사, 시장·군수 또는 구청장은 통지를 받았을 때, 지체 없이 이를 공고하고 토지점유자에게 통지하여야 한다. ② 이에 반해 부동산공시법은 출입할 날의 3일 전에 그 점유자에게 일시와 장소를 통지하여야 한다.

5. 장해물의 제거

토지보상법은 사업의 준비를 위해 장해물 등을 제거할 수 있다고 규정을 두고 있으나, 부동산공시법에서는 이에 대한 규정이 없다.

쟁점 96 부동산가격공시위원회 (B)

1. 의의

부동산가격공시위원회란 부동산공시법상의 내용과 관련된 사항을 심의하는 위원회를 말하며, 국토교통부장관 소속하에 두는 중앙부동산가격공시위원회와 시장·군수·구청장 소속하에 두는 시·군·구 부동산가격공시위원회가 있다.

2. 부동산가격공시위원회의 성격

(1) 필수기관

중앙부동산가격공시위원회는 국토교통부장관의 소속하에 두고 시·군·구 부동산가격공시위원회는 시장·군수·구청장 소속하에 두는 필수기관이다.

(2) 심의기관의 성격

의결기관과 자문기관의 중간 형태인 심의기관의 성격이 있다고 본다.

3. 중앙부동산가격공시위원회

(1) 설치 및 운영

① 국토교통부장관 소속하에 둔다. 위원장은 국토교통부 제1차관이 되고, 공무원이 아닌 위원의 임기는 2년으로 한다. ② 위원회의 회의는 재적위원 과반수의 출석으로 개의하고, 출석위원 과반수의 찬성으로 의결한다.

(2) 권한

① 부동산 가격공시 관계법령의 제정·개정에 관한 사항 중 국토교통부장관이 심의에 부치는 사항, ② 표준지의 선정 및 관리지침, ③ 조사·평가된 표준지공시지가, ④ 표준지공시지가에 대한 이의신청에 관한 사항, ⑤ 표준주택의 선정 및 관리지침, ⑥ 조사·산정된 표준주택가격, ⑦ 표준주택가격에 대한 이의신청에 관한 사항, ⑧ 공동주택의 조사 및 산정지침, ⑨ 조사·산정된 공동주택가격, ⑩ 공동주택가격에 대한 이의신청에 관한 사항, ⑪ 비주거용 표준부동산의 선정 및 관리지침, ⑫ 조사·산정된 비주거용 표준부동산가격, ⑬ 비주거용 표준부동산가격에 대한 이의신청에 관한 사항, ⑭ 비주거용 집합부동산의 조사 및 산정지침, ⑮ 조사·산정된 비주거용 집합부동산가격, ⑯ 비주거용 집합부동산가격에 대한 이의신청에 관한 사항, ⑰ 계획수립에 관한 사항, ⑱ 그 밖에 부동산정책에 관한 사항 등 국토교통부장관이 심의에 부치는 사항 등을 심의한다.

4. 시·군·구 부동산가격공시위원회

(1) 설치 및 운영

① 시장·군수·구청장 소속하에 둔다. 위원장은 부시장, 부군수 또는 부구청장이 된다. ② 시·

군·구 부동산가격공시위원회의 구성과 운영에 관하여 필요한 사항은 해당 시·군·구의 조례로 정한다.

(2) 권한

① 개별공시지가의 결정에 관한 사항, ② 개별공시지가에 대한 이의신청에 관한 사항, ③ 개별주택가격의 결정에 관한 사항, ④ 개별주택가격에 대한 이의신청에 관한 사항, ⑤ 비주거용 개별부동산가격의 결정에 관한 사항, ⑥ 비주거용 개별부동산가격에 대한 이의신청에 관한 사항, ⑦ 그 밖에 시장·군수 또는 구청장이 심의에 부치는 사항 등을 심의한다.

쟁점 97 공시지가의 성격 (B)

1. 문제점

시가란 불특정 다수의 시장에서 자유로이 거래가 이루어지는 경우에 통상 성립된다고 인정되는 가액으로서, 토지의 현실거래가격은 아니므로 비정상적인 경로에 의해 상승 또는 감소한 가격은 배제된다. 시가와 현저히 차이가 나는 공시지가결정이 위법한지의 문제와 관련하여 공시지가가 시가와 어떠한 관계가 있는지를 검토하여야 한다.

2. 학설

(1) 정책가격설

공시제도의 목적은 부동산공시법 제1조에 나타나는 바와 같이, 공시지가의 공시를 통하여 적정한 지가형성을 도모하는 데 있으므로 이는 현실에서 거래되는 가격이 아니라 투기억제 또는 지가안정이라는 정책적 목적을 위해 결정·공시되는 가격이라고 본다.

(2) 시가설

공시지가는 각종 세금이나 부담금의 산정기준이 되는 토지가격으로서 현실시장가격을 반영한 가격이지 이와 유리된 가격일 수 없다고 본다.

3. 판례

개별토지가격의 적정성 여부는 규정된 절차와 방법에 의거하여 이루어진 것인지 여부에 따라 결정될 것이지 해당 토지의 시가와 직접적인 관련이 있는 것이 아니므로, 단지 개별지가가 시가를 초과한다는 사유만으로는 그 가격결정이 위법하다고 단정할 것은 아니다.

4. 검토

공시지가가 통상적인 시장에서 형성되는 정상적인 시가를 제대로 반영하는 것이 바람직하나, 공시지가가 시가대로 산정된다면 공시지가제도를 둔 취지가 훼손될 수 있다. 따라서 공시지가와 시가가 현저히 차이가 난다는 사유만으로 그 위법을 인정할 수는 없으며, 이러한 경우 그 산정 절차나 비교표준지의 사정 등에 위법이 있을 수 있으므로 이러한 위법을 이유로 주장할 수 있을 것이다.

쟁점 98 공시지가제도의 문제점과 개선방안 [D]

1. 개설

공시지가제도는 종래의 다원화된 지가체계를 일원화하여 바람직하다고 생각하는 지가수준을 널리 국민에게 알려 지가행정의 원활함과 행정의 공신력 확보를 도모하기 위한 제도이다. 그러나 그 동안의 제도운영상 여러 가지 문제점으로 인하여 공시지가의 공신력에 대한 불신을 받고 있다. 이러한 문제점의 발생원인은 ① 지가조사의 근본적인 어려움, ② 제도시행상의 문제점, ③ 이해관계에 따라 지가를 다르게 인식하는 경향, ④ 토지시장에서의 이론지가와 현실지가의 괴리 등에서 찾을 수 있다.

2. 이해관계에 따른 지가인식의 문제점과 개선방안

조세, 보상 등과 관련하여 체감지가와의 차이에 따라 많은 민원이 제기되고 있다. 이를 개선하기 위해서는 공시지가의 평가에 있어서 감정평가의 각 방식 중 가장 적절한 방식과 기법을 적용하도록 함이 바람직하다.

3. 개별공시지가의 신뢰도 문제점과 개선방안

(1) 비교표준지 선정오류의 문제

비전문가인 공무원이 비교표준지를 선정함에 따라 비교표준지 선정이 잘못되어 개별공시지가가 부적정하게 되는 문제가 있다. 이를 개선하기 위해서는 전문교육이 선행되어야 할 것이다.

(2) 토지가격비준표의 한계

토지가격비준표는 용도지역별로 구성되어 있으므로 적용범위가 광범위하여 해당 토지의 적정가격과 괴리될 수 있다. 이러한 문제점을 해결하기 위해 동일가격권별로 비준표를 작성해야 할 것이다.

(3) 검증제도의 효율성 문제

검증제도는 개별공시지가의 객관성, 신뢰성 확보를 위해 도입된 제도이나 예산상의 문제로 인하여 전체필지 중 1/3필지만 검증하고 있으므로 이에 대한 실효성에 문제가 있다. 이를 개선하기 위해서는 전필지에 대한 검증이 요구된다.

(4) 담당공무원의 비전문성

개별공시지가는 공무원에 의해 산정되는데, 담당공무원의 전문성이 결여되어 있다는 문제가 있으며, 이의 해결을 위해서는 지가담당공무원에 대한 전문화교육 강화, 전문성에 대한 응분의 처우, 빈번한 인사이동의 억제 및 타 업무의 배제 등이 요구된다.

4. 표준지의 대표성 문제

지역에 따라 표준지의 수가 과소 또는 과밀한 경우가 있고, 다양한 토지의 유형을 표준지가 빠짐없이 대표하지 못하는 문제가 있다. 이의 해결을 위해서는 표준지의 선정 및 관리지침상의 표준지 선정기준에 충실한 표준지 선정이 되도록 교육을 강화해야 한다고 본다.

쟁점 99 | 주택가격공시제도 (D)

I 의의

주택가격공시제도는 정부의 조세형평주의의 일환으로 종합부동산세를 부과하기 위한 기준을 마련하기 위하여 도입된 제도이다. 종전 지기공시법에는 표준지공시지가와 개별공시지가가 담겨있었는데, 주택에 대한 공시가격의 필요성이 불거짐에 따라 주택가격공시제도를 포함하여 새롭게 입법이 되었다.

II 표준주택공시가격

1. 의의

국토교통부장관은 전국의 주택 중 표준주택을 선정하고 한국부동산원이 토지와 건물을 일체로 거래할 수 있는 적정가격을 평가하여 공시하여야 한다. 표준주택이라 함은 국토교통부장관이 용도지역, 건물구조 등이 일반적으로 유사하다고 인정되는 일단의 단독주택 중에서 선정하는 해당 일단의 단독주택을 대표할 수 있는 주택을 말한다(부동산공시법 제16조 제1항).

2. 법적 성질

표준주택공시가격은 표준지공시지가와 매우 흡사한 부분이 있다. 그러나 표준지공시지가는 여러 가지 다양한 행정목적을 위하여 만들어진 공적지가이지만 표준주택공시가격은 과세의 기준으로만 활용된다. 따라서 표준주택공시가격의 법적 성질은 개별공시지가와 유사하게 국민의 권리·의무에 직접적인 영향이 있다고 보아야 한다. 따라서 처분성이 있다고 보여진다.

3. 산정 및 효과

(1) 산정절차

국토교통부장관은 일단의 단독주택 중에서 해당 일단의 주택을 대표할 수 있는 주택을 선정하여야 하고, 한국부동산원에게 의뢰를 하게 된다. 이후 중앙부동산가격공시위원회의 심의를 거쳐 표준주택가격을 공시하게 된다(부동산공시법 제16조 제1항). 표준주택가격의 공시기준일은 원칙적으로 1월 1일로 한다.

(2) 공시사항

표준주택가격을 공시할 때에는 표준주택의 지번, 표준주택가격, 표준주택의 대지면적 및 형상, 표준주택의 용도, 연면적, 구조 및 사용승인일(임시사용승인일을 포함한다), 그 밖에 대통령으로 정하는 사항을 공시하여야 한다(부동산공시법 제16조 제2항).

(3) 효과

표준주택가격은 국가·지방자치단체 등이 그 업무와 관련하여 개별주택가격을 산정하는 경우에 그 기준이 된다(부동산공시법 제19조 제1항).

4. 불복

표준주택공시가격에 불복하는 방법에는 표준주택가격 공시과정상 표준지공시지가의 이의신청을 준용하도록 법 제16조 제7항에서 규정하고 있는 바, 표준지공시지가의 이의신청을 준용하여 부동산가격공시법에서 정한 이의신청절차를 거치게 된다. 이후 표준주택공시가격의 처분성을 인정하게 되면 행정쟁송을 제기할 수 있다.

Ⅲ 개별주택공시가격

1. 의의

시장·군수 또는 구청장은 시·군·구 부동산가격공시위원회의 심의를 거쳐 매년 표준주택가격의 공시기준일 현재 관할구역 안의 개별주택의 가격(이하 "개별주택가격"이라 한다)을 결정·공시하고, 이를 관계 행정기관 등에 제공하여야 한다.

2. 법적 성질

개별주택공시가격의 법적 성질이 무엇인지에 대하여 의문이 있을 수 있는데 개별주택공시가격은 개별공시지가와 같이 과세의 기준이 된다는 점에서 법적 성질이 동일하다고 볼 수 있다. 따라서 개별주택공시가격은 국민의 권리·의무에 직접적인 영향이 있다고 보아야 하므로 처분성이 있다고 보여진다.

3. 산정 및 효과

(1) 산정기준

시장·군수 또는 구청장이 개별주택가격을 결정·공시하는 경우에는 해당 주택과 유사한 이용가치를 지닌다고 인정되는 표준주택가격을 기준으로 주택가격비준표를 사용하여 가격을 산정하되, 해당 주택의 가격과 표준주택가격이 균형을 유지하도록 하여야 한다(부동산공시법 제17조 제5항).

> 시장·군수 또는 구청장은 개별주택가격을 결정·공시하기 위하여 개별주택의 가격을 산정할 때에는 표준주택가격과의 균형 등 그 타당성에 대하여 대통령령으로 정하는 바에 따라 부동산원의 검증을 받고 토지소유자, 그 밖의 이해관계인의 의견을 들어야 한다. 다만, 시장·군수 또는 구청장은 부동산원의 검증이 필요 없다고 인정되는 때에는 주택가격의 변동상황 등 대통령령으로 정하는 사항을 고려하여 부동산원의 검증을 생략할 수 있다(부동산공시법 제17조 제6항).

(2) 산정절차

시장·군수 또는 구청장은 국토교통부장관이 제정한 지침에 따라 원칙적으로 전국의 모든 개별주택가격을 조사·산정한다. 산정된 개별주택가격은 한국부동산원의 검증을 받게 된다. 이후 시·군·구 부동산가격공시위원회의 심의를 거쳐서 공시한다(부동산공시법 제17조). 개별주택가격의 공시기준일은 원칙적으로 1월 1일로 한다.

(3) 공시사항

개별주택가격을 공시할 때에는 개별주택의 지번, 개별주택가격, 그 밖에 대통령으로 정하는 사항을 공시하여야 한다(부동산공시법 제17조 제3항). 그 밖에 대통령령으로 정하는 사항에는 개별주택의 용도 및 면적, 그 밖에 개별주택가격 공시에 관한 필요한 사항을 말한다.

(4) 개별주택가격을 공시하지 아니하는 단독주택

① 표준주택으로 선정된 단독주택은 해당 가격을 개별주택가격으로 보기 때문에 별도로 개별주택가격을 산정하지 않는다. ② 국세 또는 지방세의 부과대상이 아닌 단독주택은 개별주택가격을 산정하지 않는다.

(5) 효과

개별주택가격은 주택시장의 가격정보를 제공하고, 국가·지방자치단체 등이 과세 등의 업무와 관련하여 주택의 가격을 산정하는 경우에 그 기준으로 활용될 수 있다(부동산공시법 제19조 제2항).

4. 불복

개별주택공시가격에 불복하는 방법에는 개별주택가격 공시과정상 개별공시지가 이의신청을 준용하도록 부동산공시법 제17조 제8항에서 규정하고 있는바, 개별공시지가의 이의신청을 준용하여 부동산공시법에서 정한 이의신청절차를 거치게 된다. 이후 개별주택공시가격의 처분성을 인정하게 되면 행정쟁송을 제기할 수 있다.

Ⅳ 공동주택공시가격

1. 의의

국토교통부장관은 공동주택에 대한 부동산세 부과를 위하여 공동주택의 적정가격을 조사한다 (부동산공시법 제18조 제1항).

2. 법적 성질

공동주택공시가격의 법적 성질이 무엇인지에 대하여 의문이 있을 수 있는데, 개별공시지가 및 개별주택공시가격과 같이 과세의 기준이 된다는 점에서 법적 성질이 동일하다고 볼 수 있다. 따라서 공동주택공시가격은 국민의 권리·의무에 직접적인 영향이 있다고 보아야 하므로 처분성이 있다고 본다.

3. 산정 및 효과

(1) 산정기준

국토교통부장관이 공동주택가격을 조사·산정하는 경우에는 인근 유사공동주택의 거래가격·임대료 및 해당 공동주택과 유사한 이용가치를 지닌다고 인정되는 공동주택의 건설에 필요한 비용추정액, 인근지역 및 다른 지역과의 형평성·특수성, 공동주택가격 변동의 예측가능성 등 제반사항을 종합적으로 참작하여야 한다(부동산공시법 제18조 제5항).

(2) 산정절차

국토교통부장관은 원칙적으로 전국의 모든 공동주택에 대하여 매년 공시기준일 현재의 적정가격을 조사·산정한다. 이를 위해서 부동산가격의 조사·산정에 관한 전문성이 있는 기관인 부동산원에 의뢰한다(부동산공시법 제18조 제6항). 이후 중앙부동산가격공시위원회의 심의를 거쳐 공시하게 된다. 공시기준일은 원칙적으로 1월 1일로 한다.

(3) 공시사항

공동주택가격을 공시할 때에는 공동주택의 소재지·명칭·동·호수, 공동주택가격, 공동주택의 면적, 그 밖에 공동주택가격 공시에 필요한 사항 등을 공시하여야 한다.

(4) 효과

공동주택가격은 주택시장의 가격정보를 제공하고, 국가·지방자치단체 등이 과세 등의 업무와 관련하여 주택의 가격을 산정하는 경우에 그 기준으로 활용될 수 있다(부동산공시법 제19조 제2항).

4. 불복

공동주택공시가격에 불복하는 방법에는 공동주택가격 공시과정상 표준지공시지가 이의신청을 준용하도록 부동산공시법 제17조 제8항에서 규정하고 있는바, 표준지공시지가의 이의신청을 준용하여 부동산공시법에서 정한 이의신청절차를 거치게 된다. 이후 공동주택공시가격의 처분성을 인정하게 되면 행정쟁송을 제기할 수 있다.

쟁점 100 │ 비주거용 부동산공시제도 (D)

Ⅰ 비주거용 표준부동산가격

1. 의의

국토교통부장관은 용도지역, 이용상황, 건물구조 등이 일반적으로 유사하다고 인정되는 일단의 비주거용 일반부동산 중에서 선정한 비주거용 표준부동산에 대하여 매년 공시기준일 현재의 적정가격을 조사·산정하고, 제24조에 따른 중앙부동산가격공시위원회의 심의를 거쳐 이를 공시할 수 있다(부동산공시법 제20조).

2. 법적 성질

비주거용 표준부동산공시가격은 표준지공시지가와 매우 흡사한 부분이 있다. 그러나 표준지공시지가는 여러 가지 다양한 행정목적을 위하여 만들어진 공적지가이지만 비주거용 표준부동산공시가격은 과세의 기준으로만 활용된다. 따라서 비주거용 표준부동산공시가격의 법적 성질은 개별공시지가와 유사하게 국민의 권리·의무에 직접적인 영향이 있다고 보아야 한다. 따라서 처분성이 있다고 보여 진다.

3. 산정 및 효과

(1) 산정절차

국토교통부장관이 비주거용 표준부동산가격을 조사·산정하는 경우에는 인근 유사비주거용 일반부동산의 거래가격·임대료 및 해당 비주거용 일반부동산과 유사한 이용가치를 지닌다고 인정되는 비주거용 일반부동산의 건설에 필요한 비용추정액 등을 종합적으로 참작하여야 한다(부동산공시법 제20조 제5항).

(2) 공시사항

비주거용 표준부동산가격을 공시할 때에는 비주거용 표준부동산의 지번, 비주거용 표준부동산가격, 비주거용 표준부동산의 대지면적 및 형상, 비주거용 표준부동산의 용도, 연면적, 구조 및 사용승인일(임시사용승인일을 포함한다), 그 밖에 대통령으로 정하는 사항을 공시하여야 한다(부동산공시법 제20조 제2항).

(3) 효과

비주거용 표준부동산가격은 국가·지방자치단체 등이 그 업무와 관련하여 비주거용 개별부동산가격을 산정하는 경우에 그 기준이 된다(동법 제23조 제1항).

4. 불복

비주거용 표준부동산가격에 불복하는 방법에는 표준지공시지가의 이의신청을 준용하도록 법 제20조 제7항에서 규정하고 있는 바, 표준지공시지가의 이의신청을 준용하여 부동산공시법에서 정한 이의신청절차를 거치게 된다. 이후 비주거용 표준부동산가격의 처분성을 인정하게 되면 행정쟁송을 제기할 수 있다.

Ⅱ 비주거용 개별부동산가격

1. 의의

시장·군수 또는 구청장은 제25조에 따른 시·군·구 부동산가격공시위원회의 심의를 거쳐 매년 비주거용 표준부동산가격의 공시기준일 현재 관할 구역 안의 비주거용 개별부동산의 가격(이하 "비주거용 개별부동산가격"이라 한다)을 결정·공시할 수 있다. 다만, 대통령령으로 정하는 바에 따라 행정안전부장관 또는 국세청장이 국토교통부장관과 협의하여 비주거용 개별부동산의 가격을 별도로 결정·고시하는 경우는 제외한다(부동산공시법 제21조 제1항).

2. 법적 성질

비주거용 개별부동산가격의 법적 성질이 무엇인지에 대하여 의문이 있을 수 있는데 비주거용 개별부동산가격은 개별공시지가와 같이 과세의 기준이 된다는 점에서 법적 성질이 동일하다고 볼 수 있다. 따라서 비주거용 개별부동산가격은 국민의 권리·의무에 직접적인 영향이 있다고 보아야 하므로 처분성이 있다고 보여진다.

3. 산정 및 효과

(1) 산정기준

시장·군수 또는 구청장이 비주거용 개별부동산가격을 결정·공시하는 경우에는 해당 비주거용 일반부동산과 유사한 이용가치를 지닌다고 인정되는 비주거용 표준부동산가격을 기준으로 비주거용 부동산가격비준표를 사용하여 가격을 산정하되, 해당 비주거용 일반부동산의 가격과 비주거용 표준부동산가격이 균형을 유지하도록 하여야 한다(부동산공시법 제21조 제5항).

(2) 산정절차

시장·군수·구청장은 국토교통부장관이 제정한 지침에 따라 원칙적으로 전국의 모든 비주거용 개별부동산가격을 조사·산정한다. 산정된 비주거용 개별부동산가격은 감정평가법인등이 검증을 하게 된다. 이후 시·군·구 부동산가격공시위원회의 심의를 거쳐서 공시한다.

> 시장·군수 또는 구청장은 비주거용 개별부동산가격을 결정·공시하기 위하여 비주거용 일반부동산의 가격을 산정할 때에는 비주거용 표준부동산가격과의 균형 등 그 타당성에 대하여 제20조에 따른 비주거용 표준부동산가격의 조사·산정을 의뢰 받은 자 등 대통령령으로 정하는 자의 검증을 받고 비주거용 일반부동산의 소유자와 그 밖의 이해관계인의 의견을 들어야 한다. 다만, 시장·군수 또는 구청장은 비주거용 개별부동산가격에 대한 검증이 필요 없다고 인정하는 때에는 비주거용 부동산가격의 변동상황 등 대통령령으로 정하는 사항을 고려하여 검증을 생략할 수 있다(부동산공시법 제21조 제6항).

(3) 공시사항

비주거용 개별부동산가격을 공시하는 경우에는 비주거용 부동산의 지번, 비주거용 부동산가격, 그 밖에 대통령령으로 정하는 사항을 공시한다(부동산공시법 제21조 제3항).

(4) 비주거용 개별부동산가격을 결정·공시하지 아니하는 경우

비주거용 표준부동산으로 선정된 비주거용 일반부동산, 국세 또는 지방세 부과대상이 아닌 비주거용 일반부동산, 그 밖에 국토교통부장관이 정하는 비주거용 일반부동산의 경우에는 비주거용 개별부동산가격을 결정·공시하지 않을 수 있다(부동산공시법 제21조 제2항, 시행령 제56조 제1항).

(5) 효과

비주거용 개별부동산가격은 비주거용 부동산시장에 가격정보를 제공하고, 국가·지방자치단체 등이 과세 등의 업무와 관련하여 비주거용 부동산의 가격을 산정하는 경우에 그 기준으로 활용될 수 있다(부동산공시법 제23조 제2항).

4. 불복

비주거용 개별부동산가격에 불복하는 방법에는 비주거용 개별부동산가격 공시과정상 개별공시지가 이의신청을 준용하도록 부동산공시법 제21조 제8항에서 규정하고 있는바, 개별공시지가의 이의신청을 준용하여 부동산공시법에서 정한 이의신청절차를 거치게 된다. 이후 비주거용 개별부동산가격의 처분성을 인정하게 되면 행정쟁송을 제기할 수 있다.

III 비주거용 집합부동산가격

1. 의의

국토교통부장관은 비주거용 집합부동산에 대하여 매년 공시기준일 현재의 적정가격(이하 "비주거용 집합부동산가격"이라 한다)을 조사·산정하여 제24조에 따른 중앙부동산가격공시위원회의 심의를 거쳐 공시할 수 있다. 이 경우 시장·군수 또는 구청장은 비주거용 집합부동산가격을 결정·공시한 경우에는 이를 관계 행정기관 등에 제공하여야 한다(부동산공시법 제22조 제1항).

2. 법적 성질

비주거용 집합부동산가격의 법적 성질이 무엇인지에 대하여 의문이 있을 수 있는데, 개별공시지가 및 개별주택공시가격과 같이 과세의 기준이 된다는 점에서 법적 성질이 동일하다고 볼 수 있다. 따라서 비주거용 집합부동산가격은 국민의 권리·의무에 직접적인 영향이 있다고 보아야 하므로 처분성이 있다고 본다.

3. 산정 및 효과

(1) 산정기준

국토교통부장관이 비주거용 집합부동산가격을 조사·산정하는 경우에는 인근 유사 비주거용 집합부동산의 거래가격·임대료 및 해당 비주거용 집합부동산과 유사한 이용가치를 지닌다고 인정되는 비주거용 집합부동산의 건설에 필요한 비용추정액 등을 종합적으로 참작하여야 한다(부동산공시법 제22조 제6항).

(2) 산정절차

국토교통부장관은 원칙적으로 전국의 모든 비주거용 집합부동산에 대하여 매년 공시기준일 현재의 적정가격을 조사·산정한다. 이를 위해서 부동산가격의 조사·산정할 때에는 부동산원 및 이에 관한 전문성이 있는 자에게 감정평가의뢰를 한다(부동산공시법 제22조 제7항). 이후 중앙부동산가격공시위원회의 심의를 거쳐 공시하게 된다. 공시기준일은 원칙적으로 1월 1일로 한다.

(3) 공시사항

비주거용 집합부동산의 소재지·명칭·동·호수, 비주거용 집합부동산가격, 비주거용 집합부동산의 면적, 그 밖에 비주거용 집합부동산가격 공시에 필요한 사항을 공시하여야 한다(부동산공시법 시행령 제64조).

(4) 효과

비주거용 집합부동산가격은 비주거용 부동산시장에 가격정보를 제공하고, 국가·지방자치단체 등이 과세 등의 업무와 관련하여 비주거용 부동산의 가격을 산정하는 경우에 그 기준으로 활용될 수 있다(부동산공시법 제23조 제2항).

4. 불복

비주거용 집합부동산가격에 불복하는 방법에는 표준지공시지가 이의신청을 준용하도록 부동산공시법 제22조 제9항에서 규정하고 있는바, 표준지공시지가의 이의신청을 준용하여 부동산공시법에서 정한 이의신청절차를 거치게 된다. 이후 비주거용 집합부동산가격의 처분성을 인정하게 되면 행정쟁송을 제기할 수 있다.

PART

04

감정평가

감정평가권 (D)

1. 의의 및 취지

감정평가권이란 토지 등을 평가할 수 있는 권리를 말한다. 공공성·사회성 측면에서 공적 업무의 효율성과 전문성을 도모하여 토지의 효율적인 이용과 체계적인 관리 및 국민경제의 발전에 이바지함을 목적으로 한다.

2. 내용

(1) 주체

감정평가업무를 수행할 수 있는 주체는 감정평가사 자격을 취득한 감정평가사가 된다. 감정대상 물건의 실지조사확인은 반드시 감정평가사 자신이 하여야 하는 것은 아니고 업무를 신속, 원활하게 할 사정이 있는 경우에는 감정자료의 조사능력 있는 보조자에 의하여 행할 수 있다(대판 1993.5.25, 92누18320).

(2) 권한의 범위

감정평가를 수행할 수 있는 권한은 토지 및 그 정착물, 동산 기타재산과 이들에 관한 소유권 이외의 권리를 평가할 수 있는 범위 내에서 행사가 가능하다.

(3) 권한의 대상

토지 등의 경제적 가치판정을 그 대상으로 하며, 컨설팅업무도 대상으로 한다.

(4) 권한의 요건

감정평가권은 감정평가요건을 그 내용으로 하는 바, 감정평가요건이란 감정평가 결과를 발생시키는 요인, 즉 감정평가의 기준과(비준가격, 조성가격, 수익가격) 방법(3방식) 및 절차를(일련의 형식적, 실질적 평가절차) 말한다.

(5) 권한의 형식

감정평가계약, 감정평가서의 작성, 서명, 날인, 교부 등의 일정한 형식을 그 내용으로 한다.

3. 감정평가권의 확대

감정평가권은 감정평가법의 규정에 의하여 직접 그 한계가 확정되나, 개별법률에서 감정평가의 성질과는 다소 차이가 있는 일정한 평가를 의뢰하는 형식으로 위임함으로써 감정평가사의 권한이 확대되고 있다. 공시지가평가, 보상평가, 시가평가 등을 그 예로 들 수 있다.

4. 감정평가권의 독립성

감정평가권의 본질은 토지 등의 정당한 가치가 평가될 수 있도록 감정평가사에게 독립성을 보장하는 것이다.

(1) 조직의 독립성

조직의 대외적, 대내적 독립성을 의미하며, 법적 보장이 요구된다.

(2) 직무의 독립성

토지 등의 경제적 가치를 판단하는 과정, 방법선택, 자료조사 등 과정의 독립성이 보장되어야 한다. 서명, 날인 시 책임의무가 부과된다.

5. 결

적정가격의 형성 및 재산권 가치보장을 위하여 감정평가제도의 공공성, 객관성, 신뢰성에 대한 확보가 필요하며, 현재 각 개별법에 산재되어 있는 감정평가에 대한 규정을 하나로 취합하는 감정평가법의 단일법제가 입법적으로 요구된다.

> 감정대상 물건의 실지조사확인을 공인감정업자가 직접 하지 아니하고 보조자에 의할 수 있는지 여부(한정적극) : 감정대상 물건의 실지조사확인은 반드시 공인감정업자 자신이 하여야 하는 것은 아니고 업무를 신속, 원활하게 할 사정이 있는 경우에는 감정자료의 조사능력 있는 보조자에 의하여 행할 수 있다(대판 1993.5.25, 92누18320).

쟁점 102 감정평가서의 심사와 검토 (B)

▌I▐ 감정평가서 심사제도

1. 의의 및 취지(감정평가법 제7조 제1항)

감정평가법인은 감정평가서를 의뢰인에게 발급하기 전에 감정평가를 한 소속 감정평가사가 작성한 감정평가서의 적정성을 같은 법인 소속의 다른 감정평가사에게 심사하게 하고, 그 적정성을 심사한 감정평가사로 하여금 감정평가서에 그 심사사실을 표시하고 서명과 날인을 하게 하여야 하는 것을 말한다. 이는 감정평가보고서의 신뢰도 향상과 품질 향상을 도모함에 제도적 취지가 인정된다.

2. 심사자의 심사기준 및 의무 등(시행령 제7조)

(1) 심사기준 및 의무

감정평가서의 적정성을 심사하는 감정평가사는 감정평가서가 감정평가 원칙과 기준을 준수하여 작성되었는지 여부를 신의와 성실로써 공정하게 심사하여야 한다.

(2) 심사절차

감정평가서를 심사하는 감정평가사는 작성된 감정평가서의 수정·보완이 필요하다고 판단하는 경우에는 해당 감정평가서를 작성한 감정평가사에게 수정·보완 의견을 제시하고, 해당 감정평가서의 수정·보완을 확인한 후 감정평가서에 심사사실을 표시하고 서명과 날인을 하여야 한다.

▌II▐ 감정평가서 검토제도

1. 의의 및 취지(감정평가법 제7조 제3항)

감정평가 의뢰인, 감정평가 의뢰인이 발급받은 감정평가서를 활용하는 거래나 계약 등의 상대방, 감정평가 결과를 고려하여 관계 법령에 따른 인가·허가·등록 등의 여부를 판단하거나 그 밖의 업무를 수행하려는 행정기관은 발급된 감정평가서의 적정성에 대한 검토를 감정평가법인에 요청할 수 있다. 감정평가보고서의 적정성을 검토하여 감정서에 대한 신뢰도 향상을 도모한다.

2. 법적 성질

감정평가보고서의 적정성 검토는 의뢰인 등 보고서를 활용하는 당사자들의 요청에 의하며 발급된 감정평가보고서의 평가기준 및 원칙 등이 적정하게 적용되었는지 그 내용과 절차 등을 검토하는 것으로서 이는 감정평가행위가 아닌 검토평가행위로서 정보제공 및 자문제공 행위로 볼 것이다.

3. 검토 감정평가법인등

소속된 감정평가사(감정평가사인 감정평가법인등의 대표사원, 대표이사 또는 대표자를 포함한다)가 둘 이 상인 감정평가법인등에 의뢰할 수 있으며, 해당 감정평가서를 발급한 감정평가법인등은 제외 된다.

4. 검토 제외 대상

「공익사업을 위한 토지 등의 취득 및 보상에 관한 법률」 등 관계 법령에 감정평가와 관련하여 권리구제 절차가 규정되어 있는 경우로서 권리구제 절차가 진행 중이거나 권리구제 절차를 이행 할 수 있는 자(권리구제 절차의 이행이 완료된 자를 포함한다)는 제외한다.

5. 심사대상 · 절차 · 기준

(1) 감정평가서 적정성 검토절차 등

① 검토 의뢰를 받은 감정평가법인등은 지체 없이 검토업무를 수행할 감정평가사를 지정해야 한다. ② 검토업무를 수행할 감정평가사는 5년 이상 감정평가 업무를 수행한 사람으로서 감정평 가실적이 100건 이상인 사람이어야 한다.

(2) 적정성 검토결과의 통보 등

① 적정성 검토 의뢰를 받은 감정평가법인등은 의뢰받은 감정평가서의 적정성 검토가 완료된 경우에는 적정성 검토 의뢰인에게 검토결과서를 발급해야 한다.
② 검토결과서에는 감정평가법인등의 사무소 또는 법인의 명칭을 적고, 적정성 검토를 한 감정 평가사가 그 자격을 표시한 후 서명과 날인을 해야 한다. 이 경우 감정평가사가 소속된 곳이 감정평가법인인 경우에는 그 대표사원 또는 대표이사도 서명이나 날인을 해야 한다.

쟁점 103 감정평가 타당성조사 (B)

1. 의의 및 취지

타당성 조사는 국토교통부장관이 감정평가서가 발급된 후 직권이나 관계기관등의 요청에 따라 감정평가가 적절한 절차와 방법 등으로 타당하게 이루어졌는지 조사하는 제도이다. 이는 감정평가서 신뢰도 향상에 취지가 있다.

2. 실시 및 중단 사유

지도, 감독을 위한 사무소 출입, 검사 또는 표본조사의 결과, 그 밖의 사유에 따라 조사가 필요하는 경우나 관계기관 혹은 이해관계인이 요청하는 경우 실시한다. 법원의 판결에 따라 확정된 경우, 재판에 계류 중이거나 수사기관에서 수사 중인 경우에는 타당성 조사를 하지 아니하거나 중지할 수 있다.

3. 절차 등

국토교통부장관은 착수한 경우 10일 이내에 사유 등을 알려야 하며, 감정평가법인등은 통지받고 10일 이내에 의견을 제출해야 한다. 국토교통부장관은 조사가 완료된 경우 지체 없이 결과를 통지해야 한다.

쟁점 104 감정평가법인등의 법적 지위 (B)

1. 감정평가법인등의 지위 발생

합격, 합격증 교부, 수습, 자격증 교부, 자격등록, 사무소 개설 및 법인설립인가를 통해서 감정평가법인등의 지위가 발생된다.

2. 권리

① 감정평가권(감정평가법 제4조)
② 감정평가업무수행권(감정평가법 제10조)
③ 타인토지출입권(부동산공시법 제13조)
④ 명칭사용권(감정평가법 제22조)
⑤ 보수청구권(감정평가법 제23조)
⑥ 청문권(감정평가법 제45조)
⑦ 쟁송권 등

3. 의무

① 효율적 국토이용 및 경제발전도모를 위한 적정가격평가의무
② 헌법 및 부동산공시법 등 법령준수의무
③ 성실의무(감정평가법 제25조)
④ 국토교통부장관의 지도, 감독인용의무(감정평가법 제47조)
⑤ 감정평가서 교부 및 보존의무(감정평가법 제6조)
⑥ 비밀엄수(감정평가법 제26조)
⑦ 명의대여 등의 금지(감정평가법 제27조)
⑧ 손해배상책임(감정평가법 제28조) 등

4. 책임

(1) 민사상 책임

민사상 책임으로, 감정평가법인등이 고의·과실로 의뢰인에게 손해를 발생하게 한 경우에는 그 손해를 배상하도록 손해배상책임(감정평가법 제28조)을 인정하고 있다.

(2) 행정상 책임

① 인가취소 및 업무정지(감정평가법 제32조), ② 자격등록의 취소, 업무정지 및 견책(감정평가법 제39조), ③ 과징금(감정평가법 제41조), ④ 과태료(감정평가법 제52조 : 행정질서벌) 책임이 있으며 과태료 부과절차는 질서위반행위규제법의 제반절차를 따르게 된다.

(3) 형사상 책임

① 성실의무위반 등이 있는 때에는 행정형벌(감정평가법 제49조 및 제50조 : 행정형벌), ② 공적업무(표준지조사, 개별공시지가검증, 보상, 토지매입·매각 등) 수행 시 공무원에 의제되어 뇌물수뢰죄가 적용(감정평가법 제48조)된다.

5. 감정평가법인등의 업무[감정평가법 제10조]

① 「부동산 가격공시에 관한 법률」에 따라 감정평가법인등이 수행하는 업무
② 「부동산 가격공시에 관한 법률」 제8조 제2호에 따른 목적을 위한 토지 등의 감정평가
③ 「자산재평가법」에 따른 토지 등의 감정평가
④ 법원에 계속 중인 소송 또는 경매를 위한 토지 등의 감정평가
⑤ 금융기관·보험회사·신탁회사 등 타인의 의뢰에 따른 토지 등의 감정평가
⑥ 감정평가와 관련된 상담 및 자문
⑦ 토지 등의 이용 및 개발 등에 대한 조언이나 정보 등의 제공
⑧ 다른 법령에 따라 감정평가법인등이 할 수 있는 토지 등의 감정평가
⑨ 위의 업무에 부수되는 업무

6. 감정평가법인등의 법률관계

(1) 감정평가법인등과 국가의 관계

감정평가법인등과 국가는 공법상 위임관계에 있다. 국가는 감독권을 갖고, 감정평가법인등은 위탁자에 대해 비용청구권을 갖으며, 수탁사무수행의무를 갖는다.

(2) 감정평가법인등과 국민의 관계

일반적 견해는 공무수탁사인의 위법한 공무수행으로 사인에게 손해가 발생한 경우에는 국가배상을 청구할 수 있다고 본다. 또한 감정평가법 제5조 제2항에 따라 토지 등의 평가의뢰를 받은 경우에는 대등한 당사자 사이의 법률관계이므로 사법관계로 볼 수 있으나, 감정평가의 특수성으로 인해서 공공성이 강조된다고 볼 수 있다.

✔ 알아두기

양도, 대여, 부당행사 금지

1. 감정평가법 제27조

감정평가법 제27조는 감정평가사 또는 감정평가법인등은 다른 사람에게 자기의 성명 또는 상호를 사용하여 제10조에 따른 업무를 수행하게 하거나 자격증, 등록증 또는 인가증을 양도, 대여하거나 이를 부당하게 행사하여서는 아니된다고 규정한다. 판례는 양도, 대여와 부당행사를 구분하고 있다.

2. 대여의 의미

대여란 자격증 자체를 타인에게 대여하거나 본래의 목적 이외의 용도로 행사하게 하는 것을 의미한다. 다른 사람이 자격증이나 등록증을 이용하여 자격자로 행세하면서 그 업무를 행하려는 것을 알면서도 이를 빌려주는 행위 역시 대여에 해당한다.

3. 자격증 부당행사의 의미

감정평가사가 감정평가법인에 적을 두기는 하였으나 해당 감정평가법인의 업무를 수행하거나 운영 등에 관여할 의사가 없고 실제로도 업무 등을 전혀 수행하지 아니하거나 수행한 업무의 양, 내용, 정도 등을 검토했을 때 소속 감정평가사로서 실질적으로 수행한 것으로 평가하기 어려운 정도라면 부당행사에 해당한다.

감정평가사의 인원수만을 형식적으로 갖추게 하거나 법원으로부터 감정평가 물량을 추가로 배정받을 목적으로 등록증을 사용하는 것은 부당행사이다.

감정평가사 자격증 등을 본래의 용도가 아닌 다른 용도로 행사하거나, 본래의 행사목적을 벗어나 감정평가사의 자격이나 업무범위에 관한 법의 규율을 피할 목적으로 이를 행사하는 것은 부당행사이다.

쟁점 105   감정평가사 자격등록 (B)

1. 의의 및 취지(감정평가법 제17조)

등록이란 사인이 알린 일정한 사실을 유효한 것으로 받아들이는 것을 말한다. 자격등록은 국토교통부장관이 등록신청한 자의 자격요건 구비사실을 장부에 등재하여 유효한 것으로 받아들이는 것을 말한다. 이는 감정평가사의 효율적 관리 및 신뢰성 제고에 취지가 인정된다.

2. 법적 성질

(1) 처분성 유무

1) 학설

① 사인의 신청을 유효한 행위로 받아들이는 행위로 보는 수리설, ② 자격요건을 갖춘 사실을 공적으로 증명하는 것이라는 공증설, ③ 감정평가업을 할 수 있는 요건을 판단하는 허가라는 허가설이 있다.

2) 판례

대법원의 보충의견은 사회단체등록신청반려처분취소소송에서 '등록신청의 법적 성질은 사인의 공법행위로서의 신고이고 등록은 해당 신고를 수리하는 것을 의미하는 준법률적 행정행위라 할 것'이라고 판시했다.

3) 검토

감정평가사의 등록신청은 감정평가사가 사인의 지위에서 행정청에게 감정평가업을 영위하겠다는 등록을 신청하는 것이므로 사인의 공법행위에 해당한다. 국토교통부장관의 자격등록행위는 감정평가사가 자격을 갖춘 자라는 사실에 대한 공적 증거력을 부여하는 공증에 해당한다고 본다.

(2) 기속행위성

법 시행령 제17조에서는 "등록거부사유가 없으면 등록증을 교부하여야 한다"고 규정하는바 기속행위로 볼 수 있다.

3. 요건(감정평가법 제18조) 및 절차

(1) 요건

1) 결격사유에 해당하지 않을 것

① 미성년자 또는 피성년후견인 · 피한정후견인, ② 파산선고를 받은 사람으로서 복권되지 아니한 사람, ③ 금고 이상의 실형을 선고받고 그 집행이 종료(집행이 종료된 것으로 보는 경우를 포함한다)되거나 그 집행이 면제된 날부터 3년이 지나지 아니한 사람, ④ 금고 이상의 형의 집행유예를 받고 그 유예기간이 만료된 날부터 1년이 지나지 아니한 사람, ⑤ 금고 이상의

형의 선고유예를 받고 그 선고유예기간 중에 있는 사람, ⑥ 부정한 방법으로 자격을 취득하여 자격이 취소되거나 다른 사람에게 자격증·등록증 또는 인가증을 양도 또는 대여하여 자격이 취소된 후 3년이 지나지 아니한 사람, ⑦ 감정평가사의 직무와 관련하여 금고 이상의 형을 선고받아(집행유예를 선고받은 경우를 포함한다) 그 형이 확정된 경우, 업무정지 1년 이상의 징계처분을 2회 이상 받은 후 다시 징계사유가 있는 사람으로서 감정평가사의 직무를 수행하는 것이 현저히 부적당하다고 인정되는 경우에 해당하여 자격이 취소된 후 5년이 지나지 아니한 사람은 결격사유에 해당한다.

2) 실무수습 또는 교육연수 미이수자

실무수습을 받지 아니한 경우에는 자격등록을 거부하여야 한다.

(2) 절차

등록신청서를 작성하여 등록신청을 하고, 결격사유가 없으면 등록증을 교부하여야 한다.

4. 등록의 효과

(1) 적법한 등록의 효과

행정청이 유효한 것으로 받아들임에 따라 감정평가업무를 수행할 수 있는 업자의 지위를 향유할 수 있다.

(2) 위법한 등록의 효과

하자의 정도에 따라 등록의 효과가 상이하다. 무효인 경우는 처음부터 등록의 효과가 없으나, 취소사유인 경우에는 취소되기 전까지는 공정력에 의해서 등록의 효과가 발생한다.

5. 권리구제

등록은 처분성이 인정되므로 행정심판이나 행정소송을 제기할 수 있을 것이다.

쟁점 106 감정평가사 자격등록갱신 (B)

1. 의의 및 취지(감정평가법 제17조 제2항)

등록갱신제도라 함은 등록에 기한이 설정된 경우, 종전등록의 법적 효과를 유지시키는 행정청의 행위를 말한다. 감정평가법은 5년마다 등록갱신을 하도록 규정하고 있다(시행령 제18조). 이는 감정평가업무를 수행할 수 있는 적정성을 주기적으로 확인하여 감정평가제도의 신뢰성을 제고함에 취지가 있다.

2. 법적 성질

(1) 처분성 유무

1) 학설

① 사인의 신청을 유효한 행위로 받아들이는 행위로 보는 수리설, ② 자격요건을 갖춘 사실을 공적으로 증명하는 것이라는 공증설, ③ 감정평가업을 할 수 있는 요건을 판단하는 허가라는 허가설이 있다.

2) 판례

대법원의 보충의견은 사회단체등록신청반려처분취소소송에서 '등록신청의 법적 성질은 사인의 공법행위로서의 신고이고 등록은 해당 신고를 수리하는 것을 의미하는 준법률적 행정행위라 할 것'이라고 판시했다.

3) 검토

감정평가사의 갱신등록신청은 사인의 공법행위이며, 갱신등록행위는 종전의 등록효과를 향유할 수 있는 요건을 계속적으로 갖추고 있음에 대한 공적 증거력을 부여하는 공증으로 볼 수 있다.

(2) 기속행위성

법 시행령 제18조에서는 "등록거부사유가 없으면 등록증을 갱신하여 교부하여야 한다"고 규정하는바 기속행위로 볼 수 있다.

3. 갱신등록요건 및 절차

① 등록일부터 5년이 되는 날의 60일 전까지 갱신신청을 할 것과, 등록거부요건에 해당하지 않을 것을 요건으로 한다. ② 상기 요건을 갖춘 경우, 국토교통부장관은 갱신하여 갱신등록증을 발급하여야 한다.

4. 효과 및 권리구제

종전 등록의 효과가 유지되어 계속하여 감정평가업무를 수행할 수 있는 법적 지위를 향유할 수 있으며, 갱신등록도 처분성이 인정되므로 행정쟁송을 통한 구제가 가능할 것이다.

5. 자격등록(갱신)제도의 개선점

(1) 내부적 자격관리

국토교통부장관이 아닌 협회의 전문가집단에 의한 평가의 적격성 통제가 바람직하다.

(2) 등록심사위원회 도입

등록심사제도를 도입하여 개별·구체적 상황마다 등록 여부를 결정하는 합리성을 제고하여야 할 것이다.

쟁점 107 감정평가보고서의 적정성 검토 [C]

I 감정평가서의 심사 등(감정평가법 제7조)

1. 감정평가서의 심사(제1항)

감정평가법인은 감정평가서를 의뢰인에게 발급하기 전에 감정평가를 한 소속 감정평가사가 작성한 감정평가서의 적정성을 같은 법인 소속의 다른 감정평가사에게 심사하게 하고, 그 적정성을 심사한 감정평가사로 하여금 감정평가서에 그 심사사실을 표시하고 서명과 날인을 하게 하여야 한다.

2. 감정평가서의 적정성 검토(제3항)

감정평가 의뢰인 및 관계 기관은 발급된 감정평가서의 적정성에 대한 검토를 소속된 감정평가사(감정평가사인 감정평가법인등의 대표사원, 대표이사 또는 대표자를 포함한다)가 둘 이상인 감정평가법인등(해당 감정평가서를 발급한 감정평가법인등은 제외한다)에게 의뢰할 수 있다.

II 감정평가 타당성조사 등(감정평가법 제8조)

1. 타당성 조사(제1항)

국토교통부장관은 감정평가서가 발급된 후 해당 감정평가가 법령에서 정하는 절차와 방법 등에 따라 타당하게 이루어졌는지를 직권으로 또는 관계 기관 등의 요청에 따라 조사할 수 있다. 이 경우 감정평가법인등 및 의뢰인에게 의견진술기회를 주어야 한다. 다만, ① 법원의 판결에 따라 확정된 경우, ② 재판이 계속 중이거나 수사기관에서 수사 중인 경우, ③ 토지보상법등 관계 법령 상 권리구제 절차가 진행 중이거나 권리구제 절차를 이행할 수 있는 경우(완료된 경우 포함) ④ 징계처분, 제재처분, 형사처벌 등을 할 수 없어 타당성조사의 실익이 없는 경우에는 타당성조사를 하지 않거나 중지할 수 있다.

2. 표본조사(제4항)

국토교통부장관은 감정평가 제도를 개선하기 위하여 발급된 감정평가서에 대한 표본조사를 실시할 수 있다. 표본조사는 무작위추출방식의 표본조사와 우선추출방식의 표본조사를 할 수 있다. 국토교통부장관은 제1항 및 제2항에 따른 표본조사 결과 감정평가 제도의 개선이 필요하다고 인정되는 경우에는 기준제정기관에 감정평가의 방법과 절차 등에 관한 개선 의견을 요청할 수 있다.

쟁점 108 표본조사 (C)

I 개설

국토교통부장관은 감정평가의 제도 및 평가방법의 발전을 위하여 실무기준제정기관을 제정하고 타당성조사 및 표본조사 등을 행할 수 있다. 이하에서 표본조사에 대해서 설명한다.

II 표본조사(감정평가법 제8조 제4항)

1. 표본조사

표본조사란 감정평가 제도를 개선하기 위하여 발급된 감정평가보고서를 조사하여, 평가기준 및 방법에 대한 위반사항이나 미흡한 사항을, 감정평가 제도 및 방법에 대한 개선에 활용하는 것을 말한다.

2. 표본조사의 법적 성질

표본조사는 발급된 감정평가보고서의 내용을 검토하여 그 결과를 제도개선 등의 목적을 위해 활용하는 자료를 수집하는 과정으로 행정조사의 성질을 갖는다고 볼 것이다.

3. 표본조사의 방법

(1) 무작위추출방식의 표본조사

무작위추출방식의 표본조사는 특정분야의 감정평가보고서를 임의로 조사하는 것을 말한다.

(2) 우선추출방식의 표본조사

① 최근 3년 이내에 실시한 타당성조사 결과 감정평가의 원칙과 기준을 준수하지 않는 등 감정평가의 부실이 발생한 분야, ② 무작위추출방식의 표본조사를 실시한 결과 법 또는 다른 법률에서 정하는 방법이나 절차 등을 위반한 사례가 다수 발생한 분야, ③ 그 밖에 감정평가의 부실을 방지하기 위하여 협회의 요청을 받아 국토교통부장관이 필요하다고 인정하는 분야에 대한 표본조사이다.

4. 국토교통부장관의 조치

국토교통부장관은 표본조사 결과 감정평가 제도의 개선이 필요하다고 인정하는 경우에는 기준제정기관에 감정평가의 방법과 절차 등에 관한 개선 의견을 요청할 수 있다.

쟁점 109 성실의무 (B)

I 개설

감정평가사는 타인의 의뢰를 받아 토지등을 감정평가하는 것을 그 직무로 하며, 공공성을 지닌 가치평가 전문직으로서 공정하고 객관적으로 그 직무를 수행한다. 이에 따른 성실의무를 설명한다.

II 성실의무 등(감정평가법 제25조)

1. 품위유지의무(제1항)

감정평가법인등(감정평가법인 또는 감정평가사사무소의 소속 감정평가사를 포함)은 감정평가업무를 하는 경우 품위를 유지하여야 하고, 신의와 성실로써 공정하게 하여야 하며, 고의 또는 중대한 과실로 업무를 잘못하여서는 아니 된다.

2. 불공정 감정의 금지(제2항)

감정평가법인등은 자기 또는 친족 소유, 그 밖에 불공정하게 감정평가업무를 수행할 우려가 있다고 인정되는 토지 등에 대해서는 그 업무를 수행하여서는 아니 된다.

3. 겸업제한(제3항)

감정평가법인등은 토지 등의 매매업을 직접 하여서는 아니 된다.

4. 금품수수 등(제4항)

감정평가법인등이나 그 사무직원은 수수료와 실비 외에는 어떠한 명목으로도 그 업무와 관련된 대가를 받아서는 아니 되며, 감정평가 수주의 대가로 금품 또는 재산상의 이익을 제공하거나 제공하기로 약속하여서는 아니 된다.

5. 중복소속 금지(제5항)

감정평가사, 감정평가사가 아닌 사원 또는 이사 및 사무직원은 둘 이상의 감정평가법인(같은 법인의 주·분사무소를 포함한다) 또는 감정평가사사무소에 소속될 수 없으며, 소속된 감정평가법인 이외의 다른 감정평가법인의 주식을 소유할 수 없다.

6. 기타

감정평가법인등이나 사무직원은 특정한 가액으로 감정평가를 유도 또는 요구하는 행위에 대해서 따라서는 아니 된다.

Ⅲ 관련문제(소속평가사에 대한 관리ㆍ감독의무)

감정평가법인이 감정평가의 주체로서 부담하는 성실의무에는 소속감정평가사에 대한 관리ㆍ감독의무를 포함하여 감정평가서 심사 등을 통해 감정평가 과정을 면밀히 살펴 공정한 감정평가결과가 도출될 수 있도록 노력할 의무도 포함된다고 본다.

쟁점 110 사무소 개설 (B)

Ⅰ 사무소 개설

1. 개설

실무수습을 마친 감정평가사가 감정평가업을 행하기 위해서는 법인설립 및 사무소개설을 하거나 법인 및 사무소에 소속평가사가 되어야 한다.

2. 감정평가사 사무소 개설

(1) 사무소개설 목적 및 법적 효력

감정평가업무를 수행하기 위해서 감정평가사사무소를 개설해야 하며, 이로써 감정평가업무를 수행할 수 있는 법적 지위가 발생된다.

(2) 사무소개설 불가사유

① 감정평가사 결격사유에 해당하는 등 등록거부사유에 해당되는 자, ② 설립인가가 취소되거나 업무가 정지된 감정평가법인의 설립인가가 취소된 후 1년이 지나지 아니하였거나 업무정지 기간이 지나지 아니한 경우 그 감정평가법인의 사원 또는 이사였던 사람, ③ 업무가 정지된 감정평가사로서 업무정지 기간이 지나지 아니한 사람은 사무소를 개설할 수 없다.

(3) 준수사항 및 법률상 의무

1) 중복개설 금지 및 업무수행

① 감정평가사는 감정평가업을 하기 위하여 1개의 사무소만을 설치할 수 있다.
② 감정평가사사무소에는 소속 감정평가사를 둘 수 있다. 이 경우 소속 감정평가사는 등록거부사유에 해당하는 사람이 아니어야 하며, 감정평가사사무소를 개설한 감정평가사는 소속 감정평가사가 아닌 사람에게 감정평가업무를 하게 하여서는 아니된다.

2) 감정평가사사무소 명칭사용

사무소를 개설한 감정평가법인등은 그 사무소의 명칭에 "감정평가사사무소"라는 용어를 사용하여야 하며, 감정평가법인등이 아닌 자는 "감정평가사사무소" 또는 이와 비슷한 명칭을 사용할 수 없다.

(4) 기타

감정평가사는 그 업무를 효율적으로 수행하고 공신력을 높이기 위하여 합동사무소를 설치할 수 있다. 이 경우 합동사무소는 둘 이상의 감정평가사를 두어야 한다.

종래에는 감정평가사 사무소를 개설하는 경우에는 이를 국토교통부장관에게 등록하도록 규정하고 있었으나 감정평가사 등록제도의 도입으로 사무소개설신고로 그 절차가 변경되었고, 이러한 신고규정의 목적이 불필요한 규제행위는 아닌지 고려해 볼 여지가 있었기에 불필요한 규제 개선 취지에 비추어 신고규정은 삭제된 것으로 보인다.

II 합동사무소

감정평가사는 그 업무를 효율적으로 수행하고 공신력을 높이기 위하여 합동사무소를 설치할 수 있다. 합동사무소에는 2명 이상의 감정평가사를 두어야 한다.

쟁점 111 고용인 신고 (B)

1. 신고의 개념 및 종류

신고란 사인이 행정기관에게 일정한 사항에 대하여 알려야 하는 의무가 있는 경우에 그것을 알리는 행위를 말한다. 신고는 수리를 요하는지에 따라 자기완결적 신고(수리를 요하지 않는 신고)와 행위요건적 신고(수리를 요하는 신고)로 구분되고, 그 기능에 따라 정보제공적 신고와 금지해제적 신고로 구분된다.

2. 고용인 신고의 의의

감정평가법인등은 소속 감정평가사 또는 사무직원을 고용하거나 고용관계가 종료된 때에는 국토교통부장관에게 신고하여야 한다. 이를 고용인 신고라고 한다.

3. 고용인 신고의 법적 성질

(1) 관련 판례

대법원은 관계법이 실질적 적법요건을 규정한 경우에는 행위요건적 신고로 보며 그렇지 않은 경우 자기완결적 신고로 보았다. ① 건축법상 신고는 자기완결적 신고, ② 건축주명의변경신고는 행위요건적 신고로 판시한 바 있다.

(2) 검토

신고의 구별기준에 관한 견해의 대립이 있으나 일반적인 구별기준은 관련 법 규정의 입법자의 객관적 의사라고 보는 것이 타당하며, 입법자의 의사가 불분명한 경우에는 실질적 심사를 요구하는 경우에는 행위요건적 신고로 보아야 한다.

① 소속평가사와 관련해서는 고용 신고서만을 형식적으로 규정하여 자기완결적 신고로 보는 것이 타당하다. ② 반면 사무직원의 경우 감정평가 및 감정평가사에 관한 법률 시행규칙 제18조의2 제2항에서 결격사유 여부를 확인해야 한다고 규정하므로 행위요건적 신고로 봄이 타당하다.

4. 고용인 신고 거부의 처분성

(1) 관련 판례

판례는 신고 없이 건축이 개시될 경우 시정명령, 이행강제금, 벌금의 대상이 되거나 당해 건축물을 사용하여 행할 행위의 허가가 거부될 우려가 있어 불안정한 지위에 놓이게 된다. 따라서 당사자로 하여금 반려행위의 적법성을 다투어 그 법적 불안을 해소하고 위험에서 미리 벗어날 수 있도록 항고소송의 대상이 된다고 보는 것이 옳다고 판시한 바 있다.

(2) 검토

사무직원과 관련해서는 행위요건적 신고이므로 그 수리 거부는 처분이라고 볼 것이다. 소속평가사와 관련해서는 자기완결적 신고이나 소속평가사 변경신고가 거부된 상태에서 소속평가사로 하여금 감정평가 업무를 하게 되면 감정평가 및 감정평가사에 관한 법률 제50조 제2호에 의거 형사처벌에 처해질 수 있다. 이러한 불이익을 방지하기 위해서 처분성을 예외적으로 인정하는 것이 타당할 것이다.

쟁점 112 감정평가법인 설립인가 (B)

1. 의의 및 취지(감정평가법 제29조)

인가란 타인의 법률적 행위를 보충하여 그 법적 효력을 완성시켜주는 행정행위를 말한다. 즉, 국토교통부장관이 감정평가법인의 설립행위를 보충하여 사인 간의 법인설립행위의 효력을 완성시켜주는 행위이다.

2. 법적 성질

(1) 형성적 행정행위

기본행위의 효력을 완성시켜주는 형성행위이다.

(2) 기속행위성

① 인가는 새로운 권리설정행위가 아니고, ② 공익판단의 규정이 없는 점에 비추어 볼 때, 인가요건을 구비하였다면 인가를 거부할 수 없는 기속행위로 보아야 한다.

3. 요건 및 절차

(1) 요건(감정평가법 제29조)

① 감정평가법인의 법상 일정 수의 사원·이사 및 대표사원·이사가 감정평가사일 것, ② 주사무소·분사무소는 최소인원을 충족할 것, ③ 정관내용이 법령에 적합할 것, ④ 인가 후 설립등기를 할 것을 요건으로 한다.

(2) 절차

① 정관작성 후 사무실보유증명서류, 등록증사본과 신청서를 국토교통부장관에게 제출한다.
② 국토교통부장관은 법상 일정 수의 사원·이사 및 대표사원·이사가 평가사인지, 주·분사무소에 최소인원이 있는지, 정관내용이 법령에 적합한지를 심사한 후 신청을 받은 날부터 20일 이내에 인가 여부를 신청인에게 통지하여야 한다.
③ 인가 시 1개월 내에 설립등기를 함으로써 법인설립인가절차가 종료된다.

4. 인가의 효과와 권리구제

(1) 인가의 효과(보충적 효력)

인가는 기본적 행위의 효력을 완성시켜주는 보충적 효력을 갖는다.

(2) 인가에 하자가 있는 경우의 권리구제

① 인가에 무효의 하자가 있다면 무인가행위가 된다. 따라서 기본행위의 효력이 발생하지 않는다. ② 인가에 취소의 하자가 있다면 취소되기까지 유효하므로 유인가행위가 된다. 따라서 기본행위의 효력이 발생한다.

(3) 기본행위에 하자가 있는 경우

설립행위가 하자를 이유로 성립하지 않거나 취소되면 인가도 무효가 된다(실효, 무효, 취소된 경우). 따라서 인가의 효력이 발생하지 않는다.

(4) 기본행위에 하자가 있는 경우의 소의 이익

1) 학설

① 긍정설은 일회적인 분쟁해결을 위해 협의소익을 인정해야 한다고 본다.
② 부정설은 기본행위의 하자가 판결 확정 전이라면 인가처분의 취소를 구할 이익이 없다고 본다.

2) 판례

판례는 '인가처분에 하자가 없다면 기본행위에 하자가 있다 하더라도 따로 그 기본행위의 하자를 다투는 것은 변론으로 하고, 기본행위에 하자가 있으면 기본행위를 다투어야 하며 기본행위의 하자를 이유로 인가처분의 취소 또는 무효확인을 소구할 법률상 이익이 없다'고 판시한 바 있다.

3) 검토

인가의 보충성에 비추어 볼 때, 인가에 대한 항고소송에서 승소하더라도 기본행위 자체의 소송을 별도로 제기하여야 하므로 인가에 대한 항고소송은 본안판결을 받을 법적 이익이 없다(보다 간이한 수단 존재).

＊ 정관기재사항

① 인가사항으로는 목적, 명칭, 업무에 관한 사항이 있고, ② 신고사항으로는 주·분사무소의 소재지, 사원(성명, 주민등록번호 및 주소)에 관한 사항, 사원의 출자에 관한 사항이 있다.

＊ 법인의 변동

1. 정관변경은 인가사항이나, 경미한 사항은 신고함으로써 변동된다.
2. 합병(감정평가법 제29조 제8항)
   사원전원의 동의 또는 주주총회의 의결이 있는 때에는 국토교통부장관의 인가로 합병된다.
3. 해산(감정평가법 제30조 제2항)
   국토교통부장관에게 신고함으로써 해산된다.

＊ 해산신고의 법적 성질

감정평가법 제30조에서는 해산사유로서 정관으로 정한 해산사유의 발생을 규정하고 있으므로 국토교통부장관은 해산신고가 있는 경우 정관에서 정한 해산사유에 해당하는지를 판단하고 정관에서 정한 사유가 인정되는 경우에만 수리를 하여야 할 것이다. 따라서 법인해산신고는 수리를 요하는 신고로서, 이에 대한 수리거부는 항고소송의 대상이 되는 처분이라고 할 것이다.

감정평가 및 보상법규 쟁점노트 _ 제2부 개별법

쟁점 113   감정평가법인등 손해배상 (A)

1. 손해배상책임의 의의 및 취지(감정평가법 제28조)

손해배상이란 감정평가법인등이 고의 또는 과실로 감정평가 당시의 적정가격과 현저한 차이가 있게 평가하거나, 감정평가 서류에 거짓을 기록함으로써 감정평가 의뢰인이나 선의의 제3자에게 손해를 발생하게 하였을 때에 이를 배상하는 것을 말하며, ① 선의의 평가의뢰인이 불측의 피해를 입지 않도록 하기 위함이며, ② 또한 토지 등의 적정가격을 올바르게 평가하여 국토의 효율적인 이용과 국민경제의 발전을 도모하기 위함에 그 취지가 있다.

2. 감정평가의 법률관계

(1) 공법관계인지 사법관계인지

감정평가의 의뢰는 상호 대등한 관계에서 행해지는 것이므로 사법관계의 성질을 갖는다고 볼 수 있다. 다만, 감정평가의 사회성·공공성에 비추어 공법적 성질도 내포하고 있다고 볼 수 있다. 단, 공적 업무를 위탁받은 경우는 공법상 관계이다. 사법관계로 보는 경우 어떠한 계약관계인지가 문제된다.

(2) 도급계약인지 위임계약인지

① 일의 완성을(감정평가) 목적으로 수수료 지급을 약정하는 도급계약이라는 견해와, ② 일정한 사무처리를 위한 통일적 노무의 제공을 목적으로 하는 유상특약의 위임계약이라는 견해가 있다. ③ 생각건대 업무수행 시 독립성이 인정되고, 업무중단 시 중단 시까지 수행한 부분에 대한 보수청구가 인정되므로 위임계약으로 봄이 타당하다.

3. 감정평가법 제28조와 민법 제750조와의 관계

(1) 논의의 실익

위임계약으로 보면 감정평가법 제28조의 규정이 없어도 손해배상책임이 인정되므로 감정평가법 제28조 규정이 민법상 손해배상책임을 배제하는 특칙인지가 문제된다.

(2) 견해의 대립

1) 특칙이라는 견해(면책설)

감정평가의 경우 적정가격 산정이 어렵고, 평가수수료에 비해 배상의 범위가 넓으므로 감정평가법 제28조를 감정평가법인등을 보호하기 위한 특칙으로 본다.

2) 특칙이 아니라는 견해(보험관계설)

감정평가법 제28조 제1항은 제2항의 보험이나 공제에 관련하여 처리되는 감정평가법인등의 손해배상책임의 범위를 한정한 것이므로 특칙이 아니라고 한다.

442   PART 04 감정평가

> 1. **특칙이라는 견해(면책설)**
>   ① 감정평가법 제28조 문언의 반대해석상 감정평가법인등에게 고의과실이 있더라도 감정평가결과가 적정가격과 현저한 차이가 없는 한 손해배상책임을 지지 않도록 하는 것이 이 법의 입법취지라는 점, ② 감정평가법인등의 주관적 견해에 따라 감정평가액에 어느 정도의 차이가 발생하는 것이 불가피(객관적으로 적정가격을 알아내기 어렵다는 점)하므로 현저한 차이가 있을 경우에만 위법성이 있다고 보는 것이 상당한 점, ③ 소액의 감정수수료를 받는 감정평가법인등이 손쉽게 막대한 손해배상책임을 진다거나 빈번한 배상책임을 추궁당하도록 하면 감정평가제도의 존속 자체가 위태로울 수 있다는 점, ④ 감정평가업의 사회성 공공성 측면에서 위법성을 인정하기 곤란한 바, 감정평가법인등을 보호하기 위한 규정으로 감정평가법인등의 책임을 경감하는 취지로 이해한다. 따라서 감정평가법 제28조는 민법 제750조 및 제390조의 특칙으로 감정평가법 제28조가 적용되는 범위 내에서는 민법 제750조가 적용되지 않고 제28조 규정 외에는 민법 제750조가 보충적으로 적용된다.
>
> 2. **특칙이 아니라는 견해(보험관계설)**
>   감정평가법 제28조는 감정평가법인등의 책임을 제한하거나 경감하여 주기 위한 것이 아니라, 오히려 감정평가법인등의 손해배상책임을 부과하여 이를 위한 보험가입 등의 조치를 취하도록 하기 위한 규정으로 본다(즉, 감정평가법 제28조 제1항은 같은 조 제2항의 보험이나 공제에 관련하여서 규정된 것으로서 보험이나 공제로 처리되는 감정평가법인등의 손해배상책임의 범위를 한정한 것일 뿐, 일반 채무불이행이나 불법행위책임을 배제하는 규정은 아니라고 본다).

(3) 판례

감정평가법인등의 부실감정으로 인하여 손해를 입게 된 경우 감정평가의뢰인이나 선의의 제3자는 지가공시법상의 손해배상책임과 민법상의 불법행위로 인한 손해배상책임을 함께 물을 수 있다.

(4) 검토

① 적정가격의 산정이 어려움에도 손해배상책임을 널리 인정하면 평가제도가 위태로울 수 있고, ② 특칙이 아니라고 보면 감정평가법 제28조 제1항 규정의 의미가 무색해지므로 특칙으로 봄이 타당하다.

4. 손해배상책임의 요건

(1) 고의 또는 과실의 감정평가행위

① 고의란 부당한 감정평가임을 알고 있는 것을 말하며, ② 과실이란 감정평가를 함에 있어서 통상 주의의무를 위반한 것을 말한다. 입증책임은 주장하는 자에게 있다. ③ 부동산공시법과 감정평가규칙의 기준을 무시하고 자의적인 방법에 의하여 토지를 감정평가한 것은 고의·중과실에 의한 부당한 감정평가로 볼 수 있다. ④ 사전자료준비부주의, 평가절차부주의, 윤리규정부주의, 평가방식적용부주의를 과실의 예이다.

(2) 부당한 감정평가

1) 적정가격과의 현저한 차이

판례는 공시지가결정, 보상액결정(현행 1.1배)의 1.3배가 유일한 판단기준이 될 수 없고 부당감정에 이르게 된 업자의 귀책사유를 고려하여 사회통념에 따라 탄력적으로 판단하여야 한다고 판시했다.

2) 거짓의 기재

물건의 내용, 산출근거, 평가액의 거짓기재로써 가격변화를 일으키는 요인을 고의, 과실로 진실과 다르게 기재하는 것을 말한다.

(3) 의뢰인 및 선의의 제3자에게 손해가 발생할 것

손해라 함은 주로 재산권적 법익에 관하여 받은 불이익을 말한다.

'선의의 제3자는 감정내용이 허위 또는 적정가격과 현저한 차이가 있음을 인식하지 못한 것뿐만 아니라 타인이 사용할 수 없음이 명시된 경우에도 그러한 사용사실까지 인식하지 못한 제3자를 의미한다.

(4) 인과관계

부당한 감정평가가 없었더라면 손해가 발생하지 않았을 것을 요한다. 판례는 감정평가의 잘못과 낙찰자의 손해 사이에는 상당인과관계가 있는 것으로 보아야 한다고 판시한 바 있다.

(5) 위법성이 필요한지 여부

생각건대 감정평가법 제28조는 민법에 대한 특칙으로 보는 것이 타당하므로 위법성 요건은 불필요하다고 보며, 이는 부당감정개념에 포함된 것으로 봄이 합당하다.

5. 손해배상책임의 내용

(1) 손해배상범위

불법행위로 인한 재산상 손해는 위법한 가해행위로 인하여 발생한 재산상 불이익, 즉 위법행위가 없었더라면 존재하였을 재산상태와 위법행위가 가해진 현재의 재산상태와의 차이가 되며, 계약의 체결 및 이행경위와 당사자 쌍방의 잘못을 비교하여 종합적으로 판단하여야 한다(과실상계인정). 판례는 ① 부당한 감정가격에 의한 담보가치와 정당한 감정가격에 의한 담보가치의 차액을 한도로 하여 실제로 정당한 담보가치를 초과한 부분이 손해액이 된다고 판시한 바 있다. ② 대출금이 연체되리라는 사정을 알기 어려우므로 대출금이 연체되리라는 사정을 알았거나 알 수 있었다는 특별한 사정이 없는 한 연체에 따른 지연손해금은 부당한 감정으로 인하여 발생한 손해라고 할 수 없다.

(2) 임대차 조사내용

① 임대차사항을 상세히 조사할 것을 약정한 경우, 업자로선 협약에 따라 성실하고 공정하게 주택에 대한 임대차관계를 조사하여 금융기관이 불측의 손해를 입지 않도록 협력하여야 할 의무가 있다.

② 단순히 다른 조사기관의 전화조사로만으로 확인된 실제와는 다른 임대차관계 내용을 기재한

임대차확인조사서를 제출한 사안에서 협약에 따른 조사의무를 다하지 아니한 과실이 있다.
③ 금융기관의 신속한 감정평가요구에 따라 그의 양해 아래 건물소유자를 통해 임대차관계를 조사한 경우에는 과실이 없다고 판시한 바 있다.

(3) 손해배상책임의 보장

1) 손해배상책임의 보장
① 감정평가법인등의 손해배상책임을 보장하기 위하여 감정평가법에서는 보험 또는 공제사업에의 가입을 규정하고 있다.
② 보험 가입이나 공제사업 가입으로 보장되지 않는 손해배생책임을 보장할 수 있는 다른 손해배상책임보험도 가입하여야 한다(시행규칙 제19조의3 제1호).

2) 필요한 조치를 하지 않은 경우 행정상 제재
① 법인설립인가 취소 등(법 제32조)
법 제32조에서는 법인설립인가 취소 및 업무정지의 사유를 규정하고 있다. 보험 또는 한국감정평가사협회가 운영하는 공제사업에 가입하지 않은 경우에는 '별표3'에서는 인가취소로 규정하고 있다.
② 과태료(법 제52조 제2항)
보험 또는 협회가 운영하는 공제사업에의 가입 등 필요한 조치를 하지 아니한 사람에게는 400만원 이하의 과태료를 부과한다.
③ 업무정지 및 과징금 부과의 가능성
별표3에서는 인가취소 사유로 규정하고 있으나, 업무정지처분이 가능하다면 업무정지처분 및 이에 갈음하는 과징금도 가능할 것이다.

(4) 확정판결에 의한 손해배상 통지
감정평가법인등은 감정평가 의뢰인이나 선의의 제3자에게 법원의 확정판결을 통한 손해배상이 결정된 경우에는 국토교통부령으로 정하는 바에 따라 그 사실을 국토교통부장관에게 알려야 한다.

6. 관련문제

(1) 민법상 소멸시효의 규정이 적용된다고 본다. 따라서 손해배상청구권은 손해를 안 날로부터 3년, 있은 날로부터 10년 이내에 행사해야 한다.

(2) 법인은 사용자책임을 지며 해당 평가사에게 구상권을 행사할 수 있다.

(3) 허위감정죄와의 관계
감정평가법 제49조에 의하면 고의로 잘못된 평가를 한 자에 대해서 허위감정죄로 처벌하도록 규정하고 있다. 따라서 부당감정평가와 허위감정죄가 동시에 성립되는 경우에 손해가 없더라도 고의로 잘못된 평가만 있으면 허위감정죄에 대한 처벌이 가능할 것이다.

쟁점 114 과징금 (A)

1. 제도의 취지 및 근거

감정평가의 업무영역이 확대되고 면적사업이 증대되는 등, 공공성이 강화됨에 따라 공적업무수행역할의 중요성도 증대하였다. 따라서 공적업무수행 시에(표준지, 표준주택 가격조사 등) 업무정지처분을 받는다면 공적업무에 지장을 초래할 수 있으므로 이를 개선하기 위하여 과징금제도를 도입하였다.

2. 개념 및 구별개념

(1) 과징금의 의의 및 구별개념

과징금은 행정법상 의무위반행위로 얻은 경제적 이익을 박탈하기 위한 금전상 제재금을 말한다. 과징금은 의무이행의 확보수단으로써 가해진다는 점에서 의무위반에 대한 벌인 과태료와 구별된다.

(2) 감정평가법상 과징금의 의미 및 취지(감정평가법 제41조)

감정평가법상 과징금은 계속적인 공적업무수행을 위하여 업무정지처분에 갈음하여 부과되는 것으로 변형된 과징금에 속한다. 이는 인·허가의 철회나 정지처분으로 인해 발생하는 국민생활 불편이나 공익을 고려함에 취지가 인정된다.

3. 법적 성질

과징금의 부과는 금전상의 급부를 명하는 급부하명으로서 처분에 해당한다. 또한 "할 수 있다"는 규정에 비추어 재량행위로 판단된다.

4. 요건 및 절차

(1) 요건

① 감정평가법 제32조에 의한 업무정지처분을 할 경우로서 ② 업무정지처분을 하게 되면 표준지 및 표준주택가격 조사평가 등 공적업무수행에 영향을 미칠 우려가 있어야 할 것을 요건으로 한다.

(2) 절차

1) 과징금 부과기준(감정평가법 제41조 제2항 및 시행령 제43조)

① 위반행위의 내용과 정도, ② 위반행위의 기간과 위반횟수, ③ 위반행위로 취득한 이익의 규모를 고려하여 5천만원(법인은 5억) 이하의 과징금을 부과한다. ④ 시행령 제43조 제2항에서는 1/2 범위 내에서 가중 또는 감경할 수 있다고 규정하고 있다.

2) 과징금 부과

위반행위의 종별과 과징금의 금액을 명시하여 이를 납부할 것을 서면으로 통지한다.

3) 과징금 징수 및 체납

통지일부터 60일 이내에 납부하여야 하며 가산금 징수에 관하여는 국세체납처분에 의해 징수할 수 있다.

4) 과징금의 승계(감정평가법 제41조 제3항)

국토교통부장관은 감정평가법인이 합병을 하는 경우 그 감정평가법인이 행한 위반행위는 합병 후 존속하거나 합병에 의하여 신설된 감정평가법인이 행한 행위로 보아 과징금을 부과·징수할 수 있다.

5. 권리구제

(1) 이의신청(감정평가법 제42조)

① 제41조에 따른 과징금의 부과처분에 이의가 있는 자는 그 처분을 통보받은 날부터 30일 이내에 사유를 갖추어 국토교통부장관에게 이의를 신청할 수 있다(제1항).

② 국토교통부장관은 이의신청에 대하여 30일 이내에 결정을 하여야 한다. 다만, 부득이한 사정으로 그 기간 이내에 결정을 할 수 없는 경우에는 30일의 범위 내에서 기간을 연장할 수 있다(제2항). 이는 강학상 이의신청이므로 이후 행정심판 청구가 가능하다. 이의신청 결과 통지일로부터 심판 또는 소송의 기간이 기산된다.

(2) 행정심판(감정평가법 제42조 제3항)

이의신청에 대한 결정에 이의 있는 자는 행정심판을 청구할 수 있다.

(3) 행정소송

과징금 부과는 급부하명으로서 소송의 대상이 되므로, 위법성 정도에 따라 취소소송 또는 무효등확인소송을 제기할 수 있다.

(4) 부당이득반환청구소송

잘못 부과된 과징금은 부당이득반환청구소송을 제기할 수 있을 것이다. 다만, 현실적으로 거의 드물 것으로 보인다.

6. 개선안

과징금은 공적업무수행의 확보를 목적으로 하므로 공적업무에 영향을 미치는지를 객관적 기준에 의해 판단해야 할 것이다. 따라서 공적업무에 영향을 미치는지에 대한 객관적인 기준이 입법적으로 제정되어야 할 것이다.

* 과징금과 벌금의 중복부과

(1) 견해의 대립

① 동일한 사안에 대해서 과징금과 벌금을 중복부과하는 것은 모두 금전적 제재라는 점에서 동일하며, 동일한 사안에 대하여 2번의 제재를 가하는 것이므로 이는 과잉금지(최소침해) 및 일사부재리에 비추어 정당하지 못하다. ② 과징금과 벌금의 취지가 적정한 행정의무이행과 공익보호에 있으므로 과징금과 벌금의 중복부과는 정당하다는 견해가 있다.

(2) 판례

판례는 벌금과 과태료는 그 성질과 목적을 달리하는 것이므로 양자를 병과할 수 있으며, 일사부재리의 원칙이 적용되지 않는다고 판시한 바 있다.

또한 과징금은 행정상 제재이고 범죄에 대한 국가의 형벌권의 실행으로서의 과벌이 아니므로 행정법규 위반에 대하여 벌금이나 범칙금을 부여하는 것은 이중처벌금지의 원칙에 반하지 않는다고 판시한 바 있다(헌재 1994.6.30, 92헌바38).

쟁점 115 행정벌 (B)

1. 의의

행정벌에는 행정형벌과 행정질서벌이 있다. ① 행정형벌은 중한 의무를 위반한 때의 제재인데 반하여, ② 행정질서벌은(과태료) 경미한 의무의 위반에 따른 제재이다.

2. 행정형벌

(1) 행정형벌의 의의

행정형벌은 행정상 중한 의무를 위반한 경우에 주어지는 벌로서 그 내용은 징역형 또는 벌금형이 있다. 형법총칙이 적용되므로 형사상 책임에 해당한다. 행정형벌은 행정목적을 달성하기 위해 행정법규가 의무를 정해놓고 이를 위반한 경우의 제재수단이다.

(2) 행정형벌의 사유

① 감정평가법 제49조에서는 '3년 이하의 징역 또는 3,000만원 이하의 벌금'을 규정하고 있으며, ② 감정평가법 제50조에서는 '1년 이하의 징역 또는 1,000만원 이하의 벌금'을 규정하고 있다.

(3) 벌칙적용에서 공무원 의제(감정평가법 제48조)

표준지공시지가 조사, 평가 등 특수한 경우에는 「형법」 제129조부터 제132조까지의 규정을 적용할 때 공무원으로 본다.

3. 양벌규정(감정평가법 제51조)

헌법재판소는 청소년보호법상 양벌규정과 관련하여 '아무런 비난받을 만한 행위를 한 바 없는 자에 대해서까지, 다른 사람의 범죄행위를 이유로 처벌하는 것은 형벌에 관한 책임주의에 반하므로 헌법에 위반된다.'고 판시한 바 있다. 감정평가법 제51조에서도 이러한 판례의 취지를 반영하여 상당한 주의와 감독을 다한 경우에는 양벌규정을 배제하고 있다.

4. 행정질서벌

(1) 행정질서벌의 의의

행정질서벌은 행정상 경미한 의무를 위반한 경우에 주어지는 벌로서 그 내용은 과태료 처분이다. 행정질서벌은 형법총칙이 적용되지 않는다는 점에서 행정형벌과는 구별되며 행정상책임에 해당된다.

(2) 절차

1) 과태료처분의 부과

국토교통부장관은 해당 위반행위, 금액 및 이의제기방법 등을 명시한 과태료 납부통지서를 과태료 처분대상자에게 송부하여 부과·징수한다.

2) 과태료처분에 대한 불복

과태료처분에 불복이 있는 자는 그 처분이 있음을 안 날부터 60일(질서법 제20조 제1항) 이내에 국토교통부장관에게 이의를 제기할 수 있다. 이의신청의 기간 내에 이의를 제기하지 아니하고 과태료를 납부하지 아니한 때에는 국세체납처분의 예에 의하여 이를 징수한다.

(3) 행정형벌과 행정질서벌의 중복부과

① 대법원은 행정법상의 질서벌인 과태료의 부과처분과 형사처벌은 그 성질이나 목적을 달리하는 별개의 것이므로 행정법상의 질서벌인 과태료를 납부한 후에 형사처벌을 한다고 하여 이를 일사부재리의 원칙에 반하는 것이라고 할 수는 없다고 판시했다.

② 헌법재판소는 행정질서벌로서의 과태료는 형벌(특히 행정형벌)과 목적·기능이 중복되는 면이 없지 않으므로 동일한 행위를 대상으로 하여 형벌을 부과하면서 아울러 행정질서벌로서의 과태료까지를 부과하는 것은 이중처벌금지의 기본정신에 배치되어 국가입법권의 남용으로 인정될 여지가 있다고 보았다.

관련조문 질서위반행위규제법

제16조(사전통지 및 의견 제출 등)

① 행정청이 질서위반행위에 대하여 과태료를 부과하고자 하는 때에는 미리 당사자에게 대통령령으로 정하는 사항을 통지하고, 10일 이상의 기간을 정하여 의견을 제출할 기회를 주어야 한다. 이 경우 지정된 기일까지 의견 제출이 없는 경우에는 의견이 없는 것으로 본다.

제17조(과태료의 부과)

① 행정청은 제16조의 의견 제출절차를 마친 후에 서면(당사자가 동의하는 경우에는 전자문서를 포함한다. 이하 이 조에서 같다)으로 과태료를 부과하여야 한다.

제20조(이의제기)

① 행정청의 과태료 부과에 불복하는 당사자는 제17조 제1항에 따른 과태료 부과 통지를 받은 날부터 60일 이내에 해당 행정청에 서면으로 이의제기를 할 수 있다.

② 제1항에 따른 이의제기가 있는 경우에는 행정청의 과태료 부과처분은 그 효력을 상실한다.

제21조(법원에의 통보)

① 제20조 제1항에 따른 이의제기를 받은 행정청은 이의제기를 받은 날부터 14일 이내에 이에 대한 의견 및 증빙서류를 첨부하여 관할 법원에 통보하여야 한다. 다만, 다음 각 호의 어느 하나에 해당하는 경우에는 그러하지 아니하다.

1. 당사자가 이의제기를 철회한 경우
2. 당사자의 이의제기에 이유가 있어 과태료를 부과할 필요가 없는 것으로 인정되는 경우

대법원은 "행정법상의 질서벌인 과태료의 부과처분과 형사처벌은 그 성질이나 목적을 달리하는 별개의 것이므로 행정법상의 질서벌인 과태료를 납부한 후에 형사처벌을 한다고 하여 이를 일사부재리의 원칙에 반하는 것이라고 할 수는 없다"라고 하였고(대판 2000.10.27, 2000도3874), 헌법재판소는 행정질서벌로서의 과태료는 형벌(특히 행정형벌)과 목적·기능이 중복되는 면이 없지 않으므로 동일한 행위를 대상으로 하여 형벌을 부과하면서 아울러 행정질서벌로서의 과태료까지를 부과하는 것은 이중처벌금지의 기본정신에 배치되어 국가입법권의 남용으로 인정될 여지가 있다고 보았다(헌재 1994.6.30, 92헌바38).

쟁점 116 감정평가관리·징계위원회 [A]

1. 징계위원회의 도입배경

징계위원회는 기존에 감정평가협회에서 운영해 왔으나 징계위원회를 형식적으로 운영하여 실효성에 대한 문제가 제기되었다. 따라서 ① 감정평가사에 대한 징계의 공정성을 확보하고, ② 엄격한 절차에 따라 징계처분을 하여 공신력을 제고하기 위해 징계위원회제도를 신설하였다.

2. 징계위원회의 의의 및 법적 성격

(1) 의의 및 근거

징계위원회는 감정평가사의 징계에 관한 사항을 의결하는 기관으로 감정평가법 제40조 및 시행령 제37조를 근거로 한다.

(2) 법적 성격

① 징계 시 반드시 설치해야 하는 필수기관이다.
② 징계내용에 관한 의결권을 가진 의결기관이다.

3. 징계위원회의 내용

(1) 설치 및 구성

징계위원회는 국토교통부에 설치한다. 징계위원회는 위원장 1명과 부위원장 1명을 포함하여 13명의 위원으로 구성하고, 위원장은 국토교통부장관이 위촉하거나 지명한다.

(2) 위원의 임기 및 제척·기피

위원의 임기는 2년으로 하되 1차에 한하여 연임할 수 있다. 당사자와 친족, 동일법인 및 사무소 소속의 평가사는 제척되고 불공정한 의결을 할 염려 있는 자는 기피될 수 있다.

4. 징계의 절차

(1) 징계의결 요구

국토교통부장관은 위반사유가 발생한 경우 징계의결을 요구할 수 있다. 위반사유가 발생한 날부터 5년이 지난 때에는 할 수 없다.

(2) 의결

① 의결이 요구되면 요구일부터 60일 이내에(부득이한 경우 30일 연장), ② 당사자에게 구술 또는 서면으로 의견진술 기회를 주어야 한다. ③ 재적위원 과반수의 출석으로 개의하고 출석위원 과반수의 찬성으로 의결한다.

(3) 징계사실의 통보

서면으로 당사자와 협회에 통보한다.

5. 징계의결의 하자 및 의결에 반하거나 의결을 거치지 않은 처분의 하자

(1) 징계의결의 하자

1) 징계의결이 판단여지 영역인지

가. 판단여지

판단여지란 불확정개념의 해석에 있어서 어떠한 사실관계가 법률요건에 해당하는지 여부에 대한 '법인식'의 문제로서, 이런 인식의 영역에서는 법률효과의 영역과는 달리 단지 하나의 올바른 결정만이 존재하므로 원칙적으로 사법심사의 대상이 된다. 다만, 행정청의 평가 및 결정에 대하여 사법부가 그 정당성을 판단하는 것이 불가능하거나 합당하지 않아서 행정청의 판단을 존중해 줄 수밖에 없는 영역이 있는 바, 이런 영역을 판단여지라 한다.

나. 판단여지가 인정되는 영역

① 시험에 있어서 성적의 평가와 같은 타인이 대체할 수 없는 비대체적인 결정영역, ② 고도의 전문가로 구성된 직무상 독립성을 갖는 위원회의 결정인 구속적인 가치평가 영역 등이 판단여지가 인정되는 영역으로 논해지고 있다.

다. 검토

감정평가법상 징계위원회의 구성은 4급 이상의 고위공무원, 변호사, 조교수 이상의 직에 있거나 있었던 자, 10년 이상의 경력을 갖춘 감정평가사 등 고도의 전문가로 구성된다. 또한 감정평가법 제39조에서는 징계위원회의 의결에 따라 징계처분을 하도록 규정하고 있으므로, 이는 구속적인 가치평가의 영역으로서 판단여지의 대상이 된다.

2) 징계의결의 하자

판단여지가 인정되는 범위 내에서 내려진 행정청의 판단은 법원의 통제대상이 되지 않는다. 다만, ① 판단기준이 적법하게 구성되었는가, ② 절차규정이 준수되었는가, ③ 정당한 사실관계에서 출발하였는가, ④ 일반적으로 승인된 평가의 척도가 침해되지 않았는가의 여부는 사법심사의 대상이 된다. 또한 판단에 있어서도 일반원칙을 준수하여야 한다.

(2) 의결에 반하는 처분

징계위원회는 의결기관이므로 징계위원회의 의결은 국토교통부장관을 구속한다. 따라서 징계위원회의 의결에 반하는 처분은 무효이다.

(3) 의결을 거치지 않은 처분

국토교통부장관은 징계위원회의 의결에 구속되므로 징계위원회의 의결을 거치지 않고 처분을 한다면 권한 없는 징계처분이 되므로 무효이다.

6. 징계의 종류

징계위원회는 자격의 취소, 등록의 취소, 2년 이하의 업무정지, 견책을 징계할 수 있다.

7. 결(개선점 : 조사위원회의 필요성)

징계위원회제도는 대외적으로 공정성 확보에 기여한다. 징계위원회가 사실관계의 명확한 파악과 공정하고 객관적인 징계를 위해서는 별도의 "조사위원회"를 신설하여 개별적, 구체적인 사실관계를 확정할 필요가 있다. 따라서 조사위원회를 설치하여 내부적인 감사를 진행하는 것이 보다 공정성과 신뢰성을 확보할 수 있다.

쟁점 117   징계공고 및 징계정보 열람 (B)

I 징계의 경고(감정평가법 제39조의2)

1. 의의 및 취지

국토교통부장관은 감정평가사에 대한 징계를 한 때 지체 없이 그 사유를 감정평가사, 감정평가법인등, 협회에 각각 알리고, 그 내용을 관보 또는 인터넷 홈페이지 등에 게시 또는 공고해야 한다. 이는 감정평가제도의 신뢰도 향상을 위한 취지가 있다.

2. 공고의 방법

국토교통부장관은 징계처분이 확정되면 내용 등을 관보에 고시하고 징계처분의 확정으로부터 2주 이내에 감정평가 정보체계에 게시해야 한다. 또한 협회는 국토교통부장관으로부터 통보받은 내용을 협회가 운영하는 홈페이지에 3개월 이상 게재하는 방법으로 공개해야 한다.

3. 공고의 내용 및 기간

공고에는 징계처분을 받은 감정평가사의 이름, 징계의 내용, 징계 사유, 징계처분의 효력발생일 등이 포함된다. 징계정보를 인터넷 홈페이지에 게재하는 기간은 자격취소, 등록취소는 3년, 업무정지는 해당 업무정지기간(단, 3개월 미만은 3개월), 견책은 3개월이다. 징계 정보의 범위는 신청일을 기준으로 자격취소, 등록취소는 과거 10년, 업무정지는 과거 5년, 견책은 과거 1년이다.

4. 공고의 처분성

행정상 공표는 사실행위에 속한다. 공표가 권력적 사실행위인지 비권력적 사실행위인지에 대해서는 견해의 대립이 있다. 판례는 명단공표를 처분으로 본 바 있다. 징계 공고는 감정평가사의 권리 의무에 직접 영향을 미치기 때문에 처분성을 긍정함이 타당하다.

II 징계정보 열람(동법 시행령 제36조의2)

감정평가를 의뢰하려는 자는 협회에 징계정보의 열람을 신청할 수 있고, 협회는 신청을 받으면 신청일로부터 10일 이내에 신청인에게 징계정보를 제공해야 한다. 이 경우 감정평가사에게 그 사실을 알려야 한다.

쟁점 118 기타 주요 판례 (D)

1. 조건의 기재(대판 2012.4.26, 2011두14715)

감정평가사가 감정평가에 관한 규칙상 '자료검토 및 가격형성요인의 분석'을 할 때 부담하는 성실의무의 내용 : 감정평가사는 공정하고 합리적인 평가액의 산정을 위하여 성실하고 공정하게 자료검토 및 가격형성요인 분석을 해야 할 의무가 있고, 특히 특수한 조건을 반영하거나 현재가 아닌 시점의 가격을 기준으로 하는 경우에는 제시된 자료와 대상물건의 구체적인 비교·분석을 통하여 평가액의 산출근거를 논리적으로 밝히는 데 더욱 신중을 기하여야 한다.

2. 부당감정(대판 2013.10.31, 2013두11727)

감정평가사가 감정평가법인에 가입한다는 명목으로 자신의 감정평가사 등록증 사본을 가입신고서와 함께 한국감정평가협회에 제출하였으나, 실제로는 자신의 감정평가경력을 부당하게 인정받는 한편, 소속 감정평가법인으로 하여금 설립과 존속에 필요한 감정평가사의 인원수만 형식적으로 갖추게 하거나 법원으로부터 감정평가 물량을 추가로 배정받을 수 있는 자격을 얻게 할 목적으로 감정평가법인에 소속된 외관만을 작출하였을 뿐 해당 감정평가법인 소속 감정평가사로서의 감정평가업무나 이와 밀접한 관련이 있는 업무를 수행할 의사가 없었다면, 이는 감정평가사 등록증을 그 본래의 행사목적을 벗어나 감정평가법인 등의 자격이나 업무범위에 관한 법의 규율을 피할 목적으로 행사함으로써 자격증 등을 부당하게 행사한 것이라고 볼 수 있다.

3. 부당감정(대판 2013.10.24, 2013두727)

부동산 가격공시 및 감정평가에 관한 법률(이하 '법'이라고 한다) 제37조 제2항에 의하면, 감정평가법인등(감정평가법인 소속 감정평가사를 포함한다)은 다른 사람에게 자격증·등록증 또는 인가증(이하 '자격증 등'이라고 한다)을 양도 또는 대여하거나 이를 부당하게 행사해서는 안 된다. 여기에서 '자격증 등을 부당하게 행사'한다는 것은 감정평가사 자격증 등을 본래의 용도 외에 부당하게 행사하는 것을 의미하고, 감정평가사가 감정평가법인에 적을 두기는 하였으나 당해 법인의 업무를 수행하거나 운영 등에 관여할 의사가 없고 실제로도 업무 등을 전혀 수행하지 않았다거나 당해 소속 감정평가사로서 업무를 실질적으로 수행한 것으로 평가하기 어려울 정도라면 이는 법 제37조 제2항에서 정한 자격증 등의 부당행사에 해당한다.

4. 공인회계사가 감정평가를 행할 수 있는지 여부(대판 2015.11.27, 2014도191)

공인회계사법의 입법취지와 목적, 회계정보의 정확성과 적정성을 담보하기 위하여 공인회계사의 직무범위를 정하고 있는 공인회계사법 제2조의 취지와 내용 등에 비추어 볼 때, 위 규정이 정한 '회계에 관한 감정'이란 기업이 작성한 재무상태표, 손익계산서 등 회계서류에 대한 전문적 회계지식과 경험에 기초한 분석과 판단을 보고하는 업무를 의미하고, 여기에는 기업의 경제활동을 측정하여 기록한 회계서류가 회계처리기준에 따라 정확하고 적정하게 작성되었는지에 대한 판정뿐만 아니라 자산의 장부가액이 신뢰할 수 있는 자료에 근거한 것인지에 대한 의견제시 등도 포함된다. 그러나 타인의 의뢰를 받아 부동산 가격공시에 관한 법률(이하 '부동산공시법'이라 한다)이 정한 토지에 대한 감정평가를 행하는 것은 회계서류에 대한 전문적 지식이나 경험과는 관계가 없어 '회계에 관한 감정' 또는 '그에 부대되는 업무'에 해당한다고 볼 수 없고, 그 밖에 공인회계사가 행하는 다른 직무의 범위에 포함된다고 볼 수도 없다.

따라서 감정평가법인 등이 아닌 공인회계사가 타인의 의뢰에 의하여 일정한 보수를 받고 부동산공시법이 정한 토지에 대한 감정평가를 업으로 행하는 것은 부동산공시법 제43조 제2호에 의하여 처벌되는 행위에 해당하고, 특별한 사정이 없는 한 형법 제20조가 정한 '법령에 의한 행위'로서 정당행위에 해당한다고 볼 수는 없다.

5. 개별평가와 일괄평가

(1) 대판 2020.12.10, 2020다226490

[1] 둘 이상의 대상물건에 대한 감정평가는 개별평가를 원칙으로 하되, 예외적으로 둘 이상의 대상물건에 거래상 일체성 또는 용도상 불가분의 관계가 인정되는 경우에 일괄평가가 허용된다.

[2] 갑 아파트 재건축정비사업조합의 매도청구권 행사에 따라 감정인이 갑 아파트 단지 내 상가에 있는 을 교회 소유 부동산들에 관한 매매대금을 산정하면서 위 부동산들을 일괄하여 감정평가한 사안에서, 위 상가는 집합건물의 소유 및 관리에 관한 법률이 시행되기 전에 소유권이전등기가 마쳐진 것으로 현재까지 위 법률에 따른 집합건물등기가 되어 있지 않고 각 호수별로 건물등기가 되어 있는데, 을 교회가 위 부동산들을 교회의 부속시설인 소예배실, 성경공부방, 휴게실로 각 이용하고 있으나 위 부동산들은 실질적인 구분건물로서 구조상 독립성과 이용상 독립성이 유지되고 있을 뿐 아니라 개별적으로 거래대상이 된다고 보이고, 나아가 개별적으로 평가할 경우의 가치가 일괄적으로 평가한 경우의 가치보다 높을 수 있으므로, 을 교회가 위 부동산들을 교회의 부속시설로 이용하고 있다는 등의 사정만으로 위 부동산들이 일체로 거래되거나 용도상 불가분의 관계에 있다고 단정하기 어려운데도, 이와 같이 단정하여 위 부동산들을 일괄평가한 감정인의 감정 결과에 잘못이 없다고 본 원심판단에는 일괄평가 요건에 관한 법리오해 등의 잘못이 있다고 한 사례

(2) 서울고법 2023.4.6, 선고 2021누65059 판결 : 확정

주택재개발 정비사업구역 내에 있는 제1토지, 인접한 제2토지, 제1토지로부터 분할된 제3토지 및 그 지상 건물 등 지장물의 각 1/2 지분권자들인 甲 주식회사와 乙 주식회사가 위 각 토지에 대한 개별평가를 전제로 산정한 수용재결 및 이의재결 보상금에 대하여 위 각 토지 전부를 일단지로 보고 일괄평가하여 보상액을 산정해야 한다며 정당한 손실보상금 등의 지급을 청구한 사안에서, 위 각 토지는 거래상 일체성 또는 용도상 불가분의 관계가 인정되는 경우로서 일단의 토

지 전체를 1필지로 보아 일괄하여 감정평가한 금액을 보상액으로 산정하는 것이 타당하다고 한 사례 :

주택재개발 정비사업구역 내에 있는 제1토지, 인접한 제2토지, 제1토지로부터 분할된 제3토지 및 그 지상 건물 등 지장물의 각 1/2 지분권자들인 甲 주식회사와 乙 주식회사가 위 각 토지에 대한 개별평가를 전제로 산정한 수용재결 및 이의재결 보상금에 대하여 위 각 토지 전부를 일단 지로 보고 일괄평가하여 보상액을 산정해야 한다며 정당한 손실보상금 등의 지급을 청구한 사안 이다.

구 감정평가 및 감정평가사에 관한 법률(2020.4.7. 법률 제17219호로 개정되기 전의 것) 제3조 제3항, 감정평가에 관한 규칙 제7조에 따르면, 둘 이상의 대상물건에 대한 감정평가는 개별평가를 원칙 으로 하되, 예외적으로 둘 이상의 대상물건에 거래상 일체성 또는 용도상 불가분의 관계가 인정 되는 경우에 일괄평가가 허용되고, 이때 '용도상 불가분의 관계'에 있다는 것은 일단의 토지로 이용되고 있는 상황이 사회적·경제적·행정적 측면에서 합리적이고 그 토지의 가치 형성적 측 면에서도 타당하다고 인정되는 관계에 있는 경우를 뜻하는데, ① 분할 전부터 충전소 부지로서 일체로 사용되어 왔던 제1토지와 제3토지처럼 여러 필지의 토지가 일단을 이루어 하나의 충전 소 부지로 사용되고 있는 경우에는, 특별한 사정이 없는 한 그 일단의 토지 전체를 1필지로 보고 토지 특성을 조사하여 전체에 대해 단일한 가격으로 평가하는 것이 타당한 점, ② 甲, 乙 회사가 제1토지에서 충전소를 운영하면서 인접한 제2토지를 매수하고 제3토지를 분할하는 한편, 제1토 지 지상에 있던 건물을 철거하고 제3토지에 세차장을 신축하여 수용재결 시점까지 충전소와 세 차장을 계속 일괄적으로 운영하였고, 제2토지는 세차장 진입로로 사용되어 온 것을 고려하면, 1필의 토지를 충전소 부지로 사용하는 경우 그 인접 토지를 세차장 등으로 이용하는 것은 공익 사업을 위한 토지 등의 취득 및 보상에 관한 법률 제70조 제2항의 '일반적인 이용방법에 의한 객관적 상황'에 포함되고, 토지소유자의 주관적 가치나 특별한 용도에 해당한다고 볼 수 없는 점, ③ 제2토지는 충전소와 세차장의 진입로로 계속 사용해 왔고, 토지의 구조나 형상, 이용상 황과 연혁 등을 고려하면, 제2토지의 이용상황이 단지 일시적이라고 볼 수 없으며, 종전 콘크리 트 포장 도로를 형질변경 허가를 받지 않고 아스콘으로 포장하였다는 사정은 복수의 토지가 용 도상 불가분 관계에 있는지를 따질 때 영향을 미칠 수 없는 점, ④ 제1토지는 주유소용지, 제2 토지는 답, 제3토지는 잡종지로 서로 지목이 다르나, 여러 개의 토지들이 서로 지목이 다르다고 하여 곧바로 용도상 불가분의 관계를 부정할 수 있는 것은 아니고, 객관적 이용상황 등을 실제 로 살펴보아 일체성이 인정된다면 지목 여부와 관계없이 용도상 불가분의 관계를 인정할 수 있 는 점 등을 종합하면, 위 각 토지는 거래상 일체성 또는 용도상 불가분의 관계가 인정되는 경우 로서 일단의 토지 전체를 1필지로 보아 일괄하여 감정평가한 금액을 보상액으로 산정하는 것이 타당하다고 한 사례이다.

PART

05

도시 및
주거환경정비법

도시 및 주거환경정비법

1. 정비사업 절차

정비계획 수립과 정비구역 지정 – 조합설립추진위원회 구성 및 승인 – 조합설립 및 인가 – 사업
시행계획 및 인가 – 정비조합(재개발사업의 경우)의 토지수용 – 관리처분계획 및 인가 – 이전고시
– 청산금 부과 및 조합의 해산

2. 추진위원회승인의 법적 성질

추진위원회설립 승인을 강학상 인가로 보는 견해와 허가 또는 특허로 보는 견해가 대립하고 있
는데, 판례는 추진위원회승인처분에 대해 인가의 논지로 판시하였다(2011더2248).

3. 조합설립인가의 법적 성질 및 불복수단

(1) 조합설립인가의 법적 성질

행정청이 도시 및 주거환경정비법 등 관련 법령에 근거하여 행하는 조합설립인가처분은 단순히
사인들의 조합설립행위에 대한 보충행위로서의 성질을 갖는 것에 그치는 것이 아니라 법령상
요건을 갖출 경우 도시 및 주거환경정비법상 주택재건축사업을 시행할 수 있는 권한을 갖는 행
정주체(공법인)로서의 지위를 부여하는 일종의 설권적 처분의 성격을 갖는다고 보아야 한다. 그
리고 그와 같이 보는 이상 조합설립결의는 조합설립인가처분이라는 행정처분을 하는 데 필요한
요건 중 하나에 불과한 것이어서, 조합설립결의에 하자가 있다면 그 하자를 이유로 직접 항고소
송의 방법으로 조합설립인가처분의 취소 또는 무효확인을 구하여야 하고, 이와는 별도로 조합설
립결의 부분만을 따로 떼어내어 그 효력 유무를 다투는 확인의 소를 제기하는 것은 원고의 권리
또는 법률상의 지위에 현존하는 불안·위험을 제거하는 데 가장 유효·적절한 수단이라 할 수
없어 특별한 사정이 없는 한 확인의 이익은 인정되지 아니한다(2008다60568).

(2) 기본행위의 하자를 이유로 인가처분의 취소 또는 무효확인을 구할 수 있는지

1) 기본행위에 하자가 있다고 하더라도 인가처분 자체에 하자가 없다면 따로 그 기본행위의 하
자를 다투는 것은 별론으로 하고 기본행위의 하자를 내세워 바로 그에 대한 행정청의 인가처
분의 취소를 구할 수는 없다(2005두1046 판결).

2) 행정청의 조합설립인가처분은 조합에 정비사업을 시행할 수 있는 권한을 갖는 행정주체(공법
인)로서의 지위를 부여하는 일종의 설권적 처분의 성격을 가진다(2012도7190).
조합설립결의는 조합설립인가처분에 필요한 요건 중의 하나에 불과하므로 조합설립결의에
하자가 있음을 이유로 재개발조합 설립의 효력을 부정하려면 항고소송으로 조합설립인가처
분의 효력을 다투어야 한다(2008다60568).

> 조합설립인가에 대한 기본행위의 하자를 다투는 경우 인가의 법적 성질을 강학상 인가로 보면 기본행위
> 의 하자를 이유로 인가처분의 취소를 구할 수 없으나, 최근 판례는 인가의 법적 성질을 특허로 보아
> 기본행위는 특허처분의 요건이므로 인가(특허)에 대한 항고소송이 가능함으로 변경하였다.

4. 사업시행계획인가

(1) 법적 성질

사업시행계획의 인가는 사업시행계획의 효력을 완성시켜 사업시행계획이 조합원에 대하여 구속력을 가지도록 하는 점에서는 강학상 인가이다(대판 2021.2.10, 2020두48031).

> 비교 : 토지등소유자가 직접 사업을 시행하는 경우에는 사업시행자의 지위를 창설하는 점에서는 강학상 특허라고 보는 것이 타당하다(대판 2013.6.13, 2011두19994).

(2) 기본행위의 하자를 이유로 한 인가처분에 대한 불복

구 도시 및 주거환경정비법에 기초하여 주택재개발정비사업조합이 수립한 사업시행계획은 관할 행정청의 인가·고시가 이루어지면 이해관계인들에게 구속력이 발생하는 독립된 행정처분(구속적 행정계획)에 해당하고, 관할 행정청의 사업시행계획 인가처분은 사업시행계획의 법률상 효력을 완성시키는 보충행위(학문상 인가)에 해당한다. 따라서 기본행위인 사업시행계획에는 하자가 없는데 보충행위인 인가처분에 고유한 하자가 있다면 그 인가처분의 무효확인이나 취소를 구하여야 할 것이지만, 인가처분에는 고유한 하자가 없는데 사업시행계획에 하자가 있다면 사업시행계획의 무효확인이나 취소를 구하여야 할 것이지 사업시행계획의 무효를 주장하면서 곧바로 그에 대한 인가처분의 무효확인이나 취소를 구하여서는 아니 된다(대판 2021.2.10, 2020두48031).

(3) 기본행위의 하자를 이유로 한 사업시행계획에 대한 불복

사업시행계획에 대한 인가처분이 난 후에는 사업시행계획안에 대한 조합총회의 결의는 처분인 사업시행계획의 절차적 요건에 불과하여 독립하여 소송의 대상이 될 수 없고 조합총회의 결의를 다투고자 하는 경우에도 사업시행계획을 다투는 항고소송을 제기해야 하므로 관할 구청장의 인가등에 의해 확정된 사업시행계획에 관한 조합총회의 결의의 효력을 정지하기 위해서는 행정소송법상 집행정지를 신청하여야 하며 민사소송법상 가처분을 신청할 수 없다. 다만, 사업시행계획이 확정되기 전에는 공법상 당사자소송으로 총회결의의 무효확인을 구하는 소송을 제기할 수 있고, 민사소송법상 가처분을 신청할 수 있다(2007두6663).

5. 관리처분계획인가

(1) 법적 성질 및 기본행위의 하자를 이유로 관리처분계획인가를 다툴 수 있는지 여부

1) 도시 및 주거환경정비법상 주택재건축정비사업조합이 같은 법 제48조에 따라 수립한 관리처분계획에 대하여 관할 행정청의 인가·고시까지 있게 되면 관리처분계획은 행정처분으로서 효력이 발생하게 되므로, 총회결의의 하자를 이유로 하여 행정처분의 효력을 다투는 항고소송의 방법으로 관리처분계획의 취소 또는 무효확인을 구하여야 하고, 그와 별도로 행정처분에 이르는 절차적 요건 중 하나에 불과한 총회결의 부분만을 따로 떼어내어 효력 유무를 다투는 확인의 소를 제기하는 것은 특별한 사정이 없는 한 허용되지 않는다(2007다2428).

2) 도시재개발법 제34조에 의한 행정청의 인가는 주택개량재개발조합의 관리처분계획에 대한 법률상의 효력을 완성시키는 보충행위로서 그 기본 되는 관리처분계획에 하자가 있을 때에는 그에 대한 인가가 있었다 하여도 기본행위인 관리처분계획이 유효한 것으로 될 수 없으며, 다만 그 기본행위가 적법・유효하고 보충행위인 인가처분 자체에만 하자가 있다면 그 인가처분의 무효나 취소를 주장할 수 있다고 할 것이지만, 인가처분에 하자가 없다면 기본행위에 하자가 있다 하더라도 따로 그 기본행위의 하자를 다투는 것은 별론으로 하고 기본행위의 무효를 내세워 바로 그에 대한 행정청의 인가처분의 취소 또는 무효확인을 소구할 법률상의 이익이 있다고 할 수 없다(2001두7541).

(2) 관리처분계획인가 전에 기본행위를 다투는 방법

도시 및 주거환경정비법상 행정주체인 주택재건축정비사업조합을 상대로 관리처분계획안에 대한 조합 총회결의의 효력 등을 다투는 소송은 행정처분에 이르는 절차적 요건의 존부나 효력 유무에 관한 소송으로서 그 소송결과에 따라 행정처분의 위법 여부에 직접 영향을 미치는 공법상 법률관계에 관한 것이므로, 이는 행정소송법상의 당사자소송에 해당한다.

---

* 사업시행계획인가 및 관리처분계획인가 불복 쟁점 요약(물어보는 대상과 시간적 흐름을 잘 파악하여야 한다)

① 사업시행계획인가 및 관리처분계획인가는 강학상 인가임. 사업시행계획 및 관리처분계획은 인가처분을 받기 위한 기본행위임. 인가처분이 있게 되면 기본행위였던 사업시행계획 및 관리처분계획은 행정계획으로서 그 내용이 조합원들을 구속하는 구속적 행정계획으로서 처분으로 전환되어 처분의 효과를 가짐.

② 기본행위인 사업시행계획 및 관리처분계획의 하자를 이유로 사업시행계획인가 및 관리처분계획인가의 취소나 무효를 구하는 것은 인정되지 않음.

③ 인가처분 이후에는 총회결의의 하자를 이유로 사업시행계획 및 관리처분계획의 취소나 무효를 구하는 것은 가능함. 사업시행계획 및 관리처분계획은 처분이기 때문임. 그러나 인가처분 전이라면 사업시행계획 및 관리처분계획은 처분이 아니므로 기본행위인 조합설립결의의 하자를 당사자소송으로 다투어야 함.

---

6. 이전고시

이전고시가 있으면 관리처분계획에 따라 대지 또는 건축물을 분양받은 자는 이전고시가 효력을 발생한 날 종전에 소유권을 상실하고, 그 대지 또는 건축물에 대한 소유권을 취득한다. 따라서 이전고시는 공법상 처분이고 이전고시가 있으면 공용환권이 행해진다.

(1) 수용재결 및 이의재결에 대한 항고소송

이전고시에 대해서는 항고소송을 제기할 수 있으나, 이전고시의 효력이 발생한 이후에는 조합원 등은 수용재결이나 이의재결의 취소 또는 무효확인을 구할 법률상 이익이 없다.

① 이전고시 효력 발생 전의 경우

관리처분계획에 대한 인가·고시가 있은 후에 이전고시가 행해지기까지 상당한 기간이 소요되므로 관리처분계획의 하자로 인하여 자신의 권리를 침해당한 조합원 등으로서는 이전고시가 행해지기 전에 얼마든지 그 관리처분계획의 효력을 다툴 수 있는 여지가 있고, 특히 조합원 등이 관리처분계획의 취소 또는 무효확인소송을 제기하여 계속 중인 경우에는 그 관리처분계획에 대하여 행정소송법에 규정된 집행정지결정을 받아 후속절차인 이전고시까지 나아가지 않도록 할 수도 있다(대판 2012.3.22, 2011두6400).

② 이전고시 효력 발생 후의 경우

이전고시의 취소 또는 무효확인을 구할 법률상 이익 : 정비사업의 공익적·단체적 성격과 이전고시에 따라 이미 형성된 법률관계를 유지하여 법적 안정성을 보호할 필요성이 현저한 점 등을 고려할 때, 이전고시의 효력이 발생한 이후에는 조합원 등이 해당 정비사업을 위하여 이루어진 수용재결이나 이의재결의 취소 또는 무효확인을 구할 법률상 이익이 없다(대판 2017.3.16, 2013두11536).

(2) 관리처분계획에 대한 항고소송

관리처분계획은 처분이므로 항고소송의 대상이 된다. 이전고시가 효력을 발생하게 된 이후에는 관리처분계획의 취소 또는 무효확인을 구할 소의 이익이 없다는 것이 판례의 입장이다.

(3) 이전고시에 대한 항고소송

이전고시가 효력을 발생한 후에는 정비사업의 공익적·단체법적 성격과 이전고시에 따라 형성된 법률관계에 대한 법적 안정성을 보장할 필요를 고려하여 이전고시의 취소 또는 무효확인소송을 인정하지 않는 것이 판례의 입장이다.

7. 기타

(1) 재건축 매도청구에서의 시가의 의미(대판 2014.12.11, 2014다41698)

[1] 도시 및 주거환경정비법에 의한 주택재건축사업의 시행자가 같은 법 제39조 제2호에 따라 토지만 소유한 사람에게 매도청구권을 행사하면 매도청구권 행사의 의사표시가 도달함과 동시에 토지에 관하여 시가에 의한 매매계약이 성립하는데, 이때의 시가는 매도청구권이 행사된 당시의 객관적 거래가격으로서, 주택재건축사업이 시행되는 것을 전제로 하여 평가한 가격, 즉 재건축으로 인하여 발생할 것으로 예상되는 개발이익이 포함된 가격을 말한다.

[2] 도시 및 주거환경정비법에 의한 주택재건축사업의 시행자가 같은 법 제39조 제2호에 따라 을 등이 소유한 토지에 대하여 매도청구권을 행사하였는데, 토지 현황이 인근 주민의 통행에 제공된 도로 등인 사안에서, 토지의 현황이 도로일지라도 주택재건축사업이 추진되면 공동주택의 일부가 되는 이상 시가는 재건축사업이 시행될 것을 전제로 할 경우의 인근 대지 시가와 동일하게 평가하되, 각 토지의 형태, 주요 간선도로와의 접근성, 획지조건 등 개별요인을 고려하여 감액 평가하는 방법으로 산정하는 것이 타당한데도, 현황이 도로라는 사정만으로 인근 대지 가액의 1/3로 감액한 평가액을 기준으로 시가를 산정한 원심판결에 법리오해의 잘못이 있다고 한 사례

(2) 관리처분과 청산금 하자승계(대판 2007.9.6, 2005두11951)

관리처분계획에 불가쟁력이 생겨 그 효력을 다툴 수 없게 된 경우, 그 관리처분계획상의 하자를 이유로 후행처분인 청산금부과처분의 위법을 주장할 수 있는지 여부(원칙적 소극) : 구 도시재개발법(2002.12.30. 법률 제6852호로 폐지되기 전의 것) 제34조, 제35조, 제42조, 제43조의 각 규정에 의하면, 관리처분계획은 주택재개발사업에서 사업시행자가 작성하는 포괄적 행정계획으로서 사업시행의 결과 설치되는 대지를 포함한 각종 시설물의 권리귀속에 관한 사항과 그 비용 분담에 관한 사항을 정하는 행정처분이고, 청산금부과처분은 관리처분계획에서 정한 비용 분담에 관한 사항에 근거하여 대지 또는 건축시설의 수분양자에게 청산금납부의무를 발생시키는 구체적인 행정처분으로서, 청산금부과처분이 선행처분인 관리처분계획을 전제로 하는 것이기는 하나 위 두 처분은 각각 단계적으로 별개의 법률효과를 발생시키는 독립된 행정처분이라고 할 것이므로, 관리처분계획에 불가쟁력이 생겨 그 효력을 다툴 수 없게 된 경우에는 그 관리처분계획에 위법사유가 있다 할지라도 그것이 당연무효의 사유가 아닌 한 관리처분계획상의 하자를 이유로 후행처분인 청산금부과처분의 위법을 주장할 수는 없다.

박문각 감정평가사

도승하 감정평가 및 보상법규
2차 | 쟁점노트

초판 인쇄 2025. 6. 20. | **초판 발행** 2025. 6. 25. | **편저자** 도승하
발행인 박 용 | **발행처** (주)박문각출판 | **등록** 2015년 4월 29일 제2019-0000137호
주소 06654 서울시 서초구 효령로 283 서경 B/D 4층 | **팩스** (02)584-2927
전화 교재 문의 (02)6466-7202

저자와의
협의하에
인지생략

정가 30,000원
ISBN 979-11-7262-795-9

MEMO